KB213021

주석

원불교 대종경

 원불교100년기념성업회

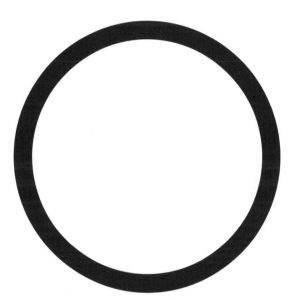

○ 차례

大宗經

제1 서품

序品

서품(序品) 소태산 대종사의 대각, 시대 상황에 대한 통찰, 불법을 주체로 한 새 회상 창립의 포부와 경륜 등의 법문으로 구성되어 있다.

1. 원기(圓紀) 원년 4월 28일에 **대종사(大宗師) 대각(大覺)**을 이루시고 말씀하시기를 "**만유**가 한 **체성**이며 **만법**이 한 근원이로다. 이 가운데 **생멸 없는 도(道)**와 **인과보응 되는 이치**가 서로 바탕하여 한 두렷한 **기틀**을 지었도다."

2. 대종사, 대각을 이루신 후 모든 종교의 경전을 두루 열람하시다가 '**금강경(金剛經)**'을 보시고 말씀하시기를 "석가모니불(釋迦牟尼佛)은 진실로 성인들 중의 성인이라." 하시고, 또 말씀하시기를 "내가 스승의 지도 없이 도를 얻었으나 **발심**한 동기에서부터 **도**를 얻은 경로를 돌아본다면 과거 부처님의 행적

원기(圓紀) 원불교에서 사용하는 연호로서 소태산 대종사가 대각한 서기 1916년을 원기 1년으로 삼음.

대종사(大宗師) 소태산 대종사의 약칭. 원불교 교조.

대각(大覺) 큰 깨달음.

만유(萬有) 우주에 있는 모든 존재, 현상, 이치.

체성(體性) 한 몸. 한 덩어리.

만법(萬法) 세상의 모든 존재, 현상, 원리의 통칭.

생멸(生滅) 없는 도(道) 생겨나지도 않고 없어지지도 않으며 영원히 변함이 없는 진리의 실상.

인과 보응(因果報應)되는 이치 지은 바(원인)에 따라 반드시 결과를 받게 되는 원리.

기틀 어떤 일의 가장 중요한 계기나 조건. 어떤 일을 해나가는 데 있어서의 가장 중요한 밑받침.

금강경(金剛經) 불교의 경전 중 하나인 『금강반야바라밀경(金剛般若波羅密經)』의 약칭. 부처님과 제자 수보리의 문답 형식으로 공(空)의 가르침을 설하고 있음. 원불교 『불조요경』에도 수록되어 있음.

발심(發心) 도를 구하려는 마음을 냄.

도(道) 우주의 궁극적 진리. 또는 그 진리에 대한 깨달음.

과 말씀에 부합되는 바 많으므로 나의 **연원(淵源)**을 부처님에게 정하노라." 하시고, "장차 **회상(會上)**을 열 때도 **불법**을 주체로 삼아 완전무결한 큰 회상을 이 세상에 건설하리라." 하시니라.

3. 대종사 말씀하시기를 "불법은 천하의 큰 도라. 참된 **성품**의 원리를 밝히고 생사의 큰일을 해결하며 인과의 이치를 드러내고 수행의 길을 갖추어서 능히 모든 **교법**에 뛰어난 바 있느니라."

4. 대종사, 당시의 시국을 살펴보시사 그 지도 **강령**을 표어로써 정하시기를 "물질이 개벽(開闢) 되니 정신을 개벽하자." 하시니라.

5. 대종사, 처음 교화를 시작하신 지 몇 달 만에 믿고 따르는 사람이 40여 명에 이르는지라, 그 가운데 특히 진실하고 **신심** 굳은 아홉 사람을 먼저 고르시사 회상 창립의 표준 제자로 내정하시고, 말씀하시기를 "사람은 만물의 주인이요

연원(淵源) 어떤 사상이나 이념의 뿌리.
회상(會上) 궁극적 진리를 깨달은 부처 혹은 성자의 가르침을 실현하는 곳. 교단.
불법(佛法) 부처의 가르침.
성품(性稟) 본래 마음. 자성, 본성, 진성, 불성 등으로도 표현.
교법(教法) 종교의 가르침. 교의(教義). 종교에서 중생들을 구제하기 위해 밝힌 성현의 가르침.
강령(綱領) 일의 근본이 되는 큰 줄거리.
신심(信心) 믿는 마음.

만물은 사람의 사용할 바이며, **인도**는 **인의**가 주체요 **권모술수**는 그 끝이니, 사람의 정신이 능히 만물을 지배하고 인의의 대도가 세상에 서게 되는 것은 이치의 당연함이거늘, 근래에 그 주체가 **위(位)**를 잃고 권모술수가 세상에 횡행하여 대도가 크게 어지러운지라, 우리가 이때 먼저 마음을 모으고 뜻을 합하여 나날이 쇠퇴하여 가는 **세도인심(世道人心)**을 바로잡아야 할 것이니, 그대들은 이 뜻을 잘 알아서 영원한 세상에 대회상 창립의 주인들이 되라."

6. 대종사, 앞으로 **시방세계(十方世界)** 모든 사람을 두루 교화할 십인 일단(十人一團)의 **단 조직** 방법을 제정하시고 말씀하시기를 "이 법은 오직 한 스승의 가르침으로 모든 사람을 고루 훈련할 빠른 방법이니, 몇억만의 많은 수라도 가히 지도할 수 있으나 그 공력은 항상 아홉 사람에게만 들이면 되는 **간이**한 조직이니라." 하시고, 앞서 고르신 9인 제자로 이 회상 최초의 단을 조직하

인도(人道) 사람으로서 마땅히 행해야 할 도리.

인의(仁義) 유교에서 인도 정의의 핵심으로 제시한 덕목. 인(仁)은 사람을 널리 사랑하는 어진 마음, 의(義)는 불의를 물리치고 정의를 실천하는 의로움.

권모술수(權謀術數) 목적 달성을 위하여 수단과 방법을 가리지 아니하는 온갖 모략이나 술책.

위(位) 어떤 사물이 차지하는 자리나 위상.

세도인심(世道人心) 세상의 흐름과 사람들의 마음.

시방세계(十方世界) 온 세상. 시방은 동·서·남·북·동남·서남·동북·서북의 8방과 상·하를 합친 전체 공간.

단(團) 조직 원불교 교화 조직인 교화단을 이름. 10인 1단을 원칙으로 단장과 중앙, 단원으로 구성됨.

간이(簡易) 간단하고 쉬운.

신 후 "이 단은 곧 시방세계를 응하여 조직된 것이니 **단장**은 하늘을 응하고 중앙(中央)은 땅을 응하였으며 팔인 **단원**은 **팔방**을 응한 것이라. 펴서 말하면 이 단이 곧 시방을 대표하고 거두어 말하면 시방을 곧 한 몸에 합한 이치니라."

하시니, 단장에 대종사, 중앙에 **송규**(宋奎), 단원에 **이재철**(李載喆)·**이순순**(李旬旬)·**김기천**(金幾千)·**오창건**(吳昌建)·**박세철**(朴世喆)·**박동국**(朴東局)·유건

단장(團長) 교화단을 이끌어 가는 책임자.

단원(團員) 교화단의 구성원.

팔방(八方) 동·서·남·북 사방과 동북·동남·서북·서남의 사유를 합친 여덟 방위.

중앙(中央) 교화단 조직에서 단장을 보좌하여 단원들의 공부와 사업을 지도하는 사람.

송규(宋奎, 1900~1962) 경북 성주 출생. 법호는 정산(鼎山)이며 법훈은 종사. 소태산 대종사의 수제자로 뒤를 이어 종법사에 취임하였으며 교서 정비, 원불교 교명 선포 등 원불교 교단의 기반을 다졌다. 그의 법문을 수록한 『정산종사법어』가 있으며 저서로는 『건국론』 등이 있다.

이재철(李載喆, 1891~1943) 전남 영광 출생. 법호는 일산(一山)이며 법훈은 종사. 9인 제자의 한 사람으로 불법연구회 외무 및 경제관계를 주로 담당하였고 불법연구회 상조부장, 서정원장 등을 역임하였다.

이순순(李旬旬, 1879~1945) 전남 영광 출생. 법호는 이산(二山)이며 법훈은 종사. 9인 제자의 한 사람으로 온화하고 선량한 성품으로 교단 초창기에 인화(仁和)의 표본이 되었다.

김기천(金幾千, 1890~1935) 전남 영광 출생. 법호는 삼산(三山)이며 법훈은 종사. 9인 제자의 한 사람으로 최초 견성 인가를 받았으며 저서로는 『철자집』 등이 있다.

오창건(吳昌建, 1887~1953) 전남 영광 출생. 법호는 사산(四山)이며 법훈은 종사. 9인 제자의 한 사람으로 교단 창업기 공심의 표준적 인물이었다.

박세철(朴世喆, 1879~1926) 전남 영광 출생. 법호는 오산(五山)이며 법훈은 종사. 9인 제자의 한 사람으로 남이 하기 어려운 일에 앞장서고도 흔적이 없는 심법을 보였다.

박동국(朴東局, 1897~1950) 전남 영광 출생. 법호는 육산(六山)이며 법훈은 종사. 소태산 대종사의 친아우이며 9인제자의 한 사람으로 소태산 대종사를 대신하여 모친을 봉양하였다.

(劉巾)·김광선(金光旋)이러라.

7. 대종사, 회상 창립의 준비로 **저축조합**을 **설시**하시고, 단원들에게 말씀하시기를 "우리가 시작하는 이 사업은 보통 사람이 다 하는 바가 아니며, 보통 사람이 다 하지 못하는 바를 하기로 하면 반드시 특별한 인내와 특별한 노력이 있어야 할 것인바, 우리의 현재 생활이 모두 가난한 처지에 있는지라 모든 방면으로 특별한 절약과 근로가 아니면 사업의 토대를 세우기 어려운 터이니, 우리는 이 조합의 모든 조항을 지성으로 실행하여 이로써 **후진**에게 창립의 모범을 보여 주자." 하시고, 먼저 금주 금연과 **보은미**(報恩米) 저축과 **공동 출역**(出役)을 하게 하시니라.

유건(劉巾, 1880~1963) 전남 영광 출생. 법호는 칠산(七山)이며 법훈은 종사. 소태산 대종사의 외숙(外叔)이며 9인제자의 한 사람으로 가정 형편상 재가 수행을 했으나, 만년에는 중앙총부 중앙수양원에서 수행에 전념하였다.

김광선(金光旋, 1879~1939) 전남 영광 출생. 법호는 팔산(八山)이며 법훈은 종사. 9인제자 가운데 최초로 입문하여 소태산 대종사 구도 당시에 물질적으로 후원하였으며, 방언공사 때 터진 둑을 온몸으로 막기도 하였다.

저축조합(貯蓄組合) 원기 2년(1917)에 개설한 원불교 창립의 기초를 닦기 위한 사업 중의 하나. 허례폐지, 미신타파, 금주단연, 근검저축, 공동출역 등으로 모여진 금액을 저축하여 공부할 비용과 사업할 자금을 준비하였음.

설시(設施) 설립.

후진(後進) 뒤를 이어 계승하는 사람.

보은미(報恩米) 은혜에 감사하는 마음으로 모은 쌀.

공동(共同) **출역**(出役) 공중사를 위해 여러 사람이 함께 나와 일함.

8. 대종사, 길룡리(吉龍里) 간석지(干潟地)의 방언(防堰) 일을 시작하사 이를 **감역**하시며 제자들에게 말씀하시기를 "지금 9인은 본래 일을 하지 않던 사람들이로되 대회상 창립 시기에 나왔으므로 남다른 고생이 많으나 그 대신 재미도 또한 적지 아니하리라. 무슨 일이든지 남이 다 이루어 놓은 뒤에 수고 없이 지키기만 하는 것보다는 내가 고생을 하고 창립을 하여 남의 **시조**가 되는 것이 의미 깊은 일이니, 우리가 건설할 회상은 과거에도 보지 못하였고 미래에도 보기 어려운 큰 회상이라 그러한 회상을 건설하자면, 그 법을 제정할 때 **도학**과 과학이 **병진**하여 참 문명 세계가 열리게 하며, **동(動)과 정(靜)**이 골라 맞아서 **공부**와 **사업**이 병진하게 하며, 모든 교법을 두루 통합하여 한 덩어리 한 집안을 만들어 서로 넘나들고 화하게 하여야 하므로, 모든 점에 결함이 없이하려 함에 자연 이렇게 일이 많도다."

길룡리(吉龍里) 전남 영광군 백수읍에 있는 마을로서 원불교의 영산 성지가 소재하고 있다. 소태산 대종사가 이곳에서 탄생, 성장, 구도와 대각을 하신 곳이다. 구인 기도봉, 소태산 대종사 대각비, 정관평 등 중요한 사적지가 있음.

간석지(干潟地) 밀물과 썰물이 드나드는 개펄.

방언(防堰) 바닷물이 밀려들어오는 것을 막기 위해 둑을 쌓음.

감역(監役) 토목이나 건축 공사를 감독함.

시조(始祖) 처음 문을 열은 창시자.

도학(道學) 진리를 깨치고 실천하도록 하는 가르침. 또는 지혜를 밝히는 마음공부의 가르침.

병진(竝進) 함께 아울러 조화롭게 나아감.

동(動)과 정(靜) 일이 있어 활동할 때와 일이 없어 고요할 때.

공부(工夫) 일원의 진리를 깨닫고 실천하는 수행. 마음공부.

사업(事業) 사은의 은혜에 감사하고 보은 봉공 생활에 힘쓰는 일. 곧 복 짓는 일.

9. 단원들이 방언 일을 진행할 때 이웃 마을의 **부호** 한 사람이 이를 보고 곧 분쟁을 일으키어 자기도 간석지 개척원을 관청에 제출하고 관계 당국에 자주 출입하여 장차 토지 소유권에 걱정되는 바가 적지 아니한지라 단원들이 그를 깊이 미워하거늘, 대종사 말씀하시기를 "공사 중에 이러한 분쟁이 생긴 것은 하늘이 우리의 정성을 시험하심인 듯하니 그대들은 조금도 이에 끌리지 말고 저 사람을 미워하고 원망하지도 말라. **사필귀정(事必歸正)**이 이치의 당연함이거니와 혹 우리의 노력한 바가 저 사람의 소유로 된다 할지라도 우리는 양심에 부끄러울 바가 없으며, 우리의 본의가 항상 **공중**을 위하여 활동하기로 한 바인데 비록 처음 계획과 같이 널리 사용되지는 못하나 그 사람도 또한 **중인** 가운데 한 사람은 되는 것이며, 이 빈궁한 해변 주민들에게 상당한 논이 생기게 되었으니 또한 대중에게 이익을 주는 일도 되지 않는가. 이때에 그대들은 **자타의 관념**을 초월하고 오직 공중을 위하는 **본의**로만 부지런히 힘쓴다면 일은 자연 바른 대로 해결되리라."

10. 하루는 **이춘풍(李春風)**이 와서 뵈오니, 대종사 말씀하시기를 "저 사람들이

부호(富豪) 재산이 넉넉하고 세력이 있는 사람.

사필귀정(事必歸正) 세상 모든 일이 반드시 바른 이치대로 돌아간다는 뜻.

공중(公衆) 여러 대중.

중인(衆人) 여러 사람. 대중(大衆).

자타의 관념(自他-觀念) 자기와 타인을 구분하는 생각.

본의(本意) 근본 뜻. 근본 목적.

이춘풍(李春風, 1876~1930) 경북 금릉 출생. 법호는 훈산(薰山). 소태산 대종사의 봉래 정사 생활을 뒷받침하였으며, 저서로는 『산중풍경(山中風景)』이 있다.

나를 찾아온 것은 도덕을 배우려 함이거늘, 나는 무슨 뜻으로 도덕은 가르치지 아니하고 이같이 먼저 **언(堰)**을 막으라고 하였는지 그 뜻을 알겠는가?" 춘풍이 사뢰기를 "저 같은 소견으로 어찌 깊으신 뜻을 다 알겠습니까마는 저의 생각에는 두 가지 이유가 있는 듯하오니, 첫째는 이 언을 막아서 공부하는 비용을 준비하게 하심이요, 다음은 **동심합력**으로 나아가면 이루지 못할 일이 없다는 증거를 보이시기 위함인가 하나이다." 대종사 말씀하시기를 "그대의 말이 대개 옳으나 그밖에도 나의 뜻을 더 들어 보라. 저 사람들이 원래에 공부를 목적하고 온 것이므로 먼저 굳은 신심이 있고 없음을 알아야 할 것이니, 수만 년 **불고**하던 간석지를 개척하여 논을 만들기로 하매 이웃 사람들의 **조소**를 받으며 겸하여 노동의 경험도 없는 사람들로서 충분히 믿기 어려운 이 일을 할 때 그것으로 참된 신심이 있고 없음을 알게 될 것이요, 이 한 일의 **시(始)와 종(終)**을 볼 때 앞으로 모든 사업을 성취할 힘이 있고 없는 것을 알 수 있을 것이요, 소비 절약과 근로 작업으로 **자작자급**하는 방법을 보아서 **복록(福祿)**이 어디서 오는지 그 근본을 알게 될 것이요, 그 괴로운 일을 할 때 **솔성(率性)**하는 법이 골

언(堰) 물이 밀려들어 오는 것을 막기 위하여 쌓은 둑.
동심합력(同心合力) 한 마음으로 힘을 합침.
불고(不顧) 돌아보지 않거나 돌보지 않음.
조소(嘲笑) 비웃음.
시(始)와 종(終) 처음과 끝.
자작자급(自作自給) 자기 스스로 생산하여 모자람이 없이 지냄.
복록(福祿) 복되고 영화로움.
솔성(率性) 마음을 바르게 다스리고 씀.

라져서 스스로 괴로움을 이길 만한 힘을 얻을 수 있을 것이니, 이 모든 생각으로 이 일을 착수시켰노라."

11. 방언이 준공되니 단원들이 서로 말하기를 "처음 시작할 때는 평지에 **태산**을 쌓을 것같이 어려운 생각이 들더니, 이제 이만큼 되고 보니 방언은 오히려 쉬운 일이나 앞으로 도(道) 이룰 일은 얼마나 어려울꼬." 하는지라, 대종사 들으시고 말씀하시기를 "그대들이 지금은 도 이루는 법을 알지 못하므로 그러한 말을 하거니와, 알고 보면 밥 먹기보다 쉬운 것이니 그 넉넉하고 한가한 심경이 어찌 저 언 막기 같이 어려우리오. 그대들이 이 뜻이 **미상**하거든 잘 들어 두었다가 공부 길을 깨친 뒤에 다시 생각하여 보라."

12. 길룡리 **옥녀봉**(玉女峰) 아래에 이 회상 최초의 **교당**을 건축할 때, 대종사 그 **상량**에 쓰시기를 '**사원기일월**(梭圓機日月) **직춘추법려**(織春秋法呂)'라 하시고, 또 그 아래에 쓰시기를 '**송수만목여춘립**(松收萬木餘春立) **계합천봉세**

태산(泰山) 중국 오악(五嶽) 중의 하나로 흔히 높고 큰 산을 비유하는 명칭.

미상(未詳) 확실하거나 분명하지 않음.

옥녀봉(玉女峰) 전남 영광군 백수읍 길룡리 영촌마을 뒤에 있는 산봉우리. 소태산 대종사가 7세경 옥녀봉에 걸린 구름을 보고서 우주와 인생에 대한 의문을 일으켰다고 함.

교당(敎堂) 일원의 진리를 신앙하고 수행하는 도량.

상량(上梁) 전통 건축에서 기둥을 세우고 들보를 얹은 다음 올린 마룻대.

사원기일월(梭圓機日月) **직춘추법려**(織春秋法呂) 두렷한 기틀에 해와 달로 북질하여 춘추(春秋)의 법려를 짜다. 즉 두렷한 진리의 기틀에 따라 해와 달이 왕래함에 만세에 거울 삼을 인도의 대의를 세우리라는 의미.

우명(溪合千峰細雨鳴)'이라 하시니라.

13. 대종사, 9인 단원에게 말씀하시기를 "지금 물질문명은 그 세력이 날로 융성하고 물질을 사용하는 사람의 정신은 날로 쇠약하여, 개인·가정·사회·국가가 모두 안정을 얻지 못하고 **창생**의 **도탄**이 장차 한이 없게 될지니, 세상을 구할 뜻을 가진 우리로서 어찌 이를 **범연히** 생각하고 있으리오. 옛 성현들도 창생을 위하여 지성으로 천지에 기도하여 **천의(天意)**를 감동시킨 일이 없지 않나니, 그대들도 이때를 당하여 **전일**한 마음과 지극한 정성으로 모든 사람의 정신이 물질에 끌리지 아니하고 물질을 사용하는 사람이 되어 주기를 천지에 기도하여 천의에 감동이 있게 하여 볼지어다. 그대들의 마음은 곧 하늘의 마음이라 마음이 한번 전일하여 조금도 **사**가 없게 되면 곧 천지와 더불어 그 **덕**을 합하여 모든 일이 다 그 마음을 따라 성공이 될 것이니, 그대들은 각자의 마음에 능히 천의를 감동시킬 요소가 있음을 알아야 할 것이며, 각자의 몸에 또한 창생

송수만목여춘립(松收萬木餘春立) 계합천봉세우명(溪合千峰細雨鳴) 소나무는 일만 나무들의 남은 봄을 거두어 서 있고, 시냇물은 일천 산봉우리에 내리는 가랑비를 합쳐 소리치며 흐른다는 의미.

창생(蒼生) 세상의 모든 사람.

도탄(塗炭) 몹시 곤궁하여 고통스러운 지경.

범연히(凡然-) 소홀하게. 안이하게.

천의(天意) 하늘의 뜻.

전일(專一) 마음이 오롯함.

사(私) 이기적이며 국한된 마음.

덕(德) 공정하고 남을 넓게 이해하고 받아들이는 마음이나 행동. 천지의 도가 행함에 따라 나타나는 은혜.

을 **제도**할 책임이 있음을 항상 명심하라." 하시고, **일자**와 방위를 지정하시어 일제히 기도를 계속하게 하시니라.

14. 원기 4년 8월 21일에 생사를 초월한 9인 단원의 지극한 정성이 드디어 **백지 혈인(白指血印)의 이적**으로 나타남을 보시고, 대종사 말씀하시기를 "그대들의 마음은 **천지신명**이 이미 감응하였고 **음부 공사(陰府公事)**가 이제 판결이 났으니 우리의 성공은 이로부터 비롯하였도다. 이제 그대들의 몸은 곧 시방 세계에 바친 몸이니, 앞으로 모든 일을 진행할 때 비록 **천신만고**와 **함지사지**를 당할지라도 오직 오늘의 이 마음을 변하지 말라. 또한, 가정에 대한 애착과 **오욕(五欲)**의 경계를 당할 때도 오직 오늘 일만 생각한다면 거기에 끌리지 아니할 것인즉, 그 끌림 없는 순일한 생각으로 공부와 사업에 오로지 힘쓰라." 하

제도(濟度) 구원. 구제.

일자(日字) 날짜.

백지 혈인(白指血印)의 이적(異蹟) 9인제자들이 '사무여한(死無餘恨 : 죽어도 여한이 없다는 의미)'이라 쓴 종이 위에 맨손가락으로 지장을 찍은 자리에 붉은 피 빛이 선명하게 나타난 신비스럽고 기이한 행적.

천지신명(天地神明) 천지의 조화를 주재하는 온갖 신령.

음부 공사(陰府公事) 보이지 않는 신령스러운 법계(法界)에서 관장하는 일. 또는 궁극적 진리의 신비스러운 조화를 비유적으로 나타낸 표현.

천신만고(千辛萬苦) 천 가지 매운 것과 만 가지 쓴 것. 온갖 어려운 고비.

함지사지(陷之死地) 위험하고 죽을 고비. 아주 어렵고 위험한 상황.

오욕(五欲) 인간의 다섯 가지 기본적인 욕망. 식욕, 색욕, 재물욕, 명예욕, 수면욕을 말함.

시고, **법호(法號)**와 **법명(法名)**을 주시며 말씀하시기를 "그대들의 전날 이름은 곧 세속의 이름이요 개인의 사사 이름이었던바, 그 이름을 가진 사람은 이미 죽었고 이제 세계 **공명(公名)**인 새 이름을 주어 다시 살리는 바이니, 삼가 받들어 가져서 많은 창생을 제도하라."

15. 대종사 말씀하시기를 "이제는 우리가 배울 바도 부처님의 도덕이요 후진을 가르칠 바도 부처님의 도덕이니, 그대들은 먼저 이 불법의 **대의**를 연구해서 그 진리를 깨치는 데에 노력하라. 내가 진작 이 불법의 진리를 알았으나 그대들의 정도가 아직 그 진리 분석에 못 미치는 바가 있고, 또한 불교가 이 나라에서 수백 년 동안 천대를 받아 온 끝에 누구를 막론하고 불교의 명칭을 가진 데에는 존경하는 뜻이 적게 된 지라, 열리지 못한 인심에 시대의 존경을 받지 못할까 하여 짐짓 법의 **사정 진위(邪正眞僞)**를 물론하고 오직 인심의 정도를 따라 순서 없는 교화로 한갓 **발심 신앙**에만 주력해 왔느니라. 그러나 이제 그 근본적 진리를 발견하고 참다운 공부를 성취하여 일체중생의 **혜·복(慧福)** 두 길을 인도하기로 하면 이 불법을 주체로 삼아야 할 것이며, 그뿐만 아니라 불교

법호(法號) 공부와 사업에 공덕을 쌓은 사람에게 주는 호칭.
법명(法名) 불문(佛門)에 처음 입문하는 사람에게 주는 이름.
공명(公名) 공적인 이름.
대의(大意/大義) 글이나 말의 대략적인 뜻.
사정 진위(邪正眞僞) 삿되고 바르고 진실 되고 거짓된 것.
발심 신앙(發心信仰) 도문(道門)에 참여하고자 하는 마음을 일으키는 믿음.
혜·복(慧福) 지혜와 복락.

는 장차 세계적 **주교**가 될 것이니라. 하지만 미래의 불법은 재래와 같은 제도의 불법이 아니라 사·농·공·상을 여의지 아니하고 **재가·출가**를 막론하고 일반적으로 공부하는 불법이 될 것이며, 부처를 숭배하는 것도 한갓 국한된 불상에만 **귀의**하지 않고 우주 만물 **허공 법계**를 다 부처로 알게 되므로 일과 공부가 따로 있지 아니하고 세상일을 잘하면 그것이 곧 불법 공부를 잘하는 사람이요 불법 공부를 잘하면 세상일을 잘하는 사람이 될 것이며, **불공**하는 법도 불공할 **처소**와 부처가 따로 있는 것이 아니라 불공하는 이의 일과 원을 따라 그 불공하는 처소와 부처가 있게 되나니, 이리된다면 **법당**과 부처가 없는 곳이 없게 되며 부처의 은혜가 **화피초목(化被草木) 뇌급만방(賴及萬方)**하여 상상하지 못할 이상의 **불국토**가 되리라. 그대들이여! 시대가 비록 천만 번 순환하나 이같은 기회 만나기가 어렵거늘 그대들은 다행히 만났으며, 허다한 사람 중에 아는 사람이 드물거늘 그대들은 다행히 이 기회를 알아서 처음 회상의 창립주가

주교(主敎) 세상을 밝게 이끄는 큰 가르침.

재가(在家) 세간에서 생활하며 수도하는 공부인.

출가(出家) 수도 문중에 들어온 전문 공부인.

귀의(歸依) 마음을 바쳐 의지함.

허공 법계(虛空法界) 허공처럼 텅 비어 보이지 않는 신령스러운 세계.

불공(佛供) 정성을 다해 부처를 받듦.

처소(處所) 장소.

법당(法堂) 법신불 일원상을 봉안하고 법회 및 각종 의식을 진행하는 곳.

화피초목(化被草木) 뇌급만방(賴及萬方) 덕화(德化)가 초목(草木)에까지 끼치고 따뜻한 은혜가 만방(萬方)에 두루 미침.

불국토(佛國土) 부처의 가르침이 실현되는 낙원 세계.

되었나니, 그대들은 오늘에 있어서 아직 증명하지 못할 나의 말일지라도 허무하다고 생각하지 말고 모든 지도에 따라 차차 지내가면 멀지 않은 장래에 가히 그 실지를 보게 되리라."

16. 대종사 말씀하시기를 "불교는 조선에 인연이 깊은 교로서 환영도 많이 받았으며 배척도 많이 받아 왔으나, 환영은 수백 년 전에 받았고 배척받은 지는 오래되지 아니하여, 정치의 변동과 유교의 세력에 밀려서 세상을 등지고 산중에 들어가 **유야무야(有耶無耶)** 중에 **초인간**적 생활을 하고 있었으므로 일반 사회에서는 그 법을 아는 사람이 적었느니라. 이에 따라 혹 안다는 사람은 말하되 산수와 경치가 좋은 곳에는 사원이 있다고 하며, 그 사원에는 승려와 불상이 있다고 하며, 승려와 불상이 있는 데를 따라 세상에 사는 사람은 복을 빌고 죄를 면하기 위하여 불공을 다닌다 하며, 승려는 불상의 제자가 되어서 처자 없이 독신 생활을 한다 하며, 삭발을 하고 **검박한** 옷을 입으며 **단주**를 들고 염불이나 **송경**을 하며 **바랑**을 지고 **동냥**을 하며, 혹 세속 사람을 대하면 아무리

유야 무야(有耶無耶) 있는 듯 없는 듯.
초인간(超人間) 세속을 떠나 초연(超然)하게 생활하는 사람.
검박한(儉朴-) 검소하고 소박한.
단주(短珠) 짧은 염주.
송경(誦經) 불경(경전)을 욈.
바랑(鉢襄) 승려가 등에 지고 다니는 자루 모양의 큰 주머니.
동냥 승려가 시주(施主)를 얻으려고 돌아다니는 일. 동령(動鈴).

천한 사람에게라도 문안을 올린다 하며, **어육 주초(魚肉酒草)**를 먹지 아니한다 하며, 모든 생명을 죽이지 아니한다 하느니라. 또한, 세상 사람들은 양반이라든지 부자라든지 팔자가 좋은 사람이라면 승려가 되지 않고 혹 **사주**를 보아서 운명이 좋지 못하다는 사람이나 혹 **세간사**에 실패하고 낙오한 사람들이 승려가 되는 것이라 하며, 승려 중에도 공부를 잘하여 도승이 되고 보면 사람 사는 집터나 백골을 장사하는 묘지를 보거나 **호풍환우(呼風喚雨)**나 **이산도수(移山渡水)** 하는 것을 마음대로 한다고도 하지마는, 그런 사람은 천에 하나나 만에 하나가 되는 것이니, 불법이라는 것은 허무한 도요 세상 사람은 못 하는 것이라 하며, 우리는 경치 찾아서 한 번씩 놀다 오는 것은 좋다고 하며, 누가 절에 다닌다든지 승려가 된다든지 하면 그 집은 망할 것이라 하며, 시체를 화장하니 자손이 도움을 얻지 못할 것이라 하여, 불법을 믿는 승려라면 별다른 사람같이 알아 왔느니라. 그러나 승려들의 실생활을 들어 말하자면, **풍진세상**을 벗어나서 산수 좋고 경치 좋은 곳에 정결한 사원을 건축하여 존엄하신 불상을 모시고, 사방에 인연 없는 단순한 몸으로 몇 사람의 동지와 **송풍나월(松風蘿**

어육 주초(魚肉酒草) 생선과 고기와 술과 담배.

사주(四柱) 한 사람이 태어난 생년월일시(生年月日時)를 근거로 길흉(吉凶), 화복(禍福) 등을 예측하는 법.

세간사(世間事) 세상에서 일어나는 일. 세속 생활.

호풍환우(呼風喚雨) 신통력으로 바람과 비를 불러 일으킴.

이산도수(移山渡水) 신통력으로 산을 옮겨 다니고 강을 건너는 것.

풍진세상(風塵世上) 바람에 티끌이 날리 듯 어지러운 세상.

月)에 마음을 의지하여 새소리 물소리 자연의 **풍악**을 사면으로 둘러놓고 신자들이 가져다주는 의식으로 걱정 없이 살며, 목탁을 울리는 가운데 염불이나 송경이나 좌선을 하다가 화려하고 웅장한 대건물 중에서 나와 수림 사이에 **소요**하는 등으로 살아왔나니, 일반 승려가 다 그러한 것은 아니나 **거개**가 이와 같이 한가한 생활, 정결한 생활, 취미 있는 생활을 하여 왔느니라. 그러나 이와 같은 생활을 계속하여 오는 동안에 부처님의 **무상 대도**는 세상에 알려지지 못하고 승려들은 **독선기신**(獨善其身)의 **소승**(小乘)에 떨어졌나니 이 어찌 부처님의 **본회**(本懷)시리오. 그러므로 부처님의 무상 대도에는 변함이 없으나 부분적인 교리와 제도는 이를 혁신하여, 소수인의 불교를 대중의 불교로, 편벽된 수행을 원만한 수행으로 돌리자는 것이니라.”

17. 대종사, 이어서 말씀하시기를 “부처님의 무상 대도는 한량없이 높고 한량

송풍나월(松風蘿月) 소나무 사이로 부는 바람과 담쟁이덩굴 사이로 비치는 달이라는 뜻으로 운치 있는 자연 경치를 이르는 말.

풍악(風樂) 아름다운 소리 혹은 음악.

소요(逍遙) 한가롭게 거닒.

거개(擧皆) 거의 대부분.

무상 대도(無上大道) 가장 높고 큰 도.

독선기신(獨善其身) 자기 개인의 수행에만 전념하는 것.

소승(小乘) 작게 싣고 운반한다는 뜻으로 수행을 통한 개인의 해탈을 중시하는 교법. 대승에 상대되는 표현.

본회(本懷) 본의(本意). 본래 품은 뜻.

없이 깊고 한량없이 넓어서 그 지혜와 능력은 입으로나 붓으로 다 **성언**하고 기록할 수 없으나, 대략을 들어 말하자면 우리는 모든 중생이 생사 있는 줄만 알고 **다생**이 있는 줄은 모르는데 부처님께서는 생사 없는 이치와 **다생 겁래**에 한없는 생이 있는 줄을 더 아시며, 우리는 우리 **일신**의 본래 이치도 모르는데 부처님께서는 우주 만유의 본래 이치까지 더 아시며, 우리는 **선도**와 **악도**의 구별이 분명하지 못하여 우리가 우리 일신을 악도에 떨어지게 하는데 부처님께서는 자신을 제도하신 후에 시방세계 일체중생을 악도에서 선도로 제도하는 능력이 있으시며, 우리는 우리가 지어서 받는 고락도 모르는데 부처님께서는 중생이 지어서 받는 고락과 우연히 받는 고락까지 아시며, 우리는 복락을 수용하다가도 못 하게 되면 할 수 없는데 부처님께서는 못 하게 되는 경우에는 복락을 다시 오게 하는 능력이 있으시며, 우리는 지혜가 어둡든지 밝든지 되는 대로 사는데 부처님께서는 지혜가 어두워지면 밝게 하는 능력이 있으시고 밝으면 계속하여 어두워지지 않게 하는 능력이 있으시며, 우리는 **탐심**이나 **진심**이나 **치심**에 끌려서 잘못하는 일이 많이 있는데 부처님께서는 탐·진·치에 끌리는 바가 없으시며, 우리는 우주 만유 있는 데에 끌려서 우주 만유 없는 데를 모

성언(成言) 말로 표현함.

다생(多生) 여러 생.

다생 겁래(多生劫來) 아주 오랜 시간 계속된 여러 생.

일신(一身) 자기 한 몸.

선도(善途) 밝고 행복한 길. 또는 육도 중 천상·인간계의 윤회를 의미함.

악도(惡途) 어둡고 괴로운 길. 또는 육도 중 지옥·아귀·축생·수라계의 윤회를 의미함.

탐심(貪心) 진심(嗔心) 치심(痴心) 세 가지 해로운 마음(삼독심, 三毒心). 탐심은 욕심 내는 마음, 진심은 화내는 마음, 치심은 어리석은 마음.

르는데 부처님께서는 있는 데를 당할 때 없는 데까지 아시고 없는 데를 당할 때 있는 데까지 아시며, 우리는 **천도(天道) 인도(人道) 수라(修羅) 축생(畜生) 아귀(餓鬼)** 지옥(地獄)의 **육도(六途)**와 **태란습화(胎卵濕化) 사생(四生)**이 무엇인지 알지도 못하는데 부처님께서는 이 육도사생의 변화하는 이치까지 아시며, 우리는 남을 해(害)하여서라도 자기만 좋게 하려 하는데 부처님께서는 사물을 당할 때 **자리이타**로 하시다가 못하게 되면 이해와 생사를 불고하고 남을 이롭게 하는 것을 자신의 복락으로 삼으시며, 우리는 현실적으로 국한된 소유물밖에 자기의 소유가 아니요 현실적으로 국한된 집밖에 자기의 집이 아니요 현실적으로 국한된 권속밖에 자기의 **권속**이 아닌데 부처님께서는 우주 만유가 다 부처님의 소유요 시방세계가 다 부처님의 집이요 일체중생이 다 부처님의 권속이라 하였으니, 우리는 이와 같은 부처님의 지혜와 능력을 얻어서 중생 제

천도(天道) 일체 생령이 윤회하는 여섯 가지 세계(육도-천도, 인도, 수라, 축생, 아귀, 지옥) 중 하나로 현실 세계에서 복을 많이 지은 사람이 태어나게 된다는 천상 세계를 말함.

인도(人道) 육도 중 하나로 인간세계를 말함.

수라(修羅) 몸을 받지 못하고 떠돌아다니며 싸우기를 좋아하는 귀신의 세계.

축생(畜生) 고통이 많고 즐거움은 적으며 서로 싸우고 잡아먹는 짐승 세계.

아귀(餓鬼) 탐욕심이 많은 사람이 죽어서 떨어진다는 악도 세계.

육도(六途) 일체 생령이 윤회하는 여섯 가지 세계. 천상, 인간, 수라, 축생, 아귀, 지옥.

태란습화(胎卵濕化) 사생(四生) 일체 생령이 태어나는 네 가지 유형. 태생은 태를 통해 태어나는 것. 난생은 알로 태어나는 것. 습생은 습지에서 태어나는 것. 화생은 의지한 데 없이 홀연히 생겨나는 것.

자리이타(自利利他) 나와 다른 사람이 함께 이로움.

권속(眷屬) 한집에서 거느리고 사는 식구.

도하는 데에 노력하자는 바이니라."

18. 대종사, 또 말씀하시기를 "과거의 불교는 **출세간 생활**을 **본위**로 하여 교리
와 제도가 조직이 되었으므로 세간 생활하는 일반 사람에게는 모든 것이 잘 맞
지 아니하였으며, 세간 생활하는 신자는 주가 되지 못하고 객과 같이 되었으므
로 그중에서 특수한 사업과 특별한 공부를 한 사람이라면 모르겠지만 그렇지
못한 보통 신자는 출세간 공부하는 승려와 같이 부처님의 직통 제자로나 불가
의 조상으로 들어가기가 어렵게 되었으며, 또한 종교라 하는 것은 인간을 상대
로 된 것인데 인간이 없는 산간에 교당을 두었으니 세간 생활에 **분망한** 사람들
이 어느 여가에 세간을 벗어나서 그 가르침을 받을 것이며, 일반 사람이 배우
기도 어렵고 알기도 어려운 문자로 경전이 되어 있으므로 유무식·남녀·노소
에게 두루 가르쳐 주기가 어렵게 되었으며, 의식 생활도 사·농·공·상의 직업
을 놓아 버리고 불공이나 **시주**나 **동냥**으로 생활을 하였으니 어찌 대중이 다 할
생활이며, 결혼도 출세간 공부인에게는 절대로 금하였으며, 예법도 여러 가지
형식 불공만 밝히고 세간 생활에 대한 예법은 밝히지 아니하였으니 어찌 그 생
활이 또한 넓다 할 것인가. 그러므로 우리는 재가와 출가에 대하여 주객의 차

출세간 생활(出世間生活) 세속을 벗어나 수도에만 전념하는 생활.
본위(本位) 중심이 되는 기준.
분망한(奔忙-) 매우 바쁜.
시주(施主) 스님이나 절에 보시하는 행위.
동냥 승려가 시주(施主)를 얻으려고 돌아다니는 일. 동령(動鈴).
형식 불공(形式佛供) 외형적인 절차나 의식에 치우친 불공.

별이 없이 공부와 사업의 등위만 따를 것이며, 불제자의 계통도 재가와 출가의 차별이 없이 할 것이며, 수도하는 처소도 신자를 따라 어느 곳이든지 설치할 것이며, 경전도 그 정수를 가려서 일반 대중이 다 배울 수 있도록 쉬운 말로 편찬할 것이며, 출가 공부인의 의식 생활도 각자의 처지를 따라 직업을 갖게 할 것이며, 결혼도 각자의 원에 맡길 것이며, 예법도 번잡한 형식 불공법을 다 준행할 것이 아니라 **사실 불공**을 주로 하여 세간 생활에 적절하고 유익한 예법을 더 밝히자는 것이니라. 또한, 출가를 하는 것도 특수한 경우를 제외하고는, 유년기에는 문자를 배우게 하고, 장년기에는 **도학**을 배우며 **제도 사업**에 노력하게 하고, 노년기에는 경치 좋고 한적한 곳에 들어가 세간의 **애착·탐착**을 다 여의고 **생사 대사**를 연마하면서 **춘추**로는 세간 교당을 순회하여 교화에 노력하고 **동하**에는 다시 수양 생활을 주로 하여서 일생 생활에 결함 된 점이 없게 하자는 것이며, 이 교리 이 제도를 운전하는 기관도 시대와 인심을 따라 결함 됨이 없도록 하자는 것이니라."

사실 불공(事實佛供) 사은 당처(바로 그 대상)에 사실적인 행동·실천을 통해서 하는 불공.

도학(道學) 진리를 깨치고 실천하도록 하는 가르침. 또는 지혜를 밝히는 마음공부의 가르침.

제도 사업(濟度事業) 고통 받는 중생을 구원하는 일.

애착(愛着) 몹시 사랑하거나 끌리어서 떨어지지 아니함. 또는 그런 마음.

탐착(貪着) 만족할 줄 모르고 탐하는 마음을 버리지 못함.

생사 대사(生死大事) 인생에 있어서 태어나고 죽는 일이 매우 큰 일이라는 뜻.

춘추(春秋) 봄, 가을.

동하(冬夏) 겨울, 여름.

19. 대종사, 또 말씀하시기를 "과거 불가에서 가르치는 과목은 혹은 경전을 가르치며, 혹은 **화두(話頭)**를 들고 좌선하는 법을 가르치며, 혹은 염불하는 법을 가르치며, 혹은 **주문**을 가르치며, 혹은 불공하는 법을 가르치는데, 그 가르치는 본의가 모든 경전을 가르쳐서는 불교에 대한 교리나 제도나 역사를 알리기 위함이요, 화두를 들려서 좌선을 시키는 것은 경전으로 가르치기도 어렵고 말로 가르치기도 어려운 현묘한 진리를 깨치게 함이요, 염불과 주문을 읽게 하는 것은 번거한 세상에 사는 사람이 애착 탐착이 많아서 정도(正道)에 들기가 어려운 고로 처음 불문에 오고 보면 번거한 정신을 통일시키기 위하여 가르치는 법이요, 불공법은 신자의 소원성취와 **불사(佛事)**에 도움을 얻기 위하여 가르치나니, 신자라면 이 과목을 한 사람이 다 배워야 할 것인데 이 과목 중에서 한 과목이나 혹은 두 과목을 가지고 거기에 집착하여 편벽된 수행 길로써 서로 파당을 지어 신자의 신앙과 수행에 장애가 되었으므로, 우리는 이 모든 과목을 통일하여 **선종**의 많은 화두와 **교종**의 모든 경전을 단련하여 번거한 화두와 번거한 경전은 다 놓아버리고 그중에 제일 강령과 요지를 밝힌 화두와 경전으로 일과 이치에 연구력 얻는 과목을 정하고, 염불·좌선·주문을 단련하여 정신 통

화두(話頭) 깨달음으로 이끌기 위한 의문을 일으키는 실마리(조목). 불조의 법문, 대화, 일화 등.

주문(呪文) 무궁한 뜻이 있어 이를 외는 사람이 모든 재액에서 벗어나 불보살의 위력을 얻게 된다는 신비로운 글귀.

불사(佛事) 불법을 널리 펼치기 위한 사업.

선종(禪宗) 불경에 의지하지 않고 참선으로 본래 마음을 깨달으며 이심전심(以心傳心)으로 그 경지를 전하는 것을 종지로 하는 종파. 불립문자(不立文字), 교외별전(敎外別傳), 직지인심(直指人心), 견성성불(見性成佛)을 강령으로 제시함.

교종(敎宗) 석가모니의 교법이 담긴 경전을 중심으로 종지를 세운 종파.

일하는 수양 과목을 정하고, 모든 계율과 **과보** 받는 내역과 **사은**의 도를 단련하여 세간 생활에 적절한 **작업 취사**의 과목을 정하고, 모든 신자로 하여금 이 삼대 과목을 병진하게 하였으니, 연구 과목을 단련하여서는 부처님과 같이 **이무애(理無礙) 사무애(事無礙)** 하는 연구력을 얻게 하며, 수양 과목을 단련하여서는 부처님과 같이 사물에 끌리지 않는 수양력을 얻게 하며, 취사 과목을 단련하여서는 부처님과 같이 불의와 정의를 분석하고 실행하는 데 취사력을 얻게 하여, 이 **삼대력(三大力)**을 일상생활에 불공하는 자료로 삼아 모든 **서원**을 달성하는 원동력으로 삼게 하면 교리가 자연 통일될 것이요 신자의 수행도 또한 원만하게 될 것이니라."

과보(果報) 지은 바(원인)에 따라 받게 되는 결과.

사은(四恩) 법신불의 네 가지 은혜. 천지은, 부모은, 동포은, 법률은.

작업 취사(作業取捨) 삼학수행의 하나. 작업은 무슨 일에나 안이비설신의 육근을 작용함을 뜻하고, 취사란 정의는 취하고 불의는 버림을 뜻한다.

이무애(理無礙) 사무애(事無礙) 우주의 모든 이치와 인생의 모든 일에 걸리고 막힘이 없는 것.

삼대력(三大力) 삼학 수행을 아울러 닦아 얻은 세 가지 큰 힘. 수양력, 연구력, 취사력.

서원(誓願) 원(願)을 세우고 그것을 이루고자 다짐하는 일.

제2 교의품

敎義品

교의품(敎義品) 주요 교리에 대한 해석과 실천 방향을 밝힌 법문. 일원상과 인간과의 관계, 일원상의 신앙과 수행, 정신문명과 물질문명의 조화, 종교와 정치의 관계 등에 관한 법문으로 구성되어 있다.

1. 대종사 말씀하시기를 "과거에 모든 교주(教主)가 때를 따라 나오시어 인생의 행할 바를 가르쳐 왔으나 그 교화의 주체는 시대와 지역을 따라 서로 달랐나니, 비유하여 말하자면 같은 의학 가운데도 각기 전문 분야가 있는 것과 같으니라. 그러므로 불가(佛家)에서는 우주 만유의 형상 없는 것을 주체 삼아서 생멸 없는 진리와 인과보응의 이치를 가르쳐 **전미개오(轉迷開悟)**의 길을 주로 밝히셨고, 유가(儒家)에서는 우주 만유의 형상 있는 것을 주체 삼아서 **삼강·오륜**과 **인·의·예·지**를 가르쳐 **수·제·치·평(修齊治平)**의 길을 주로 밝히셨으며, **선가(仙家)**에서는 우주 자연의 도를 주체 삼아서 **양성(養性)**하는 방법을 가르쳐 **청정 무위(清靜無爲)**의 길을 주로 밝히셨나니, 이 세 가지 길이 그 주체는

전미개오(轉迷開悟) 번뇌의 미혹을 벗어나 깨달음에 이름.

삼강오륜(三綱五倫) 유교의 도덕에서 기본이 되는 세 가지의 강령과 지켜야 할 다섯 가지의 도리. 삼강(三綱)은 군위신강(君爲臣綱), 부위자강(父爲子綱), 부위부강(夫爲婦綱)이고, 오륜(五倫)은 군신유의(君臣有義), 부자유친(父子有親), 부부유별(夫婦有別), 장유유서(長幼有序), 붕우유신(朋友有信)이다.

인·의·예·지(仁義禮智) 사람으로서 마땅히 갖추어야 할 네 가지 덕목(四德). 인(仁)은 사람을 널리 사랑하는 어진 마음, 의(義)는 불의를 물리치고 정의를 실천하는 의로움, 예(禮)는 인간 사회에서 마땅히 지켜야하는 질서와 형식, 지(智)는 우주의 이치와 인간의 본성을 파악할 수 있는 지혜.

수·제·치·평(修齊治平) 수신제가치국평천하(修身齊家治國平天下)의 준말. 『대학(大學)』에서는 "옛날에 명덕(明德)을 천하에 밝히고자 하는 자는 먼저 치국(治國)하고, 치국하려는 자는 먼저 제가(齊家)하고, 제가하려는 자는 먼저 수신(修身)한다."고 밝히고 있다.

선가(仙家) 선인(仙人)이 되는 길을 가르치는 학파 또는 도문(道門). 여기서는 주로 노자(老子), 장자(莊子)의 사상을 중심으로 하는 도가(道家)를 가리킴.

양성(養性) 성품(본래 마음)을 잘 지키고 함양함.

청정 무위(清靜無爲) 청정은 물들지 않은 맑고 담박한 삶. 무위는 인위적이지 않은 소박하고 자연스러운 삶.

비록 다를지라도 세상을 바르게 하고 생령을 이롭게 하는 것은 다 같은 것이니라. 그러나 과거에는 유·불·선(儒佛仙) 삼교(三敎)가 각각 그 분야만의 교화를 주로 하여 왔지마는 앞으로는 그 일부만 가지고는 널리 세상을 구원하지 못할 것이므로, 우리는 이 모든 교리를 통합하여 수양·연구·취사의 **일원화(一圓化)**와 **영육 쌍전(靈肉雙全) 이사 병행(理事竝行)** 등의 방법으로 모든 과정을 정하였나니, 누구든지 이대로 잘 공부한다면 삼교의 **종지**를 일관할 뿐 아니라 세계 모든 종교의 교리며 천하의 모든 법이 다 한 마음에 돌아와서 능히 **사통오달**의 큰 도를 얻게 되리라."

2. 한 제자 여쭙기를 "어떠한 것을 큰 **도**라 이르나이까?" 대종사 말씀하시기를 "천하 사람이 다 행할 수 있는 것은 천하의 큰 도요 적은 수만 행할 수 있는

일원화(一圓化) 일원의 진리에 부합하여 하나 되게 함.

영육 쌍전(靈肉雙全) 인간의 정신(수도)과 육신(생활)을 아울러서 조화된 생활을 하는 것.

이사 병행(理事竝行) 공부(理)와 사업(事)을 병행해야 한다는 뜻. 개인적으로는 깊은 수행을 통하여 이상적 인격을 이루는 동시에 사회적으로는 이상세계 건설을 위해 힘을 다하자는 뜻.

종지(宗旨) 종교의 가장 근본되고 중심이 되는 교의(敎義)와 취지(趣旨).

사통오달(四通五達) 어느 것에도 막히고 걸림없이 두루 통한다는 말.

도(道) 큰 가르침.

것은 작은 도라 이르나니, 그러므로 우리의 **일원 종지와 사은 사요 삼학 팔조**는 온 천하 사람이 다 알아야 하고 다 실행할 수 있으므로 천하의 큰 도가 되느니라."

3. 박광전(朴光田)이 여쭙기를 "**일원상**과 인간과의 관계가 어떠하오니까?" 대종사 말씀하시기를 "네가 큰 진리를 물었도다. 우리 회상에서 일원상을 모시는 것은 과거 불가에서 불상을 모시는 것과 같으나, 불상은 부처님의 형체(形體)를 나타낸 것이요 일원상은 부처님의 **심체(心體)**를 나타낸 것이니라. 형체라 하는 것은 한 인형에 불과한 것이요, 심체라 하는 것은 **광대 무량**하여 능히

일원 종지(一圓宗旨) 근본 되는 가르침인 일원의 진리.

사은(四恩) 법신불의 네 가지 은혜. 천지은, 부모은, 동포은, 법률은.

사요(四要) 은혜를 사회적으로 실현하여 평등 세계를 건설하는 네 가지 요긴한 길. 자력 양성, 지자 본위, 타자녀 교육, 공도자 숭배.

삼학(三學) 법신불 일원상을 표본 삼아 인격을 함양해 가는 세 가지 수행 방법.

팔조(八條) 삼학수행을 촉진하는 신·분·의·성과 방해하는 불신·탐욕·나·우.

박광전(朴光田, 1915~1986) 전남 영광 출생. 법호는 숭산(崇山)이며 법훈은 종사. 소태산 대종사의 첫째 아들로 원광대학교의 설립과 발전에 기여함. 원광대 총장을 역임하였고 저서로는 『대종경 강의』가 있다.

일원상(一圓相) 한 둥근 모습(O)으로 소태산 대종사가 제시한 법신불의 상징. 일원, 원상 등으로 표현하기도 함. 궁극적 진리에 대한 상징.

심체(心體) 마음의 본체로서 부처님의 마음 자리를 표현.

광대 무량(廣大無量) 헤아릴 수 없이 넓고 큼.

유와 무를 총섭하고 삼세를 관통하였나니, 곧 천지 만물의 본원이며 언어도단의 입정처(入定處)라. 유가에서는 이를 일러 태극(太極) 혹은 무극(無極)이라 하고, 선가에서는 이를 일러 자연 혹은 도라 하고, 불가에서는 이를 일러 청정 법신불이라 하였으나, 원리는 모두 같은 바로서 비록 어떠한 방면 어떠한 길을 통한다 할지라도 최후 구경에는 다 이 일원의 진리에 돌아가나니, 만일 종교라 이름하여 이러한 진리에 근원을 세운 바가 없다면 그것은 곧 사도(邪道)니라. 그러므로 우리 회상에서는 이 일원상의 진리를 우리의 현실 생활과 연락시키는 표준으로 삼았으며, 신앙과 수행의 두 문을 밝히었느니라.”

유(有)와 무(無)를 총섭(總攝) 유(변화, 현상)와 무(불변, 본체)의 세계를 모두 포함하고 초월함.

삼세(三世)를 관통 과거와 현재와 미래를 꿰뚫어서 통함.

본원(本源) 이치의 근원. 우주에 있는 모든 존재 및 현상의 근원.

언어도단(言語道斷)의 입정처(入定處) 말과 글의 길이 끊어져 생각으로 헤아릴 수 없고 언어로도 표현할 수 없으며 모든 분별이 끊어지고 번뇌가 사라진 선정(禪定)의 경지.

태극(太極) 우주 만물의 근본 이치. 중국 송대(宋代)의 성리학자인 주렴계(周濂溪)의 「태극도설(太極圖說)」에서 우주 만물의 근원으로 제시한 이래 특히 성리학에서 중시된 개념.

무극(無極) 시간의 한계와 공간의 국한을 넘어선 태극의 초월성을 표현하는 개념.

자연(自然) ‘스스로 그러하다’는 뜻으로 우주 만물의 근본인 도(道)가 스스로 운행됨을 표현한 개념.

청정 법신불(淸淨法身佛) 텅 비어 맑고 고요한 가운데 조화가 구족한 진리 부처님.

구경(究竟) 궁극의 경지.

사도(邪道) 바르지 못한 길. 원만하지 못하고 치우친 길.

4. 또 여쭙기를 "일원상의 신앙은 어떻게 하나이까?" 대종사 말씀하시기를 "일원상을 신앙의 대상으로 하고 그 진리를 믿어 복락을 구하나니, 일원상의 내역을 말하자면 곧 사은이요, 사은의 **내역**을 말하자면 곧 우주 만유로서 천지 만물 **허공 법계**가 다 부처 아님이 없나니, 우리는 어느 때 어느 곳이든지 항상 **경외심**을 놓지 말고 존엄하신 부처님을 대하는 청정한 마음과 경건한 태도로 천만 사물에 응할 것이며, 천만 사물의 **당처**에 직접 **불공**하기를 힘써서 현실적으로 복락을 장만할지니, 이를 몰아 말하자면 편협한 신앙을 돌려 원만한 신앙을 만들며, **미신적 신앙**을 돌려 **사실적 신앙**을 하게 한 것이니라."

5. 또 여쭙기를 "일원상의 수행은 어떻게 하나이까?" 대종사 말씀하시기를 "일원상을 수행의 표본으로 하고 그 진리를 체 받아서 자기의 인격을 양성하나니, 일원상의 진리를 깨달아 천지 만물의 **시종 본말**과 인간의 생로병사와 인과보응의 이치를 걸림 없이 알자는 것이며, 일원과 같이 마음 가운데에 아무 사심(私心)이 없고 애욕과 탐착에 기울고 굽히는 바가 없이 항상 두렷한 성품

내역(內譯) 자세하고 분명한 내용.
허공 법계(虛空法界) 허공처럼 텅 비어 보이지 않는 신령스러운 세계.
경외심(敬畏心) 공경하고 두려워하는 마음.
당처(當處) 바로 그 대상.
불공(佛供) 정성을 다해 부처로 받듦.
미신적 신앙(迷信的信仰) 궁극적 진리를 바탕으로 하지 않은 미혹된 신앙.
사실적 신앙(事實的信仰) 궁극적 진리를 바탕으로 한 실제적 신앙.
시종 본말(始終本末) 처음과 끝과 사물이나 일의 처음과 끝.

자리를 **양성**하자는 것이며, 일원과 같이 모든 경계를 대하여 마음을 쓸 때 희로애락과 **원근친소**에 끌리지 아니하고 모든 일을 오직 바르고 공변되게 처리하자는 것이니라. 일원의 원리를 깨닫는 것은 견성(見性)이요 일원의 **체성**을 지키는 것은 양성(養性)이요 일원과 같이 원만한 실행을 하는 것은 솔성(率性)인바, 우리 공부의 요도인 정신 수양과 사리 연구와 작업 취사도 이것이요 옛날 부처님께서 말씀하신 **계정혜(戒定慧)** 삼학도 이것으로서, 수양은 정이며 양성이요 연구는 혜며 견성이요 취사는 계며 솔성이라. 이 공부를 지성으로 하면 학식 있고 없는 데에도 관계가 없으며 총명 있고 없는 데에도 관계가 없으며 남녀노소를 막론하고 다 **성불**함을 얻으리라."

6. 또 여쭙기를 "그러하오면 도형(圖形)으로 그려진 저 일원상 자체에 그러한 진리와 위력과 공부법이 그대로 갊아 있다는 것이오니까?" 대종사 말씀하시기를 "저 원상은 참 일원을 알리기 위한 한 표본이라. 비하건대 손가락으로 달을 가리킴에 손가락이 참 달은 아닌 것과 같으니라. 그런즉 공부하는 사람은 마땅히 저 표본의 일원상으로 인하여 참 일원을 발견하여야 할 것이며, 일원의 참된 성품을 지키고 일원의 원만한 마음을 실행하여야 일원상의 진리와 우리의 생활이 완전히 합치되리라."

양성(養成) 길러 온전하게 함.
원근친소(遠近親疏) 멀고 가깝고 친하고 친하지 않은 다양한 인간관계.
체성(體性) 본성. 법신불 자체. 법신불 본래 그 자리.
계정혜(戒定慧) 부처를 이루는 세 가지 공부 방법으로 계율과 선정과 지혜를 말함.
성불(成佛) 부처를 이룸.

7. 대종사 말씀하시기를 "일원의 진리를 요약하여 말하자면 곧 **공(空)**과 **원 (圓)**과 **정(正)**이니, 양성에서는 **유무 초월**한 자리를 **관**하는 것이 공이요 마음의 **거래** 없는 것이 원이요 마음이 기울어지지 않는 것이 정이며, 견성에서는 일원 의 진리가 철저하여 언어의 도가 끊어지고 **심행처**가 없는 자리를 아는 것이 공 이요 **지량(知量)**이 광대하여 막힘이 없는 것이 원이요 아는 것이 **적실**하여 모 든 사물을 바르게 보고 바르게 판단하는 것이 정이며, 솔성에서는 모든 일에 **무념행**을 하는 것이 공이요 모든 일에 **무착행**을 하는 것이 원이요 모든 일에 **중도행**을 하는 것이 정이니라."

8. 대종사 말씀하시기를 "공부하는 사람들이 현묘한 진리를 깨치려 하는 것은 그 진리를 실생활에 활용하고자 함이니, 만일 활용하지 못하고 그대로 둔다

공(空) 원(圓) 정(正) 일원의 진리의 세 가지 속성. 공은 텅 비어 물듦이 없는 자리, 원은 결함 없이 두루 갖춘 자리, 정은 치우침이 없는 바른 자리.

유무 초월(有無超越) 분별 있음에도 묶이지 않고, 분별 없음에도 빠지지 않는 경지.

관(觀) 분별없는 마음으로 비추어 봄. 관조.

거래(去來) 가고 옴.

심행처(心行處) 마음이 움직여 가는 곳.

지량(知量) 지혜의 역량 이나 정도.

적실(的實) 틀림이 없이 실상에 부합됨.

무념행(無念行) 허공같이 텅 빈 흔적 없는 마음으로 행하는 것.

무착행(無着行) 집착 없는 마음으로 행하는 것.

중도행(中道行) 한 편에 기울지 않고 넘치거나 모자람이 없이 꼭 알맞게 행함.

면 이는 쓸데없는 일이라. 이제 **법신불** 일원상을 실생활에 부합시켜 말해 주리라. 첫째는 일원상을 대할 때마다 **견성 성불**하는 화두(話頭)를 삼을 것이요, 둘째는 일상생활에 일원상과 같이 원만하게 수행하여 나아가는 표본으로 삼을 것이며, 셋째는 이 우주 만유 전체가 죄복을 직접 내려주는 **사실적 권능**이 있는 것을 알아서 진리적으로 믿어 나아가는 대상으로 삼을 것이니, 이러한 진리를 아는 사람은 일원상을 대할 때마다 마치 부모의 사진같이 숭배하게 될 것이니라.

9. 한 사람이 여쭙기를 "**귀교**에서는 어느 부처님을 **본사(本師)**로 모시나이까?" 대종사 말씀하시기를 "석가모니불을 본사로 숭배하노라." 또 여쭙기를 "석가모니불이 본사일진대 **법당**에 어찌 석가모니 불상을 모시지 아니하고 일원상을 모셨나이까?" 대종사 말씀하시기를 "석가모니 불상이 우리에게 죄 주고 복 주는 증거는 사실적으로 해석하여 가르치기가 어려우나, 일원상은 곧 청정 법신불을 나타낸 바로서 천지·부모·동포가 다 법신불의 **화신(化身)**이요 법률도 또한 법신불의 주신 바라. 이 천지·부모·동포·법률이 우리에게 죄 주고 복 주는

법신불(法身佛) 진리 부처님.

견성 성불(見性成佛) 본래 성품을 깨닫고 부처를 이룸.

사실적 권능(事實的權能) 실제적인 힘과 능력.

귀교(貴敎) 귀하가 믿는 종교. 원불교를 이름.

본사(本師) 근본되는 스승.

법당(法堂) 법신불 일원상을 봉안하고 법회 및 각종 의식을 진행하는 곳.

화신(化身) 응하여 나타난 모습. 인연 따라 구체화한 모습.

증거는 얼마든지 해석하여 가르칠 수가 있으므로 일원상을 신앙의 대상으로 모신 것이니라." 또 여쭙기를 "그러하오면 석가모니불을 본사로 모신다는 것은 말뿐이요 특별히 숭배하는 행사는 없지 아니하나이까?" 대종사 말씀하시기를 "비록 법당에 불상을 모시지는 아니하였으나, 일반 신자들에게 부처님을 지극히 존숭하도록 신심을 인도하는 동시에 참다운 숭배는 부처님께서 말씀하신 근본정신을 존중히 받들고 또한 육근을 작용할 때 그대로 행을 닦아서 부처님의 법통과 사업을 영원히 계승 발전시킴에 있다는 뜻을 역설하는 바인즉, 어찌 불상을 모시고 **조석예불** 하는 것만을 숭배라 하리오."

10. 또 여쭙기를 "일원상을 모시고 죄복의 출처를 사실적으로 해석하여 가르치는 것이 인지가 발달한 이 시대에 지혜 있는 사람들에게는 극히 적합할 일이오나, 어느 세상을 물론하고 지혜 있는 사람은 적고 어리석은 사람은 많은 것이 사실이오니, 어리석은 대중에게 신심을 넣어 주는 데에는 불상을 모시는 것이 더 유리하지 아니하겠나이까?" 대종사 말씀하시기를 "법신불 사은이 우리에게 죄 주고 복 주는 증거는 아무리 어리석은 사람이라도 자상히 설명하여 주면 알기도 쉽고 믿기도 쉬울 줄로 생각하는 바나, 불상이 아니면 신심이 나지 않는 사람은 불상을 모신 곳에서 제도를 받아도 또한 좋을 것이니, 그리한다면 불상을 믿는 사람도 제도할 수 있고 일원상을 믿는 사람도 제도할 수가 있지 아니하겠는가."

조석예불(朝夕禮佛) 아침 저녁으로 부처에게 불공드리는 것.

11. 또 여쭙기를 "일원상과 석가모니불과의 관계는 어떠하오니까?" 대종사 말씀하시기를 "일원은 곧 모든 진리의 근원이요, 석가모니불은 이 진리를 깨치사 우리에게 가르쳐 주신 스승님이시니, 비록 이 세상에 아무리 좋은 진리가 있다 할지라도 그를 발견하여 가르쳐 주시는 분이 없다면 그 진리가 우리에게 활용되지 못할 것이요, 비록 석가모니불이 이 세상에 나오셨다 할지라도 이 세상에 일원상의 진리가 없었다면 석가모니불이 되실 수도 없고 또한 49년 동안 설법하실 자료도 없었을지니라. 그러므로 우리는 법신불 일원상을 진리의 상징으로 하고 석가모니불을 본사로 하여 **법신 여래(法身如來)**와 **색신 여래(色身如來)**를 같이 숭배하노라. 그러나 이것은 일원상과 석가모니불을 구별하여 보는 자리에서 하는 말이요 만일 구별 없는 진리 자리에서 본다면 일원상과 석가모니불이 둘이 아님을 또한 알아야 하리라."

12. 한 제자 여쭙기를 "불상 숭배와 일원상 숭배의 다른 점은 어떠하옵나이까?" 대종사 말씀하시기를 "불상 숭배는 부처님의 인격에 국한하여 후래 제자로서 그 부처님을 추모 존숭하는 데에 뜻이 있을 뿐이나, 일원상 숭배는 그 뜻이 실로 넓고 크나니, 부처님의 인격만 신앙의 대상으로 모시는 것보다 우주 만유 전체를 다 부처님으로 모시고 신앙하여 모든 죄복과 고락의 근본을 우주 만유 전체 가운데 구하자는 것이며, 또한 이를 직접 수행의 표본으로 하여 일원상과 같이 원만한 인격을 양성하자는 것이니, 그 다른 점이 대개 이러하니라."

법신 여래(法身如來) 진리 부처.
색신 여래(色身如來) 인간의 몸으로 화현한 부처.

13. 대종사 말씀하시기를 "불상을 숭배하는 것이 교화 발전에 혹 필요가 있기도 하였으나 현재와 미래를 생각하면 그렇지 못할 것이 사실이니, 사람들이 저 불상을 수천 년이나 모셔 보았으므로 이제는 점차 그 위력에 대한 각성이 생겨날 것이요 각성이 생겨난다면 **무상 대도**의 이치는 알지 못하고 다만 그 한 방편만 허무하다 하여 믿지 않게 될 것이라 어찌 발전에 장해가 없을 것이며, 존엄하신 불상을 한갓 각자의 생활을 도모하는 수단으로 모시는 사람도 적지 아니할 것이니 어찌 유감스럽지 아니하리오. 그러므로 우리는 법신불 일원상을 모시기로 한 것이니라."

14. 또 말씀하시기를 "이 시대는 전 세계 인류가 차차 장년기에 들어 그 지견이 발달되는지라, 모든 사람이 고락 경계를 당할 때는 혹 죄복에 대한 이해가 있을 것이며, 죄복에 대한 이해가 있고 보면 그 죄복의 근본처를 찾을 것이며, 찾고 보면 그 뜻이 드러날 것이요 그 뜻이 드러나고 보면 잘 믿을 것이니, 사실로 이해하기 좋은 신앙처를 발견하여 숭배하면 **지자와 우자**를 막론하고 **안심입명(安心立命)**을 얻을 것이니라. 또한, 과거와 같이 **자기 불공**을 다른 사람에게 의뢰할 것이 아니라 자기 불공은 자기가 주로 하여야 할 것이며, 불공하는 방식도 신자라면 다 알아야 할 것이니 그 방법의 강령은 곧 이 교리와 제도라

무상 대도(無上大道) 가장 높고 큰 도.
지자와 우자(智者–愚者) 지혜로운 사람과 어리석은 사람.
안심입명(安心立命) 마음을 편안히 가지고 몸을 천명(天命)에 맡기어 어떠한 일에도 여유로움.
자기 불공(自己 佛供) 자신을 위하여 드리는 불공.

할 것이며, 불공하는 방법을 알아 불공을 한 후에 성공을 하는 것도 또한 구분이 있나니 그 일의 **형세**를 따라서 정성을 계속하여야 성공이 있으리라. 그러므로 **인연 작복(因緣作福)**을 잘하고 못하는 것과 **부귀 빈천**되는 것이 다 **다생 겁래**를 왕래하면서 불공 잘하고 못하는 데 있나니, 복이 많고 지혜가 많은 사람은 법신불 일원상의 이치를 깨치어 천지 만물 허공 법계를 다 부처님으로 숭배하며, 성공의 기한 구별도 분명하며, 죄복의 근원처를 찾아서 불공하므로 무슨 서원이든지 반드시 성공할 것이니, 우리는 불상 한 분만 부처로 모실 것이 아니라 천지 만물 허공 법계를 다 부처님으로 모시기 위하여 법신불 일원상을 숭배하자는 것이니라."

15. **대종사, 봉래정사(蓬萊精舍)**에 계실 때 하루는 어떤 노인 부부가 지나가다 말하기를, 자기들의 **자부(子婦)**가 성질이 불순하여 불효가 막심하므로 **실상사(實相寺)** 부처님께 불공이나 올려 볼까 하고 가는 중이라고 하는지라, 들으시

형세(形勢) 상황. 형편.

인연 작복(因緣作福) 좋은 인연을 많이 지어서 복락을 장만함.

부귀 빈천(富貴 貧賤) 재산이 많고 지위가 높은 것과 가난하고 천한 것을 아울러 이르는 말.

다생 겁래(多生 劫來) 아주 오랜 시간 계속 된 여러 생(生).

봉래정사(蓬萊精舍) 전북 부안군 변산면 중계리 내변산 실상사 주변에 있었던 실상초당과 석두암을 아울러 봉래정사라 부름. 소태산 대종사가 이곳에서 교리를 초안하고 제도를 구상하였으며 교단의 창립 방향을 계획하고 창립 인연들을 만났다.

자부(子婦) 며느리.

실상사(實相寺) 전북 부안군 변산면 내변산에 소재한 절.

고 말씀하시기를 "그대들이 어찌 **등상불**에게는 불공할 줄을 알면서 산 부처에게는 불공할 줄을 모르는가." 그 부부 여쭙기를 "산 부처가 어디 계시나이까?" 대종사 말씀하시기를 "그대들의 집에 있는 자부가 곧 산 부처이니, 그대들에게 효도하고 불효할 직접 권능이 그 사람에게 있는 연고라. 거기에 먼저 공을 들여 봄이 어떠하겠는가." 그들이 다시 여쭙기를 "어떻게 공을 들이오리까?" 대종사 말씀하시기를 "그대들이 불공할 비용으로 자부의 뜻에 맞을 물건도 사다 주며 자부를 오직 부처님 공경하듯 위해 주어 보라. 그리하면 그대들의 정성에 따라 불공한 효과가 나타나리라." 그들이 집에 돌아가 그대로 하였더니, 과연 몇 달 안에 효부가 되는지라 그들이 다시 와서 무수히 감사를 올리거늘, 대종사 옆에 있는 제자들에게 말씀하시기를 "이것이 곧 죄복을 직접 당처에 비는 실지 불공(實地佛供)이니라."

16. 김영신(金永信)이 여쭙기를 "사은 당처에 실지 불공하는 외에 다른 불공법은 없나이까?" 대종사 말씀하시기를 "불공하는 법이 두 가지가 있으니, 하나는 사은 당처에 직접 올리는 실지 불공이요, 둘은 형상 없는 허공 법계를 통하여 법신불께 올리는 진리 불공이라. 그대들은 이 두 가지 불공을 때와 곳과 일을 따라 적당히 활용하되 그 원하는 일이 성공되도록까지 정성을 계속하면 시일의 차이는 있을지언정 이루지 못할 일은 없으리라." 또 여쭙기를 "진리 불

등상불(等像佛) 부처님의 형상을 본떠 만든 불상.
김영신(金永信, 1908~1984) 서울 출생. 법호는 융타원(融陀圓)이며 법훈은 대봉도. 초량교당 교무, 중앙수양원 교감 등을 역임하였다.

공은 어떻게 올리나이까?" 대종사 말씀하시기를 "몸과 마음을 **재계(齋戒)**하고 법신불을 향하여 각기 소원을 세운 후 일체 사념을 제거하고, **선정(禪定)**에 들든지 염불과 **송경**을 하든지 혹은 주문 등을 외어 일심으로 정성을 올리면, 결국 소원을 이루는 동시에 큰 위력이 나타나 **악도 중생**을 제도할 능력과 **백천 사마**라도 **귀순**시킬 능력까지 있을 것이니, 이렇게 하기로 하면 **일백 골절**이 다 힘이 쓰이고 **일천 정성**이 다 사무쳐야 하느니라."

17. 한 제자가 **심고**의 감응되는 이치를 여쭙거늘, 대종사 말씀하시기를 "심고의 감응은 심고하는 사람의 정성에 따라 무위자연한 가운데 상상하지 못할 위력을 얻게 되는 것이라 말로써 이를 다 증거하기가 어려우나, 가령 악한 마음이 자주 일어나 없애기가 힘들 때는 정성스럽게 심고를 올리면 자연 중 그 마음이 나지 않고 선심으로 돌아가게 되며, 악을 범하지 아니하려 하나 전날의 습관으로 그 악이 자주 범하여지는 경우에 그 죄과를 **실심(實心)**으로 고백하고

재계(齋戒) 깨끗이 하고 부정한 일을 삼가 함.
선정(禪定) 일체의 번뇌 망상이 끊어진 본래 마음에 머묾.
송경(誦經) 불경(경전)을 욈.
악도 중생(惡途衆生) 육도 중 지옥·아귀·축생·수라계를 윤회하며 고통 받는 중생.
백천 사마(百千邪魔) 정법(正法) 수행을 방해하는 모든 삿되고 나쁜 마군.
귀순(歸順) 스스로 돌아서서 복종하거나 순종함.
일백 골절(一百骨節) 모든 뼈와 마디.
일천 정성(一千精誠) 온갖 정성.
심고(心告) 법신불 사은 전에 마음으로 고하여 기원함.
실심(實心) 진실한 마음.

후일의 선행을 지성으로 발원하면 자연히 개과천선의 힘이 생기기도 하나니, 이것이 곧 감응을 받는 가까운 증거의 하나이며, 과거 전설에 **효자의 죽순**이나 **충신의 혈죽(血竹)**이나 우리 **9인의 혈인**이 다 이 감응의 실적으로 나타난 바이니라. 그러나 지성스러운 마음으로 꾸준히 그 서원을 계속하며 한번 고백한 서원에 결코 위반되는 일이 없어야만 결국 큰 감응과 위력이 나타나는 것이니 이 점에 특히 명심하여야 할 것이며, 만일 이와 같이 하여 **확호한** 심력(心力)을 얻으면 무궁한 **천권(天權)**을 잡아 천지 같은 위력을 발휘할 수도 있느니라.”

18. 대종사 말씀하시기를 “우리 공부의 요도 삼학(三學)은 우리의 정신을 단련하여 원만한 인격을 이루는 데에 가장 필요한 법이며, 잠깐도 떠날 수 없는 법이니, 예를 들면 육신의 의식주 3건과 다름이 없다 하노라. 즉 우리의 육신이 이 세상에 나오면 먹고 입고 거처할 집이 있어야 하나니, 만일 한 가지라도 없으면 우리의 생활에 결함이 있게 될 것이요, 우리의 정신에는 수양·연구·취사

효자의 죽순(孝子-竹筍) 중국 삼국시대 오나라 선비 맹종(孟宗)의 효행 이야기. 그의 어머니가 큰 병에 걸렸는데 어머니를 위한 간절한 마음으로 한겨울에 대나무밭에서 정성을 다해 기도를 드린 후 눈 속에서 솟아난 죽순으로 병환을 치료했다는 이야기.

충신(忠臣)의 혈죽(血竹) 구한말 민영환(閔泳煥,1861~1905)이 을사조약 체결의 부당함을 호소하며 자결한 후 그 충절이 피를 머금은 대나무로 나타났다는 이야기.

9인의 혈인(九人-血印) 소태산 대종사의 9인제자들이 이룬 혈인. ‘사무여한(死無餘恨 : 죽어도 여한이 없다는 의미)’이라 쓴 종이 위에 맨손가락으로 지장을 찍은 자리에 붉은 피 빛이 선명하게 나타난 이적(異蹟).

확호한(確乎-) 아주 굳세고 든든한.

천권(天權) 하늘의 권능. 우주 자연을 운행하고 인간 만사를 주재하는 하늘의 권능 또는 조화.

의 세 가지 힘이 있어야 살 수 있나니, 만일 한 가지라도 부족하다면 모든 일을 원만히 이룰 수 없느니라. 그러므로 나는 영육 쌍전의 견지에서 육신에 관한 의식주 3건과 정신에 관한 **일심·알음알이·실행**의 3건을 합하여 6대 강령이라고도 하나니, 이 6대 강령은 서로 떠날 수 없는 관계를 가지고 한가지로 우리의 생명선이 되느니라. 그러나 보통 사람들은 육신에 관한 세 가지 강령은 소중한 줄 알면서도 정신에 관한 세 가지 강령이 중한 줄은 알지 못하나니, 이 어찌 어두운 생각이 아니리오. 그 실은 정신의 세 가지 강령을 잘 공부하면 육신의 세 가지 강령이 자연히 따라오는 이치를 알아야 할 것이니, 이것이 곧 **본(本)과 말(末)**을 알아서 행하는 법이니라."

19. 대종사 말씀하시기를 "보통 사람들의 생활은 한갓 의식주를 구하는 데만 힘을 쓰고, 그 의식주를 나오게 하는 원리는 찾지 아니하나니 이것이 실로 답답한 일이라. 육신의 의식주가 필요하다면 육신 생활을 지배하는 정신의 일심과 알음알이와 실행의 힘은 더 필요할 것이 아닌가. 정신의 이 세 가지 힘이 양성되어야 그에 따라 의식주가 잘 얻어질 것이요, 이것으로 그 사람의 원만한 인격도 이루어질 것이며, 각자의 마음 근본을 알고 그 마음을 마음대로 쓰게 되어야 의식주를 얻는 데에도 정당한 도가 실천될 것이며, 생로병사를 **해탈**하

일심(一心) 전일하고 온전한 마음. 정신 수양을 표현한 말.
알음알이 일과 이치의 핵심을 파악함. 사리 연구를 표현한 말.
실행(實行) 실천에 옮김. 작업 취사를 표현한 말.
본(本)과 말(末) 처음과 끝.
해탈(解脫) 모든 속박에서 벗어나 자유로움.

여 **영생**의 길을 얻고 인과의 이치를 알아 혜복을 구하게 될 것이니, 이것이 또한 참답고 영원한 의식주 해결의 길이라. 그러므로 정신의 삼강령이 곧 의식주 3건의 근본이 된다 하노라.”

20. 대종사, 선원 대중에게 말씀하시기를 “재래 사원에서는 **염불종**(念佛宗)은 언제나 염불만 하고, **교종**(敎宗)은 언제나 **간경**(看經)만 하며, **선종**(禪宗)은 언제나 좌선만 하고, **율종**(律宗)은 언제나 계(戒)만 지키면서, 같은 불법 가운데 서로 시비 장단을 말하고 있으나, 그것은 다 계·정·혜 삼학의 한 과목들이므로 우리는 이것을 **병진**하게 하되, 매일 새벽에는 좌선을 하게 하고, 낮과 밤에는 경전·강연·회화·의두·성리·일기·염불 등을 때에 맞추어서 하게 하여, 이 여러 가지 과정으로 고루 훈련하나니, 누구든지 이대로 정진한다면 재래의 훈련에 비하여 몇 배 이상의 실 효과를 얻을 수 있으리라.”

영생(永生) 영원한 삶.
염불종(念佛宗) 아미타불의 명호(名號)를 독송(讀誦)하여 극락 왕생하기를 바라는 불교의 한 종파로 정토종(淨土宗)이 대표적이다.
교종(敎宗) 석가모니의 교법이 담긴 경전을 중심으로 종지를 세운 종파.
간경(看經) 경을 공부함.
선종(禪宗) 불경에 의지하지 않고 참선으로 본래 마음을 깨달으며 이심전심(以心傳心)으로 그 경지를 전하는 것을 종지로 하는 종파. 불립문자(不立文字), 교외별전(敎外別傳), 직지인심(直指人心), 견성성불(見性成佛)을 강령으로 함.
율종(律宗) 계율의 실천을 중시하는 불교의 한 종파.
병진(竝進) 함께 아울러 조화롭게 나아감.

21. 대종사, 또 말씀하시기를 "우리가 경전으로 배울 때는 삼학이 비록 과목은 각각 다르나, 실지로 공부를 해나가는 데는 서로 떠날 수 없는 연관이 있어서 마치 **쇠스랑**의 세 발과도 같나니, 수양을 하는 데에도 연구·취사의 합력이 있어야 할 것이요, 연구를 하는 데에도 수양·취사의 합력이 있어야 할 것이요, 취사를 하는 데에도 수양·연구의 합력이 있어야 하느니라. 그러므로 삼학을 병진하는 것은 서로 그 힘을 어울려 공부를 지체 없이 전진하게 하자는 것이며, 선원에서 대중이 모이어 공부에 대한 의견을 교환하는 것은 그에 따라 **혜두**가 고루 발달하여 과한 힘을 들이지 아니하여도 능히 큰 **지견**을 얻을 수 있게 하자는 것이니라."

22. 대종사 말씀하시기를 "공부하는 사람은 세상의 천만 경계에 항상 삼학의 대중을 놓지 말아야 할 것이니, 삼학을 비유하여 말하자면 배를 운전하는 데 지남침 같고 기관사 같은지라, **지남침**과 기관사가 없으면 그 배가 능히 바다를 건너지 못할 것이요, 삼학의 대중이 없으면 사람이 능히 세상을 잘 살아 나가기가 어려우니라."

23. 대종사 말씀하시기를 "나의 교화하는 법은 비하건대 나무의 가지와 잎사

쇠스랑 땅을 파헤쳐 고르거나 두엄이나 풀 무덤 따위를 쳐내는 데 쓰는 갈퀴 모양의 농기구.
혜두(慧頭) 지혜가 솟아나는 원천.
지견(知見) 지혜와 식견.
지남침(指南針) 나침반.

귀로부터 뿌리에 이르게도 하고, 뿌리로부터 가지와 잎사귀에 이르게도 하나니, 이는 각각 그 사람의 **근기**를 따라 법을 베푸는 연고이니라."

24. 송도성(宋道性)이 여쭙기를 "제가 전날에 옛 성인의 경전도 혹 보았고 그 뜻의 설명도 들어보았사오나 그때는 한갓 읽어서 욀 뿐이요 도덕의 참뜻이 실지로 해득되지 못하옵더니, 대종사를 뵈온 후로는 차차 **사리**에 밝아짐이 있사오나 알고 보니 전에 보던 그 글이요 전에 듣던 그 말씀이온데 어찌하여 모든 것이 새로 알아지는 감이 있사온지 그 이유를 알고자 하나이다." 대종사 말씀하시기를 "옛 경전은, 비유하여 말하자면 이미 지어 놓은 옷과 같아서 모든 사람의 몸에 고루 다 맞기가 어려우나, 직접 **구전심수(口傳心授)**로 배우는 것은 그 몸에 맞추어 새 옷을 지어 입는 것과 같아서 옷이 각각 그 몸에 맞으리니, 각자의 근기와 경우를 따라 각각 그에 맞는 법으로 **마음 기틀**을 계발하는 공부가 어찌 저 고정한 경전만으로 하는 공부에 비할 바이리오."

25. 목사 한 사람이 말하기를 "예로부터 어느 교단을 막론하고 대개 계율(戒律)을 말하였으나 제 생각으로는 그것이 도리어 사람의 순진한 천성을 억압하

근기(根機) 불법을 믿고 이해하며 수행할 수 있는 능력 또는 자질.

송도성(宋道性, 1907~1946) 경북 성주 출생. 법호는 주산(主山)이며 법훈은 종사. 중앙 총부 총무부장, 교정원장 등을 역임하였다.

사리(事理) 일과 이치.

구전심수(口傳心授) 제자의 근기에 맞게 스승이 말로 전하고 마음으로 가르침.

마음 기틀 마음공부가 잘 이루어질 수 있는 기반.

고 자유의 정신을 속박하여 사람을 교화하는 데 적지 않은 지장이 되는가 하나이다." 대종사 말씀하시기를 "어떠한 점에서 그러한 생각을 하게 되었는가?" 목사 말하기를 "세상 사람들이 종교의 진리를 이해하지 못하여 공연히 배척하는 수도 없지 않지마는 대개는 교리의 신성함은 느끼면서도 사실로 믿음에 들지 않는 것은 그 이면에 계율을 꺼리어 주저하는 수도 적지 않사오니 이러한 사람들은 계율이 없었으면 구제의 범위에 들었을 것이 아니오니까?" 대종사 말씀하시기를 "귀하는 다만 그러한 사람들이 제도의 범위에 들지 못하는 것만 애석히 알고 다른 곳에 큰 영향이 미칠 것은 생각지 아니하는가. 우리에게도 서른 가지 계문이 있으나 한 가지도 삭제할 만한 것이 없으므로 그대로 지키게 하노라. 다만 계율을 주는 방법은 사람의 공부 정도에 따라 단계적으로 주는데, 누구나 처음 입교하면 저 세상에서 젖은 습관이 쉽게 떨어지지 않을 것이므로 그들에게 능히 지킬 만한 정도로 먼저 10계를 주고 또 단계를 밟아 올라가는 대로 10계씩을 더 주며 30계를 다 마친 후에는 계율을 더 주지 아니하고 자유에 맡기나니, 그 정도에 이른 사람은 부당한 일과 당연한 일을 미리 알아 행하는 까닭이니라. 그러나 그렇지 못한 사람은 도저히 그대로 방임할 수 없나니, 자각 있는 공부인과 초학자 다스리는 방식이 어찌 서로 같을 수 있으리오. 세상에는 어리석은 사람이 더 많거늘 지금 귀하의 주장은 천만인 가운데 한두 사람에게나 적당할 법이라 어찌 한두 사람에게 적당할 법으로 천만인을 등한시하리오. 또는, 사람이 혼자만 생활한다면 자행자지하여도 별 관계가 없을지 모르나 세상은 모든 **법망(法網)**이 정연히 벌여 있고 일반 사회가 고루 보고 있

법망(法網) 법의 그물. 법률이나 그 집행 기관을 비유적으로 이르는 말.

나니, 불의의 행동을 자행한다면 어느 곳을 향하여 설 수 있겠는가. 그러므로 나는 생각하기를 사람이 세상에 나서면 **일동일정**을 조심하여 엷은 얼음을 밟는 것같이 하여야 인도에 탈선됨이 없을 것이므로 공부인에게 계율을 주지 않을 수 없다 하노라."

26. 대종사, 부산 지방에 가시니 교도 몇 사람이 와서 뵈옵고 말하기를 "저희가 대종사의 법을 한량없이 **흠앙**하오나, 다만 어업을 생계로 삼으므로 항상 첫 계문을 범하게 되오니, 이것이 부끄러워 스스로 **퇴굴심**이 나나이다." 대종사 말씀하시기를 "근심하지 말라. 사람의 생업(生業)은 졸지에 바꾸기 어려우니라. 그대들이 받은 30 계문 가운데에 그 한 계문은 비록 범한다 할지라도, 그 밖의 스물아홉 계를 성심으로 지킨다면 능히 스물아홉 선을 행하여 사회에 무량한 공덕이 나타나리니, 어찌 한 조목을 수행하지 못한다 하여 가히 지킬 만한 남은 계문까지 범하여 더욱 죄고의 구렁에 들어가리오. 또한, 남은 계문을 다 능히 지키면 그 한 계문도 자연히 지킬 길이 생기게 되리니, 이와 같은 신념으로 공부에 조금도 주저하지 말라."

27. 대종사, 선원에 출석하여 말씀하시기를 "**이인의화(李仁義華)**가 지금 큰

일동일정(一動一靜) 사람의 모든 일상 행위와 동작.

흠앙(欽仰) 공경하여 우러러 사모함.

퇴굴심(退屈心) 순역 경계에 부딪쳐서 정진하지 못하고 물러서거나 타락하는 마음.

이인의화(李仁義華, 1879~1963) 전북 전주 출생. 법호는 대타원(大陀圓)이며 법훈은 종사. 동산선원, 이리교당 등의 창설에 기여하였다.

발심이 나서, 영업하는 것도 잊어버리고 예회를 본다 선원에 참예한다 하여 그 **신성**이 대단하므로, 상을 주는 대신에 이 시간을 인의화에게 허락하노니 물을 일이 있거든 물어보라." 인의화 여쭙기를 "어떤 사람이 너희 교에서는 무엇을 가르치고 배우느냐고 묻는다면 어떻게 대답하오리까?" 대종사 말씀하시기를 "원래 불교는 **일체유심조(一切唯心造)** 되는 이치를 스스로 깨쳐 알게 하는 교이니 그 이치를 가르치고 배운다고 하면 될 것이요, 그 이치를 알고 보면 **불생불멸**의 이치와 **인과보응**의 이치까지도 다 해결되느니라." 또 여쭙기를 "그 이치를 안 후에는 어떻게 공부를 하나이까?" 대종사 말씀하시기를 "마음이 **경계**를 대하여 요란하지도 않고 어리석지도 않고 그르지도 않게 하느니라."

28. 대종사, 김영신에게 물으시기를 "사람이 세상에서 생활하기로 하면 어떠한 것이 제일 긴요한 것이 되겠느냐?" 영신이 사뢰기를 "의식주에 관한 것이 제일 긴요하다고 생각하나이다." 또 물으시기를 "네가 학교에서 배운 여러 과목 중에서는 어떠한 과목이 제일 긴요한 것이 되겠느냐?" 영신이 사뢰기를

발심(發心) 도(道)를 구하려는 마음을 냄.

신성(信誠) 정성스러운 믿음.

일체유심조(一切唯心造) 현상의 모든 것은 마음이 짓는 바라는 뜻. 『화엄경(華嚴經)』 중 '약인욕료지(若人欲了知) 삼세일체불(三世一切佛) 응관법계성(應觀法界性) 일체유심조(一切唯心造)'에서 유래한 표현.

불생불멸(不生不滅) '생겨나지도 않고 없어지지도 않는다'는 뜻으로 영원히 변함이 없는 진리의 실상을 뜻함.

인과보응(因果報應) 지은 바(원인)에 따라 반드시 결과를 받게 되는 원리.

경계(境界) 마음 작용을 일으키는 모든 대상, 환경, 조건.

"수신하는 과목이 제일 긴요하다고 생각되나이다." 대종사 말씀하시기를 "네 말이 옳도다. 사람이 육신 생활을 하는 데에는 의식주가 중요하고 공부를 하는 데에는 수신이 중요하나니 이는 곧 의식주나 수신이 생활과 공부의 근본이 되는 까닭이니라. 그러나 지금 학교에서 가르치는 수신 과목만으로는 수신의 법이 충분하지 못할 것이요 오직 마음 닦는 공부를 주장하는 도가가 아니면 그 진경을 다 발휘하지 못할 것이니, 그러므로 **도학** 공부는 모든 학술의 주인이요 모든 공부의 근본이 되는 줄을 항상 명심하라."

29. 대종사, 선원 대중에게 물으시기를 "그대들은 여기서 무엇을 배우느냐고 묻는 이가 있다면 어떻게 대답하겠는가?" 하시니, 한 선원(禪員)은 "**삼대력** 공부를 한다 하겠나이다." 하고, 또 한 선원은 "**인생의 요도**를 배운다 하겠나이다." 하며, 그밖에도 여러 사람의 대답이 한결같지 아니한지라, 대종사 들으시고 말씀하시기를 "그대들의 말이 다 그럴듯하나 나도 또한 거기에 부연하여 한 말 하여 주리니 자세히 들으라. 무릇, 무슨 문답이나 그 상대편의 인물과 태도에 따라 그때 적당한 대답을 하여야 할 것이나 대체로 대답한다면 나는 모든 사람의 마음 작용하는 법을 가르친다고 할 것이며, 거기에 다시 부분적으로 말하자면 지식 있는 사람에게는 지식 사용하는 방식을, 권리 있는 사람에게는 권

도학(道學) 진리를 깨치고 실천하도록 하는 가르침. 또는 지혜를 밝히는 마음공부의 가르침.
삼대력(三大力) 삼학 수행을 아울러 닦아 얻은 세 가지 큰 힘. 수양력, 연구력, 취사력.
인생의 요도(人生-要道) 사람으로서 마땅히 해야 할 올바르고 요긴한 길. 사은 사요(四恩四要).

리 사용하는 방식을, 물질 있는 사람에게는 물질 사용하는 방식을, 원망 생활하는 사람에게는 감사 생활하는 방식을, 복 없는 사람에게는 복 짓는 방식을, 타력 생활하는 사람에게는 자력 생활하는 방식을, 배울 줄 모르는 사람에게는 배우는 방식을, 가르칠 줄 모르는 사람에게는 가르치는 방식을, 공익심 없는 사람에게는 공익심이 생겨나는 방식을 가르쳐 준다고 하겠노니, 이를 몰아 말하자면 모든 재주와 모든 물질과 모든 환경을 오직 바른 도로 이용하도록 가르친다 함이니라."

30. 또 말씀하시기를 "지금 세상은 **물질문명**의 발전을 따라 사농공상에 대한 학식과 기술이 많이 진보되었으며, 생활 기구도 많이 화려하여졌으므로 이 화려한 물질에 눈과 마음이 황홀하여지고 그 반면에 물질을 사용하는 정신은 극도로 쇠약하여, 주인 된 정신이 도리어 물질의 노예가 되고 말았으니 이는 실로 크게 근심될 현상이라. 이 세상에 아무리 좋은 물질이라도 사용하는 마음이 바르지 못하면 그 물질이 도리어 악용되고 마는 것이며, 아무리 좋은 재주와 박람 박식이라도 그 사용하는 마음이 바르지 못하면 그 재주와 **박람 박식**이 도리어 공중에 해독을 주게 되는 것이며, 아무리 좋은 환경이라도 그 사용하는 마음이 바르지 못하면 그 환경이 도리어 죄업을 돕지 아니하는가. 그러므로 천하에 벌여진 모든 바깥 문명이 비록 찬란하다 하나 오직 마음 사용하는 법의 조종 여하에 따라 이 세상을 좋게도 하고 낮게도 하나니, 마음을 바르게 사용

물질문명 과학의 발달이 가져온 기술의 산물, 문명의 이기, 지식 정보 등.
박람 박식(博覽博識) 두루 많이 보아 아는 것이 많음.

하면 모든 문명이 다 낙원을 건설하는 데 보조하는 기관이 되는 것이요, 마음을 바르지 못하게 사용하면 모든 문명이 도리어 도둑에게 무기를 주는 것과 같이 되느니라. 그대들은 새로이 각성하여 이 모든 법의 주인이 되는 **용심법(用心法)**을 부지런히 배워서 천만 경계에 항상 **자리이타**로 모든 것을 **선용(善用)**하는 마음의 조종사가 되며, 그 조종 방법을 여러 사람에게 교화하여 물심양면으로 참 문명 세계 건설하는 데에 노력할지어다."

31. 대종사 말씀하시기를 "안으로 **정신문명**을 촉진하여 도학을 발전시키고 밖으로 물질문명을 촉진하여 과학을 발전시켜야 영육이 쌍전하고 내외가 겸전하여 결함 없는 세상이 되리라. 그러나 만일 현대와 같이 물질문명에만 치우치고 정신문명을 등한시하면 마치 철모르는 아이에게 칼을 들려 준 것과 같아서 어느 날 어느 때 무슨 화를 당할지 모를 것이니, 이는 육신은 완전하나 정신에 병이 든 불구자와 같고, 정신문명만 있고 물질문명이 없는 세상은 정신은 완전하나 육신에 병이 든 불구자와 같나니, 그 하나가 충실하지 못하고 어찌 완전한 세상이라 할 수 있으리오. 그러므로 내외 문명이 병진되는 시대라야 비로소 결함 없는 평화 안락한 세계가 될 것이니라."

용심법(用心法) 마음을 잘 사용하는 법.
자리이타(自利利他) 나와 다른 사람이 함께 이로움.
선용(善用) 가치 있게 잘 활용함.
정신문명 본래 마음을 회복하고 발현시키는 일체의 도덕문명.

32. 대종사 말씀하시기를 "세상 사람들이 물질문명과 **도덕문명**의 두 가지 혜택으로 그 생활에 한없는 편리와 이익을 받게 되나니, 여러 발명가와 도덕가에게 늘 감사하지 아니할 수 없느니라. 그러나 물질문명은 주로 육신 생활에 편리를 주는 것이므로 그 공효가 바로 현상에 나타나기는 하나 그 공덕에 국한이 있으며, 도덕문명은 원래 형상 없는 사람의 마음을 단련하는 것이므로 그 공효가 더디기는 하나 그 공덕에 국한이 없나니, **제생 의세(濟生醫世)** 하는 위대한 힘이 어찌 물질문명에 비할 것이며, 그 광명이 어찌 한세상에 그치고 말 것이리오. 그러나 지금 사람들은 아직까지 나타난 물질문명은 찾을 줄 알면서도 형상 없는 도덕문명을 찾는 사람은 적으니 이것이 당면한 큰 유감이니라."

33. 대종사 말씀하시기를 "과거에는 부처님께서 모든 출가 수행자에게 잘 입으려는 것과 잘 먹으려는 것과 잘 거처하려는 것과 세상 낙을 즐기려는 것들을 다 엄중히 말리시고 세상 낙에 욕심이 나면 오직 심신을 적적하게 만드는 것만을 낙으로 삼으라 하시었으나, 나는 가르치기를 그대들은 정당한 일을 부지런히 하고 분수에 맞게 의식주도 수용하며 피로의 회복을 위하여 때로는 **소창**도 하라 하노니, **인지**가 발달하고 생활이 향상되는 이 시대에 어찌 좁은 법만으로 교화를 할 수 있으리오. 마땅히 **원융(圓融)**한 불법으로 개인·가정·사회·국가·

도덕문명 정신문명.
제생 의세(濟生醫世) 고통 받는 생령들을 구제하고 병든 세상을 치유한다는 뜻.
소창(消暢) 심심하거나 답답한 마음을 풀어 후련하게 함.
인지(人知) 사람의 지식과 지혜.
원융(圓融) 원만하여 걸림 없이 두루 통달함.

세계에 두루 활용되게 하여야 할 것이니 이것이 내 법의 주체이니라.”

34. 대종사, **영산**에서 선원 대중에게 말씀하시기를 “지금 세상은 전에 없던 문명한 시대가 되었다 하나, 우리는 한갓 밖으로 찬란하고 편리한 물질문명에만 도취할 것이 아니라, 마땅히 그에 따르는 결함과 장래에 미칠 영향을 잘 생각해 보아야 할 것이니, 지금 세상은 밖으로 **문명의 도수**가 한층 나아갈수록 안으로 병맥(病脈)의 근원이 깊어져서, 이것을 이대로 놓아두다가는 장차 구하지 못할 **위경**에 빠지게 될 것이라, **세도(世道)**에 관심을 가진 사람들로 하여금 깊은 근심을 놓지 못하게 하는 바이니라. 그러면 지금 세상은 어떠한 병이 들었는가. 첫째는 돈의 병이니, 인생의 온갖 향락과 욕망을 달성함에는 돈이 먼저 필요하다는 것을 알게 된 사람들은 의리나 염치보다 오직 돈이 중하게 되어 이로 인하여 모든 **윤기(倫氣)**가 쇠해지고 **정의(情誼)**가 상하는 현상이라 이것이 곧 큰 병이며, 둘째는 원망의 병이니, 개인·가정·사회·국가가 서로 자기의 잘못은 알지 못하고 저편의 잘못만 살피며 남에게 은혜 입은 것은 알지 못하고 나의 은혜 입힌 것만을 생각하여 서로서로 미워하고 원망함으로써 크고

영산(靈山) 전남 영광군 백수읍에 위치한 원불교의 발상지. 소태산 대종사가 탄생, 성장, 구도 과정을 거쳐 대각하고 교단 창립의 기초를 다졌던 성지.

문명의 도수(度數) 문명의 발달 정도. 운세(運勢)의 흐름.

위경(危境) 위태로운 처지나 환경.

세도(世道) 세상의 흐름.

윤기(倫氣) 사람과 사람 사이에 지켜야 할 도리.

정의(情誼) 사람사이의 따뜻한 정.

작은 싸움이 그칠 날이 없나니 이것이 곧 큰 병이며, 셋째는 의뢰의 병이니, 이 병은 수백 년 **문약(文弱)의 폐**를 입어 이 나라 사람에게 더욱 심한바 부유한 집안 자녀들은 하는 일 없이 놀고먹으려 하며 자기의 친척이나 벗 가운데라도 혹 넉넉하게 사는 사람이 있으면 거기에 **의세**하려 하여 한 사람이 벌면 열 사람이 먹으려 하는 현상이라 이것이 곧 큰 병이며, 넷째는 배울 줄 모르는 병이니, 사람의 인격이 그 대부분은 배우는 것으로 이루어지는지라 마치 벌이 꿀을 모으는 것과 같이 어느 방면 어느 계급의 사람에게라도 나에게 필요한 지식이 있다면 반드시 몸을 굽혀 그것을 배워야 할 것이거늘 세상 사람 중에는 제각기 되지 못한 아만심에 사로잡혀 그 배울 기회를 놓치고 마는 수가 허다하나니 이것이 곧 큰 병이며, 다섯째는 가르칠 줄 모르는 병이니, 아무리 지식이 많은 사람이라도 그 지식을 사물에 활용할 줄 모르거나 그것을 펴서 후진에게 가르칠 줄을 모른다면 그것은 알지 못함과 다름이 없는 것이거늘 세상 사람 중에는 혹 좀 아는 것이 있으면 그것으로 **자만(自慢)하고 자긍(自矜)**하여 모르는 사람과는 상대도 아니하려는 수가 허다하나니 이것이 곧 큰 병이며, 여섯째는 공익심이 없는 병이니, 과거 수천 년 동안 내려온 개인주의가 **은산 철벽**같이 굳어져서 남을 위하여 일하려는 사람은 근본적으로 드물 뿐 아니라 일시적 어떠한 명

문약(文弱)의 폐(弊) 글과 이론에만 열중하여 현실을 극복하고 개척하려는 노력이 약한 폐단.

의세(倚勢) 세력에 기대고 의지함.

자만(自慢)하고 자긍(自矜) 자신에 대하여 뽐내고 지나친 긍지를 가지는 것.

은산 철벽(銀山鐵壁) 은으로 된 산과 쇠로 된 벽. 은과 철은 뚫기 어렵고 산과 벽은 높아 오르기 어려움을 비유한 말.

예에 끌려서 **공중 일**을 표방하고 무엇을 하다가도 다시 사심의 발동으로 그 일을 실패 중지하여 이로 말미암아 모든 공익 기관이 거의 **피폐**하는 현상이라 이것이 곧 큰 병이니라.”

35. 대종사, 이어서 말씀하시기를 “그런즉 이 병들을 고치기로 할진대 무엇보다 먼저 도학을 장려하여, 분수에 편안하는 도와, 근본적으로 은혜를 발견하는 도와, 자력 생활하는 도와, 배우는 도와, 가르치는 도와, 공익 생활하는 도를 가르쳐서, 사람 사람으로 하여금 안으로 자기를 반성하여 각자의 병든 마음을 치료하게 하는 동시에, **선병자의(先病者醫)**라는 말과 같이 밖으로 세상을 관찰하여 병든 세상을 치료하는 데에 함께 노력하여야 할지니라. 지금 세상의 이 큰 병을 치료하는 큰 방문(方文)은 곧 우리 인생의 요도인 사은 사요와 **공부의 요도**인 삼학 팔조라. 이 법이 널리 세상에 보급된다면 세상은 자연히 결함 없는 세계가 될 것이요, 사람들은 모두 불보살이 되어 다시없는 이상의 천국에서 남녀노소가 다 같이 낙원을 수용하게 되리라.”

공중 일 공중사(公衆事), 대중의 일, 공공사업.

피폐(疲弊) 쇠약하여 못 쓰게 됨.

선병자의(先病者醫) 병을 먼저 앓아본 사람은 뒤에 병을 앓게 되는 사람에 대해서 병에 관해서는 스승이 될 수 있다는 말.

공부의 요도 수행하는 요긴한 방법.

36. 대종사 말씀하시기를 "종교와 정치는 한 가정에 **자모(慈母)**와 **엄부(嚴父)** 같나니, 종교는 도덕에 근원하여 사람의 마음을 가르쳐 죄를 짓기 전에 미리 방지하고 복을 짓게 하는 법이요, 정치는 법률에 근원하여 일의 결과를 보아서 상과 벌을 베푸는 법이니라. 따라서 자모가 자모의 도를 다하고 엄부가 엄부의 도를 다하여, 부모가 각각 그 도에 밝으면 자녀는 반드시 행복을 누릴 것이나 만일 부모가 그 도에 밝지 못하면 자녀가 불행하게 되나니, 자녀의 행과 불행은 곧 부모의 잘하고 잘못하는 데에 있는 것과 같이 창생의 행과 불행은 곧 종교와 정치의 활용 여하에 달려 있는지라 제생 의세를 목적하는 우리의 책임이 어찌 중하지 아니하리오. 그러므로 우리는 먼저 우리의 **교의(敎義)**를 충분히 알아야 할 것이요, 안 후에는 이 교의를 세상에 널리 베풀어서 참다운 도덕에 근원한 **선정 덕치(善政德治)**를 베풀어 모든 생령과 한가지로 낙원의 생활을 하여야 우리의 책임을 다하였다 하리라."

37. 대종사 선원 **해제식**에서 대중에게 말씀하시기를 "나는 선중(禪中) 3개월 동안에 바람 불리는 법을 그대들에게 가르쳤노니, 그대들은 바람의 뜻을 아는가? 무릇, 천지에는 동남과 서북의 바람이 있고 세상에는 도덕과 법률의 바람이 있나니, 도덕은 곧 동남풍이요 법률은 곧 서북풍이라. 이 두 바람이 한가지

자모(慈母) 자애로운 어머니.

엄부(嚴父) 엄한 아버지.

교의(敎義) 교리의 참 뜻.

선정 덕치(善政德治) 바르게 잘 다스리고 덕으로 감화시키는 정치.

해제식(解制式) 선이나 훈련이나 기도 등을 마치는 의식.

로 세상을 다스리는 강령이 되는바, 서북풍은 상벌을 주재하는 법률가에서 담당하였거니와 동남풍은 교화를 주재하는 도가에서 직접 담당하여왔나니, 그대들은 마땅히 동남풍 불리는 법을 잘 배워서 천지의 **상생 상화(相生相和)**하는 도를 널리 실행하여야 할 것이니라. 그런즉 동남풍 불리는 법은 어떠한 것인가. 이것은 예로부터 모든 부처님과 성자들의 교법이나 지금 우리의 교의가 다 그 바람을 불리는 법이요, 이 선기 중에 여러 가지의 과정(課程)이 또한 그 법을 훈련시킨 것이니, 그대들은 각자의 집에 돌아가 그 어떠한 바람을 불리겠는가. 엄동설한에 모든 **생령**이 음울한 공기 속에서 갖은 고통을 받다가 동남풍의 훈훈한 기운을 만나서 일제히 소생함과 같이, 공포에 싸인 생령이 안심을 얻고 원망에 싸인 생령이 감사를 얻고 **상극(相克)**에 싸인 생령이 상생을 얻고 죄고에 얽힌 생령이 해탈을 얻고 타락에 처한 생령이 갱생을 얻어서, 가정·사회·국가·세계 어느 곳에든지 당하는 곳마다 화하게 된다면 그 얼마나 거룩하고 장한 일이겠는가. 이것이 곧 나의 가르치는 본의요 그대들이 행할 바 길이니라. 그러나 이러한 동남풍의 감화는 한갓 설교 언설만으로 주어지는 것이 아니요, 먼저 그대들의 마음 가운데에 깊이 이 동남풍이 마련되어서 **심화 기화(心和氣和)**하며 **실천궁행**하는 데에 이루어지나니, 그대들은 이 선기 중에 배운

상생 상화(相生相和) 서로 살리는 은혜가 발현되어 조화롭게 공존함.

생령(生靈) 생명(生命)이 있는 모든 존재.

상극(相克) 마음이나 기운이 서로 맞지 아니하여 항상 충돌함.

심화 기화(心和氣和) 온화하고 자비스러운 마음으로 모두를 살리고 부드럽고 따뜻한 기운으로 모두를 감싸주는 것.

실천궁행(實踐躬行) 실천하여 몸소 행동으로 옮김.

바 모든 교의를 더욱 연마하고 널리 활용하여 가는 곳마다 항상 동남풍의 주인 공이 되라."

38. 대종사 말씀하시기를 "종교와 정치가 세상을 운전하는 것은 수레의 두 바퀴 같나니, 만일 두 바퀴가 폐물이 되었다든지, 한 바퀴라도 무슨 고장이 있다든지, 그 운전사의 운전이 서투르다면, 그 수레는 잘 운행되지 못할 것이니라. 그런즉 어찌하여야 그 수레를 잘 운전하여 수레의 본분을 잃지 아니하게 할 것인가? 이는 곧 두 가지 방법이 있나니, 하나는 수레를 자주 수선하여 폐물이 되거나 고장이 생기지 않게 하는 것이요, 하나는 그 수레를 운전하는 사람이 지리(地理)를 잘 알아서 그에 맞추어 안전하게 운전하는 것이라. 종교와 정치도 또한 이와 같아서 세상을 잘 운전하기로 하면 시대에 따라서 부패하거나 폐단이 생기지 않게 할 것이요, 그 지도자가 인심의 정도를 맞추어서 적당하게 법을 쓰고 정사(政事)를 하여야 할 것이니라."

39. 대종사 물으시기를 "우리가 기위 한 교문(敎門)을 열었으니 어찌하여야 과거의 모든 폐단을 개선하고 새로운 종교로서 세상을 잘 교화하겠는가?' **박대완(朴大完)**이 사뢰기를 "모든 일이 다 가까운 데로부터 되는 것이오니 세상을 개선하기로 하오면 먼저 우리 각자의 마음을 개선하여야 하겠나이다." **송**

박대완(朴大完, 1885~1958) 전남 여천 출생. 법호는 영산(靈山)이며 법훈은 대봉도. 출가 전에는 독립운동을 하다가 옥고를 치렀으며 용신교당과 대판교당 교무 등을 역임하였다.

만경(宋萬京)이 사뢰기를 "우리의 교리와 제도가 이미 시대를 응하여 제정되었사오니 그 교리와 제도대로 실행만 하오면 자연 세상이 개선되겠나이다."

조송광(曺頌廣)이 사뢰기를 "저는 아직 대종사의 깊으신 뜻을 다 알지 못하오나 대종사의 법은 지극히 원만하고 지극히 평등하사 세계의 **대운(大運)**을 따라 **무위이화(無爲而化)**로 모든 인류가 개선될 줄 믿나이다." 대종사 말씀하시기를 "그대들의 말이 다 옳도다. 사람이 만일 세상을 개선하기로 하면 먼저 자기의 마음을 개선하여야 할 것이요, 마음을 개선하기로 하면 먼저 그 개선하는 법이 있어야 하는데, 우리는 이미 법이 있고 또한 그대들이 이 공부하는 이치를 알았으니 더욱 정성을 다하여 오늘의 이 문답이 반드시 실천으로 나타나게 하라. 각 종교가 개선되면 사람들의 마음이 개선될 것이요, 사람들의 마음이 개선되면 나라와 세계의 정치도 또한 개선되리니, 종교와 정치가 비록 분야(分野)는 다르나 그 이면에는 서로 떠나지 못할 연관이 있어서 한가지로 세상의 **선불선(善不善)**을 좌우하게 되느니라."

송만경(宋萬京, 1876~1931) 전북 김제 출생. 법호 모산(慕山). 불법연구회 창립과 중앙총부 건설에 기여하였다.

조송광(曺頌廣, 1876~1957) 전북 정읍 출생. 법호는 경산(慶山). 기독교 장로 출신으로 원기 13년부터 9년간 불법연구회 2대 회장직을 역임하였다.

대운(大運) 후천시대의 크게 열리고 향상되는 좋은 운수.

무위이화(無爲而化) 저절로 자연스럽게 변화됨.

선불선(善不善) 착함과 착하지 않음을 아울러 이르는 말.

제3 수행품

修行品

수행품(修行品) 삼학 수행을 중심으로 한 원불교 수행의 주요 방법과 특징. 수행상 주의해야 할 여러 가지 교훈 등 수행에 관련된 법문으로 구성되어 있다.

1. 대종사 말씀하시기를 "내가 그대들에게 일상 수행의 요법을 조석으로 외게 하는 것은, 그 글만 외라는 것이 아니요, 그 뜻을 새겨서 마음에 대조하라는 것이니, 대체로는 날마다 한 번씩 대조하고 세밀히는 **경계**를 대할 때마다 잘 살피라는 것이라. 곧 **심지(心地)**에 요란함이 있었는가 없었는가, 심지에 어리석음이 있었는가 없었는가, 심지에 그름이 있었는가 없었는가, **신·분·의·성**의 추진이 있었는가 없었는가, 감사 생활을 하였는가 못 하였는가, 자력 생활을 하였는가 못 하였는가, 성심으로 배웠는가 못 배웠는가, 성심으로 가르쳤는가 못 가르쳤는가, 남에게 유익을 주었는가 못 주었는가를 대조하고 또 대조하며 챙기고 또 챙겨서 필경 챙기지 아니하여도 저절로 되어지는 경지에까지 도달하라 함이니라. 사람의 마음은 지극히 미묘하여 잡으면 있어지고 놓으면 없어진다 하였나니, 챙기지 아니하고 어찌 그 마음을 닦을 수 있으리오. 그러므로 나는 또한 이 챙기는 마음을 실현시키기 위하여 **상시 응용 주의 사항**과 교당 내왕 시 주의 사항을 정하였고, 그것을 조사하기 위하여 일기법을 두어 물샐틈없이 그 수행 방법을 지도하였나니, 그대들은 이 법대로 부지런히 공부하여 하루속히 **초범 입성(超凡入聖)**의 큰일을 성취할지어다."

경계(境界) 마음 작용을 일으키는 모든 대상, 환경, 조건.
심지(心地) 마음 본 바탕. 성품, 본성, 자성, 불성, 진성 등으로도 표현함.
신·분·의·성(信念疑誠) 모든 일(삼학 수행)이 잘 이루어지도록 촉진시키는 네 가지 조항.
상시 응용 주의 사항 일상생활 속에서 몸과 마음을 사용할 때의 주의 사항.
초범 입성(超凡入聖) 범부를 초월하여 성인의 경지에 듦.

2. 대종사 말씀하시기를 "공부인이 **동정**(動靜) 간에 **수양력**(修養力) 얻는 빠른 방법은, 첫째는 모든 일을 작용할 때 나의 정신을 시끄럽게 하고 정신을 빼앗아 갈 일을 짓지 말며 그와 같은 경계를 멀리할 것이요, 둘째는 모든 사물을 접응할 때 **애착 탐착**을 두지 말며 항상 담담한 맛을 길들일 것이요, 셋째는 이 일을 할 때 저 일에 끌리지 말고 저 일을 할 때 이 일에 끌리지 말아서 오직 그 일 그일에 일심만 얻도록 할 것이요, 넷째는 여가 있는 대로 염불과 좌선하기를 주의할 것이니라. 또한, 동정 간에 **연구력** 얻는 빠른 방법은, 첫째는 인간 만사를 작용할 때 그일 그일에 알음알이를 얻도록 힘쓸 것이요, 둘째는 스승이나 동지와 더불어 의견 교환하기를 힘쓸 것이요, 셋째는 보고 듣고 생각하는 중에 의심나는 곳이 생기면 연구하는 순서를 따라 그 의심을 해결하도록 힘쓸 것이요, 넷째는 우리의 경전 연습하기를 힘쓸 것이요, 다섯째는 우리의 경전 연습을 다 마친 뒤에는 과거 모든 도학가(道學家)의 경전을 참고하여 **지견**을 넓힐 것이니라. 또한, 동정 간에 **취사력** 얻는 빠른 방법은, 첫째는 정의인 줄 알거든

동정(動靜) 일이 있을 때와 없을 때.

수양력(修養力) 천만 경계를 응용할 때 흔들리지 않는 자주의 힘. 정신 수양을 통해서 얻게 되는 정력(定力).

애착(愛着) 몹시 사랑하거나 끌리어서 떨어지지 아니함. 또는 그런 마음.

탐착(貪着) 만족할 줄 모르고 탐하는 마음을 버리지 못함.

연구력(研究力) 천만 사리를 분석하고 판단하는 데 걸림 없이 아는 지혜의 힘. 사리 연구를 통해서 얻게 되는 혜력(慧力).

지견(知見) 지혜와 식견.

취사력(取捨力) 모든 일을 응용할 때에 정의는 용맹 있게 취하고 불의는 용맹 있게 버리는 실행의 힘.

크고 작은 일을 막론하고 죽기로써 실행할 것이요, 둘째는 불의인 줄 알거든 크고 작은 일을 막론하고 죽기로써 하지 않을 것이요, 셋째는 모든 일을 작용할 때 즉시 실행이 되지 않는다고 낙망하지 말고 정성을 계속하여 끊임없는 공을 쌓을 것이니라."

3. 대종사 말씀하시기를 "과거 **도가(道家)**에서 공부하는 것을 보면, 정할 때 공부에만 편중해 일을 하자면 공부를 못 하고 공부를 하자면 일을 못 한다 하여, 혹은 부모처자를 이별하고 산중에 가서 일생을 지내며, 혹은 비가 와서 마당의 곡식이 떠내려가도 모르고 독서만 하였나니, 이 어찌 원만한 공부법이라 하리오. 그러므로 우리는 공부와 일을 둘로 보지 아니하고, 공부를 잘하면 일이 잘되고 일을 잘하면 공부가 잘되어, 동정 간에 쉬지 않고 **삼대력** 얻는 법을 말하였나니, 그대들은 이 동과 정에 **간단**이 없는 큰 공부에 힘쓸지어다."

4. 대종사, 선원 대중에게 말씀하시기를 "전문 **입선**하는 것이 초학자에게는 그 규칙 생활에 혹 괴로운 감도 있고 혹 부자유한 생각도 있을 것이나, 공부가 점점 익어 가고 심신이 차차 단련되는 때는 이보다 편안하고 재미있는 생활이 더 없을 것이니, 그대들은 매일 과정을 지킬 때 괴로운 생활을 하는가 편안한 생활을 하는가 늘 그 마음을 대조하여 보라. 괴로운 생활을 하는 사람은 아직 **진**

도가(道家) 수행의 길을 밝힌 유불선(儒佛仙) 등의 전통 종교와 사상.
삼대력(三大力) 삼학 수행을 아울러 닦아 얻은 세 가지 큰 힘. 수양력, 연구력, 취사력.
간단(間斷) 잠깐의 끊어짐.
입선(入禪) 선(정기훈련)에 참여함.

세의 **업연**이 남아 있는 것이요, 편안한 생활을 하는 사람은 점점 성불의 문이 열리는 것이니라."

5. 대종사 말씀하시기를 "사람이 무슨 일이나 그 하는 일에 정성이 있고 없는 것은 그 일이 자기에게 어떠한 관계가 있는가를 알고 모름에 있나니, 가령 의식(衣食)을 구하는 사람이 의식을 구하는 데에 정성이 있는 것은 그 의식이 자기의 생활 유지에 직접 관계있는 것을 아는 연고요, 병을 치료하는 사람이 치료에 정성이 있는 것은 그 치료가 자기의 건강 보전에 중요한 관계가 있는 것을 아는 연고며, 공부하는 사람이 공부에 정성이 있는 것은 그 공부가 자기의 앞날에 중대한 관계가 있는 것을 아는 연고라. 이 관계를 아는 사람은 공부하기에 비록 천만 고통이 있을지라도 이를 능히 극복할 것이며, 스승이나 동지들이 혹 자기에게 무슨 범연한 일이 있다 하여도 조금도 트집이 나지 아니할 것이나, 이 관계를 알지 못하는 사람은 공부하는 데에도 인내력이 없을 것이요, 스승이나 동지에게도 공연한 불만을 품기가 쉬우며, 공부나 사업하는 것이 남의 일을 하여 주는 듯한 감을 가지게 되리니, 그대들은 이 공부를 하는 것이 각각 그대들에게 어떠한 관계가 있는지를 깨쳤는가 냉정한 정신으로 한 번 더 생각하여 보라."

6. 대종사 말씀하시기를 "사자나 범을 잡으러 나선 포수는 꿩이나 토끼를 보

진세(塵世) 티끌 세상. 어리석고 애착이 많은 중생들이 살아가는 세상.
업연(業緣) 선악의 업(행위)에 따라 맺어지는 인연.

아도 함부로 총을 쏘지 아니하나니, 이는 작은 짐승을 잡으려다가 큰 짐승을 놓칠까 **저어함**이라. 큰 공부에 발심한 사람도 또한 이와 같아서 큰 발심을 이루는 데에 방해가 될까 하여 작은 욕심은 내지 않느니라. 그러므로 성불을 목적하는 공부인은 세간의 모든 탐착과 애욕을 능히 **불고**하여야 그 목적을 이룰 것이니, 만일 소소한 욕심을 끊지 못하여 큰 서원과 목적에 어긋난다면 꿩이나 토끼를 잡다가 사자나 범을 놓친 셈이라 그 어찌 애석하지 아니하리오. 그러므로 나는 큰 발심이 있는 사람은 작은 욕심을 내지 말라 하노라."

7. 대종사, 선원 대중에게 말씀하시기를 "**영광(靈光)**의 교도 한 사람은 품삯 얼마를 벌기 위하여 예회(例會) 날 교당 근처에서 일을 하고 있더라 하니 그대들은 그 사람을 어떻게 생각하는가?" 한 제자 사뢰기를 "그 사람이 돈만 알고 공부에 등한한 것은 잘못이오나, 만일 그날 하루의 먹을 것이 없어서 부모처자가 주리게 되었다 하오면, 하루의 예회에 빠지고라도 식구들의 **기한(飢寒)**을 면하게 하는 것이 옳지 아니하오리까?" 대종사 말씀하시기를 "그대의 말이 그럴듯하나 예회는 날마다 있는 것이 아니니, 만일 공부에 참 발심이 있고 법의 가치를 중히 아는 사람이라면 그동안에 무엇을 하여서라도 예회 날 하루 먹을 것은 준비하여 둘 것이거늘, 예회 날을 당하여 비로소 먹을 것을 찾는 것은 벌써 공

저어함 염려하거나 두려워함.

불고(不顧) 돌아보지 않거나 돌보지 않음.

영광(靈光) 전라남도에 위치한 원불교의 발상지. 소태산 대종사가 탄생, 성장, 구도 과정을 거쳐 깨달음을 얻은 성지로 교단 창립의 기초를 다졌던 곳.

기한(飢寒) 굶주림과 추위.

부에 등한하고 법에 성의가 없는 것이니라. 그러므로 '교당 내왕 시 주의 사항'에도 미리 말하여 둔 바가 있으며, 혹 미리 노력을 하였으되 먹을 것이 넉넉지 못하더라도 그 사람의 마음 가운데 일호의 사심이 없이 공부한다면 자연 먹을 것이 생기는 이치도 있나니, 예를 들어 말하자면 어린아이가 그 어머니의 배 밖에만 나오면 안 나던 젖이 나와져서 그 **천록(天祿)**을 먹고 자라나는 것과 같으니라."

8. 대종사, 예회에서 대중에게 말씀하시기를 "내가 오늘은 그대들에게 돈 버는 방식을 일러 주려 하노니 잘 들어서 각각 넉넉한 생활을 하여 보라. 그 방식이라 하는 것은 밖으로 무슨 기술을 말하는 것이 아니라 안으로 각자의 마음 쓰는 법을 이름이니, 우리의 교법이 곧 돈을 버는 방식이 되느니라. 보라! 세상 사람들의 보통 생활을 보면 주색이나 잡기로 소모되는 금전이 얼마이며, 허영이나 **외화**로 낭비되는 물질이 얼마이며, 나태나 신용 없는 것으로 상실되는 재산이 또한 그 얼마인가. 생활의 표준이 없이 되는 대로 지내던 사람이 예회에 나와서 모든 법을 배우는 동시에 하라는 일과 말라는 일을 다만 몇 가지만 실행할지라도 공연히 허비하던 돈이 밖으로 새어 나가지 아니하고 근검과 신용으로 얻는 재산이 안에서 불어날 것이니, 이것이 곧 돈을 버는 방식이니라. 그러하거늘 세상 사람들은 공부하는 것이 돈 버는 것과는 아무 관계가 없는 줄로 알고 돈이 없으니 공부를 못 한다 하며 돈을 벌자니 예회에 못 간다 하나니, 그

천록(天祿) 하늘이 내려주는 복록.
외화(外華) 화려한 겉치레.

어찌 한편만 보는 생각이 아니리오. 그러므로 이 이치를 아는 사람은 돈이 없으니 공부를 더 잘 하고 돈을 벌자니 예회에 더 잘 나와야 하겠다는 신념을 얻어서 공부와 생활이 같이 향상의 길을 얻게 되리라."

9. 대종사 말씀하시기를 "보통 사람들은 항상 조용히 앉아서 좌선하고 염불하고 경전이나 읽는 것만 공부로 알고 실지 생활에 단련하는 공부가 있는 것은 알지 못하나니, 어찌 **내정정(內定靜) 외정정(外定靜)**의 큰 공부법을 알았다 하리오. 무릇, 큰 공부는 먼저 **자성(自性)**의 원리를 연구하여 원래 착(着)이 없는 그 자리를 알고 실생활에 나아가서는 착이 없는 행(行)을 하는 것이니, 이 길을 잡은 사람은 가히 날을 기약하고 큰 실력을 얻으리라. 공부하는 사람이 처지 처지를 따라 이 일을 할 때 저 일에 끌리지 아니하고 저 일을 할 때 이 일에 끌리지 아니하면 곧 이것이 일심 공부요, 이 일을 할 때 알음알이를 구하여 순서 있게 하고 저 일을 할 때 알음알이를 구하여 순서 있게 하면 곧 이것이 연구 공부요, 이 일을 할 때 불의에 끌리는 바가 없고 저 일을 할 때 불의에 끌리는 바가 없게 되면 곧 이것이 취사 공부며, 한가한 때는 염불과 좌선으로 일심에 전공도 하고 경전 연습으로 연구에 전공도 하여, 일이 있는 때나 일이 없는 때를 오직 간단없이 공부로 계속한다면, 저절로 정신에는 수양력이 쌓이고 사리에는 연구력이 얻어지고 작업에는 취사력이 생겨나리라. 보라! **송규**는 입문

(入門)한 이래로 지금까지 혹은 총부 혹은 지방에서 임무에 노력하는 중 정식으로는 단 3개월 입선(入禪)도 못 하였으나, 현재 그의 실력을 조사하여 본다면 정신에 수양력으로도 애착 탐착이 거의 떨어져서 희로애락과 원근친소에 끌리는 바가 드물고, 사리에 연구력으로도 일에 대한 시비 이해와 이치에 대한 **대소 유무**를 대체로 다 분석하고, 작업에 취사력으로도 불의와 정의를 능히 분석하여 정의에 대한 실행이 십중팔구는 될 것이며, 사무에 바쁜 중에도 써 보낸 글들을 보면 진리도 깊으려니와 일반이 알기 쉬운 문체며 조리 강령이 분명하여 수정할 곳이 별로 없게 되었으니, 그는 오래지 아니하여 충분한 삼대력을 얻어 어디로 가든지 중인을 이익 주는 귀중한 인물이 될 것인바, 이는 곧 동정간에 끊임없는 공부를 잘한 공덕이라. 그대들도 그와 같이 **동정 일여(動靜一如)**의 무시선(無時禪) 공부에 더욱 정진하여 원하는 삼대력을 충분히 얻을지어다.”

10. 대종사 말씀하시기를 “일이 없을 때는 항상 일 있을 때 할 것을 준비하고 일이 있을 때는 항상 일 없을 때의 심경을 가질지니, 만일 일 없을 때 일 있을 때의 준비가 없으면 일을 당하여 **창황 전도(蒼惶顚倒)** 함을 면하지 못할 것이

종사의 수제자로 뒤를 이어 종법사에 취임하였으며 교서 정비, 원불교 교명 선포 등 원불교 교단의 기반을 다졌다. 그의 법문을 수록한 『정산종사법어』가 있으며 저서로는 『건국론』 등이 있다.

대소 유무(大小有無) 우주의 모든 이치를 이해하기 위한 기본적 인식의 틀. 대는 우주만유의 본체, 소는 만상이 형형색색으로 구별되어 있음, 유무는 천지 만물의 변화.

동정 일여(動靜一如) 일이 있을 때나 없을 때나 한결같이.

창황 전도(蒼惶顚倒) 미처 어찌할 사이 없이 급작스럽게 상황이 뒤바뀜.

요, 일 있을 때 일 없을 때의 심경을 가지지 못한다면 마침내 **판국**에 얽매인 사람이 되고 마느니라.”

11. 회화(會話) 시간에 **전음광(全飮光)**이 ‘공부인과 비공부인의 다른 점’이란 문제로 말하는 가운데 “이 공부를 하지 않는 사람들도 어떠한 경우에 이르고 보면 또한 다 **삼학**을 이용하게 되나, 그들은 그때 그 일만 지나가면 방심이요 관심이 없기 때문에 평생을 지내도 공부상 아무 진보가 없지마는, 우리 공부인은 때의 동·정과 일의 유·무를 헤아릴 것 없이 이 삼학을 공부로 계속하는 까닭에 법대로 꾸준히만 계속한다면 반드시 큰 인격을 완성할 것이라.” 하는지라, 대종사 들으시고 말씀하시기를 “음광의 말이 뜻이 있으나 내가 이제 더욱 자상한 말로 그 점을 밝혀 주리라. 가령 여기에 세 사람이 모여 앉았는데 한 사람은 기계를 연구하고 있으며, 한 사람은 좌선을 하고 있으며, 한 사람은 그저 무료히 앉아 있다 하면, 외면으로 보아 그들이 앉아 있는 모양은 별로 다를 것이 없으나 오랜 시일을 계속한 후에는 각각 큰 차이가 나타나게 될 것이니, 기계 연구를 한 사람은 어떠한 발명이 나타날 것이요, 좌선에 힘쓴 사람은 정신에 정력을 얻을 것이요, **무료 도일(無聊度日)**한 사람은 아무 성과가 없을 것이라. 이와 같이 무엇이나 그 하는 것을 쉬지 않은 결과는 큰 차이가 있느니라. 내가 어려

판국(-局) 일이 벌어진 사태의 형편이나 국면.

전음광(全飮光, 1909~1960) 전북 진안 출생. 법호는 혜산(惠山)이며 법훈은 대봉도. 중앙총부 연구부장, 교무부장 등을 역임하였다.

삼학(三學) 법신불 일원상을 표본 삼아 인격을 함양해 가는 세 가지 수행 방법. 정신 수양, 사리 연구, 작업 취사.

무료 도일(無聊度日) 일 없이 세월을 보냄.

서 얼마 동안 같이 글 배운 사람 하나가 있는데, 그는 공부에는 뜻이 적고 판소리 하기를 즐겨하여 책을 펴놓고도 그 소리 길을 가면서도 그 소리이더니, 마침내 백발이 성성하도록 그 소리를 놓지 못하고 숨은 명창 노릇을 하는 것을 **연전(年前)**에 보았고, 나는 또 어렸을 때부터 우연히 진리 방면에 취미를 가지기 시작하여 독서에는 별로 정성이 적고, 밤낮으로 생각하는 바가 현묘한 그 이치이어서 이로 인하여 **침식**을 다 잊고 명상에 잠긴 적이 한두 번이 아니었으며, 그로부터 계속되는 정성이 조금도 쉬지 않은 결과 드디어 이날까지 진리 생활을 하게 되었으니, 이것을 두고 볼지라도 사람의 일생에 그 방향의 선택이 제일 중요한 것이며, 이미 방향을 정하여 옳은 데에 입각한 이상에는 사심 없이 그 목적하는 바에 노력을 계속하는 것이 바로 성공의 기초가 되느니라."

12. 대종사 말씀하시기를 "**선종(禪宗)**의 많은 **조사**가 선(禪)에 대한 **천만 방편**과 **천만 문로**를 열어 놓았으나, 한 말로 통합하여 말하자면 **망념**을 쉬고 **진성**

연전(年前) 몇해 전.

침식(寢食) 잠자는 일과 먹는 일.

선종(禪宗) 불경에 의지하지 않고 참선으로 본래 마음을 깨달으며, 이심전심(以心傳心)으로 깨달음의 경지를 전하는 것을 종지로 하는 종파. 불립문자(不立文字), 교외별전(敎外別傳), 직지인심(直指人心), 견성성불(見性成佛)을 강령으로 제시함.

조사(祖師) 불법을 깊이 수행하여 부처님의 뜻을 이어받아 전하는 사람.

천만 방편(千萬方便) 천 가지 방법과 만 가지 수단. 중생을 구제하기 위하여 사용하는 다양한 방법을 비유.

천만 문로(千萬門路) 천 가지 문과 만 가지 길. 수많은 다양한 가르침을 비유.

망념(妄念) 헛된 생각. 잡념.

진성(眞性) 참되고 변함이 없는 우리의 본래 성품.

을 길러서 오직 **공적 영지**(空寂靈知)가 앞에 나타나게 하자는 것이 선이니, 그러므로 '**적적**(寂寂)한 가운데 **성성**(惺惺)함은 옳고 적적한 가운데 **무기**(無記)는 그르며, 성성한 가운데 적적함은 옳고 성성한 가운데 망상은 그르다.' 하는 말씀이 선의 강령이 되느니라."

13. 대종사 좌선 시간에 선원에 나오시어 대중에게 물으시기를 "그대들이 이와 같이 오는 잠을 참고 좌선을 하고 있으니 장차 무엇을 하려 함인가?" **권동화**(權動華) 사뢰기를 "사람의 정신은 원래 온전하고 밝은 것이오나, 욕심의 경계를 따라 **천지만엽**으로 흩어져서 온전한 정신을 잃어버리는 동시에 지혜의 광명이 또한 **매**(昧)하게 되므로, 일어나는 번뇌를 가라앉히고 흩어지는 정신을 통일시키어 수양의 힘과 지혜의 광명을 얻기 위함이옵니다." 대종사 말씀하시기를 "그대들이 진실로 수양에 대한 공덕을 안다면 누가 권장하지 아니할지라도 정성이 스스로 계속될 것이나, 한 가지 주의할 일은 그 방법에 대하여 혹 자상히 알지 못하고 그릇 조급한 마음을 내거나 이상한 자취를 구하여 순일한 선법(禪法)을 바로 행하지 못한다면, 공부하는 가운데 혹 병에 걸리기도 하고 **사**

공적 영지(空寂靈知) 텅 비어 고요한 가운데 신령스럽게 앎.

적적(寂寂) 지극히 고요함. 마음에 모든 잡념이 사라져서 고요한 상태.

성성(惺惺) 마음이 지극히 밝게 깨어있는 상태.

무기(無記) 정신이 맑지 못하고 몽롱한 상태.

권동화(權動華, 1904~2006) 전북 장수 출생. 법호는 동타원(東陀圓)이며 법훈은 종사. 언변이 능하고 지혜가 밝았다.

천지 만엽(千枝萬葉) 천 개의 가지와 만 개의 잎. 여러 갈래로 나뉘어 어수선함.

매(昧) 어두움. 가리워짐.

도(邪道)에 흐르기도 하며 도리어 번뇌가 더 일어나는 수도 있나니, 우리의 좌선법에 자주 대조하고 또한 **선진자**에게 매양 그 경로를 물어서 공부에 조금도 그릇됨이 없게 하라. 만일 바른 공부를 부지런히 잘 행한다면 쉽게 심신의 자유를 얻게 되나니, 모든 부처와 모든 성인과 일체 위인이 다 이 선법으로써 그만한 심력을 얻었느니라."

14. 대종사, 선원 대중에게 말씀하시기를 "근래에 선종 각파에서 선의 방법을 가지고 서로 시비를 말하고 있으나, 나는 그 가운데 **단전주법(丹田住法)**을 취하여 수양하는 시간에는 온전히 수양만 하고 화두 연마는 적당한 기회에 가끔 한 번씩 하라 하노니, 의두 깨치는 방법이 침울한 생각으로 오래 생각하는 데에만 있는 것이 아니요, 명랑한 정신으로 기틀을 따라 연마하는 것이 그 힘이 도리어 더 우월한 까닭이니라."

15. 한 제자가 **수승 화강(水昇火降)** 되는 이치를 여쭈니, 대종사 말씀하시기를 "물의 성질은 아래로 내리는 동시에 그 기운이 서늘하고 맑으며, 불의 성질은 위로 오르는 동시에 그 기운이 덥고 탁하나니, 사람이 만일 번거한 생각을 일

사도(邪道) 바르지 못한 길. 원만하지 못하고 치우친 길.

선진자(先進者) 남보다 앞서 나아가는 사람.

단전주법(丹田住法) 원불교 선수행(禪修行)의 주요한 방법으로 마음과 기운을 단전에 주하는 좌선(坐禪)법.

수승 화강(水昇火降) 물기운이 위로 오르고 불기운이 아래로 내려와 조화를 이루는 현상.

어내어 기운이 오르면 머리가 덥고 정신이 탁하여 **진액(津液)**이 마르는 것은 불기운이 오르고 물기운이 내리는 연고이요, 만일 생각이 잠자고 기운이 **평순(平順)**하면 머리가 서늘하고 정신이 명랑하여 맑은 침이 입속에 도는 것은 물기운이 오르고 불기운이 내리는 연고이니라.”

16. 대종사 말씀하시기를 “수양력을 얻어 나가는 데 두 길이 있나니, 하나는 **기질(氣質)**의 수양이요 둘은 **심성(心性)**의 수양이니라. 예를 들면 군인이 실지 전쟁에서 마음을 단련하여 **부동심(不動心)**이 되는 것은 밖으로 기질을 단련한 수양이요, 수도인이 오욕의 경계 중에서 **마군(魔軍)**을 항복받아 순역 경계에 부동심이 되는 것은 안으로 심성을 단련한 수양이라. 군인이 비록 밖으로 기질의 수양력을 얻었다 할지라도 안으로 심성의 수양력을 얻지 못하면 완전한 수양력이 되지 못하고, 수도인이 또한 안으로 심성의 수양력은 얻었으나 실지의 경계에 단련하여 기질의 수양력을 얻지 못하면 또한 완전한 수양력이 되지 못하느니라.”

진액(津液) 몸 안에서 생겨나는 액체. 침이나 분비액 등.
평순(平順) 평탄하고 순조로움.
기질(氣質) 성질과 습관.
심성(心性) 마음과 성품.
부동심(不動心) 흔들리지 않는 마음.
마군(魔軍) 마의 무리. 수행을 방해하는 내외(內外)의 장애를 비유.

17. 양도신(梁道信)이 여쭙기를 "대종사께옵서 평시에 말씀하시기를 '이 일을 할 때 저 일에 끌리지 아니하며, 저 일을 할 때 이 일에 끌리지 아니하고, 언제든지 하는 그 일에 마음이 편안하고 온전해야 한다.' 하시므로 저희도 그와 같이 하기로 노력하옵던바, 제가 이즈음에 바느질을 하면서 약을 달이게 되었사온데 온 정신을 바느질하는 데 두었삽다가 약을 태워버린 일이 있사오니, 바느질을 하면서 약을 살피기로 하오면 이 일을 하면서 저 일에 끌리는 바가 될 것이옵고, 바느질만 하고 약을 불고하오면 약을 또 버리게 될 것이오니, 이런 경우에 어떻게 하는 것이 공부의 옳은 길이 되나이까?" 대종사 말씀하시기를 "네가 그때 약을 달이고 바느질을 하게 되었으면 그 두 가지 일이 그때의 네 책임이니 성심성의를 다하여 그 책임을 잘 지키는 것이 완전한 **일심**이요 참다운 공부니라. 그러나 그 한 가지에만 정신이 뽑혀서 실수가 있었다면 그것은 두렷한 일심이 아니라 조각의 마음이며 부주의한 일이라. 그러므로 열 가지 일을 살피나 스무 가지 일을 살피나 자기의 책임 범위에서만 할 것 같으면 그것은 방심이 아니고 온전한 마음이며 동할 때 공부의 요긴한 방법이니라. 다만 내가 아니 생각하여도 될 일을 공연히 생각하고, 내가 안 들어도 좋을 일을 공연히 들으려 하고, 내가 안 보아도 좋을 일을 공연히 보려 하고, 내가 안 간섭해도 좋을 일을 공연히 간섭하여, 이 일을 할 때는 정신이 저 일로 가고 저 일을 할 때는 정신이 이 일로 와서 부질없는 망상이 조금도 쉴 사이 없는 것이 곧 공부인의 크게 꺼릴 바라. 자기의 책임만 가지고 이 일을 살피고 저 일을 살피

양도신(梁道信, 1918~2005) 부산 출생. 법호는 훈타원(薰陀圓)이며 법훈은 종사. 남원, 종로, 부산교당 등에서 교무를 역임하였고 저서로는 『대종사님 은혜 속에』가 있다.

일심(一心) 전일하고 온전한 마음.

는 것은 비록 하루에 백천만 건(件)을 아울러 나간다 할지라도 일심 공부하는 데에는 하등의 방해가 없느니라.”

18. 대종사 말씀하시기를 “그대들이 일심 공부를 하는데 그 마음이 번거하기도 하고 편안하기도 하는 원인을 아는가? 그것은 곧 일 있을 때 모든 일을 정당하게 행하고 못 하는 데에 원인이 있나니, 정당한 일을 행하는 사람은 처음에는 혹 복잡하고 어려운 일이 많은 것 같으나 행할수록 심신이 점점 너그럽고 편안하여져서 그 앞길이 크게 열리는 동시에 일심이 잘 될 것이요, 부정당한 일을 행하는 사람은 처음에는 혹 재미있고 쉬운 것 같으나 행할수록 심신이 차차 복잡하고 괴로워져서 그 앞길이 막히게 되는 동시에 일심이 잘 되지 않나니, 그러므로 오롯한 일심 공부를 하고자 하면 먼저 부당한 원을 제거하고 부당한 행을 그쳐야 하느니라.”

19. 대종사 **이순순(李旬旬)**에게 물으시기를 “그대는 **재가 공부(在家工夫)**를 어떻게 하는가?” 순순이 사뢰기를 “마음 안정하기를 주장하나이다.” 또 물으시기를 “어떠한 방법으로 안정을 주장하는가?” 순순이 사뢰기를 “그저 안정하고자 할 따름이옵고 특별한 방법을 알지 못하나이다.” 대종사 말씀하시기를 “무

이순순(李旬旬,1879~1945) 전남 영광 출생. 법호는 이산(二山)이며 법훈은 종사. 9인 제자의 한 사람으로 온화하고 선량한 성품으로 교단 초창기에 인화(仁和)의 표본이 되었다.
재가 공부(在家工夫) 세간 생활 속에서 하는 공부.

릇, 사람에게는 항상 동과 정 두 때가 있고 **정정(定靜)**을 얻는 법도 외정정과 내정정의 두 가지 길이 있나니, 외정정은 동하는 경계를 당할 때 반드시 대의(大義)를 세우고 취사를 먼저 하여 망녕(妄佞)되고 번거한 일을 짓지 아니하는 것으로 정신을 요란하게 하는 마(魔)의 근원을 없이하는 것이요, 내정정은 일이 없을 때 염불과 좌선도 하며 기타 무슨 방법으로든지 일어나는 번뇌를 잠재우는 것으로 온전한 근본정신을 양성하는 것이니, 외정정은 내정정의 근본이 되고 내정정은 외정정의 근본이 되어 내와 외를 아울러 진행하여야만 참다운 마음의 안정을 얻게 되리라."

20. **송도성**이 신문을 애독하여 신문을 받으면 보던 사무라도 그치고 읽으며, 급한 일이 있을 때는 기사의 제목이라도 본 후에야 안심하고 사무에 착수하더니, 대종사 하루는 경계하시기를 "네가 소소한 신문 하나 보는 데에 그와 같이 정신을 빼앗기니 다른 일에도 혹 그러할까 근심되노라. 사람마다 각각 하고 싶은 일과 하기 싫은 일이 있는데 범부는 그 하고 싶은 일을 당하면 거기에 끌리어 온전하고 참된 정신을 잃어버리고, 그 하기 싫은 일을 당하면 거기에 끌리어 인생의 본분을 잃어버려서 정당한 공도(公道)를 밟지 못하고 번민과 고통을 스스로 취하나니, 이러한 사람은 결코 정신의 안정과 **혜광(慧光)**을 얻지 못하느니라. 내가 이러한 작은 일에 너를 경계하는 것은 너에게 정신이 끌리는

정정(定靜) 마음이 안정되고 고요함.
송도성(宋道性, 1907~1946) 경북 성주 출생. 법호는 주산(主山)이며 법훈은 종사. 총무부장, 교정원장 등을 역임하였다.
혜광(慧光) 지혜 광명.

실상을 잡아 보이는 것이니, 너는 마땅히 하고 싶은 데에도 끌리지 말고, 하기 싫은 데에도 끌리지 말고, 항상 정당한 도리만 밟아 행하여, 능히 천만 경계를 응용하는 사람은 될지언정 천만 경계에 끌려다니는 사람은 되지 말라. 그리하면 영원히 너의 참되고 떳떳한 **본성**을 여의지 아니하리라."

21. 이청춘(李靑春)이 여쭙기를 "큰 도인도 애착심(愛着心)이 있나이까?" 대종사 말씀하시기를 "애착심이 있으면 도인은 아니니라." 청춘이 여쭙기를 "**정산(鼎山)**도 자녀를 사랑하오니 그것은 애착심이 아니오니까?" 대종사 말씀하시기를 "청춘은 감각 없는 목석을 도인이라 하겠도다. 애착이라 하는 것은 사랑에 끌리어 서로 멀리 떠나지 못 한다든지 갈려 있을 때 보고 싶은 생각이 나서 자신 수도나 **공사(公事)**에 지장이 있게 됨을 이름이니 그는 그러한 일이 없느니라."

22. 대종사 말씀하시기를 "세상 사람들은 경전을 많이 읽은 사람이라야 도가 있는 것으로 인증하여, 같은 진리를 말할지라도 옛 경전을 인거하여 말하면 그것은 미덥게 들으나, 쉬운 말로 직접 원리를 밝혀 주면 오히려 가볍게 듣는 편이 많으니 이 어찌 답답한 생각이 아니리오. 무릇, 경전이라 하는 것은 과거 세

본성(本性) 본래 마음. 성품, 자성, 진성, 불성 등으로도 표현함.

이청춘(李靑春, 1886~1955) 전북 전주 출생. 법호는 오타원(五陀圓)이며 법훈은 대봉도. 전주교당 창립에 공헌하였다.

정산(鼎山) 송규 종사의 법호.

공사(公事) 공적인 일.

상의 성자 철인들이 세도인심을 깨우치기 위하여 그 도리를 밝혀 놓은 것이지마는, 그것이 오랜 시일을 지내 오는 동안에 **부연(敷衍)**과 **주해(註解)**가 더해져 **오거지서(五車之書)**와 **팔만장경(八萬藏經)**을 이루게 되었나니, 그것을 다 보기로 하면 평생 정력을 다하여도 어려운 바라, 어느 겨를에 수양·연구·취사의 실력을 얻어 출중 초범한 큰 인격자가 되리오. 그러므로 옛날 부처님께서도 **정법(正法)**과 **상법(像法)**과 **계법(季法)**으로 구분하여 법에 대한 시대의 변천을 예언하신 바 있나니, 그 변천되는 주요 원인은 이 경전이 번거하여 후래 중생이 각자의 힘을 잃게 되고 자력을 잃은 데 따라 그 행동이 어리석어져서 정법이 자연 쇠하게 되는 까닭이니라. 따라서 다시 정법 시대가 오면 새로이 간단한 교리와 편리한 방법으로 모든 사람을 실지로 훈련하여 **구전심수**의 정법 아래 사람 사람이 그 대도를 체험하고 깨치도록 하나니, 오거지서는 다 배워 무엇하며 팔만장경은 다 읽어 무엇하리오. 그대들은 삼가 많고 번거한 옛 경전들에 정신을 빼앗기지 말고, 마땅히 간단한 교리와 편리한 방법으로 부지런히 공부하여, 뛰어난 역량(力量)을 얻은 후에 저 옛 경전과 모든 학설은 참고로 한번 가져다 보

부연(敷衍) 이해하기 쉽도록 설명을 덧붙여 자세히 말함.

주해(註解) 본문의 뜻을 알기 쉽게 풀이함.

오거지서(五車之書) 다섯 수레에 실을 만한 책이란 뜻으로 많은 장서를 이르는 말.

팔만장경(八萬藏經) 불교의 수많은 경전들을 아울러 일컫는 말.

정법(正法) 부처님의 가르침이 세상에 바르게 실현되는 시대.

상법(像法) 불법에 바탕한 수행 노력은 있으나 깨달음의 결실이 없는 시대.

계법(季法) 불법이라는 형식은 남아 있으나 실질적인 수행의 노력과 깨달음의 결실이 없는 시대. 말법(末法)이라고도 함.

구전심수(口傳心授) 제자의 근기에 맞게 스승이 말로 전하고 마음으로 가르침.

라. 그러하면 그때는 10년의 독서보다 하루아침의 참고가 더 나으리라."

23. 대종사 말씀하시기를 "그대들 가운데 누가 능히 끊임없이 읽을 수 있는 경전을 발견하였는가. 세상 사람들은 **사서삼경(四書三經)**이나 팔만장경이나 기타 교회의 서적들만이 경전인 줄로 알고 현실로 나타나 있는 큰 경전은 알지 못하나니 어찌 답답한 일이 아니리오. 사람이 만일 참된 정신을 가지고 본다면 이 세상 모든 것이 하나도 경전 아님이 없나니, 눈을 뜨면 곧 경전을 볼 것이요, 귀를 기울이면 곧 경전을 들을 것이요, 말을 하면 곧 경전을 읽을 것이요, 동하면 곧 경전을 활용하여 언제 어디서나 조금도 끊임없이 경전이 전개되느니라. 무릇, 경전이라 하는 것은 **일과 이치**의 두 가지를 밝혀 놓은 것이니, 일에는 시비 이해를 분석하고 이치에는 대소 유무를 밝히어 우리 인생으로 하여금 방향을 정하고 **인도**를 밟도록 인도하는 것이라, 유교와 불교의 모든 경전과 다른 교회의 모든 글을 통하여 본다 하여도 다 여기에 벗어남이 없으리라. 그러나 일과 이치가 글에 있는 것이 아니라 세상 전체가 곧 일과 이치 그것이니, 우리 인생은 일과 이치 가운데에 나서 일과 이치 가운데에 살다가 일과 이치 가운데에 죽고 다시 일과 이치 가운데에 나는 것이므로, 일과 이치는 인생이 여의지 못할 깊은 관계가 있는 것이며 세상은 일과 이치를 그대로 펴놓은 경전이

사서삼경(四書三經) 유교의 주요 경전을 가리키는 용어로서 사서는 『대학(大學)』·『중용(中庸)』·『논어(論語)』·『맹자(孟子)』, 삼경은 『시경(詩經)』·『서경(書經)』·『역경(易經, 주역)』을 이름.

일과 이치 인간사와 우주 자연의 이치.

인도(人道) 사람으로서 마땅히 행해야 할 도리.

라. 우리는 이 경전 가운데 시비선악의 많은 일을 잘 보아서 옳고 이로운 일을 취하여 행하고 그르고 해될 일은 놓으며, 또한 대소 유무의 모든 이치를 잘 보아서 그 근본에 깨침이 있어야 할 것이니, 그런다면 이것이 산 경전이 아니고 무엇이리오. 그러므로 나는 그대들에게 많고 번거한 모든 경전을 읽기 전에 먼저 이 현실로 나타나 있는 큰 경전을 잘 읽도록 부탁하노라."

24. 한 제자 여쭙기를 "저는 늘 사물(事物)에 민첩하지 못하오니 어찌하면 사물에 밝아질 수 있사오리까?" 대종사 말씀하시기를 "일을 당하기 전에는 미리 연마하고, 일을 당하여서는 잘 취사하고, 일을 지낸 뒤에는 다시 대조하는 공부를 부지런히 하며, 비록 다른 사람의 일이라도 마음 가운데에 매양 **반조(返照)**하는 공부를 잘하면, 점점 사물에 능숙하여져서 모든 응용에 걸리고 막히지 아니하리라."

25. 대종사, 예회에서 대중에게 말씀하시기를 "그대들이 **법설**이나 강연을 들을 때는 반드시 큰 보화나 얻을 듯이 정신을 **고누고** 들어야 할 것이니, 법사(法師)나 강사(講師)가 아무리 유익한 말을 한다 하더라도 듣는 사람이 요령을 잡지 못하고 범연히 듣는다면 그 말이 다 실지 효과를 얻지 못하느니라. 그러므로 무슨 말을 듣든지 내 공부와 내 경계에 대조하여 온전한 정신으로 마음에

반조(返照) 돌이켜서 살펴봄.
법설(法說) 불법(佛法)의 가르침을 대중에게 전하는 것.
고누고 '겨누고'의 방언으로 집중하고의 의미.

새겨듣는다면 그 얻음이 많아지는 동시에 **실지 행사**에 자연히 반조가 되어 예회의 공덕이 더욱 드러나게 되리라."

26. 대종사, **봉래정사**(蓬萊精舍)에 계실 때 등잔불을 가리키시며 말씀하시기를 "저 등잔불이 그 광명은 사면을 다 밝히는데 어찌하여 제 밑은 저같이 어두운고?" **김남천**(金南天)이 사뢰기를 "이는 실로 저와 같사오니, 저는 대종사의 문하에 직접 시봉하온 지 벌써 여러 해가 되었사오나 모든 일에 아는 것과 행하는 것이 멀리서 내왕하는 형제들만 같지 못하나이다." 대종사 웃으시며 다시 송규에게 물으시니, 송규 사뢰기를 "저 등불은 불빛이 위로 발하여 먼 곳을 밝히고 저 등잔대는 가까운 데 있어서 아래를 어둡게 하오니, 이것을 비유하오면 혹 사람이 남의 허물은 잘 아나 저의 그름은 알지 못하는 것과 같다고 하겠나이다. 어찌하여 그런가 하면, 사람이 남의 일을 볼 때는 아무것도 거리낌이 없으므로 그 장단과 고저를 바로 비춰 볼 수 있사오나, 제가 저를 볼 때는 항상 나라는 **상**(相)이 가운데 있어서 그 그림자가 지혜 광명을 덮으므로 그 시비를 제대로 알지 못하나이다." 대종사 말씀하시기를 "그렇게 원만하지 못한 사람이 자타(自他) 없이 밝히기로 하면 어찌하여야 할꼬?" 송규 사뢰기를 "희로

실지 행사(實地行事) 일을 처리하는 데 있어 일상생활에서 실지로 맞이하는 상황.

봉래정사(蓬萊精舍) 전북 부안군 변산면 중계리 내변산 실상사 주변에 있었던 실상초 당과 석두암을 아울러 봉래정사라 부름. 소태산 대종사가 이곳에서 교리를 초안하고 제도를 구상하였으며 교단의 창립 방향을 계획하고 창립 인연들을 만났다.

김남천(金南天, 1869~1941) 전북 전주 출생. 법호는 각산(角山). 변산 봉래정사에서 소태산 대종사를 시봉하였다.

상(相) 집착으로 마음에 남아있는 흔적.

애락에 편착하지 아니하고 마음 가운데에 모든 상을 끊어 없애면 그 아는 것이 자타가 없겠나이다." 대종사 말씀하시기를 "그대의 말이 옳다."

27. 대종사 말씀하시기를 "그대들이 원만한 사람이 되어 넓은 지견(知見)을 얻고자 하면 반드시 한편에 집착(執着)하지 말라. 지금 세상의 모든 사람이 거의 다 각각 한편에 집착하여 원만한 도를 이루지 못하나니, 선비는 유가의 습관에 승려는 불가의 습관에 그 외에 다른 종교나 사회의 사업가들은 또한 다 각각 자기의 아는 바와 하는 바에 편착하여, 시비 이해를 널리 알지 못하고 다른 사람의 법을 취하여 쓸 줄 모르므로 원만한 사람을 이루지 못하느니라." 한 제자 여쭙기를 "만일 자가(自家)의 전통과 주장을 벗어난다면 혹 **주견(主見)**을 잃지 않겠나이까?" 대종사 말씀하시기를 "이 말은 자가의 주견을 잃고 모든 법을 함부로 쓰라는 것이 아니라 정당한 주견을 세운 후에 다른 법을 널리 응용하라는 것이니 이 뜻을 또한 잘 알아야 하느니라."

28. 대종사 말씀하시기를 "**범상한** 사람에게는 무슨 일에나 지혜 어두워지게 하는 두 가지 조건이 있나니, 하나는 욕심에 끌려 구하므로 중도를 잃어서 그 지혜가 어두워지는 것이요, 또 하나는 자기의 소질 있는 데에만 치우쳐 집착되므로 다른 데에는 어두워지는 것이라. 수도하는 사람은 이 두 가지 조건에 특히 조심하여야 하느니라."

주견(主見) 주체적인 견해, 관점.
범상한 보통의.

29. 동학(東學)의 한 교인이 와서 뵈옵고 말하기를 "제가 선생의 **고명(高名)**을 듣고 멀리서 왔사오니 길이 애호하여 주소서." 대종사 말씀하시기를 "그대의 뜻이 그러할진대 마음에 무엇을 구함이 있으리니 말하라." 그 사람이 사뢰기를 "어찌하면 지식이 넓어지오리까?" 대종사 말씀하시기를 "그대가 나를 찾아와서 묻는 것이 곧 지식을 넓히는 법이요, 나는 그대를 대하여 그대의 말을 듣는 것이 또한 지식을 넓히는 법이라. 예를 들면 살림하는 사람이 살림 기구에 부족함이 있으면 저자에서 기구를 사오게 되고, 사업하는 사람이 사업의 지식에 부족함이 있으면 곧 세상에서 지식을 얻는 것과 같으니라. 그러므로 나는 무슨 일이든지 나 혼자 연구하여서만 아는 것이 아니요, 여러 사람을 응대할 때 거기서 지식을 취하여 쓰노니, 그대를 대할 때는 동학의 지식을 얻게 되고, 또 다른 교인을 대할 때는 그 교의 지식을 얻게 되노라."

30. 대종사 말씀하시기를 "사람의 **성품**은 원래 선악이 없는 것이나 습관에 따라 선악의 인품(人品)이 있어지나니, 습관은 곧 당인의 처음 한 생각이 좌우의 모든 인연에 응하고 또 응하는 가운데 이루어지는 것이니라. 가령 그대들이 공부에 발심하여 처음으로 이 도량에 와서 스승과 동지를 만나고 법과 규칙을 지

동학(東學) 19세기 중엽에 수운 최제우가 창시한 조선말기의 대표적 신종교. 수운은 보국안민(輔國安民), 포덕천하(布德天下), 광제창생(廣濟蒼生)의 기치를 높이 들면서 새로운 후천개벽 시대가 도래하였음을 주장하였다. 보국은 민족개벽, 안민은 사회개벽, 포덕천하 광제창생은 지상천국의 건설을 의미한다. 주요 경전으로 『동경대전』, 『용담유사』 등이 있다.

고명(高名) 널리 알려진 이름이나 명예.

성품(性稟) 본래 마음. 자성, 본성, 진성, 불성 등으로도 표현.

켜나갈 때, 처음에는 모든 일이 서툴고 맞지 아니하여 감내하기가 어려우나, 그 발심을 변하지 아니하고 오래 계속하면 차차 마음과 행동이 익어져서, 필경 힘들지 아니하고도 자연히 골라지게 되나니, 이것이 곧 습관이니라. 이와 같이 좌우의 인연을 따라 습관 되는 이치가 선과 악이 서로 다르지 아니하나, 선한 일에는 습관 되기가 어렵고 악한 일에는 습관 되기가 쉬우며, 선한 습관을 들이기 위하여 공부하는 중에도 조금만 방심하면 알지 못하는 가운데 악한 경계에 흘러가서 처음 목적한 바와는 반대로 되기 쉽나니, 이 점에 늘 주의하여야 착한 인품을 이루게 되리라."

31. 대종사 말씀하시기를 "많은 남녀 **학인(學人)**들을 겪어보니 남자들은 대체로 너그러우나 허한 듯하여 **견실성(堅實性)** 없는 것이 병이 되고, 여자들은 대체로 주밀하나 **고정하여** 용납성 없는 것이 병이 되므로, 사람이 원만한 인품을 이루려 하면 남자는 너그러운 가운데 내심(內心)이 견고하고 진실하기에 주로 노력하고, 여자는 주밀한 가운데 내심이 원만하고 관대하기에 주로 노력하여야 하리라."

32. 한 제자가 급히 밥을 먹으며 자주 말을 하는지라, 대종사 말씀하시기를 "사람이 밥 하나 먹고 말 한마디 하는 데에도 공부가 있나니, 만일 너무 급히 먹거나 과식을 하면 병이 따라 들기 쉽고, 아니할 말을 하거나 정도에 벗어난

학인(學人) 공부인. 도(道)를 배우는 사람.
견실성(堅實性) 굳건하고 성실한 성격.
고정하여(固定--) 한번 정하면 변경하지 않으려 함. 유연성이 부족하여.

말을 하면 재앙이 따라붙기 쉬운지라, 밥 하나 먹고 말 한마디 하는 것을 작은 일이라 하여 어찌 방심하리오. 그러므로 공부하는 사람은 무슨 일을 당하든지 공부할 기회가 이르렀다 하여 그일 그일을 잘 처리하는 것을 재미로 삼나니 그대도 이 공부에 뜻을 두라."

33. 문정규(文正奎) 여쭙기를 "경계를 당할 때 무엇을 취사하는 대중으로 삼으오리까?" 대종사 말씀하시기를 "세 가지 생각을 취사하는 대중으로 삼나니, 첫째는 자기의 세운바 본래 **서원(誓願)**을 생각하는 것이요, 둘째는 스승이 가르치는 본의를 생각하는 것이요, 셋째는 당시의 형편을 살펴서 한편에 치우침이 없는가를 생각하는 것이라. 이 세 가지를 대중으로 삼은즉 공부가 항상 매(昧)하지 아니하고 모든 처사가 자연 골라지느니라."

34. 대종사, **이춘풍**과 더불어 **청련암(靑蓮庵)** 뒷산 험한 재를 넘으시다가 말씀하시기를 "험한 길을 당하니 일심 공부가 저절로 되도다. 그러므로 길을 가되 험한 곳에서는 오히려 실수가 적고 평탄한 곳에서 실수가 있기 쉬우며, 일을 하되 어려운 일에는 오히려 실수가 적고 쉬운 일에 도리어 실수가 있기 쉽나니, 공부하는 사람이 험하고 평탄한 곳이나 어렵고 쉬운 일에 대중이 한결같아

문정규(文正奎, 1863~1936) 전남 곡성 출생. 법호 동산(冬山). 소태산 대종사 봉래 제법 시절 시봉하였다.

서원(誓願) 성불 제중의 큰 원(願)을 세우고 그것을 이루고자 맹세하는 일.

이춘풍(李春風, 1876~1930) 경북 금릉 출생. 법호는 훈산(薰山). 소태산 대종사의 봉래 정사 생활을 뒷받침 하였으며, 저서로는 『산중풍경(山中風景)』이 있다.

청련암(靑蓮庵) 전북 부안군 진서면 석포리 변산에 있는 암자.

야 **일행삼매(一行三昧)**의 공부를 성취하느니라."

35. 대종사 말씀하시기를 "그대들은 하늘 사람을 보았는가? 하늘 사람이 하늘 나라에 멀리 있는 것이 아니요 저 어린이들이 바로 하늘 사람이니, 저들은 마음 가운데 **일호**의 사심이 없으므로 어머니를 통하여 천록(天祿)이 나오느니라. 그러나 차차 사심이 생기면 천록도 따라서 그치게 되나니, 수도인들도 사심만 없고 보면 한량없는 천록이 따르지마는 사심이 일어나면 천록 길이 따라서 막히게 되느니라."

36. 한 제자 여쭙기를 "무슨 방법으로 수양하여야 **오욕**을 다 없애고 수도에 전일하여 부처님과 같이 한가롭고 넉넉한 생활을 하오리까?" 대종사 말씀하시기를 "욕심은 없앨 것이 아니라 도리어 키울 것이니, 작은 욕심을 큰 서원으로 돌려 키워서 마음이 거기에 전일하면 작은 욕심들은 자연 잠잘 것이요, 그리하면 저절로 한가롭고 넉넉한 생활을 하게 되리라."

37. 대종사 말씀하시기를 "나는 그대들에게 희로애락의 감정을 억지로 없애라고 가르치는 것이 아니라 희로애락을 곳과 때에 마땅하게 써서 자유로운 마

일행삼매(一行三昧) 어떠한 일 속에서도 산란함이 없이 지극히 고요하고 평온한 상태에 머묾.
일호(一毫) 한 가닥의 털이라는 뜻으로 극히 작은 정도를 이르는 말.
오욕(五慾) 인간의 다섯 가지 기본적인 욕망. 식욕·색욕·재물욕·명예욕·수면욕을 말함.

음 기틀을 걸림 없이 운용하되 **중도**에만 어그러지지 않게 하라고 하며, 가벼운 재주와 작은 욕심을 미워할 것이 아니라 그 재주와 발심의 크지 못함을 걱정하라 하노니, 그러므로 나의 가르치는 법은 오직 작은 것을 크게 할 뿐이며, 배우는 사람도 작은 데에 들이던 그 공력을 다시 큰 데로 돌리라는 것이니, 이것이 곧 큰 것을 성취하는 대법이니라."

38. 대종사 말씀하시기를 "그대들이 공부와 사업을 진행하는 가운데 크게 위태한 때가 있음을 미리 알아야 할 것이니, 공부하는 사람에게 크게 위태한 때는 곧 모든 지혜가 열리는 때요, 사업하는 사람에게 크게 위태한 때는 곧 모든 권리가 돌아오는 때이니라. 어찌하여 그런가 하면 근기가 낮은 사람은 약간의 지혜가 생김으로써 큰 공부를 하는 데 성의가 없어지고 작은 지혜에 만족하기 쉬우며, 약간의 권리가 생김으로써 사욕이 동하고 교만이 나게 되어 더 전진을 보지 못하는 까닭이라. 공부와 사업하는 사람이 이럴 때를 조심하지 못하고 보면 스스로 한없는 구렁에 빠지게 되느니라."

39. 한 제자가 수십 년간 독실한 신을 바치고 특히 좌선 공부에 전력하더니 차차 정신이 맑아져서 손님의 내왕할 것과 비 오고 그칠 것을 미리 아는지라, 대종사 말씀하시기를 "그는 수행하는 도중에 혹 반딧불같이 나타나는 **허령(虛靈)**에 불과하나니 그대는 정신을 차려 그 마음을 제거하라. 만일 그것에 낙을

중도(中道) 한 편에 기울지 않고 넘치거나 모자람이 없이 꼭 알맞음.
허령(虛靈) 자기가 생각하지 않아도 간헐적으로 미래와 천기(天機)의 변화에 대한 예측이나 통찰력 있는 식견 등이 솟아오르는 신령스러운 앎.

붙이면 큰 진리를 깨닫지 못할 뿐 아니라 사도(邪道)에 떨어져서 **아수라(阿修羅)의 유(類)**가 되기 쉽나니 어찌 정법 문하에 그런 것을 용납하리오.”

40. 송벽조(宋碧照)가 좌선에만 전력하여 수승 화강을 조급히 바라다가 도리어 두통을 얻게 된지라, 대종사 말씀하시기를 “이것이 공부하는 길을 잘 알지 못하는 연고라. 무릇, 원만한 공부법은 동정 간에 공부를 여의지 아니하여 동할 때는 모든 경계를 보아 취사하는 주의심을 주로 하여 삼대력을 아울러 얻어 나가고 정할 때는 수양과 연구를 주로 하여 삼대력을 아울러 얻어 나가는 것이니, 이 길을 알아 행하는 사람은 공부에 별 괴로움을 느끼지 아니하고 바람 없는 큰 바다의 물과 같이 한가롭고 넉넉할 것이요 수승 화강도 그 마음의 안정을 따라 자연히 될 것이나, 이 길을 알지 못하고 행하는 사람은 공연한 병을 얻어서 평생의 고초를 받기 쉽나니 이에 크게 주의할지니라.”

41. 대종사 말씀하시기를 “나의 법은 **인도상 요법(人道上要法)**을 주체 삼아 과거에 편벽된 법을 원만하게 하며 어려운 법을 쉽게 하여 누구나 바로 대도에 들게 하는 법이거늘, 이 뜻을 알지 못하고 묵은 생각을 버리지 못하는 사람은 공부를 하려면 고요한 산중에 들어가야 한다고 하며, 혹은 특별한 **신통(神通)**

아수라(阿修羅)의 유(類) 몸을 받지 못하고 떠돌아다니며 싸우기를 좋아하는 귀신의 부류.

송벽조(宋碧照, 1876~1951) 경북 성주 출생. 법호는 구산(久山)이며 법훈은 대희사. 송규·송도성의 부친. 영산교당과 마령교당 교무 등을 역임하였다.

인도상 요법(人道上要法) 사람으로서 마땅히 행해야 할 도리를 밝힌 요긴한 법.

신통(神通) 수행의 과정에서 나타나는 신비한 능력.

을 얻어서 **이산도수(移山渡水)와 호풍환우(呼風喚雨)**를 마음대로 하여야 한다고 하며, 혹은 경전·강연·회화는 쓸데없고 염불·좌선만 해야 한다고 하여, 나의 가르침을 바로 행하지 않는 수가 간혹 있나니, 실로 통탄할 일이니라. 지금 각도 사찰 선방이나 **심산궁곡**에는 평생 아무 직업 없이 **영통**이나 **도통**을 바라고 방황하는 사람이 그 수가 적지 아니하나, 만일 세상을 떠나서 법을 구하며 인도를 여의고 신통만 바란다면 이는 곧 사도(邪道)니라. 그런즉 그대들은 먼저 내가 가르치는 인생의 요도와 공부의 요도에 따라 세간 가운데서 공부를 잘하여 나아가라. 그리한다면 마침내 **복혜 양족(福慧兩足)**을 얻는 동시에 신통과 정력도 그 가운데 있을 것이니 이것이 곧 순서 있는 공부요 근원 있는 대도니라."

42. 대종사 말씀하시기를 "정법 회상에서 신통을 귀하게 알지 않는 것은 신통이 세상을 제도하는 데에 실다운 이익이 없을 뿐 아니라 도리어 폐해가 되는 까닭이니라. 어찌하여 그런가 하면 신통을 원하는 사람은 대개 세속을 피하여

이산도수(移山渡水)와 호풍환우(呼風喚雨) 산을 건너뛰고 물위를 걸어 강을 건너는 것과 바람과 비를 불러일으키는 등의 신비한 능력.

심산궁곡(深山窮谷) 깊은 산속의 험한 골짜기. 인적이 드문 깊은 산속.

영통(靈通) 보고 듣고 생각하지 아니하여도 천지 만물의 변태와 인간 삼세의 인과보응을 여실히 알게 되는 능력.

도통(道通) 천만 사물의 오묘한 이치를 깨달아 통달함.

복혜 양족(福慧兩足) 복과 지혜를 모두 갖춤. 복족족 혜족족이라고도 함.

산중에 들며 인도를 떠나 허무에 집착하여 **주문**이나 **진언(眞言)** 등으로 일생을 보내는 것이 예사이니, 만일 온 세상이 다 이것을 숭상한다면 사농공상이 무너질 것이요 **인륜 강기(人倫綱紀)**가 묵어질 것이며, 또한 그들이 도덕의 근원을 알지 못하고 차서 없는 생각과 옳지 못한 욕심으로 남다른 재주를 바라고 있으니, 한때 허령으로 혹 무슨 **이적(異蹟)**이 나타난다면 그것을 악용하여 세상을 속이고 사람을 해롭게 할 것이기 때문이니라. 그러므로 성인이 말씀하시기를 '신통은 **말변(末邊)**의 일이라.' 하였고, '도덕의 근거가 없이 나타나는 신통은 다만 일종의 마술(魔術)이라.' 하였느니라. 그러나 사람이 정도(正道)를 잘 수행하여 욕심이 담박하고 행실이 깨끗하면 자성의 광명을 따라 혹 **불가사의(不可思議)**한 자취가 나타나는 수도 있으나 이것은 구하지 아니하되 자연히 얻어지는 것이라. 어찌 삿된 생각을 가진 중생의 견지로 이를 추측할 수 있으리오."

43. 대종사 말씀하시기를 "처음 발심한 사람이 저의 **근기**도 잘 모르고 일시적 **독공(篤工)**으로 바로 큰 이치를 깨치고자 애를 쓰는 수가 더러 있으나, 그러한

주문(呪文) 신비스러운 능력을 얻기 위하여 외우는 주술적 글귀.

진언(眞言) 진실하여 거짓이 없는 말. 신비스러운 능력을 얻기 위하여 외우는 글귀. 주로 불교에서 외우는 주문을 말함.

인륜 강기(人倫綱紀) 사람이 지켜야할 근본 도리.

이적(異蹟) 기이한 행적이나 기적.

말변(末邊) 끝과 가장자리. 중요하지 않은 것.

불가사의(不可思議) 말로 표현할 수도 없고 상상하기도 어려움.

근기(根機) 불법을 믿고 이해하며 수행할 수 있는 능력 또는 자질.

독공(篤工) 오롯한 마음으로 열성을 다해 정진함.

마음을 가지면 몸에 큰 병을 얻기 쉽고 마음대로 되지 않을 때는 퇴굴심(退屈心)이 나서 수도 생활과 멀어질 수도 있나니 조심할 바이니라. 그러나 혹 한 번 뛰어서 **불지(佛地)**에 오르는 도인도 있나니 그는 다생 겁래에 많이 닦아 온 최상의 근기요 **중·하(中下)의 근기**는 오랜 시일을 두고 공을 쌓고 노력하여야 하느니라. 그 순서는 첫째 큰 원이 있은 뒤에 큰 신(信)이 나고, 큰 신이 난 뒤에 큰 분(忿)이 나고, 큰 분이 난 뒤에 큰 의심이 나고, 큰 의심이 있은 뒤에 큰 정성이 나고, 큰 정성이 난 뒤에 크게 깨달음이 있으며, 깨달아 아는 것도 한 번에 끝나는 것이 아니라 **천통 만통**이 있느니라.”

44. 대종사 말씀하시기를 “어리석은 사람은 한 생각 나는 즉시로 **초범 월성(超凡越聖)**의 큰 지혜를 얻으려 하나 그것은 크게 어긋난 생각이라. 저 큰 바다의 물도 작은 방울 물이 합하여 이룬 것이요, 산야의 대지도 작은 먼지가 합하여 이룬 것이며, 제불 제성의 대과(大果)를 이룬 것도 형상 없고 보이지도 않는 마음 **적공(積功)**을 합하여 이룬 것이니, 큰 공부에 뜻하고 큰일을 착수한 사람은 먼저 마땅히 작은 일부터 공을 쌓기 시작하여야 하느니라.”

불지(佛地) 부처의 경지.

중·하(中下)의 근기 중근기와 하근기. 중근기는 자세히 아는 것도 없고 혹은 모르지도 아니하여 항상 의심을 풀지 못하고 법과 스승을 저울질하는 근기. 하근기는 사(邪)와 정(正)의 분별도 없으며 계교와 의심도 내지 아니하여 인도하면 인도하는 대로 순응하는 근기.

천통 만통(千通萬通) 깨달음의 깊이에 많은 단계가 있음을 비유적으로 표현한 말.

초범 월성(超凡越聖) 범부를 초월하고 성인의 경지를 뛰어 넘음.

적공(積功) 수행의 공을 쌓음.

45. 대종사 말씀하시기를 "도를 구하기 위하여 출가한 사람이 중간에 혹 본의를 잊어버리고 **외학(外學)**과 **외지(外知)**를 구하는 데에 정신을 쓰는 수도 더러 있으나, 이러한 사람은 박식(博識)은 될지언정 정신 기운은 오히려 약해져서 참 지혜를 얻기가 어려울 것이니, 참 도를 구하는 사람은 발심한 본의를 반성하여 여러 방면으로 흩어지는 마음을 바로잡아 삼대력 쌓는 데에 공을 들이면 자연히 외학과 외지의 역량도 갖춰지느니라."

46. 대종사 말씀하시기를 "내가 한 생각을 얻기 전에는 혹은 기도도 올렸고, 혹은 문득 솟아오르는 주문도 외웠으며, 혹은 나도 모르는 가운데 **적묵(寂默)**에 잠기기도 하였는데, 우연히 한 생각을 얻어 **지각(知覺)**이 트이고 **영문(靈門)**이 열리게 된 후로는, 하루에도 밤과 낮으로 한 달에도 선후 보름으로 밝았다 어두웠다 하는 변동이 생겼고, 이 변동에서 **혜문(慧門)**이 열릴 때는 천하에 모를 일과 못 할 일이 없이 자신이 있다가도 도로 닫히고 보면 내 몸 하나도 어찌할 방략이 없어서, 나의 앞길을 어떻게 하면 좋을까 하는 걱정이 새로 나며 무엇에 홀린 것 같은 의심도 나더니, 마침내 그 변동이 없어지고 지각(知覺)이 한결같이 계속되었노라."

외학(外學)과 외지(外知) 도(道)를 실현하는 공부에 실질적 도움이 되지 않는 배움과 지식.

적묵(寂默) 고요한 선정의 경지.

지각(知覺) 일과 이치의 대체를 파악할 수 있는 능력.

영문(靈門) 영통(靈通)의 문.

혜문(慧門) 일과 이치를 통달하는 지혜의 문.

47. 대종사, 겨울철에는 매양 **해수(咳嗽)**로 법설을 하실 때마다 기침이 아울러 일어나는지라, 인하여 대중에게 말씀하시기를 "내가 자라난 길룡리는 그대들이 아는 바와 같이 생활의 빈궁함과 인지의 미개함이 세상에 드문 곳이라, 내가 다행히 전세의 습관으로 어릴 때 발심하여 성심으로 도는 구하였으나 가히 물을 곳이 없고 지도 받을 곳이 없으므로 홀로 생각을 일어내어 **난행고행(難行苦行)**을 할 수밖에 없었나니, 혹은 산에 들어가서 밤을 지내기도 하고, 혹은 길에 앉아서 날을 보내기도 하며, 혹은 방에 앉아 뜬눈으로 밤을 새우기도 하고, 혹은 얼음물에 목욕도 하며, 혹은 **절식(絕食)**도 하고, 혹은 찬방에 거처도 하여, 필경 의식(意識)을 다 잊는 경계에까지 들었다가 마침내 그 의심한 바는 풀리었으나, 몸에 **병근(病根)**은 이미 깊어져서 **기혈**이 쇠함을 따라 병고는 점점 더해가나니, 나는 당시에 길을 몰라 어찌할 수 없었지마는, 그대들은 다행히 나의 경력을 힘입어서 난행고행을 겪지 아니하고도 바로 **대승 수행**의 원만한 법을 알게 되었으니 이것이 그대들의 큰 복이니라. 무릇, **무시선 무처선**의 공부는 다 대승 수행의 빠른 길이라. 사람이 이대로 닦는다면 **사반공배(事半**

해수(咳嗽) 기침이 많이 나는 병(病). 해소(咳嗽)라고도 함.

난행고행(難行苦行) 어렵고 고통스러운 수행 과정.

절식(絕食) 단식. 일정 기간 동안 음식을 먹지 아니함.

병근(病根) 병의 뿌리.

기혈(氣血) 기력과 혈색.

대승(大乘) 수행 누구나 생활 속에서 행할 수 있는 큰 수행.

무시선(無時禪) 시간에 구애 없이 언제나 생활 속에서 하는 선(禪) 수행.

무처선(無處禪) 장소에 구애 없이 어디서나 생활 속에서 하는 선(禪) 수행.

功倍)가 될 것이요 병들지 아니하고 성공하리니, 그대들은 삼가 나의 길 얻지 못할 때의 헛된 고행을 증거로 하여 몸을 상하는 폐단에 들지 않기를 간절히 부탁하노라."

48. 대종사 말씀하시기를 "저 학교에서도 학기 말이나 학년 말에는 시험이 있는 것과 같이 수도인에게도 법위가 높아질 때나 불지(佛地)에 오를 때는 **순경·역경**을 통하여 여러 가지로 시험이 있나니, 그러므로 부처님께서도 **성도(成道)**하실 무렵에 **마왕 파순(波旬)**이 **팔만 사천 마군**을 거느리고 대적하였다 하며 후래 수행자들도 역시 그러한 경계를 지냈다 하느니라. 내가 지금 그대들을 살펴볼 때 그대들 중에도 시험에 걸려서 고전(苦戰)을 하고 있는 사람과 패전하여 영생 일을 그르쳐 가는 사람과 좋은 성적으로 시험을 마쳐서 그 앞길이 양양한 사람도 있나니, 각자의 공부 정도를 살피어 그 시험에 실패가 없기를 바라노라."

49. 대종사 말씀하시기를 "기술을 배우는 사람은 그 스승에게 기술의 감정을

사반공배(事半功倍) 들인 힘은 적으나 결실이 큼.

순경(順境) 순조롭고 편안한 상황.

역경(逆境) 힘들고 어려운 상황.

성도(成道) 도를 닦아 이룸.

마왕(魔王) 파순(波旬) 온갖 방법으로 수행인을 괴롭히며 욕계 제6천을 주재한다는 마왕의 이름. 수행인의 마음속에 있는 수많은 번뇌 망상을 상징함.

팔만 사천 마군(八萬四千魔軍) 중생의 수많은 번뇌 망상을 비유적으로 표현한 말.

받아야 할 것이요, **도학**을 배우는 사람은 그 스승에게 시비의 감정을 받아야 하나니, 기술을 배우는 사람이 기술의 감정을 받지 아니하면 그 기술은 줄 맞은 기술이 되지 못할 것이요, 도학을 배우는 사람이 시비의 감정을 받지 아니하면 그 공부는 요령 있는 공부가 되지 못하리라. 그러므로 내가 항상 그대들에게 일과 이치 간에 잘한다 잘못한다 하는 감정을 내리는 것은 그대들로 하여금 굽은 길을 피하고 바른길을 밟게 하고자 함이거늘, 만일 나에게 감정받기를 꺼린다든지 그 잘한다 잘못한다 하는 데에 불만을 가진다면 본래 배우러 온 목적이 그 무엇이며 공부는 어떻게 진취될 것인가. 나뿐 아니라 누구든지 정당한 비판과 충고는 그대들의 전도에 보감이 되는 것이거늘, 그 전도를 열어 주는 은인(恩人)에게 혹 원망을 가진다면 또한 배은자가 되지 아니하겠는가. 그런즉 그대들은 내가 그대들에게 잘한다 잘못한다 하는 데에나 세상이 잘한다 잘못한다 하는 데에나 다 같이 감사하는 동시에 공부의 참된 요령을 얻어 나가기에 더욱 힘쓸지어다."

50. 대종사 말씀하시기를 "수도인이 경계를 피하여 조용한 곳에서만 마음을 길들이려 하는 것은 마치 물고기를 잡으려는 사람이 물을 피함과 같나니 무슨 효과를 얻으리오. 그러므로 참다운 도를 닦고자 할진대 오직 천만 경계 가운데에 마음을 길들여야 할 것이니 그래야만 천만 경계에 마음이 흔들리지 않는 큰 힘을 얻으리라. 만일 경계 없는 곳에서만 마음을 단련한 사람은 경계 중에 나오면 그 마음이 바로 흔들리나니 이는 마치 그늘에서 자란 버섯이 태양을 만나

도학(道學) 진리를 깨치고 실천하도록 하는 가르침. 또는 지혜를 밝히는 마음공부의 가르침.

면 바로 시드는 것과 같으니라. 그러므로 '**유마경(維摩經)**'에 이르시기를 '보살은 시끄러운 데 있으나 마음은 온전하고, **외도(外道)**는 조용한 곳에 있으나 마음은 번잡하다.' 하였나니, 이는 오직 공부가 마음 대중에 달린 것이요 바깥 경계에 있지 아니함을 이르심이니라."

51. 대종사 여러 제자에게 말씀하시기를 "그대들은 마땅히 불법을 활용하여 생활의 향상을 도모할지언정 불법에 사로잡힌 바 되어 일생을 헛되이 지내지 말라. 무릇, 불법은 원래 세상을 건지는 큰 도이거늘, 도리어 세속을 피하고 산에 들어가서 다만 염불이나 **간경(看經)**이나 좌선 등으로 일없이 일생을 보내고 마침내 아무런 제중의 실적도 없다면, 이러한 사람은 다 불법에 사로잡힌 바라 자신에도 별 성공이 없으려니와 세상에도 아무 이익이 없느니라."

52. 대종사, 대중에게 말씀하시기를 "사람이 도를 알고자 하는 것은 용처(用處)에 당하여 쓰고자 함이니, 만일 용처에 당하여 쓰지 못한다면 이것은 알지 못함과 같은지라 무슨 이익이 있으리오." 하시고, 부채를 들어 보이시며 "이 부채를 가졌으나 더위를 당하여 쓸 줄을 모른다면 부채를 가진 효력이 무엇이리오." 하시니라.

유마경(維摩經) 초기 대승경전의 하나로 『유마힐소설경(維摩詰所說經)』의 약칭. 『불가사의 해탈경(不可思議解脫經)』, 『정명경(淨名經)』이라고도 함. 일상생활 속에서 해탈을 얻어야 한다는 가르침을 설한 경전. 대승의 보살도 실천과 재가 수행의 중요성을 강조한다.

외도(外道) 바르고 원만한 수행의 길을 벗어난 편벽되고 삿된 수행법 또는 수행 집단.

간경(看經) 불경을 소리내지 않고 속으로 읽음.

53. 대종사 말씀하시기를 "공부하는 사람이 밖으로는 능히 모든 인연에 대한 착심을 끊고 안으로는 또한 일심의 집착까지도 놓아야 할 것이니 일심에 집착하는 것을 **법박(法縛)**이라고 하느니라. 사람이 만일 법박에 걸리고 보면 눈 한 번 궁굴리고 몸 한 번 동작하는 사이에도 법에 항상 구애되어 자재(自在)함을 얻지 못하나니 어찌 큰 해탈(解脫)의 문에 들 수 있으리오. 그러므로 공부하는 사람이 성품을 기르되 모름지기 자연스럽게 기르고 활발하게 운전하여 다만 육근이 일 없을 때는 그 잡념만 제거하고 일 있을 때는 그 불의만 제거할 따름이라 어찌 일심 가운데 다시 일심에 집착하리오. 비하건대 아기를 보는 사람이 아기의 가고 옴과 노는 것을 자유에 맡겨서 그 심신을 활발하게 하되, 다만 위태한 곳에 당하거든 붙잡아서 가지 못하게 하고 위태한 물건을 가지거든 빼앗아서 가지지 못하게만 하면 가히 아기를 잘 본다고 할 것이거늘, 아기를 본다 하여 아기를 붙잡고 굳게 앉아서 종일토록 조금도 움직이지 아니하면 아기는 자연히 구속에 괴로워 할 것이니 일심에 집착하는 폐단도 또한 이와 다름이 없느니라."

54. 대종사 김남천에게 말씀하시기를 "내가 일전에 어떤 사람이 소를 타고 가는 것을 보니, 사람의 권리대로 소를 끌지 못하고 소의 권리에 사람이 끌려가는데, 그 소가 가시밭이나 구렁으로 들어가면 가시밭이나 구렁으로 끌려 들어가고 산이나 들로 가면 산이나 들로 끌려가서, 자빠지고 엎어지니 의복은 찢어지고 몸은 상하여 차마 볼 수 없더라. 내가 그 광경을 보다가 그에게 말하기를

법박(法縛) 법을 고정된 실체로 생각하여 법에 묶이는 것.

그 소를 단단히 잡아서 함부로 가지 못하게 하고 꼭 길로만 몰아가면 그런 봉변이 없을 것이 아닌가 한즉, 그 사람이 말하기를 그리하면 오죽 좋으리오마는 제가 무식하여 이 소를 길들이지 못하고 모든 권리를 소에게 맡겼더니 저는 점점 늙어지고 소는 차차 거칠어져서 이제는 도저히 어거할 능력이 없다 하더라. 오늘 그대의 오는 것을 본즉 역시 소를 타고 오니 그 소는 어디 있는가?" 남천이 사뢰기를 "지금 타고 있나이다." 대종사 말씀하시기를 "그 소의 모양은 어떻게 생겼는가?" 남천이 사뢰기를 "키는 한 길이요, 빛은 누른빛이요, 신은 삼으로 만든 신이오며, 수염은 혹 검고 혹 희게 났나이다." 대종사 웃으시며 말씀하시기를 "그대가 소의 모양은 알았거니와, 그러면 그대의 소는 그대의 하자는 대로 잘 하는가. 그대도 역시 소에게 끌려다니게 되는가?" 남천이 사뢰기를 "소가 대체로 저의 하자는 대로 하나이다. 만일 정당한 일에 소가 게으름을 부리오면 호령하여 아무쪼록 그 일을 하게 하오며, 부당한 일에 소가 동하려 하오면 또한 호령하여 그 일을 하지 못하도록 하나이다." 대종사 말씀하시기를 "그대가 소를 이미 발견하였고, 길들이는 법을 또한 알았으며, 더구나 소가 그대의 말을 대체로 듣게 되었다 하니, 더욱 힘을 써서 **백천만사**를 다 자유자재하도록 길을 들이라."

55. 대종사, 선원 대중에게 말씀하시기를 "그대들의 입선 공부는 비하건대 소 길들이는 것과 같나니, 사람이 세상에서 도덕의 훈련이 없이 보는 대로 듣는

백천만사(百千萬事) 온갖 일.

대로 생각나는 대로 자행자지하여 **인도 정의**에 탈선되는 행동을 하는 것은 어미젖 떨어지기 전의 방종한 송아지가 자행자지로 뛰어다닐 때와 같은 것이요, **사가**를 떠나 선원에 입선하여 모든 규칙과 계율을 지켜갈 때 과거의 습관이 떨어지지 아니하여 지도인의 머리를 뜨겁게 하며 각자의 마음에도 사심 잡념이 치성하여 이 공부 이 사업에 안심이 되지 못하는 것은 젖 뗀 송아지가 말뚝에 매달리어 어미 소를 부르고 몸살을 치며 야단을 할 때와 같은 것이며, 매일 모든 과정을 지켜갈 때 말귀도 차차 알아듣고 사심과 잡념도 조금씩 가라앉으며 사리 간에 모르던 것이 한 가지 두 가지 알아 지는 데에 재미가 붙는 것은 그 소가 완전한 길은 들지 못하였으나 모든 일에 차차 안심을 얻어 가는 때와 같은 것이요, 교의의 해석과 수행에 탈선되는 일이 없으며 수양력과 연구력과 취사력이 익어 가는 동시에 정신·육신·물질을 희사하여 가는 곳마다 공중을 이익 주게 되는 것은 길 잘든 소가 무슨 일이나 시키면 잘하여 가는 곳마다 그 주인에게 이익을 주는 것과 같으니라. 이와 같이 농가에서 농부가 소를 길들이는 뜻은 전답을 갈 때 잘 부리자는 것이요, 선원에서 그대들에게 전문 훈련을 시키는 뜻은 인류 사회에서 활동할 때 유용하게 활용하라는 것이니, 그대들은 이런 기회에 세월을 허송하지 말고 부지런히 공부하여 길 잘든 마음 소로 너른 세상에 봉사하여 **제생 의세(濟生醫世)**의 거룩한 **사도**가 되어주기 바라노라."

인도 정의(人道正義) 사람으로서 마땅히 행해야 할 올바른 도리.
사가(私家) 개인이 살림하는 집.
제생 의세(濟生醫世) 중생을 구제하고 병든 세상을 치유함.
사도(使徒) 거룩한 일을 위하여 헌신하는 사람.

56. 대종사, 선원 결제식에서 대중에게 말씀하시기를 "그대들이 선원에 입선하는 것은 마치 환자가 병원에 입원하는 것과 같나니, 사람의 육신에 병이 생기면 병원에서 의약으로 치료하게 되고, 마음에 병이 생기면 도가에서 도덕으로 치료하게 되는지라, 그러므로 부처님을 **의왕(醫王)**이라 함과 같이 그 교법을 약재라 하고 그 교당을 병원이라 할 수 있느니라. 그러나 세상 사람들은 육신의 병은 병으로 알고 시간과 돈을 들여 치료에 힘쓰지마는 마음의 병은 병인 줄도 모르고 치료해 볼 생각을 내지 않나니, 이 어찌 뜻있는 이의 탄식할 바 아니리오. 육신의 병은 아무리 중하다 할지라도 그 고통이 일생에 그칠 것이요 경하면 짧은 시일에 가히 치료할 수도 있으나, 마음의 병은 치료하지 아니하고 그대로 두면 영원한 장래에 죄고의 종자가 되나니, 마음에 병이 있으면 마음이 자유를 잃고 외경의 유혹에 끌려 아니할 말과 아니할 일과 아니할 생각을 하게 되어 자기 스스로 죽을 땅에 들기도 하고, 자기 스스로 천대를 불러들이기도 하고, 자기 스스로 고통을 만들기도 하여, 죄에서 죄로 고에서 고로 빠져들어 다시 회복할 기약이 없게 되느니라. 그러나 마음에 병이 없으면 시방세계 너른 국토에 능히 고락을 초월하고 거래에 자유하며 모든 복락을 자기 마음대로 수용할 수 있나니, 그대들이여! 이 선기 중에 각자의 마음병을 잘 발견하여 그 치료에 정성을 다하여 보라."

57. 또 말씀하시기를 "공부하는 사람이 각자의 마음병을 발견하여 그것을 치료하기로 하면 먼저 치료의 방법을 알아야 할 것이니, 첫째는 육신병 환자가 의사에게 자기의 병증을 속임 없이 고백하여야 하는 것같이 그대들도 지도인

의왕(醫王) 가장 뛰어난 의사라는 뜻으로 모든 사람들의 마음병을 가장 잘 치료해 주는 부처님의 능력을 비유한 표현.

에게 마음병의 증세를 사실로 고백하여야 할 것이요, 둘째는 육신병 환자가 모든 일을 의사의 지도에 순응하여야 하는 것같이 그대들도 지도인의 가르침에 절대 순응하여야 할 것이요, 셋째는 육신병 환자가 그 병이 완치되도록까지 정성을 놓지 아니하여야 하는 것같이 그대들도 끝까지 마음병 치료에 정성을 다하여야 할지니, 이와 같이 진실히 잘 이행한다면 마침내 마음의 완전한 건강을 회복하는 동시에 마음병에 허덕이는 모든 대중을 치료할 의술까지 얻게 되어 너른 세상에 길이 제생 의세의 큰일을 성취하게 되리라."

58. 대종사, 선원 대중에게 말씀하시기를 "우리의 공부법은 난리 세상을 평정할 병법(兵法)이요, 그대들은 그 병법을 배우는 훈련생이며, 그 난리란 곧 사람들의 마음 나라에 끊임없이 일어나는 난리이니라. 마음 나라는 원래 온전하고 평안하며 밝고 깨끗한 것이나 사욕의 마군을 따라 어둡고 탁해지며 복잡하고 요란해져서 한없는 세상에 길이 평안할 날이 적으므로 이와 같은 중생들의 생활하는 모양을 마음 난리라 한 것이요, 병법이라 함은 곧 우리의 마음 가운데 있는 모든 마군을 항복 받는 법이니, 그 법은 바로 정(定)과 혜(慧)와 계(戒)를 닦으며 법(法)과 마(魔)를 구분하는 우리의 수행 길이라 이것이 곧 더할 수 없는 **세계 정란(靖亂)**의 큰 병법이니라. 그러나 세상 사람들은 이 마음 난리는 난리로 생각하지도 아니하나니 어찌 그 본말을 안다 하리오. 개인·가정과 사회·국가의 크고 작은 모든 전쟁도 그 근본을 추구해 본다면 다 이 사람의 마음 난리로 인하여 발단되는 것이니, 그러므로 마음 난리는 모든 난리의 근원인 동시

세계 정란(靖亂) 세계의 위태로운 난리를 평정함.

에 제일 큰 난리가 되고, 이 마음 난리를 평정하는 법은 모든 법의 조종(祖宗)인 동시에 제일 큰 병법이 되느니라. 그러므로 그대들은 이 뜻을 잘 알아서 정과 혜를 부지런히 닦고 계율을 죽기로써 지키라. 이를 오래오래 쉬지 아니하고 반복 수행하면 마침내 모든 마군을 항복 받을 것이니, 그리된다면 **법강항마**의 법위를 얻게 되는 동시에 마음 난리에 편할 날이 없는 이 세상을 평정하는 훌륭한 **도원수(都元帥)**가 될 것으로 확신하노라."

59. 대종사 말씀하시기를 "본래에 분별과 주착이 없는 우리의 성품(性稟)에서 선악 간 마음 발하는 것이 마치 저 밭에서 여러 가지 농작물과 잡초가 나오는 것 같다 하여 우리의 마음 바탕을 심전(心田)이라 하고, 묵은 밭을 잘 개척하여 좋은 밭을 만들 듯이 우리의 마음 바탕을 잘 단련하여 혜복을 갖추어 얻자는 뜻에서 심전 계발(啓發)이라는 말이 있게 되었느니라. 그러므로 심전을 잘 계발하는 사람은 저 농사 잘 짓는 사람이 밭에 잡초가 나면 매고 또 매어 잡초는 없애고 농작물만 골라 가꾸어 가을에 많은 수확을 얻는 것같이, 선악 간에 마음 발하는 것을 잘 조사하고 또 조사하여 악심이 나면 제거하고 또 제거해서 악심은 없애고 양심만 양성하므로 혜복이 항상 넉넉할 것이요, 심전 계발을 잘 못하는 사람은 저 농사를 잘 못짓는 사람이 밭에 잡초가 나도 내버려 두고 농작물이 나도 그대로 두어서 밭을 다 묵히어 가을에 수확할 것이 없는 것같이, 악한 마음이 나도 그대로 행하고 선한 마음이 나도 그대로 행하여 자행자지하

법강 항마(法强降魔) 법이 강하여 마를 항복 받음. 정심이 사심을 제압함.
도원수(都元帥) 총사령관. 바른 법으로 세상을 이끄는 불보살.

는지라 당하는 것은 고뿐이요 혜복의 길은 더욱 멀어지느니라. 그러므로 우리의 천만 죄복이 다른 데에 있는 것이 아니라 오직 이 심전 계발을 잘하고 못하는 데에 있나니, 이 일을 어찌 등한히 하리오.”

60. 또 말씀하시기를 “예로부터 도가(道家)에서는 심전을 발견한 것을 **견성(見性)**이라 하고 심전을 계발하는 것을 **양성(養性)**과 **솔성(率性)**이라 하나니, 이 심전의 공부는 모든 부처와 모든 성인이 다 같이 천직(天職)으로 삼으신 것이요 이 세상을 선도(善導)하는 데에도 또한 그 근본이 되는 것이니라. 그러므로 우리 회상에서는 심전 계발의 전문 과목으로 수양·연구·취사의 세 가지 강령을 정하고 그를 실습하기 위하여 일상 수행의 모든 방법을 지시하였나니, 수양은 심전 농사를 짓기 위하여 밭을 깨끗하게 다스리는 과목이요, 연구는 여러 가지 농사짓는 방식을 알리고 농작물과 풀을 구분하는 과목이요, 취사는 아는 그대로 실행하여 폐농을 하지 않고 많은 곡식을 수확하게 하는 과목이니라. 지금 세상은 과학문명의 발달을 따라 사람의 욕심이 날로 치성하므로 심전 계발의 공부가 아니면 이 욕심을 항복 받을 수 없고 욕심을 항복 받지 못하면 세상은 평화를 보기 어려울지라. 그러므로 이 앞으로는 천하의 인심이 자연히 심전 계발을 원하게 될 것이요, 심전 계발을 원할 때는 그 전문가인 참다운 종교를 찾게 될 것이며, 그중에 수행이 원숙(圓熟)한 사람은 더욱 한량없는 존대를 받을 것이니, 그대들은 이때 한 번 더 결심하여 이 심전 농사에 크게 성공하는 모

견성(見性) 일원의 진리를 깨닫는 것. 본래 성품을 봄. 깨달음.
양성(養性) 일원의 체성을 지키는 것. 본래 성품을 온전하게 지키고 회복함.
솔성(率性) 일원과 같이 원만한 실행을 하는 것. 본래 성품을 바르게 발현시켜 사용함.

범적 농부가 되어볼지어다."

61. 대종사, 선원 대중에게 말씀하시기를 "내가 이번 선중에 많은 말을 하였는데 오늘도 말을 하게 되니 혹 싫은 생각이 날 사람도 있을지 모르나 내가 이와 같이 많은 말을 하고 또 하는 것은, 도덕에 대한 이해가 부족한 사람들에게는 자주 말을 하여 주어야 자연히 모든 사리가 밝아져서 실행까지 하게 되는 연고라. 그러므로 과거의 성현들도 초학자들을 교화 지도하실 때는 먼저 일과 이치 간에 알리는 데에 노력하시고 그에 따라 차차 실행을 하도록 추진하셨나니, 한 두 선(禪) 난 후에 지행이 바로 골라 맞지 못한다 하여 그것에 초조해하거나 답답해하지도 말 것이며 그러한 사람을 비웃거나 책망하지도 말 것이니라. 그런 즉 그대들은 한 번 들은 법을 듣고 또 듣는다 하여 거기에 쉬운 생각을 내지도 말며, 아는 그대로 바로 실행이 다 되지 못한다 하여 스스로 타락심을 내지도 말고, 듣고 또 들으며 행하고 또 행하면 마침내 지행이 겸전한 완전한 인격을 이루리라."

62. 대종사, 선원 해제식에서 대중에게 말씀하시기를 "오늘의 이 해제식은 작은 선원에는 해제를 하는 것이나, 큰 선원에는 다시 결제를 하는 것이니, 만일 이 식을 오직 해제식으로만 아는 사람은 아직 큰 공부법을 알지 못함이니라."

63. 김대거(金大擧) 여쭙기를 "법강항마위부터는 계문이 없사오니 취사 공부

김대거(金大擧, 1914~1998) 전북 진안 출생. 법호는 대산(大山)이며 법훈은 종사. 원불교 종법사를 역임하였고 저서로는 『교리실천도해』, 『정전대의』 등이 있다.

는 다 된 것이오니까?" 대종사 말씀하시기를 "법강항마위부터는 첫 **성위(聖 位)**에 오르는지라, 법에 얽매이고 계문에 붙잡히는 공부는 아니하나 안으로는 **심계(心戒)**가 있나니, 그 하나는 자신의 수도와 안일만 취하여 소승에 흐를까 조심함이요, 둘은 부귀 향락에 빠져서 본원이 매각될까 조심함이요, 셋은 혹 신통이 나타나 함부로 중생의 눈에 띄어 정법에 방해될까 조심함이라. 이 밖에도 수양·연구·취사의 삼학을 공부하여 위로 불지(佛智)를 더 갖추고 아래로 자비를 더 길러서 중생을 제도하는 것으로 공을 쌓아야 하느니라."

성위(聖位) 성자의 반열(등급).
심계(心戒) 수행인이 자기의 마음속에서 스스로 정하여 지키는 표준.

제4 인도품

人道品

인도품(人道品) 사람으로서 행해야 할 바른 도리에 대한 법문을 중심으로 도덕의 본말과 인
도의 대의에 대한 해석과 사람을 상대하고 사물을 대하는 처세의 요법 및 지도인이 갖추어야
할 요법 등에 대한 법문으로 구성되어 있다.

1. 새로 입교한 교도 한 사람이 여쭙기를 "저는 마침 **계룡산(鷄龍山)** 안에 살고 있사와, 산 안에 있는 여러 교회의 인물들과 많이 담화하게 되옵는바, 그들이 항상 각자의 교리를 자랑하며 말마다 도덕을 일컬으오나, 아직도 그 뜻에 밝은 해답을 듣지 못하였사오니, 대종사께서 그 도덕의 뜻을 가르쳐 주옵소서." 대종사 말씀하시기를 "그대가 이제 도덕을 알고자 하니 그 마음이 기특하나 도덕이라 하면 그 범위가 심히 넓어서 짧은 시간에 가히 다 설명할 수 없느니라. 그러므로 그대가 이 공부를 시작하여 상당한 훈련을 받은 후에야 점차로 알게 될 것이나, 이제 그 궁금한 마음을 풀기 위하여 우선 도덕의 제목만을 대강 해석해 줄 터이니 자세히 들으라. 무릇, 도(道)라 하는 것은 쉽게 말하자면 곧 길을 이름이요, 길이라 함은 무엇이든지 떳떳이 행하는 것을 이름이니, 그러므로 하늘이 행하는 것을 천도(天道)라 하고, 땅이 행하는 것을 지도(地道)라 하고, 사람이 행하는 것을 인도(人道)라 하는 것이며, 인도 가운데에도 또한 육신이 행하는 길과 정신이 행하는 길 두 가지가 있으니, 이 도의 이치가 근본은 비록 하나이나 그 조목은 심히 많아서 가히 수로써 헤아리지 못하느니라. 그러므로 이 여러 가지 도 가운데에 우선 인도 하나만 들어 말하여도, 저 육신이 다니는 도로가 어느 지방을 막론하고 큰 길 작은 길이 서로 연결되어 산과 물과 들과 마을에 천만 갈래로 뻗어 나간 수가 한이 없는 것같이, 정신이 행하는 법의 길도 어느 세상을 막론하고 큰 도와 작은 도가 서로 병진하여 개인·가정·사회·

계룡산(鷄龍山) 충남에 있는 명산(名山)이며 조선왕조 초기의 도읍 예정지였다. 예로부터 이 산은 천재(天災)나 싸움이 일어나도 안심하고 살 수 있다는 열 군데의 땅. 즉 십승지지(十勝之地)의 한 곳으로 믿어졌으며 구한말부터 많은 신흥 종교가 활동한 곳이기도 하다.

국가에 경계를 따라 나타나서 그 수가 실로 한이 없느니라. 그러나 이제 몇 가지 예를 들면 부모·자녀 사이에는 부모·자녀의 행할 바 길이 있고, 상·하 사이에는 상·하의 행할 바 길이 있고, 부부 사이에는 부부의 행할 바 길이 있고, **붕우** 사이에는 붕우의 행할 바 길이 있고, 동포 사이에는 동포의 행할 바 길이 있으며, 그와 같이 사사물물을 접응할 때마다 각각 당연한 길이 있나니, 어느 곳을 막론하고 오직 이 당연한 길을 아는 사람은 곧 도를 아는 사람이요, 당연한 길을 모르는 사람은 곧 도를 모르는 사람이며, 그중에 제일 큰 도로 말하면 곧 우리의 본래 **성품**인 생멸 없는 도와 인과보응되는 도이니, 이는 만법을 통일하며 하늘과 땅과 사람이 모두 여기를 근본으로 하고 있으므로 이 도를 아는 사람은 가장 큰 도를 알았다 할 것이니라.”

2. 대종사, 이어서 말씀하시기를 “덕(德)이라 하는 것은 쉽게 말하자면 어느 곳 어느 일을 막론하고 오직 은혜(恩惠)가 나타나는 것을 이름이니, 하늘이 도를 행하면 하늘의 은혜가 나타나고, 땅이 도를 행하면 땅의 은혜가 나타나고, 사람이 도를 행하면 사람의 은혜가 나타나서, 천만 가지 도를 따라 천만 가지 덕이 화하느니라. 그러므로 이 여러 가지 덕 가운데에 우선 사람의 덕만 해석하여 본다 하여도 그 조건이 또한 한이 없나니, 부모·자녀 사이에 도를 행하면 부모·자녀 사이의 덕이 나타나고, 상·하 사이에 도를 행하면 상·하 사이의 덕이 나타나고, 부부 사이에 도를 행하면 부부 사이의 덕이 나타나고, 붕우 사이

붕우(朋友) 벗. 친구.
성품(性稟) 본래 마음. 자성, 본성, 진성, 불성 등으로도 표현.

에 도를 행하면 붕우 사이의 덕이 나타나고, 동포 사이에 도를 행하면 동포 사이의 덕이 나타나서, 개인에 당하면 개인이 화하고, 가정에 당하면 가정이 화하고, 사회에 당하면 사회가 화하고, 국가에 당하면 국가가 화하고, 세계에 당하면 세계가 화할 것이며, 그중에 제일 큰 덕으로 말하면 곧 대도를 깨달은 사람으로서 능히 유무를 초월하고 생사를 해탈하며 인과에 통달하여 **삼계화택 (三界火宅)**에서 헤매는 일체중생으로 하여금 한가지로 극락에 안주하게 하는 것이니, 이러한 사람은 가히 대덕을 성취하였다 하리라."

3. 대종사, 이어서 말씀하시기를 "그러나 만일 도덕의 원리를 알지 못하고 삿되고 기괴한 것을 찾으며 **역리(逆理)**와 **패륜(悖倫)**의 일을 행하면서 입으로만 도덕을 일컫는다면 이것은 **사도**와 **악도**를 행하는 것이니, 그것이 참도와 무슨 상관이 있으며 또한 무슨 덕이 화할 수 있으리오. 그러므로 도덕을 배우고자 하는 사람은 반드시 먼저 도의 원리를 알아야 할 것이며, 도의 원리를 안 이상에는 또한 정성스럽게 항상 덕을 닦아야 할 것이니, 그리한다면 누구를 막론하고 점점 도를 통하고 덕을 얻으리라. 그러나 범상한 사람들은 도덕의 대의

삼계(三界) 욕계, 색계, 무색계로 중생들이 윤회하는 세계.

삼계화택(三界火宅) 삼계에 윤회하는 중생들의 번뇌 속에 사는 모습이 마치 불타는 집 속에 있는 것과 같다는 의미.

역리(逆理) 이치에 어긋남.

패륜(悖倫) 인간으로서 마땅히 하여야 할 도리에 어그러짐.

사도(邪道) 올바르지 못한 길.

악도(惡道) 악으로 빠지는 길.

를 알지 못하므로 사람 가운데에 대소 유무의 근본 이치는 알거나 모르거나 어떠한 이상한 술법만 있으면 그를 도인이라 말하고, 시비 이해의 분명한 취사는 알거나 모르거나 마음만 한갓 유순하면 그를 덕인이라 하나니 어찌 우습지 아니하리오. 그대가 이제 새로 입교한 사람으로서 먼저 도덕을 알고자 하는 것은 배우는 순서에 당연한 일이니, 나의 말을 명심하여 항상 도덕의 대의에 철저하고 삿된 도에 흐르지 말기를 바라노라."

4. 대종사 말씀하시기를 "사람이 인도를 행하기로 하면 한때도 가히 방심할 수 없나니, 부모·자녀 사이나, 스승·제자 사이나, 상·하 사이나, 부부 사이나, 붕우 사이나, 일체 동포 사이나, 어느 처지에 있든지 그 챙기는 마음을 놓고 어찌 가히 인도를 다할 수 있으리오. 그러므로 예로부터 모든 성인이 때를 따라 출세하사 정당한 법도를 제정하여 각각 그 사람답게 사는 길을 밝히셨나니, 만일 그 법도를 가벼이 알고 자행자지를 좋아한다면 그러한 사람은 현세에서도 사람의 가치를 나타내지 못할 것이요, 내세에는 또한 악도에 떨어져서 죄고를 면하지 못하리라."

5. 대종사 말씀하시기를 "무릇, 천하만사가 다 **본말(本末)**과 **주종(主從)**이 있나니, 근본을 알아서 근본에 힘쓰면 끝도 자연히 좋아질 것이나, 끝을 따라 끝에만 힘쓰면 근본은 자연 매하여질 것이요, 또한 주(主)를 알아서 주에 힘쓰면 종

본말(本末) 사물이나 일의 처음과 끝.
주종(主從) 주된 것과 종속적인 것.

(從)도 자연히 좋아질 것이나, 종을 따라 종에만 힘쓰면 주가 자연 매하여질 것이니, 예를 들면 사람에 있어서 마음은 근본이 되고 육신은 끝이 되며, 세상에 있어서 **도학**은 주가 되고 과학은 종이 되는바, 이 본말과 주종을 분명히 알아야만 비로소 도를 아는 사람이라 이러한 사람이라야 능히 천하사도 바로잡을 수 있느니라."

6. 대종사, **이동진화**(李東震華)에게 말씀하시기를 "사람이 세상에 나서 할 일 가운데 큰일이 둘이 있으니, 그 하나는 정법의 스승을 만나서 성불하는 일이요, 그 둘은 대도를 성취한 후에 중생을 건지는 일이라. 이 두 가지 일이 모든 일 가운데 가장 근본이 되고 큰일이니라."

7. 대종사, "그 의(義)만 바루고 그 이(利)를 도모하지 아니하며, 그 도만 밝히고 그 공을 계교하지 아니한다.[正其義而不謀其利 明其道而不計其功]" 한 **동중서**(董仲舒)의 글을 보시고 칭찬하신 후 그 끝에 한 구를 더 붙이시기를 "그 의만 바루고 그 이를 도모하지 아니하면 큰 이가 돌아오고, 그 도만 밝히고 그 공을 계교하지 아니하면 큰 공이 돌아오느니라.[正其義而不謀其利大利生焉

도학(道學) 진리를 깨치고 실천하도록 하는 가르침. 또는 지혜를 밝히는 마음공부의 가르침.

이동진화(李東震華, 1893~1968) 경남 함양 출생. 법호는 육타원(六陀圓)이며 법훈은 종사. 서울교당 창립주. 중앙총부 교감, 교령 등을 역임하였다.

동중서(董仲舒, BC179~BC104) 중국 전한(前漢)의 유학자(儒學者). 이 인용문은 그의 대표적인 저서인 『춘추번로(春秋繁露)』에서 유래한 것이다.

明其道而不計其功大功生焉]" 하시니라.

8. 대종사, 말이 수레를 끌고 가는 것을 보시고 한 제자에게 물으시기를 "저 수레가 가는 것이 말이 가는 것이냐 수레가 가는 것이냐?" 그가 사뢰기를 "말이 가매 수레가 따라서 가나이다." 또 말씀하시기를 "혹 가다가 가지 아니할 때는 말을 채찍질하여야 하겠느냐, 수레를 채찍질하여야 하겠느냐?" 그가 사뢰기를 "말을 채찍질하여야 하겠나이다." 또 말씀하시기를 "그대의 말이 옳도다. 말을 채찍질하는 것이 곧 근본을 다스림이니, 사람이 먼저 그 근본을 찾아서 근본을 다스려야 모든 일에 성공을 보느니라."

9. 김기천(金幾千)이 여쭙기를 "사람이 어찌하면 순(順)과 역(逆)을 알게 되오리까?" 대종사 말씀하시기를 "순이라 함은 저 춘하추동 사시의 변천이 차서를 잃지 아니함과 같이 모든 일에 그 순서를 찾아서 하는 것이요, 역이라 함은 일의 순서를 알지 못하고 힘에 감당 못할 일을 구태여 하고자 하며, 남의 원 없는 일을 구태여 권하며, 남의 마음을 매양 거스르는 일을 구태여 하고자 하는 것이니, 사람이 무슨 일을 할 때 먼저 이 순과 역을 잘 구분해서 순을 주로 하여 행한다면 성공하지 못할 일이 거의 없으리라."

정기의이불모기리대리생언 명기도이불계기공대공생언 正其義而不謀其利大利生焉 明其道而不計其功大功生焉

김기천(金幾千, 1890~1935) 전남 영광 출생. 법호는 삼산(三山)이며 법훈은 종사. 9인 제자의 한 사람으로 최초 견성 인가를 받았으며 저서로는 『철자집』 등이 있다.

10. 대종사 말씀하시기를 "사람이 누구나 자기를 좋게 하려는 한 생각이 없지 아니하나, 구하는 데 있어서는 혹은 **순리**로 혹은 역리로 혹은 사실로 혹은 허망하게 각각 그 **지견**과 역량을 따라 구하므로 드디어 성공과 실패의 차를 내게 되느니라. 순리로 구하는 사람은 남을 좋게 하면서 자기가 좋아지는 도를 행하므로 한없는 낙원을 개척하게 되고, 역리로 구하는 사람은 자기만 좋고자 하여 남을 해하므로 한없는 죄고에 빠지게 되는 것이며, 사실로 구하는 사람은 모든 복락을 이치에 따라 당처에 구하므로 그 성과를 얻게 되고, 허망으로 구하는 사람은 모든 복락을 알 수 없는 미신처에 구하므로 필경 아무 성과를 얻지 못하느니라. 그런데 세상에 순리와 사실로 구하는 사람은 적고 역리와 허망으로 구하는 사람이 많은 것은, 아직도 정법이 널리 미치지 못한 연고요 일체 인류의 정신이 고루 깨치지 못한 까닭이라. 만일 순리로 구하는 도와 사실로 구하는 도가 밝아질 때는 곧 태양의 광명이 중천(中天)에 오름과 같아서 자타와 피차가 다 화(化)함을 얻으리라."

11. 대종사 말씀하시기를 "자기 가정에서 부모에게 효도하고 형제간에 우애하는 사람으로 남에게 악할 사람이 적고, 부모에게 불효하고 형제간에 불목하는 사람으로 남에게 선할 사람이 적나니, 그러므로 유가에서 '**효(孝)**는 백행(百

순리(順理) 도리나 이치에 합당함.
지견(知見) 지혜와 식견.

行)의 근본이라.' 하였고, '충신(忠臣)을 효자의 문에서 구한다.' 하였나니, 다 사실과 부합되는 말씀이니라."

12. 대종사 말씀하시기를 "내가 못 당할 일은 남도 못 당하는 것이요 내게 좋은 일은 남도 좋아하나니, 내 마음에 섭섭하거든 나는 남에게 그리 말고 내 마음에 만족하거든 나도 남에게 그리하라. 이것은 곧 내 마음을 미루어 남의 마음을 생각하는 법이니, 이와 같이 오래오래 공부하면 자타의 간격이 없이 서로 감화를 얻으리라."

13. 대종사 말씀하시기를 "큰 재주 있는 사람은 남의 재주를 자기 재주 삼을 줄 아나니, 그런 사람이 가정에 있으면 그 가정을 흥하게 하고, 나라에 있으면 나라를 흥하게 하고, 천하에 있으면 천하를 흥하게 하느니라."

14. 대종사 말씀하시기를 "사람이 그 본의는 저 편에게 이(利)를 주고자 한 일이 혹 잘못되어 해(害)를 주는 수도 있나니, 남을 위하여 무슨 일을 할 때는 반드시 미리 조심해야 할 것이요, 그러한 경우로 해를 입은 사람은 그 본의를 생각하여

효(孝)는 백행(百行)의 근본 효는 모든 행동의 근본이라는 뜻. 유교의 문헌인 『사자소학(四字小學)』의 "元是孝者 百行之本 事親至孝 養親至誠(원시효자 백행지본 사친지효 양친지성 : 원래 효도란 것은 모든 행동의 근본이니, 어버이를 섬김에는 지극한 효도로써 하고 어버이를 봉양함에는 지극한 정성으로 해야 한다.)"라는 말에서 유래.

충신(忠臣)을 효자의 문에서 구한다 『후한서(後漢書)』의 「위표전(韋彪傳)」 "事親孝故 忠可移於君 是以求忠臣必于孝子之門(사친효고충가이어군 시이구충신필우효자지문 : 어버이를 효로서 섬기기 때문에 그 마음을 임금에 대한 충성으로 옮길 수 있다. 그러므로 충신은 반드시 효자의 문에서 구한다.)"라는 말에서 유래.

감사할지언정 그 결과가 해로운 것만 들어서 원망하지 말아야 하느니라."

15. 대종사, 영산(靈山)에 계실 때 새로 입교한 교도 한 사람이 음식과 **폐백**을 갖추어 올리는지라, 대종사 받으시고 말씀하시기를 "그대가 이와 같이 예를 표하는 것은 감사하나 그대의 마음 여하에 따라서는 오늘의 정의가 후일에 변하기도 하나니, 그대는 그 이치를 아는가?" 그 사람이 사뢰기를 "어찌 공연히 변할 리가 있겠나이까." 대종사 말씀하시기를 "그것은 그대의 구하는 마음 여하에 따라 좌우되나니, 그대가 나를 상종하되 그 구하는 것이 나에게 있는 것이라면 영구한 인연이 되려니와 만일 나에게 없는 것이라면 우리의 사귐은 오래가지 못하느니라."

16. 대종사 말씀하시기를 "사람이 서로 사귀는데 그 좋은 인연이 오래가지 못하는 것은 대개 유념할 자리에 유념하지 못하고 무념할 자리에 무념하지 못하는 연고이니, 유념할 자리에 유념하지 못한다는 것은 자기가 무슨 방면으로든지 남에게 은혜를 입고도 그 은혜를 잊어버리며 그에 따라 혹 은혜를 준 처지에서 나에게 섭섭함을 줄 때는 의리(義理) 없이 상대하는 것 등이요, 무념할 자리에 무념하지 못한다는 것은 자기가 무슨 방면으로든지 남에게 은혜를 준 후에 보답을 바라는 마음이 있으며 저 은혜 입은 사람이 혹 나에게 잘못할 때는 전날에 은혜 입혔다는 생각으로 더 미워하는 마음을 일어내는 것이라. 그러므

폐백(幣帛) 윗사람께 올리는 선물.

로 그 좋은 인연이 오래가지 못하고 도리어 **원진(怨瞋)**으로 변하여지는 것이니, 그대들은 이 이치를 잘 알아서 유념할 자리에는 반드시 유념하고 무념할 자리에는 반드시 무념하여 서로 사귀는 사이에 그 좋은 인연이 오래가게 할지언정 그 인연이 낮은 인연으로 변하지 않도록 주의할지어다."

17. 이공주(李共珠) 사뢰기를 "제가 저번에 이웃집 가난한 사람에게 약간의 보시를 하였삽더니, 그가 그 후로는 저의 집일에 몸을 아끼지 아니하오니, 복은 지을 것이옵고 지으면 받는 것이 그와 같이 역력함을 알았나이다." 대종사 말씀하시기를 "그대가 복을 지으면 받아지는 이치는 알았으나, 잘못하면 그 복이 죄로 화하는 이치도 아는가?" 공주 사뢰기를 "복이 어찌 죄로 화하겠나이까?" 대종사 말씀하시기를 "지어 놓은 그 복이 죄가 되는 것이 아니라 복을 지은 그 마음이 죄를 짓는 마음으로 변하기도 한다 함이니, 범상한 사람들은 남에게 약간의 은혜를 베풀어 놓고는 그 **관념과 상**을 놓지 못하므로, 저 은혜 입은 사람이 혹 그 은혜를 몰라주거나 배은망덕(背恩忘德)을 할 때는 그 미워하고 원망하는 마음이 몇 배나 더하여, 지극히 사랑하는 데에서 도리어 지극한 미움을 일어내고 작은 은혜로 도리어 큰 원수를 맺으므로, 선을 닦는다는 것이 그 선을 믿을 수 없고 복을 짓는다는 것이 죄를 만드는 수가 허다하니라. 그러

원진(怨瞋) 원망하고 증오하는 마음.

이공주(李共珠,1896~1991) 서울 출생. 법호는 구타원(九陀圓)이며 법훈은 종사. 감찰원장, 서울수도원장 등을 역임하였고 저서로는 『금강산의 주인』, 『일원상을 모본하라』 등이 있다.

관념(觀念)과 상(相) 관념은 일이 지난 뒤에도 남아 있는 생각. 상은 집착으로 마음에 머물러 있는 흔적.

므로 **달마(達磨)**께서는 '**응용 무념(應用無念)**을 덕이라 한다.' 하셨고, 노자(老子)께서는 '**상덕(上德)은 덕이라는 상이 없다.**' 하셨으니, 공부하는 사람이 이 도리를 알고 이 마음을 응용하여야 은혜가 영원한 은혜가 되고 복이 영원한 복이 되어 천지와 더불어 그 덕을 합하게 될 것이니, 그대는 그 상없는 덕과 변함없는 복을 짓기에 더욱 꾸준히 힘쓸지어다."

18. 이정원(李正圓)이 여쭙기를 "어떻게 하여야 증애(憎愛)에 끌리지 아니하고 원만한 마음을 가질 수 있겠나이까?" 대종사 말씀하시기를 "증애에 끌리지 않는 방법은 **매양** 한 생각을 잘 돌리는 데에 있나니, 가령 저 사람이 나를 미워하거든 다만 생각 없이 같이 미워하지 말고, 먼저 그 원인을 생각하여 보아서 미움을 받을 만한 일이 나에게 있었거든 고치기에 힘쓸 것이요, 그러한 일이 없거든 전세의 밀린 업으로 알고 안심하고 받을 것이며, 한편으로는 저 사람이

> **달마(達磨)** 중국 선종(禪宗)의 초조(初祖)로 소림사에서 9년간 면벽참선으로 유명. 범어(梵語)로는 Bodhidharma(보디다르마)이며 보리달마(菩提達磨)로 음사(音寫)하는데 달마는 그 약칭이다.
>
> **응용 무념(應用無念)** 정신, 육신, 물질 등으로 은혜를 베푼 후 베풀었다는 생각이나 흔적이 없는 것.
>
> **상덕(上德)** 최상의 큰 덕(德).
>
> **상덕(上德)은 덕이라는 상이 없다** 노자(老子) 『도덕경(道德經)』 38장의 "上德不德 是以有德 下德不失德 是以無德(상덕부덕 시이유덕 하덕불실덕 시이무덕 : 상덕은 덕이라는 상이 없기 때문에 덕이 있고 하덕은 덕을 잃지 않으려 하기 때문에 덕이 없다.)"에서 유래.
>
> **이정원(李正圓, 1871~1933)** 경남 고성 출생. 법호는 희타원(喜陀圓). 서울교당 창립에 공헌하였다.
>
> **매양(每樣)** 매번. 항상.

나를 미워할 때 나의 마음이 잠시라도 좋지 못한 것을 미루어 나는 누구에게든지 미움을 주지 않으리라고 결심하라. 그리하면 나를 미워하는 사람이 곧 나의 마음 쓰는 법을 가르치는 선생이 될 것이니, 그를 나의 선생으로 인정할 때는 어찌 미운 생각이 나겠는가. 이것이 곧 미운 데에 끌리지 않게 하는 방법이니라. 또는 저 사람이 나를 사랑하거든 다만 생각 없이 좋아만 할 것이 아니라 먼저 그 원인을 생각하여 보아서, 그만한 사랑 받을 일이 있었거든 그 일을 영원히 변하지 않기로 명심하고, 만일 그만한 일이 없이 받는 사랑이거든 그것을 빚으로 알아야 할 것이며, 또한 사랑 가운데에는 정당한 사랑과 부정당한 사랑이 있나니, 정당한 사랑이면 당연한 일이거니와 부정당한 사랑이면 그것을 끊을 줄도 알아야 할 것이며, 정당한 사랑일지라도 거기에 집착하여 다른 일에 방해될 기미가 있거든 반드시 **용단심**을 일어내어 대체 행사에 그르침이 없도록 노력하라. 이것이 곧 **애착**에 끌리지 않는 방법이니라. 그대가 이 두 가지에 끌리지 않는 공부를 계속하면 곧 원만한 마음을 얻게 되리라."

19. 한 제자가 자기의 부하 임원에게 지나치게 엄책하는 것을 보시고, 대종사 말씀하시기를 "그대가 **증애**에 끌린 바가 없이 훈계하였다면 그 말이 법이 될 것이나 만일 끌린 바가 있었다면 법이 되지 못하리라. 천지의 이치도 더위나 추위가 극하면 변동이 생기는 것같이 사람의 처사하는 것도 너무 극하면 뒷날에 쇠함을 불러들이느니라."

> **용단심(勇斷心)** 용기 있게 결단하는 마음.
> **애착(愛着)** 몹시 사랑하거나 끌리어서 떨어지지 아니함. 또는 그런 마음.
> **증애(憎愛)** 미움과 사랑.

20. 한 제자가 어린아이에게 경박한 말을 쓰는지라, 대종사 말씀하시기를 "사람이 어른을 대할 때는 어른 섬기는 도가 있고, 어린이를 대할 때는 어린이 사랑하는 도가 있어서, 그 경우를 따라 형식은 같지 않을지라도 저편을 중히 알고 위해 주는 정신은 다르지 아니하나니, 어찌 어린아이라 하여 함부로 하리오."

21. 대종사 말씀하시기를 "우리 속담에 말하고 다니는 것을 나팔 불고 다닌다고도 하나니, 사람 사람이 다 나팔이 있어 그 나팔을 불되 어떤 곡조는 듣는 사람의 마음을 편안하게 하고 어떤 곡조는 듣는 사람의 마음을 불안하게 하며, 어떤 곡조는 슬프게 하고 어떤 곡조는 즐겁게 하며, 어떤 곡조는 화합하게 하고 어떤 곡조는 다투게 하여, 그에 따라 죄와 복의 길이 나뉘게 되느니라. 그런즉 그대들은 모든 경계를 당하여 나팔을 불 때 항상 좋은 곡조로 천만 사람이 다 화하게 하며, 자기 일이나 공중의 일이 흥하게는 할지언정 서로 다투게 하고 망하게는 하지 않도록 하라. 그리하면 그 나팔이 한량없는 복을 장만하는 좋은 악기가 되려니와, 그렇지 못하면 그 나팔이 한량없는 죄를 불러들이는 장본(張本)이 되리라."

22. 대종사 말씀하시기를 "부모 자녀와 같이 무간한 사이라도 자기가 실행하지 못하는 조건으로 지도하면 그 지도를 잘 받지 아니하고, 부부와 같이 가까운 사이라도 내가 실행하지 못하는 조건으로 **권면**하면 그 권면을 잘 받지 아니하나니, 그러므로 남을 가르치는 방법은 먼저 내가 실행하는 데 있느니라."

권면(勸勉) 권장하고 격려하여 실천하게 함.

23. 어느 날 밤에 **조실** 문을 지키던 개가 무슨 인기척에 심히 짖는지라, 한 제자가 일어나서 개를 꾸짖거늘, 대종사 말씀하시기를 "개의 책임은 짖는 데에 있거늘 그대는 어찌하여 그 책임 이행하는 것을 막는가. 이 세상에는 모든 사람과 모든 물건이 다 각각 책임이 있으며, 사람 하나에도 눈·귀·코·혀·몸·마음이 각각 다 맡은 책임이 있나니, 상하와 귀천을 막론하고 다 그 책임만 이행한다면 이 세상은 질서가 서고 진보가 될 것이니라. 그런즉 그대들은 각자의 책임 이행도 잘 하려니와 남의 책임 이행을 방해하지도 말라. 그런데 이 모든 책임 가운데에는 모든 책임을 지배하는 **중추(中樞)**의 책임이 또한 있나니, 사람은 그 마음이 중추의 책임이 되고, 사회·국가는 모든 지도자가 그 중추의 책임이 되어 모든 기관을 운영하고 조종하게 되느니라. 그러므로 중추의 책임을 가진 사람으로서 조금이라도 그 책임에 등한하다면 거기에 따른 모든 책임 분야가 다 같이 누그러져서 그 기관은 자연 질서를 잃게 되나니, 그대들은 각자의 처지를 살펴보아서 어떠한 책임이든지 그 이행에 정성을 다할 것이며, 모든 책임의 중추가 되는 마음의 운용에 주의하여 자신의 운명과 대중의 **전도**에 지장이 없도록 하라."

24. 대종사, 여러 제자에게 말씀하시기를 "무릇, 세상은 강과 약 두 가지로 구성이 되었나니, 강자와 약자가 서로 마음을 화합하여 각각 그 도를 다하면 이 세상은 영원한 평화를 이루려니와, 만일 그렇지 못하면 강자와 약자가 다 같이

조실(祖室) 일반적으로 조사가 거처하는 방으로 교단에서는 종법사가 거처하는 집.
중추(中樞) 사물의 중심이 되는 중요한 부분.
전도(前途) 앞으로 나아갈 길. 장래.

재화를 입을 것이요, 세상의 평화는 영원히 얻지 못하리라. 옛 성현의 말씀에 윗사람이 아랫사람 보기를 **적자(嫡子)**같이 하면 아랫사람이 윗사람 보기를 부모같이 하고, 윗사람이 아랫사람 보기를 **초개(草芥)**같이 하면 아랫사람이 윗사람 보기를 원수같이 한다는 말이 다 이를 이름이니라.”

25. 대종사 말씀하시기를 “모든 사람이 다 남에게 존대 받는 사람 되기를 원하건마는 행하는 것은 홀대받을 일을 더 하나니 어찌 바라는 바를 이루리오. 저 사람의 존대를 받는 방법은 곧 내가 먼저 저 사람을 존대하며 위해 주는 것이니, 내가 그를 존대하고 위해 주면 그도 나를 존대하고 위해 주느니라.”

26. 대종사 말씀하시기를 “나는 항상 강자로서 강자 노릇 할 줄 모르는 사람들을 애석히 여기노니, 자신이 이미 강지일진대 늘 저 약자를 도와주고 인도하여 그로 하여금 자기 같은 강자가 되도록 북돋아 주어야 그 강이 영원한 강이 될 것이며, 어느 때까지라도 **선진자(先進者)**요 **선각자(先覺者)**로 받들어질 것이거늘, 지금 강자들은 흔히 약자를 억압하고 속이는 것을 유일한 수단으로 삼나니 어찌 영원한 강자가 될 수 있으리오. 약자라고 항상 약자가 아니라 점점 그 정신이 열리고 원기를 회복하면 그도 또한 강자의 지위에 서게 될 것이요, 약

재화(災禍) 재앙(災殃)과 화난(禍難)을 아울러 이르는 말.

적자(嫡子) 본부인이 낳은 자식.

초개(草芥) 지푸라기라는 뜻으로 쓸모없고 하찮은 것을 비유적으로 이르는 말.

선진자(先進者) 남보다 앞서 나아가는 사람.

선각자(先覺者) 남보다 먼저 깨달은 사람.

자가 깨쳐서 강자의 지위에 서게 되면 전날에 그를 억압하고 속이던 강자의 지위는 자연 타락될 것이니, 그러므로 참으로 지각 있는 사람은 항상 남이 궁할 때 더 도와주고 약할 때 더 보살펴 주어서 영원히 자기의 강을 보전하느니라.”

27. 대종사, **산업부**에 가시니 목장의 돼지가 퍽 야위었는지라 그 연유를 물으시매, **이동안(李東安)**이 사뢰기를 “금년 장마에 약간의 상한 보리를 사료로 주는 동안에는 살이 날마다 불어 오르더니, 얼마 전부터 다시 겨를 주기 시작하였삽더니 그동안 습관 들인 입맛을 졸지에 고치지 못하여 잘 먹지 아니하고 저 모양으로 점점 야위어 가나이다.” 대종사 말씀하시기를 “이것이 곧 산 경전이로다. 잘살던 사람이 졸지에 가난해져서 받는 고통이나, 권세 잡았던 사람이 졸지에 위를 잃고 받는 고통이 이와 다를 것이 없으리라. 그러므로 예로부터 성현들은 모두 이 인간 부귀를 **심상시**하여 부귀가 온다고 그다지 기뻐하지도 아니하고 부귀가 간다고 그다지 근심하지도 아니하였나니, 옛날 **순(舜) 임금**은 밭 갈고 질그릇 굽는 **천역**을 하던 사람으로서 천자의 위를 받았으나 거기에 조금도 넘치심이 없으셨고, 석가세존께서는 돌아오는 왕위도 버리시고 유성 출가하셨으나 거기에 조금도 애착함이 없으셨나니, 이분들의 부귀에 대한 태도

산업부 교단 초창기 10부 기관 중 하나. 농사, 원예, 상공업 등의 일을 한 부서.

이동안(李東安, 1892~1941) 전남 영광 출생. 법호는 도산(道山)이며 법훈은 대봉도. 불법연구회 산업부장, 보화당 대표 등을 역임하였다.

심상시(尋常視) 대수롭지 않게 보는 시각.

순(舜) 임금 중국 신화 속 군주의 이름. 요(堯) 임금과 함께 성군(聖君)의 대명사로 일컬어진다.

천역(賤役) 천하고 힘든 일.

가 그 얼마나 담박하였으며 고락을 초월하는 힘이 그 얼마나 장하였는가. 그런즉 그대들도 도에 뜻하고 성현을 배우려거든 우선 편하고 우선 즐겁고 우선 권세 잡는 데에 눈이 어둡지 말고 도리어 그것을 사양하며, 설사 부득이 그러한 경우에 처할지라도 거기에 집착하지도 말고 타락하지도 말라. 그러면 참으로 영원한 안락, 영원한 명예, 영원한 권위를 누리게 되리라."

28. 대종사, 안빈낙도(安貧樂道)의 뜻을 설명하시기를 "무릇, 가난이라 하는 것은 무엇이나 부족한 것을 이름이니, 얼굴이 부족하면 얼굴 가난이요, 학식이 부족하면 학식 가난이요, 재산이 부족하면 재산 가난인바, **안분**을 하라 함은 곧 어떠한 방면으로든지 나의 분수에 편안하라는 말이니, 이미 받는 가난에 안심하지 못하고 이를 억지로 면하려 하면 마음만 더욱 초조하여 오히려 괴로움이 더하게 되므로, 이미 면할 수 없는 가난이면 다 태연히 감수하는 한편 미래의 혜복을 준비하는 것을 낙으로 삼으라는 것이니라. 그런데 공부인이 분수에 편안하면 낙도가 되는 것은 지금 받고 있는 모든 가난과 고통이 장래에 복락으로 변하여질 것을 아는 까닭이며, 한 걸음 나아가서 마음 작용이 항상 진리에 어긋나지 아니하고 수양의 힘이 능히 고락을 초월하는 진경에 드는 것을 스스로 즐기는 연고라. 예로부터 성자 **철인**이 모두 이러한 이치에 통하며 이러한 심경을 **실지**에 활용하셨으므로 가난하신 가운데 다시없는 낙도 생활을 하신 것이니라."

안분(安分) 자신의 환경과 처지에 편안한 마음을 지니는 것.
철인(哲人) 높은 식견과 통찰력을 지닌 사람.
실지(實地) 실제의 처지나 경우.

29. 대종사 말씀하시기를 "세상만사가 다 뜻대로 만족하기를 구하는 사람은 모래 위에 집을 짓고 천만년의 영화를 누리려는 사람같이 어리석나니, 지혜 있는 사람은 세상을 살아가는데 십분의 육만 뜻에 맞으면 그에 만족하고 감사를 느끼며, 또한 십분이 다 뜻에 맞을지라도 그 만족한 일을 혼자 차지하지 아니하고 세상과 같이 나누어 즐기므로, 그로 인하여 재앙을 당하지 않을뿐더러 복이 항상 무궁하니라."

30. 대종사 말씀하시기를 "사람의 큰 죄악이 처음에는 작은 허물로부터 시작되는 수가 허다하나니, 그대들은 마땅히 때때로 자기의 행동을 살펴서 작은 허물이라도 발견되거든 미루지 말고 고치기에 힘쓰라. 남방의 **성성이**라는 짐승은 그 힘이 세고 날래어 사람이 힘으로는 잡지 못하나, 그가 술을 즐겨하므로 술을 큰 그릇에 가득 담아서 그의 내왕하는 길목에 놓아두면, 그가 지나면서 그것을 보고 처음에는 웃으며 그대로 가다가 다시 돌아와서 조금 마시고, 또 가다가 다시 돌아와서 더 마시고 하기를 여러 차례 한 뒤에는 그만 정신없이 그 술을 다 마시고, 마침내 취하여 쓰러지면 그때 사람이 나와서 잡아간다고 하니, 그가 처음에는 조금만 마시기로 한 술이 커져서 한 동이에 이르렀으며, 마침내 제 생명을 잃기도 하고 생포(生捕)도 당하는 것이니라. 사람도 또한 그와 같아서 처음에는 한두 가지의 작은 허물을 고치지 못하다가, 그 허물이 쌓이고 쌓이면 마침내 큰 죄업을 저질러서 전도를 크게 그르치나니 어찌 조심할 바가 아니리오."

> **성성이** 중국에서 전하는 상상 속의 동물. 사람과 비슷한데 몸은 개와 같으며 주홍색의 긴 털이 나있다. 사람의 말을 이해하고 술을 좋아한다.

31. 대종사, 젊은 남녀 제자 가운데 혹 공부의 바른길을 잡지 못하여 헤매는 사람을 걱정하시며 말씀하시기를 "그대들 가운데 처음에는 잘 하다가 나중에는 잘 못하는 사람도 있고, 처음에는 잘 못하다가 나중에는 잘 하는 사람도 있으므로, 내가 미리 짐작하여 각각 적당하게 지도하나, 나이가 삼십이 넘으면 그 사람의 일생 인품이 대개 틀 잡히는 때라 만일 그때까지 철이 들지 못하는 사람은 실상 나도 근심이 되지마는 자신들도 큰 걱정이 될 일이니라."

32. 대종사, **봉래정사**에 계실 때 마침 큰 장마로 초당 앞 마른 못에 물이 가득하매 사방의 개구리가 모여들어 많은 올챙이가 생기었더니, 얼마 후에 비가 개고 날이 뜨거우매 물이 점점 줄어들어 며칠이 못 가게 되었건마는 올챙이들은 그 속에서 꼬리를 흔들며 놀고 있는지라, 이를 보시고 말씀하시기를 "참으로 안타까운 일이로다. 1분 2분 그 생명이 줄어 가고 있는 줄도 모르고 저와 같이 기운 좋게 즐기도다. 그러나 어찌 저 올챙이들뿐이리오. 사람도 또한 그러하나니, 수입 없이 지출만 하는 사람과 현재의 강(強)을 남용만 하는 사람들의 장래를 지혜 있는 사람이 볼 때는 마르는 물속에 저 올챙이들과 조금도 다름없이 보이느니라."

33. 대종사 대중에게 말씀하시기를 "오늘은 그대들에게 마음 지키고 몸 **두호**

봉래정사(蓬萊精舍) 전북 부안군 변산면 중계리 내변산 실상사 주변에 있었던 실상초당과 석두암을 아울러 봉래정사라 부름. 소태산 대종사가 이곳에서 교리를 초안하고 제도를 구상하였으며 교단의 창립 방향을 계획하고 창립 인연들을 만났다.

하는 데에 가장 필요한 방법을 말하여 주리니 잘 들어서 모든 경계에 항상 공부하는 표어로 삼을지어다. 그것은 곧 '**경외심**을 놓지 말라.' 함이니, 어느 때 어디서 어떠한 사람을 대하거나 어떠한 물건을 대하거나 오직 공경하고 두려워하는 마음을 가지고 대하라 함이니라. 사람이 공경하고 두려워하는 마음을 놓고 보면 아무리 가깝고 사이 없는 부자·형제·부부 사이에도 반드시 불평과 원망이 생기는 것이며, 대수롭지 않은 경계와 하찮은 물건에도 흔히 구속과 피해를 당하나니, 그것은 처지가 **무간하고** 경계가 가볍다 하여 마음 가운데 공경과 두려움을 놓아 버리고 함부로 행하는 연고이니라. 가령 어떤 사람이 어느 가게에서 성냥 한 갑을 훔치다가 주인에게 발각되었다면 그 주인이 하찮은 성냥 한 갑이라 하여 그 사람을 그저 돌려보내겠는가. 극히 후한 사람이라야 꾸짖음에 그칠 것이요, 그렇지 아니하면 모욕을 가할 수도 있을 것이니, 이것은 곧 그 성냥 한 갑이 들어서 그 사람을 꾸짖고 모욕한 것이라. 다시 생각하면 성냥을 취하려는 욕심이 들어서 제가 저를 무시하고 욕보인 것이요, 그 욕심은 성냥 한 갑에 대한 경외심을 놓은 데서 나온 것이니라. 사람이 만일 경외심을 놓고 보면 그 감각 없고 하찮은 성냥 한 갑도 그만한 권위를 나타내거든, 하물며 그 이상의 물질이며 더구나 만능의 힘을 가진 사람이리오. 그러므로 우리는 항상 공경하고 두려워하자 함이니, 우리가 무엇이나 공경하고 두려워하는 마음을 가지고 의(義)로써 살아간다면, 위로 창창한 하늘을 우러러보나 아래로 광막한 대지를 굽어보나 온 우주에 건설되어 있는 모든 물건은 다 나의 이용물

두호하는(斗護--) 감싸주고 보호하는.

경외심(敬畏心) 공경하고 두려워하는 마음.

무간하고(無間--) 서로 허물없이 가깝고.

이요 이 세상에 시행되는 모든 법은 다 나의 보호 기관이지마는, 만일 공경과 두려움을 놓아 버리고 함부로 동한다면, 우주 안의 모든 물건은 도리어 나를 상해하려는 도구요 이 세상 모든 법은 도리어 나를 구속하려는 **포승**이니 어찌 두렵지 아니하리오. 그러므로 그대들에게 이르노니, 물결 거센 이 세간에 나타난 그대들로서 마음을 잘 지키고 몸을 잘 두호하려거든 마땅히 이 표어를 마음에 깊이 새겨 두고 매사를 그대로 진행하라.”

34. 대종사, 신년을 당하여 말씀하시기를 “내가 오늘 여러 사람에게 세배를 받았으니 세속 사람들 같으면 음식이나 물건으로 답례를 하겠으나, 나는 돌아오는 난세를 무사히 살아갈 비결(秘訣) 하나를 일러 줄 터인즉 보감으로 삼으라.” 하시고 **선현(先賢)의 시 한 편**을 써 주시니, 곧 “처세에는 유한 것이 제일 귀하고[處世柔爲貴] 강강함은 재앙의 근본이니라[剛强是禍基]. 말하기는 어눌한 듯 조심히 하고[發言常欲訥] 일 당하면 바보인 듯 삼가 행하라[臨事當如癡]. 급할수록 그 마음을 더욱 늦추고[急地尙思緩] 편안할 때 위태할 것 잊지 말아라[安時不忘危]. 일생을 이 글대로 살아간다면[一生從此計] 그 사람이 참으로 대장부니라[眞個好男兒].” 한 글이요, 그 글 끝에 한 구를 더 쓰시니

포승(捕繩) 죄인을 잡아 묶는 밧줄.
선현(先賢)의 시 한 편 조선 중기 학자인 유팽로 (柳彭老, 1564~1592)의 문집인 『월파집(月坡集)』에 ‘자경(自警)’이란 제목으로 수록되어 있다.
처세유위귀 강강시화기 處世柔爲貴 剛强是禍基
발언상욕눌 임사당여치 發言常欲訥 臨事當如癡
급지상사완 안시불망위 急地尙思緩 安時不忘危
일생종차계 진개호남아 一生從此計 眞個好男兒

"이대로 행하는 이는 늘 안락하리라[右知而行之者常安樂]." 한 글이니라.

35. 하루는 제자들이 신문을 보다가 시사(時事)에 대하여 가부 평론함이 분분하거늘, 대종사 들으시고 말씀하시기를 "그대들이 어찌 남의 일에 대하여 함부로 말을 하는가. 참된 소견을 가진 사람은 남의 시비를 가벼이 말하지 않느니라. 신문을 본다 하여도 그 가운데에서 선악의 원인과 그 결과 여하를 자상히 살펴서 나의 앞길에 거울을 삼는 것이 공부인의 떳떳한 행실이요 참된 이익을 얻는 길이니, 이것이 곧 모든 법을 통해다가 한 마음을 밝히는 일이라. 이러한 정신으로 신문을 보는 사람은 신문이 곧 산 경전이 될 것이요 혜복의 자료가 될 것이나, 그렇지 못한 사람은 도리어 날카로운 소견과 가벼운 입을 놀려 사람의 시비 평론하는 재주만 늘어서 죄의 구렁에 빠지기 쉽나니, 그대들은 이에 크게 주의하라."

36. 대종사, 무슨 일로 **김남천**을 꾸짖으시고, 문정규에게 말씀하시기를 "내가 남천을 꾸짖는 것이 남천에게만 한한 것이 아닌데 정규는 어떻게 생각하는가. 내가 어떤 사람을 꾸짖든지 정규는 먼저 정규의 행실을 살펴보아서 그러한 일이 있으면 고칠 것이요, 없으면 명심하였다가 후일에도 범하지 않기로 할 것이며, 결코 **책망** 당하는 그 사람을 흉보거나 비웃지 말라. 어리석은 사람은 남의

우지이행지자상안락 右知而行之者常安樂

김남천(金南天, 1869~1941) 전북 전주 출생. 법호는 각산(角山). 변산 봉래정사에서 소태산 대종사를 시봉하였다.

책망(責望) 잘못을 꾸짖거나 나무람.

허물만 밝히므로 제 앞이 늘 어둡고, 지혜 있는 사람은 자기의 허물을 살피므로 남의 시비를 볼 여가가 없느니라.”

37. 대종사 말씀하시기를 “사람이 세상에서 무슨 일을 할 때는 혹 남의 찬성도 받고 비난도 받게 되나니, 거기에 대하여 아무 생각 없이 한갓 좋아만 하거나 싫어만 하는 것은 곧 어린아이와 같은 일이니라. 남들이 무엇이라고 할 때는 나는 나의 **실지**를 조사하여 양심에 부끄러울 바가 없는 일이면 비록 천만 사람이 비난을 하더라도 **백절불굴의 용력**으로 꾸준히 진행할 것이요, 남이 아무리 찬성을 하더라도 양심상 하지 못할 일이면 헌신같이 버리기를 주저하지 말 것이니, 이것이 곧 자력 있는 공부인이 하는 일이니라.”

38. 대종사 말씀하시기를 “사람이 무슨 일을 시작하여 한 가지도 그르침이 없을 때는 그 일을 잘 해보려는 성의가 계속되다가도 중간에 혹 한두 번 실수를 하고 보면 그만 본래 마음을 다 풀어 버리고 되는 대로 하는 수가 허다하니라. 이것은 마치 새 옷을 입은 사람이 처음에는 그 옷을 조심하여 입다가도 때가 묻고 구김이 지면 그 주의를 놓아 버리는 것과 같나니, 모든 일을 다 이와 같이 한다면 무슨 성공이 있으리오. 오직 철저한 생각과 큰 **경륜**을 가진 사람은 무슨 일을 하다가 혹 어떠한 실수를 할지라도 그것을 전감 삼아 미래를 더욱 개척은 할지언정 거기에 뜻이 좌절되어 당초의 대중을 놓아 버리지는 아니하나

실지(實地) 있는 그대로의 현재 상황. 모습.
백절불굴의 용력(百折不屈-勇力) 어떠한 난관에도 결코 굽히지 않는 꿋꿋한 힘.
경륜(經綸) 계획이나 포부. 세상을 다스리는 능력.

니, 이러한 사람에게는 작은 실수가 도리어 큰 성공의 바탕이 되느니라."

39. 대종사 말씀하시기를 "사람이 누구나 이로운 일을 원하나 하는 바는 해로울 일을 많이 하며, 부귀하기를 원하나 **빈천**할 일을 많이 하며, 찬성 받기를 원하나 조소 받을 일을 많이 하여, 마음에 원하는 바와 몸으로 행하는 바가 서로 같지 못한 수가 허다하나니, 이것이 다 고락의 근원을 알지 못하는 연고이며, 설사 안다 할지라도 실행이 없는 연고라. 그대들은 이 원인을 깊이 생각하고 밝게 판단하며 그 실행을 철저히 하여 항상 그 원하는 바와 행하는 바가 서로 모순되지 않게 하라. 그리하면 모든 일이 다 뜻대로 성취되리라."

40. 대종사 말씀하시기를 "사람의 직업 가운데에 복을 짓는 직업도 있고 죄를 짓는 직업도 있나니, 복을 짓는 직업은 그 직업을 가짐으로써 모든 사회에 이익이 미쳐 가며 나의 마음도 자연히 선하여지는 직업이요, 죄를 짓는 직업은 그 직업을 가짐으로써 모든 사회에 해독이 미쳐 가며 나의 마음도 자연히 악해지는 직업이니라. 그러므로 사람이 직업을 가지는 데에도 반드시 가리는 바가 있어야 할 것이며, 이 모든 직업 가운데에 제일 좋은 직업은 일체중생의 마음을 바르게 인도하여 고해에서 낙원으로 제도하는 부처님의 사업이니라."

41. 대종사 말씀하시기를 "한 가정의 흥망이 호주의 정신 여하에도 달려 있나니, 한 가정이 흥하기로 하면 첫째는 호주의 정신이 근실하여야 할 것이요, 둘

빈천(貧賤) 가난하고 천함.

째는 집안사람들이 서로 화합하여 모든 일에 힘을 모을 것이요, 셋째는 무슨 실업이든지 먼저 지견과 경험을 얻은 뒤에 착수할 것이요, 넷째는 **이소성대(以小成大)**의 준칙으로 순서 있게 사업을 키워나갈 것이요, 다섯째는 폐물 이용의 법을 잘 이용할 것이요, 여섯째는 **원업(元業)**과 부업(副業)을 적당하게 하며 생산 부분을 서로 연락 있게 할 것이요, 일곱째는 그 생산이 예정한 목표에 이르기 전에는 그 자금을 다른 곳에 함부로 유용하지 말 것이요, 여덟째는 목표에 달한 뒤에라도 무리한 폭리는 꾀하지 말고 매양 근거 있고 믿음 있는 곳에 자본을 심을 것이요, 아홉째는 **수지**를 항상 살펴서 정당한 지출은 아끼지 말고 무용한 낭비는 단단히 방지하여, 이와 같은 방법으로 치가에 전력하면 그대들의 살림이 자연 불어나고 그에 따라 마음공부를 하는 데에도 또한 서로 도움이 되리라."

42. 대종사 말씀하시기를 "한 가정은 한 나라를 축소하여 놓은 것이요 한 나라는 여러 가정을 모아 놓은 것이니, 한 가정은 곧 작은 나라인 동시에 큰 나라의 근본이 되느니라. 그러므로 한 가정을 잘 다스리는 사람은 사회 국가에 나가도 그 사회 그 국가를 잘 다스릴 것이며, 또한 각자 각자가 그 가정 가정을 잘 다스리고 보면 국가는 따라서 잘 다스려질 것이니, 한 가정을 다스리는 호주의 책임이 중하고 큼을 알아야 할지니라."

이소성대(以小成大) 작은 일에서부터 정성을 다하여 점진적으로 큰 일을 이룸.
원업(元業) 본업(本業) 또는 주업(主業).
수지(收支) 수입과 지출.

43. 대종사 말씀하시기를 "모범적인 가정을 이루고자 하면, 첫째는 온 집안이 같이 신앙할 만한 종교를 가지고 늘 새로운 정신으로 새 생활을 전개해야 할 것이며, 둘째는 호주가 집안 다스릴 만한 **덕위**와 지혜와 실행을 갖추어야 할 것이며, 셋째는 호주가 무슨 방법으로든지 집안 식구들을 가르치기로 위주하되 자신이 먼저 많이 배우고 먼저 경험하여 집안의 거울이 되어야 할 것이며, 넷째는 온 식구가 놀고먹지 아니하고 나날이 수지를 맞추고 예산을 세워서 약간이라도 저축이 되게 할 것이며, 다섯째는 직업을 가지되 가림이 있어서 살생하는 직업이나 남의 정신 마취시키는 직업을 가지지 말며, 또는 권리를 남용하여 남의 생명·재산을 위협하거나 가슴을 아프게 하는 일이 없게 할 것이며, 여섯째는 될 수 있는 대로 부부 사이에도 물질적 생활을 각자 자립적으로 하면서 서로 부유한 가정과 부유한 국가·사회를 만들기에 힘쓸 것이며, 일곱째는 국가·사회에 대한 의무와 책임을 충실히 이행하며 특히 자력 없는 사람을 보호하는 기관과 교화·교육 기관에 힘 미치는 대로 협력할 것이며, 여덟째는 자녀에게 **과학**과 **도학**을 아울러 가르치며 교육을 받은 후에는 상당한 기간을 국가나 사회나 교단에 봉사하게 할 것이며, 아홉째는 자녀에게 재산을 전해 줄 때는 그 생활 토대를 세워 주는 정도에 그치고 국가나 사회나 교단의 공익 기관에 희사할 것이며, 열째는 복잡한 인간 세상을 살아가는 데 몸과 마음을 수양하기 위하여 매월 몇 차례나 매년 몇 차례씩 적당한 휴양으로 새 힘을 기를 것

덕위(德威) 덕과 위엄.

과학(科學) 사물의 이치를 객관적이고 합리적으로 연구하는 학문.

도학(道學) 진리를 깨치고 실천하도록 하는 가르침. 또는 지혜를 밝히고 마음공부를 하는 가르침.

이니라.”

44. 대종사, 임신부를 대하시면 매양 “모진 마음을 내지 말며, 모진 말을 하지 말며, 모진 행동을 하지 말라.” 하시고, 특히 살생을 금하시며 말씀하시기를 “태아(胎兒)가 모태 가운데 있을 때는 그 **영식(靈識)**이 어리는 때라 그 부모의 마음과 말과 행동이 태아의 장래 성질에 영향을 주기 쉽나니, 그동안 태모의 근신이 극히 중요하니라.”

45. 대종사 말씀하시기를 “자녀를 가르치는 데에 네 가지 법이 있느니라. 첫째는 심교(心敎)이니 마음에 신앙처를 두고 바르고 착하고 평탄하게 마음을 가져서 자녀로 하여금 먼저 그 마음을 체받게 하는 것이요, 둘째는 행교(行敎)이니 자신이 먼저 실행하고 행동에 법도가 있어서 자녀로 하여금 저절로 그 실행을 체받게 하는 것이요, 셋째는 언교(言敎)이니 매양 불보살 성현들과 위인 달사들의 **가언선행(嘉言善行)**을 많이 일러 주어 그것을 기억하여 체받게 하며 모든 사리를 순순히 타일러서 가르치는 것이요, 넷째는 엄교(嚴敎)이니 이는 철없는 때 부득이 위엄으로 가르치는 법으로 이는 자주 쓸 법은 아니니라. 그러므로 한 가정에서 자녀를 가르치되 어머니 태중에서부터 성인(成人)이 되기까지 이 네 가지 법을 아울러 쓰면 착한 사람 되게 하는 데 큰 도움이 되리라.”

영식(靈識) 영혼.
가언선행(嘉言善行) 좋은 말과 착한 행실을 아울러 이르는 말.

46. 대종사 말씀하시기를 "자녀를 가르치고자 하면, 첫째는 부모 자신이 먼저 **상봉하솔**의 도에 어긋남이 없어야 할 것이니 만일 자녀가 보는 바에 자신이 직접 불효를 한다든지 불경(不敬)을 한다든지 기타 무슨 일이나 좋지 못한 행동을 한다면 그 자녀를 지도할 위신이 없게 되는 것이요, 둘째는 그 언동이 근엄(謹嚴)하여야 할 것이니 만일 부모를 무난하게 아는 때는 그 자녀를 정당한 규율로 지도하기가 어려운 것이요, 셋째는 친애(親愛)를 주어야 할 것이니 만일 근엄하기만 하고 친애하는 정이 건네지 아니하면 그 자녀를 진정으로 감화시키지 못하는 것이요, 넷째는 모든 언약에 신용을 잃지 말아야 할 것이니 만일 신용을 잃고 보면 그 자녀에게 철저한 **영(令)**을 세우지 못하는 것이요, 다섯째는 상벌을 분명히 할 것이니 만일 상벌이 분명하지 못하면 그 자녀에게 참다운 각성(覺醒)을 주지 못하는 것이요, 여섯째는 어릴 때부터 정당한 신앙심을 넣어 주어야 할 것이니 만일 신앙심이 없으면 자라는 도중에 다른 외경의 유혹을 받기 쉬운 것이요, 일곱째는 어릴 때부터 공익심을 권장하여야 할 것이니 만일 공익심의 권장이 없으면 자연히 이기주의의 싹이 커나는 것이요, 여덟째는 어릴 때부터 남의 악평이나 **훼담(毀談)** 등을 금해야 할 것이니 만일 그것을 금하지 아니하면 자연 경박한 습관이 자라나서 **구화(口禍)**의 문이 열리게 되는 것이요, 아홉째는 어릴 때부터 예 아닌 물건은 비록 적은 것이라도 취하지 못하게 할 것이니 만일 예 아닌 물건을 취하여 오게 하면 자연 염치없는 습관이 자

상봉하솔(上奉下率) 윗사람을 모시고 아랫사람을 거느림.
영(令) 가르침의 권위 또는 위엄.
훼담(毀談) 남을 비방하고 헐뜯는 말.
구화(口禍) 말로써 입게 되는 화.

라나게 되느니라."

47. 대종사 말씀하시기를 "사람이 어릴 때는 대개 그 부모의 하는 것을 보고 들어서 그 정신을 이어받기가 쉽나니, 부모가 된 처지에서는 그 자손을 위하여서라도 직업의 선택에 신중하며 바른 사업과 옳은 길을 밟기에 노력하여야 하느니라."

48. 대종사 **희사위**(喜捨位) 기념식에서 말씀하시기를 "우리 회상에서는 우리 회상의 창립에 귀중한 자녀를 생육 희사한 부모들의 공덕을 존숭하기 위하여 그분들에게 희사위의 **존호**를 올리고 기념을 하느니라. 과거나 현재의 세속 인심은 대개가 이기심이 충만하여 정신·육신·물질의 세 방면으로 다른 사람에게 이익을 주는 사람은 극히 적으며, 자녀를 둔 사람으로서도 우선 자기 일신을 의뢰할 생각만 주로 하여 설혹 훌륭한 자질(資質)이 있는 자녀라도 애석하게 일생을 한 가정에 매여 있게 한 일이 허다하였는데, 희사위 여러분은 일찍부터 이러한 생각에서 초월하여 자기의 **영화**와 **안일**을 **불고**하고 그 귀중한 자녀들을 이 큰 세계 사업에 희사하였나니, 이는 곧 자비한 보살행의 일단이라. 우리는 이 희사위 여러분의 정신과 공덕을 영원히 추모하며 그 뜻을 받들어 어

희사위(喜捨位) 법위가 법강항마위 이상 된 교도의 부모에게 수여하는 법훈(法勳).
존호(尊號) 덕을 기리기 위하여 올리는 영광스러운 호칭.
영화(榮華) 세상에 드러나는 영광.
안일(安逸) 편안하고 한가로운 삶.
불고(不顧) 돌아보지 않거나 돌보지 않음.

느 세상을 가든지 항상 공중을 위하는 참된 인물이 되어야 할 것이니라."

49. 대종사, 봉래정사에서 모친의 **환후(患候)** 소식을 들으시고 급히 영광 본가에 가시어 **시탕**하시다가, 아우 **동국(東局)**에게 이르시기를 "도덕을 밝힌다는 나로서 모친의 병환을 어찌 불고하리오마는, 나의 현재 사정이 시탕(侍湯)을 마음껏 하지 못하게 된 것은, 너도 아는 바와 같이 나를 따라 배우기를 원하는 사람이 벌써 많은 수에 이르러, 지금 내가 돌보지 아니하면 그들의 전도에 지장이 있을 것이요, 이제까지 하여 온 모든 사업도 큰 지장이 많을 것이니, 나를 대신하여 모친의 시탕을 정성껏 하라. 그리하면 나도 불효의 허물을 만분의 일이라도 벗을 수 있을 것이요, 너도 이 사업에 큰 창립주가 될 것이다." 하시고, 또한 모친에게 위로하시기를 "인간의 생사는 다 **천명(天命)**이 있는 것이오니 모친께서는 안심하시고 항상 일심 청정의 진경에 주하시옵소서." 하시고, 결연히 그곳을 떠나 봉래정사로 돌아오시어 제도 사업에 전심하시니라.

50. 한 제자 여쭙기를 "**관혼상제(冠婚喪祭)**의 모든 예식에 절약을 주로 함이 옳사오리까?" 대종사 말씀하시기를 "모든 예식에 과도한 낭비는 삼갈 것이나,

---

환후(患候) 웃어른의 병을 높여 이르는 말.

시탕 윗사람의 병환에 약 시중드는 일.

동국(東局) 박동국(朴東局, 1897~1950) 전남 영광 출생. 법호는 육산(六山)이며 법훈은 종사. 소태산 대종사의 친아우이며 9인제자의 한 사람으로 소태산 대종사를 대신하여 모친을 봉양하였다.

천명(天命) 하늘의 뜻. 타고난 수명, 운명.

관혼상제(冠婚喪祭) 관례, 혼례, 상례, 제례를 아울러 이르는 말.

공익사업에 **헌공(獻貢)**하는 바도 없이 한갓 인색한 마음으로 절약만 하는 것은 혁신 예법의 본의가 아니니라. 특히 그 가운데서도 혼례(婚禮)는 새 생활의 비롯이니 절약을 주로 하여 생활의 근거를 세워줌이 더욱 옳을 것이요, 장례(葬禮)는 일생의 마침이니 열반인의 공덕에 비추어 후인의 도리에 소홀함이 없게 하는 것이 또한 옳으리라."

51. 대종사 하루는 근동 아이들이 노는 것을 보고 계시더니, 그중 두 아이가 하찮은 물건 하나를 서로 제 것이라 하여 다투다가 대종사께 와서 해결하여 주시기를 청하면서 다른 한 아이를 증인으로 내세웠으나 그 아이는 한참 생각하다가 제게 아무 이해가 없는 일이라 저는 잘 모른다고 하는지라, 대종사 그 일을 해결하여 주신 뒤에 인하여 제자들에게 말씀하시기를 "저 어린것들도 저에게 직접 이해가 있는 일에는 서로 다투고 힘을 쓰나 저에게 이해가 없는 일에는 별로 힘을 쓰지 아니하나니, 자기의 이해를 떠나 남을 위하여 일하는 사람이 어찌 많을 수 있으리오. 그러므로 자기의 이욕이나 권세를 떠나 대중을 위하여 일하는 사람은 대중이 숭배해야 할 가치가 있는 사람이며, 또한 마음이 투철하게 열린 사람은 대중을 위하여 일하지 아니할 수 없느니라."

52. 대종사 말씀하시기를 "**이충무공(李忠武公)**은 그 마음 쓰는 것이 도(道)가 있었도다. 그는 높은 위에 있었으나 마음에 넘치는 바가 없이 모든 군졸과 생

헌공(獻貢) 재물 등을 바치는 행위.
이충무공(李忠武公, 1545~1598) 충무공 이순신(李舜臣). 임진왜란 때 일본군을 물리치는 데 큰 공을 세운 명장.

사고락을 같이하였고, 권세를 잃어 일개 마졸이 되었으나 또한 마음에 원망과 타락이 없이 말 먹이는 데에 전력을 다하여 말을 살찌게 하며, 때로 말에게 이르기를 '네 비록 짐승일지언정 **국록(國祿)**을 먹고 이만큼 자랐으니 국가 **존망**의 시기를 당하여 힘을 다하라.'라고 타일렀다 하며, 편안하고 명예스러운 일은 다른 장군에게 돌리고 어렵고 **명색** 없는 일은 자신이 차지하여 오직 위를 섬김에 충성을 다하였고 아래를 거느림에 사랑을 다하였으니, 과연 그는 지(智)와 덕(德)을 겸비한 **성장(聖將)**이라. 나랏일이나 천하일을 하는 사람들이 다 같이 거울삼을 만한 분이니라."

53. 대종사, **유허일(柳虛一)**에게 '**서전(書傳)**' 서문을 읽으라 하시고, '**이제(二帝)와 삼왕(三王)**은 이 마음을 보존한 이요 **하걸(夏桀)과 상수(商受)**는 이 마음

국록(國祿) 나라에서 주는 봉급.

존망(存亡) 존속과 멸망.

명색(名色) 보기 좋게 드러남.

성장(聖將) 성인의 품격을 갖춘 장군.

유허일(柳虛一, 1882~1958) 전남 영광 출생. 법호는 유산(柳山)이며 법훈은 대봉도. 중앙총부 교감, 교정원장 등을 역임하였다.

서전(書傳) 유교의 삼경(三經) 중 하나인 『서경(書經)』에 관한 주석의 하나. 저자는 송대(宋代)의 성리학자 채침(蔡沈).

이제(二帝)와 삼왕(三王) 고대 중국의 요(堯)·순(舜)을 2제(二帝)라 하고, 하(夏)의 우왕(禹王), 은(殷)의 탕왕(湯王), 주(周)의 문왕(文王)과 무왕(武王)을 3왕(三王)이라 함. 이들은 모두 성군(聖君)으로 존경받는다.

하걸(夏桀)과 상수(商受) 하걸(夏桀)은 하나라 마지막 폭군인 걸왕(桀王)을 말하며, 상수(商受)는 상나라(은나라) 마지막 폭군으로 주왕(紂王)을 말한다.

을 잃은 이라.' 한 구절에 이르매, 말씀하시기를 "이 구절이 돌아오는 시대에 큰 비결(秘訣)이 되리라. 부귀와 권세를 탐하여 마음을 잃어버리는 사람은 장차 집이 패하고 몸이 망할 뿐 아니라 국가나 세계의 영도자가 그리하면 그 화가 장차 국가와 세계에 미치리니, 그대들은 부귀와 권세에 끌리지 말고 오직 의식 주 생활에 자기의 분수를 지켜서 본심을 잃지 아니하여야 어떠한 난세를 당할 지라도 위험한 일이 없을 것이요 따라서 천지의 좋은 운을 먼저 받으리라."

54. 부호(富豪) 한 사람이 흉년을 당하여 약간의 전곡으로 이웃 빈민들을 구제 한 후에 항상 송덕(頌德)하여 주기를 바라는지라 동민들이 의논하여 비(碑) 하 나를 세웠더니, 그 사람이 만족하지 못하고 스스로 많은 돈을 들이어 다시 비 를 세우고 굉장한 **비각(碑閣)**을 건축하거늘 동민들이 그 행사를 우습게 생각하 여 험담과 조소가 적지 아니한지라, **김광선(金光旋)**이 이 말을 듣고 회화 시간 에 발표하였더니, 대종사 들으시고 말씀하시기를 "이것이 곧 억지로 명예 구 하는 사람들을 경계하는 산 경전이로다. 그 사람은 제 명예를 나타내기 위하여 그 일을 하였건마는 명예가 나타나기는 고사하고 그 전의 명예까지 떨어진 것 이 아닌가. 그러므로 어리석은 사람은 명예를 구한다는 것이 도리어 명예를 손 상하게 하며, 지혜 있는 사람들은 따로 명예를 구하지 아니하나 오직 당연한 일만 행하는 중에 자연히 위대한 명예가 돌아오느니라."

비각(碑閣) 기념비와 비석을 보호하기 위해 세운 전각(건물).

김광선(金光旋, 1879~1939) 전남 영광 출생. 법호는 팔산(八山)이며 법훈은 종사. 9인 제자 가운데 최초로 입문하여 소태산 대종사 구도 당시에 물질적으로 후원하였으며 방언공사 때 터진 둑을 온몸으로 막기도 하였다.

55. 이춘풍이 여쭙기를 "지난번에 저의 자식이 산에 갔다가 포수가 그릇 쏜 탄환에 크게 놀란 일이 있사온데, 만일 그때 불행한 일을 당하였다 하오면 그 일을 어떻게 처리하는 것이 좋사올 지 취사가 잘 되지 아니하나이다." 대종사 말씀하시기를 "그대의 생각대로 한번 말하여 보라." 춘풍이 사뢰기를 "법률이 이러한 일을 다스리기 위하여 있는 것이오니, 법에 사실을 알리어 부자된 심정을 표함이 옳을 듯하나이다." 대종사 다시 **송적벽(宋赤壁)**에게 물으시니, 그가 사뢰기를 "모든 일이 다 인과의 관계로 되는 것이오니, 그 일도 인과의 보응으로 생각하옵고 아무 일 없이 하겠나이다." 대종사 다시 **오창건(吳昌建)**에게 물으시니, 그가 사뢰기를 "저도 공부하는 처지가 아니라면 반드시 법에 호소하겠사오나, 또한 천명으로 돌리고 그만두겠나이다." 대종사 말씀하시기를 "세 사람의 말이 다 중도를 잡지 못하였도다. 대개 지금의 법령 제도가 사람이 출생하거나 사망하면 반드시 관청에 신고하게 되어 있으며, 더욱이 **횡액**을 당하였거나 의외의 급사를 하였을 때는 비록 관계없는 사람이라도 발견한 사람이 관청에 신고할 의무를 가졌나니, 외인도 그러하거든 하물며 부자의 관계를 가지고 있는 처지리오. 그러므로 나는 오직 국민의 처지에서 부모로서 즉시 관청에 사유를 보고할 것이요, 그 후의 일은 법을 가진 관청의 처리에 맡기고 나는

이춘풍(李春風, 1876~1930) 경북 금릉 출생. 법호는 훈산(薰山). 소태산 대종사의 봉래
　정사 생활을 뒷받침하였으며, 저서로는 『산중풍경(山中風景)』이 있다.

송적벽(宋赤壁, 1874~1939) 충청도 출생. 법호는 하산(夏山). 증산교를 신봉하다 귀의
　하였다.

오창건(吳昌建,1887~1953) 전남 영광 출생. 법호는 사산(四山)이며 법훈은 종사. 9인
　제자의 한 사람으로 교단 창업기 공심의 표준적 인물이었다.

횡액(橫厄) 횡래지액(橫來之厄)의 준말. 뜻밖에 닥쳐오는 불행.

더 이상 관여하지 않겠노라.”

56. 대종사, 하루는 역사소설을 들으시다가 말씀하시기를 “문인들이 소설을 쓸 때 일반의 흥미를 돋우기 위하여 소인이나 악당의 심리와 행동을 지나치게 그려내어 더할 수 없는 악인을 만들어 놓는 수가 허다하나니 이도 또한 좋지 못한 인연의 씨가 되느니라. 그러므로 그대들은 옛사람의 역사를 말할 때나 지금 사람의 시비를 말할 때 실지보다 과장하여 말하지 않도록 주의하라.”

57. 대종사, 하루는 ‘**남화경(南華經)**’을 보시다가 **공자(孔子)**께서 **도척(盜跖)**을 제도하러 가셨다가 무수한 욕을 당하고 허망히 돌아오셨다는 구절을 보시고 말씀하시기를 “공자는 큰 성인이시라 스스로 위험과 욕됨을 무릅쓰고 그를 선으로 깨우치려 하사 후래 천만년에 제도의 본의를 보이셨으나 사람을 제도하는 방편은 시대에 따라 다른 것이니, 지금 세상 사람들을 제도하기 위해서는 말로만 권면하기에 힘쓰는 것보다 실지를 먼저 갖추어서 그 결과가 드러난 후에 사람들로 하여금 스스로 돌아오게 해야 하리라. 무슨 까닭이냐 하면, 지금 사람들은 대개가 각자의 실지는 갖춤이 없이 남을 권면하기로만 위주하여 결국 허위에 떨어지는 사람이 많으므로 모든 인심이 권면만 가지고는 진실로 믿어 주지 않게 된 연고이니, 그런다면 저 공자께서 직접 권면으로 도척을 제도

남화경(南華經) 도가 사상의 중요 경전인 『장자』를 높여 부르는 명칭으로 『남화진경(南華眞經)』의 준말.

공자(孔子, 기원전 551~479) 본명은 공구(孔丘), 자(字)는 중니(仲尼). 유가 사상의 시조.

도척(盜跖) 중국 춘추시대 때 공자와 거의 같은 시대에 있었다고 하는 도둑의 두목.

하려 하심과는 그 방편이 서로 다르나 직접 권면하는 것으로 세상을 제도하거나 실지를 먼저 보이는 것으로 세상을 제도하거나 그 본의는 다 같은 것이요 다만 그 방편이 시대에 따라 다를 뿐이니라."

58. 대종사, 하루는 **주(周)의 무왕(武王)**이 자기의 천자인 주(紂)를 치고 천하를 평정한 후에 스스로 천자가 된 데에 대하여 말씀하시기를 "나는 무왕의 경우를 당하면 백성의 원을 좇아 주를 치는 일은 부득이 행하려니와 그 위는 다른 어진 이에게 사양하겠노라. 그러나 어진 이가 없거나 그 위를 사양하여도 천하 사람들이 듣지 아니할 때는 또한 어찌할 수 없느니라."

59. 어떤 사람이 금강산(金剛山)을 유람하고 돌아와서, 대종사께 사뢰기를 "제가 유람하는 중에 까마귀나 뱀을 임의로 부르기도 하고 보내기도 하는 사람을 보고 왔사오니 그가 참 도인인가 하나이다." 대종사 말씀하시기를 "까마귀는 까마귀와 떼를 짓고 뱀은 뱀과 유(類)를 하나니, 도인이 어찌 까마귀와 뱀의 **총중**에 섞여 있으리오." 그가 여쭙기를 "그러하오면 어떠한 사람이 참 도인이오니까?" 대종사 말씀하시기를 "참 도인은 사람의 총중에서 사람의 도를 행할 따름이니라." 그가 여쭙기를 "그러하오면 도인이라고 별다른 표적이 없나이까?" 대종사 말씀하시기를 "없느니라." 그가 여쭙기를 "그러하오면 어떻게 도인을 알아보나이까?" 대종사 말씀하시기를 "자기가 도인이 아니면 도인을

주(周)의 무왕(武王) 고대 중국 주(周)나라 문왕(文王)의 아들. 은(殷)나라의 주(紂)를 토벌하고 주나라를 세움.
총중(叢中) 한 무리의 가운데.

보아도 도인인 줄을 잘 알지 못하나니, 자기가 외국 말을 할 줄 알아야 다른 사람이 그 외국 말을 잘 하는지 못 하는지를 알 것이며, 자기가 음악을 잘 알아야 다른 사람의 음악이 맞고 안 맞는 것을 알 것이니라. 그러므로 그 사람이 아니면 그 사람을 잘 알지 못한다 하노라."

제5 인과품

因果品

인과품(因果品) 인과의 원리, 생활 속에서 찾아볼 수 있는 선악 인과의 다양한 보응 관계, 상생의 선연을 맺고 복을 지을 것을 권장하는 내용 등의 법문으로 구성되어 있다.

1. 대종사 말씀하시기를 "우주의 진리는 원래 생멸이 없이 길이길이 돌고 도는 지라, 가는 것이 곧 오는 것이 되고 오는 것이 곧 가는 것이 되며, 주는 사람이 곧 받는 사람이 되고 받는 사람이 곧 주는 사람이 되나니, 이것이 만고에 변함 없는 **상도(常道)**니라."

2. 대종사 말씀하시기를 "천지에 사시 순환하는 이치를 따라 만물에 생로병사의 변화가 있고 우주에 **음양 상승(陰陽相勝)**하는 도를 따라 인간에 선악 인과의 보응이 있게 되나니, 겨울은 음(陰)이 성할 때나 음 가운데 양(陽)이 포함되어 있으므로 양이 차차 힘을 얻어 마침내 봄이 되고 여름이 되며, 여름은 양이 성할 때나 양 가운데 음이 포함되어 있으므로 음이 차차 힘을 얻어 마침내 가을이 되고 겨울이 되는 것과 같이, 인간의 일도 또한 강과 약이 서로 관계하고 선과 악의 짓는 바에 따라 **진급 강급**과 **상생 상극**의 **과보**가 있게 되나니, 이것이 곧 인과보응의 원리니라."

3. 대종사 말씀하시기를 "식물은 뿌리를 땅에 박고 살므로 그 씨나 뿌리가 땅

상도(常道) 떳떳하고 참된 도리.

음양 상승(陰陽相勝) 음과 양의 두 기운이 서로 작용하여 천지 만물을 생성 변화시키는 원리.

진급 강급(進級降級) 진급은 수행 정진하여 중생 세계에서 불보살 세계로 향상해 가는 것. 강급은 수행을 게을리하고 악업을 지어 타락하는 것.

상생 상극(相生相剋) 상생은 서로 살려 은혜가 발현되는 관계. 상극은 서로 해를 끼쳐 해독이 나타나는 관계.

과보(果報) 지은 바(원인)에 따라 받게 되는 결과.

속에 심어지면 시절의 인연을 따라 싹이 트고 자라나며, 동물은 하늘에 뿌리를 박고 살므로 마음 한 번 가지고 몸 한 번 행동하고 말 한 번 한 것이라도 그 **업인(業因)**이 **허공 법계**에 심어져서 제각기 선악의 연(緣)을 따라 지은 대로 과보가 나타나나니, 어찌 사람을 속이고 하늘을 속이리오.”

4. 대종사 말씀하시기를 “사람이 주는 상벌은 유심으로 주는지라 아무리 밝다 하여도 틀림이 있으나, 천지에서 주는 상벌은 무심으로 주는지라 진리를 따라 **호리**도 틀림이 없어서, 선악 간 지은 대로 **역연히** 보응을 하되 그 진리가 **능소능대(能小能大)**하고 시방에 두루 있나니, 어찌 그를 속일 수 있으며 그 보응을 두려워하지 아니하리오. 그러므로 지각 있는 사람은 사람이 주는 상벌보다 진리가 주는 상벌을 더 크고 중하게 여기느니라.”

5. 대종사 말씀하시기를 “그 사람이 보지 않고 듣지 않는 곳에서라도 미워하고 욕하지 말라. 천지는 기운이 서로 통하고 있는지라 그 사람 모르게 미워하고 욕 한 번 한 일이라도 기운은 먼저 통하여 상극의 씨가 묻히고, 그 사람 모르게 좋게 여기고 칭찬 한 번 한 일이라도 기운은 먼저 통하여 상생의 씨가 묻히었다가, 결국 그 연을 만나면 상생의 씨는 좋은 과(果)를 맺고 상극의 씨는 나쁜

업인(業因) 선악의 과보를 가져오는 원인.
허공 법계(虛空法界) 허공처럼 텅 비어 보이지 않는 신령스러운 세계.
호리(毫釐) 털 끝. 매우 적은 분량을 비유적으로 표현한 말. 아주 조금.
역연히(歷然-) 분명하고 또렷하게.
능소능대(能小能大) 크게 할 수도 있고 작게 할 수도 있음. 모든 일에 두루 능함.

과를 맺느니라. 지렁이와 지네는 서로 상극의 기운을 가진지라 그 껍질을 불에 태워 보면 두 기운이 서로 뻗지르고 있다가 한 기운이 먼저 사라지는 것을 볼 수 있나니, **상극의 기운**은 상극의 기운 그대로 상생의 기운은 상생의 기운 그대로 상응되는 이치를 이것으로도 알 수 있느니라.”

6. 대종사 말씀하시기를 “천지의 일기도 어느 때는 명랑하고 어느 때는 음울한 것과 같이, 사람의 정신 기운도 어느 때는 상쾌하고 어느 때는 침울하며, 주위의 경계도 어느 때는 순하고 어느 때는 거슬리나니, 이것도 또한 인과의 이치에 따른 자연의 변화라. 이 이치를 아는 사람은 그 변화를 겪을 때 수양의 마음이 여여하여 천지와 같이 심상하나, 이 이치를 모르는 사람은 그 변화에 마음까지 따라 흔들려서 기쁘고 슬픈 데와 괴롭고 즐거운 데에 매양 중도를 잡지 못하므로 고해가 한이 없느니라.”

7. 대종사 말씀하시기를 “남에게 **은의(恩意)**로 준 것은 은의로 받게 되고 **악의(惡意)**로 빼앗은 것은 악의로 빼앗기되, 상대편의 **진·강급** 여하를 따라서 그 보응이 몇만 배 더할 수도 있고 몇만 분으로 줄어질 수도 있으나 아주 없게 되지는 아니하며, 혹 상대자가 직접 보복을 아니할지라도 자연히 돌아오는 죄복이 있나니, 그러므로 남이 지은 죄복을 제가 대신 받아 올 수도 없고, 제가 지은

상극의 기운 서로 억제하고 충돌하는 기운.
은의(恩意) 은혜의 뜻.
악의(惡意) 나쁜 의도. 또는 나쁜 뜻.
진·강급 진급과 강급.

죄복을 남이 대신 받아 갈 수도 없느니라."

8. 조전권(曹專權)이 여쭙기를 "부처님들께서는 **다생 겁래**에 낮은 과보 받으실 일을 짓지 아니하셨을 것이므로 또한 **세세생생**에 고통받으실 일이 없어야 할 것이온데, 과거 부처님께서도 당대에 여러 가지 고난이 없지 않으시었고 대종사께서도 이 회상을 여신 후로 **관변(官邊)**의 감시와 대중의 인심 조정에 고통이 적지 않으시오니 저희로서는 그 연유를 모르겠나이다." 대종사 말씀하시기를 "내가 알고는 죄를 짓지 아니하려고 공을 들인지 이미 오래이나, 다생을 통하여 많은 사람을 교화할 때 혹 완강(頑强)한 중생들의 사기 악기가 부지중(不知中) 억압되었던 연유인가 하노라." 하시고, 또 말씀하시기를 "정당한 법을 가지고 자비 제도하시는 부처님의 능력으로도 **정업(定業)**을 **상쇄(相殺)**하지는 못하고, 아무리 미천한 중생이라도 죄로 복이 상쇄되지는 아니하느니라. 그러므로 능력 있는 불보살이라도 여러 생에 받을 과보를 단생에 줄여서 받을 수는 있으나 아주 없앨 수는 없느니라."

조전권(曹專權, 1909~1976) 전북 김제 출생. 법호는 공타원(空陀圓)이며 법훈은 종사. 동산선원장, 중앙훈련원장 등을 역임하였다.

다생 겁래(多生劫來) 아주 오랜 시간 계속된 여러 생.

세세생생(世世生生) 태어나고 죽음을 되풀이하는 수많은 생애.

관변(官邊) 일제강점기의 조선총독부 산하 행정 관청.

정업(定業) 정해진 업. 과거에 지은 업에 따라 현세에서 받게 되는 과보.

상쇄(相殺) 상반되는 것이 서로 영향을 주어 작용이 약화되는 것.

9. 한 사람이 여쭙기를 "사람이 만일 지극한 마음으로 수도하오면 정업이라도 가히 면할 수 있겠나이까?" 대종사 말씀하시기를 "이미 정한 업은 **졸연히** 면하기가 어려우나 점진적으로 면해 가는 길이 없지 아니하나니, 공부하는 사람이 능히 육도사생의 변화되는 이치를 알아서 악한 업은 짓지 아니하고 날로 선업을 지은즉 악도는 스스로 멀어지고 선도는 점점 가까워질 것이며, 혹 악한 인연이 있어서 나에게 옛 빚을 갚는다 하여도 나는 도심으로 상대하여 다시 보복할 생각을 아니한즉 그 업이 자연 쉬어질 것이며, 악과를 받을 때도 마음 가운데 항상 죄업이 돈공한 자성을 **반조**하면서 옛 빚을 청산하는 생각으로 모든 업연을 풀어 간다면 그러한 심경에는 천만 죄고가 화로에 눈 녹듯 할 것이니, 이것이 다 마음으로 그 정업을 소멸시키는 길이니라. 또한, 수도를 잘한즉 육도 세계에서 항상 향상의 길을 밟게 되므로 어떠한 악연을 만날지라도 나는 높고 그는 낮으므로 그 받는 것이 적을 것이며, 덕을 **공중(公衆)**에 쌓은즉 어느 곳에 당하든지 항상 공중의 옹호를 받게 되므로 그 악연이 감히 틈을 타서 무난히 침범하지 못할지니, 이는 위력으로써 그 정업을 가볍게 하는 것이니라."

10. 한 제자가 어떤 사람에게 봉변을 당하고 분을 이기지 못하거늘, 대종사 말씀하시기를 "네가 갚을 차례에 참아 버리라. 그리하면 그 업이 쉬어지려니와 네가 지금 갚고 보면 저 사람이 다시 갚을 것이요, 이와 같이 서로 갚기를 쉬지 아니하면 그 상극의 업이 끊일 날이 없으리라."

졸연히 한꺼번에. 힘들지 않고 쉽게.
반조(返照) 돌이켜 비추어 봄.
공중(公衆) 많은 사람들. 공익기관 또는 단체.

11. 한 교도가 부부간에 불화하여 '내생에는 또다시 인연 있는 사이가 되지 아니하리라.' 하며 늘 남편을 미워하거늘, 대종사 말씀하시기를 "남편과 다시 인연을 맺지 아니하려면 미워하는 마음도 사랑하는 마음도 다 두지 말고 오직 무심으로 대하라."

12. 대종사, **봉래정사**에 계실 때 마침 포수가 산돼지를 근처에서 잡는데 그 비명이 처량한지라, 인하여 말씀하시기를 "한 물건이 이로움을 보매 한 물건이 해로움을 당하도다." 하시고, 또 말씀하시기를 "산돼지의 죽음을 보니 전날에 산돼지가 지은 바를 가히 알겠고, 오늘 포수가 산돼지 잡는 것을 보니 뒷날 포수가 당할 일을 또한 가히 알겠도다."

13. 대종사 말씀하시기를 "사람이 몸과 입과 마음으로 가지가지 죄업을 지어 그 과보 받는 종류가 실로 한이 없으나, 몇 가지 비근한 예를 들어 그 한끝을 일러 주리라. 사람이 남에게 애매한 말을 하여 속을 많이 상하게 한즉 내세에 가슴앓이를 하게 될 것이며, 사람이 남의 비밀을 엿보거나 엿듣기를 좋아한즉 내세에 사생아 등으로 태어나 천대와 창피를 당할 것이며, 사람이 남의 비밀을 잘 폭로하고 대중의 앞에 무안을 잘 주어서 그 얼굴을 뜨겁게 한즉 내세에는 얼굴에 흉한 점이나 흉터가 있어서 평생을 활발하게 살지 못할 것이니라."

봉래정사(蓬萊精舍) 전북 부안군 변산면 중계리 내변산 실상사 주변에 있었던 실상초당과 석두암을 아울러 봉래정사라 부름. 소태산 대종사가 이곳에서 교리를 초안하고 제도를 구상하였으며 교단의 창립 방향을 계획하고 창립 인연들을 만났다.

14. 한 제자 여쭙기를 "벼락을 맞아 죽는 것은 어떠한 죄업으로 인함이오니까?" 대종사 말씀하시기를 "부지불각(不知不覺) 간에 벼락을 맞아 죽는 것은 그 죄업도 또한 부지불각 간에 중인에게 벼락을 준 연고이니, 예를 들면 자기의 권력이나 무력 등을 남용하여 많은 대중을 살생하였다든지, 악한 법을 강행하여 여러 사람에게 많은 해를 입혔다든지 하는 등의 죄업으로 인한 수가 많으니라."

15. 대종사, 서울교당에서 **건축 감역**을 하시는데 여러 일꾼이 서로 말하기를, '사람이 아무리 애를 써도 억지로는 잘 살 수 없는 것이요, 반드시 무슨 우연한 음조(陰助)가 있어야 되는 것.'이라고 하는지라, 대종사 들으시고 그 후 제자들에게 말씀하시기를 "대저, 우리 인간이 이 세상에 살아가자면 우연한 가운데 **음조와 음해**가 없지 아니하나니, 모르는 사람들은 그것을 하나님이나 부처님이나 조상이나 귀신이 맡아 놓고 주는 것인 줄로 알지마는, 아는 사람은 그 모든 것이 다 각자의 심신을 작용한 결과로 과거에 자기가 지은 바를 현재에 받게 되고, 현재에 지은 바를 또한 미래에 받게 되며, 짓지 아니하고 받는 일은 하나도 없는 줄로 아느니라. 그러므로 어리석은 사람들은 이치 아닌 자리에서 부귀와 영화를 억지로 구하며 빈천과 고난을 억지로 면하려 하나, 지혜 있는 사람은 이미 지어 놓은 죄복은 다 편안히 받으면서 미래의 복락을 위하여 꾸준히 노력을 계속하는 것이며, 같은 복을 짓는 중에도 국한 없는 공덕을 공중에

건축 감역(建築監役) 건축 공사를 감독함.
음조와 음해(陰助-陰害) 상대방이 모르게 도와주거나 해를 끼치는 것.

심어서 어느 때 어느 곳에서나 **복록**의 원천이 마르지 않게 하느니라."

16. 대종사 말씀하시기를 "모든 사람에게 천만 가지 경전을 다 가르쳐 주고 천만 가지 선(善)을 다 장려하는 것이 급한 일이 아니라, 먼저 생멸 없는 진리와 인과보응의 진리를 믿고 깨닫게 하여 주는 것이 가장 급한 일이니라."

17. 대종사 말씀하시기를 "어리석은 사람은 남이 복 받는 것을 보면 욕심을 내고 부러워하나, 제가 복 지을 때를 당하여서는 복 짓기를 게을리하고 잠을 자나니, 이는 짓지 아니한 농사에 수확하기를 바라는 것과 같으니라. 농부가 봄에 씨를 뿌리지 아니하면 가을에 거둘 것이 없나니, 이것이 인과의 원칙으로 어찌 농사에만 한한 일이리오."

18. 대종사 말씀하시기를 "사람이 제가 지어 놓은 것이 없으면 내생에 아무리 잘되기를 원하여도 그대로 되지 아니하는 것이, 비하건대 현생에서도 아무리 좋은 집에 들어가 살고 싶으나 자기의 집이 아니면 들어가 살 수 없는 경우와 같으니라. **공칠(公七)이**를 보라! **이리역(裡里驛)**에 내리면 몇 층 양옥이 즐비하되 그 집에는 감히 들어가 볼 마음을 내지도 못 하고, 그 찌그러진 자기 집에만 찾아들지 아니하는가. 이것이 곧 자기가 지어 놓은 대로 가는 실례이며 지

복록(福祿) 복되고 영화로움.
공칠이(公七-) 본명은 정영호. 교단 초창기 중앙총부 부근에 살았던 가난한 사람. 공이 칠할이라고 해서 받은 법명.
이리역(裡里驛) 전북 익산에 있는 익산역의 옛 이름.

어 놓은 그대로 받는 표본이니라."

19. 대종사 말씀하시기를 "복이 클수록 지닐 사람이 지녀야 오래가나니, 만일 지니지 못할 사람이 가지고 보면 그것을 엎지르든지 그로 인하여 재앙을 불러 들이게 되느니라. 그러므로 지혜 있는 사람은 복을 지을 줄도 알고 지킬 줄도 알며 쓸 줄도 알아서 아무리 큰 복이라도 그 복을 영원히 지니느니라."

20. 대종사 말씀하시기를 "어리석은 사람들은 명예가 좋은 줄만 알고 헛된 명예라도 드러내려고만 힘을 쓰나니, 그는 헛된 명예가 마침내 자신을 해롭게 하는 화근인 줄을 모르는 연고라. 세상 이치가 참된 명예는 아무리 숨기려 하여도 자연히 드러나는 것이요, 헛된 명예는 아무리 드러내려고 힘을 쓰나 마침내 떨어지는 것이 사실이니라. 그러므로 실상(實狀)이 없이 말로 얻은 명예는 필경 말로 훼손되고, 권모술수로 얻은 명예는 권모술수로 훼손될 뿐 아니라 원래 있던 명예까지도 잃게 되고, 심하면 생명 재산까지 빼앗기게 되나니 어찌 미리 주의할 바가 아니리오."

21. 한 걸인이 김기천에게 복을 지으라 하매, 기천이 묻기를 "내가 복을 지으면 그대가 나에게 복을 줄 능력이 있느냐?" 하니, 그 걸인이 대답하지 못하는지라, 기천이 말하기를 "어리석은 사람들은 흔히 저 개인이 살기 위하여 남에게 복을 지으라 하니 그것이 도리어 죄를 짓는 말이 되리로다." 하였더니, 대종사 들으시고 말씀하시기를 "기천의 말이 법설이로다. 세상 사람들이 복을 받기는 좋아하나 복을 짓는 사람은 드물고 죄를 받기는 싫어하나 죄를 짓는 사람은 많으니, 그러므로 이 세상에 고 받는 사람은 많고 낙 받는 사람은 적으니라."

22. 대종사 말씀하시기를 "사람이 모든 악행을 방자히 하여 스스로 제재하지 못하면 반드시 사람이 제재할 것이요, 사람이 제재하지 못하면 반드시 진리가 제재하나니, 그러므로 지각 있는 사람은 다른 사람이 막기 전에 제 스스로 악을 행하지 아니하며, 진리가 막기 전에 사람의 충고를 감수하므로 그 악이 드러날 것을 겁내어 떨 일이 없으며 항상 그 마음이 편안하니라."

23. 대종사 말씀하시기를 "작은 재주로 작은 권리를 남용하는 자들이여! 대중을 어리석다고 속이고 해하지 말라. 대중의 마음을 모으면 하늘 마음이 되며, 대중의 눈을 모으면 하늘 눈이 되며, 대중의 귀를 모으면 하늘 귀가 되며, 대중의 입을 모으면 하늘 입이 되나니, 대중을 어찌 어리석다고 속이고 해하리오."

24. 총부 부근의 사나운 개가 제 **동류**에게 물리어 죽게 된지라, 대종사 보시고 말씀하시기를 "저 개가 젊었을 때는 성질이 사나워서 **근동** 개들 가운데 왕 노릇을 하며 온갖 사나운 짓을 제 마음대로 하더니 벌써 그 과보로 저렇게 참혹하게 죽게 되었도다. 저것이 불의한 권리를 남용하는 사람들에게 경계를 주는 일이니 어찌 개의 일이라 하여 범연히 보아 넘기리오." 하시고, 또 말씀하시기를 "사람도 그 마음 쓰는 것을 보면 **진급기**에 있는 사람과 **강급기**에 있는 사람

동류(同類) 같은 부류나 무리.
근동(近洞) 가까운 이웃 동네.
진급기(進級期) 수행 정진하여 중생 세계에서 불보살 세계로 향상해 가는 시기.
강급기(降級期) 수행을 게을리하고 악업을 지어 타락하는 시기.

을 알 수 있나니, 진급기에 있는 사람은 그 심성이 **온유 선량**하여 여러 사람에게 해를 끼치지 아니하고 대하는 사람마다 잘 화하며, 늘 **하심(下心)**을 주장하여 남을 높이고 배우기를 좋아하며, 특히 진리를 믿고 수행에 노력하며, 남 잘되는 것을 좋아하며, 무슨 방면으로든지 약한 이를 북돋아 주는 것이요, 강급기에 있는 사람은 그와 반대로 그 심성이 사나워서 여러 사람에게 이로움을 주지 못하고 대하는 사람마다 잘 충돌하며, 자만심이 강하여 남 멸시하기를 좋아하고 배우기를 싫어하며, 특히 인과의 진리를 믿지 아니하고 수행이 없으며, 남 잘되는 것을 못 보아서 무슨 방면으로든지 자기보다 나은 이를 깎아 내리려 하느니라.”

25. 대종사 말씀하시기를 “나쁜 일을 자행하여 여러 사람의 입에 나쁘게 자주 오르내리면 그 사람의 앞길은 암담하게 되느니라. 어떤 사람이 **군(郡) 도사령**이 되어 혹독히 권리를 남용하여 여러 사람의 생명과 재산을 많이 빼앗으므로 사람들이 동리에 모여 앉으면 입을 모아 그 사람을 욕하더니, 그 말이 씨가 되어 그 사람이 생전에 처참한 신세가 되어 그 죄받는 현상을 여러 사람의 눈앞에 보여 주었다 하니, 과연 여러 사람의 입은 참으로 무서운 것이니라.”

26. 대종사 말씀하시기를 “중생들이 철없이 짓는 많은 죄업 가운데 특히 무서운 죄업 다섯 가지가 있나니, 그 하나는 바른 이치를 알지 못하고 대중의 앞에

온유 선량(溫柔善良) 온화하고 유순하고 착하고 어짊.
하심(下心) 겸손하여 스스로 자기를 낮추는 마음.
군(郡) 도사령(都使令) 군(郡) 사령들의 우두머리.

나서서 여러 사람의 정신을 그릇 인도함이요, 둘은 여러 사람에게 인과를 믿지 아니하게 하여 선한 업 짓는 것을 방해함이요, 셋은 바르고 어진 이를 헐고 시기함이요, 넷은 삿된 무리와 당을 짓고 삿된 무리에게 힘을 도와줌이요, 다섯은 **대도 정법**의 신앙을 방해하며 정법 회상의 발전을 저해함이라. 이 다섯 가지 죄업 짓기를 쉬지 아니하는 사람은 **삼악도**를 벗어날 날이 없으리라.”

27. 대종사 말씀하시기를 “세상에 무서운 죄업 세 가지가 있으니, 그 하나는 겉눈치로 저 사람이 죄악을 범하였다고 단정하여 남을 모함하는 죄요, 둘은 남의 가까운 사이를 시기하여 이간하는 죄요, 셋은 삿된 지혜를 이용하여 순진한 사람을 그릇 인도하는 죄라. 이 세 가지 죄를 많이 지은 사람은 눈을 보지 못하는 과보나 말을 하지 못하는 과보나 정신을 잃어버리는 과보 등을 받게 되느니라.”

28. 대종사 말씀하시기를 “옛날 어떤 **선사**는 제자도 많고 **시주**도 많아서 그 생활이 퍽 유족하였건마는, 과실나무 몇 주를 따로 심어 놓고 손수 그것을 가꾸어 그 수입으로 **상좌** 하나를 따로 먹여 살리는지라, 제자들이 그 이유를 물었

대도 정법(大道正法) 크고 원만하고 바른 가르침.
삼악도(三惡途) 육도 세계 중에서 지옥·축생·아귀의 세계를 말한다.
선사(禪師) 선 수행에 정진하는 승려.
시주(施主) 절이나 승려에게 재물 등을 보시(布施)하는 일. 또는 그런 일을 하는 사람.
상좌(上佐) 불도(佛道)를 닦는 승려나 스승의 대를 이을 여러 승려 가운데에서 가장 높은 사람.

더니, 선사가 대답하기를 '그로 말하면 과거에도 지은 바가 없고 금생에도 남에게 유익 줄 만한 인물이 되지 못하거늘, 그에게 중인의 복을 비는 **전곡**을 먹이는 것은 그 빚을 훨씬 더하게 하는 일이라. 저는 한 세상 얻어먹은 것이 갚을 때는 여러 세상 **우마의 고**를 겪게 될 것이므로, 나는 사제의 정의로 그의 빚을 적게 해 주기 위하여 이와 같이 여가에 따로 벌어 먹이노라.' 하였다 하니, 선사의 그 처사는 대중 생활하는 사람에게 큰 법문이니라. 그대들은 이 말을 **범연히** 듣지 말고 정신으로나 육신으로나 물질로나 남을 위하여 그만큼 일하는 바가 있다면 중인의 보시 받은 것을 먹어도 무방하려니와, 만일 제 일밖에 못 하는 사람으로서 중인의 보시를 받아먹는다면 그는 큰 빚을 지는 사람이니 반드시 여러 세상의 노고를 각오하여야 하리라. 그러나 대개 남을 위하는 사람은 오히려 보시받기를 싫어하고 제 일밖에 못 하는 사람이 도리어 보시받기를 좋아하나니, 그대들은 날로 살피고 때로 살피어 대중에게 큰 빚을 지는 사람이 되지 아니하도록 조심하고 또 조심할지어다."

29. 하루는 **최내선(崔內善)**이 **대중공양**을 올리는지라, 대종사 대중과 함께 공양을 마치신 후 말씀하시기를 "사람이 같은 분량의 복을 짓고도 그 과를 받는

전곡(錢穀) 돈과 곡식.

우마의 고(牛馬-苦) 소와 말의 고통. 가축으로 태어나 힘든 노동을 하는 고통.

범연히 소홀하게. 안이하게.

최내선(崔內善, 1895~1964) 전북 전주 출생. 법호는 장타원(丈陀圓). 좌포교당 설립에 기여하였다.

대중공양 많은 대중에게 음식, 옷, 생활 필수품 등을 올리는 일.

데에는 각각 차등이 없지 아니하나니, 그것이 물질의 분량에만 있는 것이 아니라 마음의 심천(深淺)에도 있는 것이며 상대처의 능력 여하에도 있느니라. 영광에서 농부 한 사람이 어느 해 여름 장마에 관리 세 사람을 내(川) 건너 준 일로 인하여 그들과 서로 알고 지내게 되었는데, 그 농부는 한날한시에 똑같은 수고를 들여 세 사람을 건네주었건마는 후일에 세 사람이 그 농부의 공을 갚는 데에는 각각 자기의 권리와 능력의 정도에 따라 상당한 차등이 있었다 하나니, 이것이 비록 현실에 나타난 일부의 말에 불과하나 그 이치는 과거 현재 미래를 통하여 복 짓고 복 받는 내역이 대개 그러하니라."

30. 대종사, 영산에 계실 때 근동에 방탕하던 한 청년이 스스로 발심하여 과거의 잘못을 참회하고 대종사의 제자가 되어 사람다운 일을 하여 보기로 맹세하더니, 그 후 대종사께서 각처를 순회하시고 여러 달 후에 영산에 돌아오시니, 그가 그동안 다시 방탕하여 **주색잡기**로 가산을 **탕패**하고 전날에 맹세 드린 것을 부끄러이 생각하여 대종사를 피하여 다니다가 하루는 노상에서 피하지 못하고 만나게 된지라, 대종사 말씀하시기를 "무슨 연고로 한 번도 나에게 오지 않았는가?" 청년이 사뢰기를 "그저 죄송할 뿐이옵니다." 대종사 말씀하시기를 "무엇이 죄송하다는 말인가?" 청년이 사뢰기를 "제가 전날에 맹세한 것이 이제 와서는 다 성인을 속임에 불과하게 되었사오니 어찌 죄송하지 아니하오리까. 널리 용서하여 주시옵소서." 대종사 말씀하시기를 "그동안에 그대가 방심

> **주색잡기(酒色雜技)** 술과 이성(異性)과 노름을 아울러 이르는 말.
> **탕패(蕩敗)** 탕진. 재물 따위를 다 써서 없앰.

하여 그대의 가산을 탕진하고 그대가 모든 일에 곤란을 당하나니, 그러므로 나에게 용서를 구할 것이 따로 없느니라. 내가 그대를 대신하여 그대의 지은 죄를 받게 된다면 나에게 죄송하다고도 할 것이요 나를 피하려고도 할 것이나, **화복 간**에 그대가 지은 일은 반드시 그대가 받는 것이라 지금 그대는 나를 속였다고 생각하나 실상은 그대를 속인 것이니, 이후로는 공연히 나를 피하려 하지 말고 다시 그대의 마음을 단속하는 데에 힘쓸지어다."

31. 대종사, 영산에 계실 때 하루는 **채포(菜圃)**에 나가시니, 채포 가에 있는 **분항(糞缸)**에 거름물이 가득하여 뭇 벌레가 **화생**하였는데, 마침 쥐 한 마리가 그것을 주워 먹고 가는지라, 밭을 매던 제자들이 "저 쥐가 때로 와서 저렇게 주워 먹고 가나이다." 하거늘, 대종사 말씀하시기를 "지금은 저 쥐가 벌레들을 마음대로 주워 먹으나 며칠 안에 저 쥐가 벌레들에게 먹히는 바 되리라." 제자들이 말씀 뜻을 충분히 이해하지 못하여 "**삼세인과**가 어찌 그리 빠르리오." 하였더니, 과연 며칠 후에 그 쥐가 분항에 빠져 썩기 시작하매 뭇 벌레가 그 쥐를 빨아먹고 있는지라, 대종사 말씀하시기를 "내가 전날에 한 말을 그대들은 이상히 생각하는 듯하였으나 나는 다만 그 기틀을 보고 말한 것 뿐이니라. 당시에

화복 간(禍福間) 재앙을 당하거나 복을 받거나.
채포(菜圃) 채소밭.
분항(糞缸) 똥항아리.
화생(化生) 변화하여 태어남.
삼세인과(三世因果) 과거, 현재, 미래를 통하여 작용하는 인과 관계. 과거의 인(因)에 의하여 현재의 과(果)를 받고, 현재의 인에 의하여 미래의 과를 받는 것을 이른다.

는 분항 속에 거름이 가득하므로 쥐가 그 위를 **횡행**하며 벌레를 주워 먹었으나, 채소밭을 매고서는 응당 그 거름을 퍼서 쓸 것이요, 그러면 그 항 속은 깊어져서 주의 없이 드나들던 저 쥐가 반드시 항 속에 빠져 죽을 것이며, 그리하면 뭇 벌레의 밥이 될 수밖에 없는 것을 미리 추측한 것이니라." 하시고, 이어서 말씀하시기를 "사람의 죄복 간 인과도 그 일의 성질에 따라 후생에 받을 것은 후생에 받고 현생에 받을 것은 현생에 받게 되는 것이 이와 다를 것이 없느니라."

32. 김삼매화(金三昧華)가 식당에서 **육물**을 썰고 있는지라, 대종사 보시고 물으시기를 "그대는 **도산지옥(刀山地獄)**을 구경하였는가?" 삼매화 사뢰기를 "구경하지 못하였나이다." 대종사 말씀하시기를 "도마 위에 고기가 도산지옥에 있나니 죽을 때도 도끼로 찍히고 칼로 찢겨서 천 포 만 포가 되었으며 여러 사람이 사다가 또한 집집에서 그렇게 천 칼 만 칼로 써니 어찌 두렵지 아니하리오."

33. 대종사 말씀하시기를 "과거에는 마음이 거짓되고 악한 사람도 당대에는 혹 잘 산 사람이 많이 있었으나 앞으로는 마음이 거짓되고 악한 사람은 당대를

횡행(橫行) 아무 거리낌 없이 제멋대로 지나다님.
김삼매화(金三昧華, 1890~1944) 서울 출생. 법호 낙타원(洛陀圓). 서울교당, 중앙총부 감원 등을 역임하였다.
육물(肉物) 고기류.
도산지옥(刀山地獄) 칼로 갈기갈기 찢기는 고통을 당하는 지옥.

잘 살아 나가기가 어려울 것이니, 사람들이 자기 일생을 통하여 지은바 죄복을 자기 당대에 거의 다 받을 것이요, 후생으로 미루고 갈 것이 얼마 되지 아니하리라. 그러므로 세상이 밝아질수록 마음 하나가 참되고 선한 사람은 일체가 다 참되고 선하여 그 앞길이 광명하게 열릴 것이나, 마음 하나가 거짓되고 악한 사람은 일체가 다 거짓되고 악하여 그 앞길이 어둡고 막힐 것이니라."

제6 변의품

辨疑品

변의품(辨疑品) 소태산 대종사가 제자들의 다양한 측면에서 제기한 의문에 대해 답변한 법문들을 수록. 우주의 원리, 과거 성현들이 밝힌 법문의 뜻과 교훈, 그리고 원불교 주요 교리 해석 방향 등에 관한 법문으로 구성되어 있다.

1. 대종사, 선원 **경강**(經講) 시간에 출석하사 '천지의 밝음'이라는 문제로 제자들의 변론함을 들으시다가 말씀하시기를 "그대들은 **천지에 식**(識)이 있다고 생각하는가? 없다고 생각하는가?" 이공주 사뢰기를 "천지에 분명한 식이 있다고 생각하나이다." 대종사 말씀하시기를 "무엇으로 식이 있는 것을 아는가?" 공주 사뢰기를 "사람이 선을 지으면 우연한 가운데 복이 돌아오고 악을 지으면 우연한 가운데 죄가 돌아와서 그 감응이 조금도 틀리지 않사오니, 만일 식이 없다 하오면 어찌 그와 같이 죄복을 구분함이 있사오리까." 대종사 말씀하시기를 "그러면 그 구분하는 증거 하나를 들어서 누구라도 이해할 수 있도록 말하여 보라." 공주 사뢰기를 "그것은 평소에 법설을 많이 듣던 중 꼭 그렇겠다는 신념만 있을 뿐이요, 그 이치를 분석하여 증거로 변론하기는 어렵나이다." 대종사 말씀하시기를 "현묘한 지경은 알기도 어렵고 가령 안다 할지라도 충분히 증명하여 보이기도 어려우나, 이제 쉬운 말로 증거의 일단을 들어 주리니, 그대들은 이것을 미루어 가히 증거하기 어려운 지경까지 통하여 볼지어다. 무릇, 땅으로 말하면 오직 침묵하여 언어와 동작이 없으므로 세상 사람들이 다 **무정지물**로 인정하나 사실은 참으로 **소소 영령**한 증거가 있나니, 농사를 지을 때 종자를 뿌려 보면 땅은 반드시 그 종자의 생장을 도와주며, 또한 팥을 심은 자리에는 반드시 팥이 나게 하고 콩을 심은 자리에는 반드시 콩이 나게 하며,

---

경강(經講) 경전의 뜻을 해석하고 논리적으로 설명하여 전달하는 것.
천지에 식(識) 천지의 신령스러운 앎.
무정지물(無情之物) 영식(靈識)이 있는 생명체를 제외한 만물.
소소 영령(昭昭靈靈) 밝고 신령스러운.

또한 **인공**(人工)을 많이 들인 자리에는 수확도 많이 나게 하고 인공을 적게 들인 자리에는 수확도 적게 나게 하며 인공을 잘못 들인 자리에는 손실도 나게 하여, 조금도 서로 혼란됨이 없이 종자의 성질과 짓는 바를 따라 밝게 구분하여 주지 아니하는가. 이 말을 듣고 혹자는 말하기를 '그것은 종자가 스스로 생의 요소를 가지고 있고 사람이 공력을 들이므로 나는 것이요 땅은 오직 바탕에 지나지 못하는 것이라.'고 하리라. 그러나 종자가 땅의 감응을 받지 아니하고도 제 스스로 나서 자랄 수가 어디 있으며, 땅의 감응을 받지 아니하는 곳에 심고 거름하는 공력을 들인들 무슨 효과가 있겠는가. 뿐만 아니라 땅에 의지한 일체 만물이 하나도 땅의 감응을 받지 아니하고 나타나는 것이 없나니, 그러므로 땅은 일체 만물을 통하여 간섭하지 않는 바가 없고, **생·멸·성·쇠**의 권능을 사용하지 않는 바가 없으며, 땅뿐 아니라 하늘과 땅이 둘이 아니요, **일월성신**과 **풍운우로상설**이 모두 한 기운 한 이치이어서 하나도 영험하지 않은 바가 없느니라. 그러므로 사람이 짓는바 일체 선악은 아무리 은밀한 일이라도 다 속이지 못하며 그 보응을 항거하지 못하나니, 이것이 모두 천지의 식이며 천지의 밝은 위력이니라. 그러나 천지의 식은 사람의 희·로·애·락과는 같지 않은 식이니, 곧 무념 가운데 행하는 식이며 상 없는 가운데 나타나는 식이며 공정하고 원만하여 **사사**(私私)가 없는 식이라. 이 이치를 아는 사람은 천지의 밝음을

인공(人工) 사람의 노력.
생·멸·성·쇠(生滅盛衰) 생겨나고 없어지고 흥성하고 쇠퇴함.
일월성신(日月星辰) 해와 달과 별을 통틀어 이르는 말.
풍운우로상설(風雲雨露霜雪) 바람과 구름, 비와 이슬, 서리와 눈.
사사(私私) 사사로움. 공적이 아닌 개인적인 범위.

두려워하여 어떠한 경계를 당할지라도 감히 양심을 속여 죄를 범하지 못하며, 한 걸음 나아가 천지의 식을 체받은 사람은 **무량 청정**한 식을 얻어 천지의 위력을 능히 임의로 시행하는 수도 있느니라.”

2. 대종사 제자들에게 물으시기를 “사람이 마음 가운데 은밀히 악한 마음을 품거나 은밀한 가운데 죄를 지어 놓고도, 천지 만물을 대면하기가 스스로 부끄러운 마음이 없지 아니하나니 그것이 어떠한 연고일꼬?” **이원화(李願華)** 사뢰기를 “사람이 혼자 가만히 한 일이라도 천지 만물이 다 이를 아는 것이 마치 몸 한 편에 조그마한 물것이 있어서 가만히 기어 다니되 온몸이 다 아는 것과 같아서, 너른 천지에 조그마한 사람 하나의 일이라도 천지 만물이 자연히 다 알게 되므로 천지 만물을 대면하기가 스스로 부끄러운가 하나이다.” 대종사 말씀하시기를 “원화의 말이 그럴듯하나, 내 한 말 더하여 주리라. 가령 악한 일을 하는 사람이 저 혼자 마음으로 가만히 결정한 일을 누가 알리요 하지마는, 제 마음에 이미 결정한 때는 곧 세상에 베풀어 쓸 것이요, 세상에 베풀어 쓰면 곧 세상이 알게 되므로, 비록 은밀한 죄과라도 부끄러운 생각이 나는 것이니, 그러므로 그 사람이 가만히 한 일을 알고자 할진대 그 일의 나타남을 볼 것이거늘 사람들은 공연히 다른 사람의 비밀을 미리 알고자 하느니라.”

3. 한 사람이 대종사께 여쭙기를 “동양 학설에는 ‘하늘은 동하고 땅은 정한다.’

무량 청정(無量淸淨) 한량없이 맑고 깨끗함.

이원화(李願華, 1884~1964) 전남 영산포 출생. 법호는 사타원(四陀圓)이며 법훈은 종사. 영산교당 감원, 순교 등을 역임하였다.

하고, 서양 학설에는 '땅은 동하고 하늘이 정한다.' 하여, 두 말이 서로 분분하오니 청컨대 한 말씀으로 이를 판단하여 주옵소서." 대종사 말씀하시기를 "이 학설들이 나온 지가 이미 오래되고 이론이 또한 많으나, 나의 소견을 간단히 말하자면, 하늘과 땅은 원래 둘이 아닌지라 그 동과 정이 서로 다르지 아니하여, 동하는 것으로 보면 하늘과 땅이 다 동하고 정하는 것으로 보면 하늘과 땅이 다 정하느니라. 이것이 비유하건대 한 사람의 기운과 형체가 그 동과 정을 서로 같이하는 것 같나니, 하늘의 기운과 땅의 바탕이 서로 연하여 끊임없이 순환함으로써 조화를 이루느니라. 그러나 주와 종으로 논하자면 기운은 주가 되고 바탕은 종이 되어 기운이 행함에 바탕이 따르게 되나니 이것이 곧 만고에 바꾸지 못할 원리이니라."

4. 서대원(徐大圓)이 여쭙기를 "과거 부처님 말씀에 이 세계가 **괴겁(壞劫)**에는 **소천 소지(燒天燒地)**로 없어진다 하오니 사실로 그러하오니까?" 대종사 말씀하시기를 "그러하니라." 또 여쭙기를 "소천 소지가 되오면 현재 나타나 있는 천지는 다 없어지고 다시 새 천지가 조판되나이까?" 대종사 말씀하시기를 "소천 소지가 된다 하여 일시에 천지가 소멸하는 것은 아니니, 비하건대 인간의 생로병사와 같아서 한편에서는 낳고 한편에서는 늙고 한편에서는 병들고 한

서대원(徐大圓, 1910~1945) 전남 영광 출생. 법호는 원산(圓山)이며 법훈은 대봉도. 불법연구회 연구부장, 중앙총부 교감 등을 역임하였고 저서로는 『우당수기』가 있다.
괴겁(壞劫) 무너져 멸망하는 기간.
소천 소지(燒天燒地) 하늘과 땅이 불타서 없어짐.

편에서는 죽는 것이 끊임없이 계속되는 것같이, 천지에도 **성주괴공(成住壞空)**의 이치가 천만 가지 분야로 **운행**되어 지금 이 시간에도 이루어지는 부분도 있고 그대로 머물러 있는 부분도 있으며 무너지는 부분도 있고 없어지는 부분도 있어서 늘 소천 소지가 되고 있느니라.”

5. 또 여쭙기를 “과거 부처님 말씀에 **삼천대천세계**가 있다 하오니 사실로 있나이까?” 대종사 말씀하시기를 “있느니라. 그러나 삼천대천세계가 이 세계 밖에 따로 건립된 것이 아니라 이 세계 안에 분립된 가지가지의 세계를 이른 것이니, 그 수효를 헤아려 보면 삼천대천세계로도 오히려 부족하니라.” 다시 여쭙기를 “현 천문학계에서도 이 우주에는 우리가 살고 있는 세계 밖에 더 큰 세계가 많이 있다 하옵는데 어떠하나이까?” 대종사 말씀하시기를 “부처님 말씀은 해석하는 사람의 견지에 따라 다른 것이며 현재의 학설도 비록 분분하나 멀지 않은 장래에 **견성**한 큰 학자가 나의 말을 인증할 것이니 나를 믿는 사람이라면 다시 의심하지 말라.”

6. 또 여쭙기를 “천지에 진강급(進降級)이 있다 하오니 조선은 지금 어느 기(期)에 있나이까?” 대종사 말씀하시기를 “진급기에 있느니라.” 다시 여쭙기를

성주괴공(成住壞空) 우주 자연이 변화하는 순환 과정 또는 모습. 생성(成), 머물러 있음(住), 무너짐(壞), 소멸(空).

운행(運行) 작용하여 진행됨.

삼천대천세계(三千大千世界) 불교의 세계관에서 말하는 전 우주. 한량없는 세계를 나타내는 말.

견성(見性) 일원의 진리를 깨닫는 것. 본래 성품을 봄. 깨달음.

"진강급의 기한은 얼마나 되나이까?" 대종사 말씀하시기를 "과거 부처님 말씀에 **일대겁**(一大劫)으로 천지의 한 진강급기를 잡으셨느니라."

7. 또 여쭙기를 "이 천지가 성주괴공이 될 때는 무엇으로 되나이까?" 대종사 말씀하시기를 "수·화·풍(水火風) 세 기운으로 되어지느니라."

8. 또 여쭙기를 "선성의 말씀에 일월과 성신은 천지 만물의 **정령**이라 한 바가 있사오니 사실로 그러하나이까?" 대종사 말씀하시기를 "그러하니라."

9. 전주의 교도 한 사람이 천주교인과 서로 만나 담화하는 중 천주교인이 묻기를 "귀하는 **조물주**를 아는가?" 하는데 그가 능히 대답하지 못하였더니, 그 사람이 "우리 천주께서는 전지전능하시니 이가 곧 조물주라."라고 말하는지라, 후일에 대종사께서 그 교도의 보고를 들으시고 웃으시며 말씀하시기를 "그대가 그 사람에게 다시 가서 '귀하가 천주를 조물주라 하니 귀하는 천주를 보았느냐?'라고 물어보라. 그리하여 '보지 못하였다.'라고 하거든 '그러면 알지 못하는 것과 같지 않느냐.'라고 말한 후에, '내가 다시 생각하여 보니 조물주가 다른 데 있는 것이 아니라 귀하의 조물주는 곧 귀하요, 나의 조물주는 곧 나며,

---

일대겁(一大劫) 불교에서는 우주의 성립으로부터 괴멸(壞滅)에 이르는 동안을 성·주·괴·공(成住壞空)의 4기(期)로 나누어 설명하는데 이를 포괄하는 매우 긴 시간을 일대겁이라고 한다.

정령(精靈) 근원되는 신령스러운 기운.

조물주(造物主) 우주 만물을 창조하고 다스리는 신(神).

일체 생령이 다 각각 자기가 자기의 조물주인 것을 알았노라.'라고 하라. 이것이 가장 적절한 말이니 그 사람이 만일 이 말에 깨달음이 있다면 바로 큰 복음이 되리라."

10. 한 제자 여쭙기를 "극락과 지옥이 어느 곳에 있나이까?" 대종사 말씀하시기를 "네 마음이 죄복과 고락을 초월한 자리에 그쳐 있으면 그 자리가 곧 극락이요, 죄복과 고락에 사로잡혀 있으면 그 자리가 곧 지옥이니라." 또 여쭙기를 "어찌하여야 길이 극락 생활만 하고 지옥에 떨어지지 아니하오리까?" 대종사 말씀하시기를 "성품의 본래 이치를 오득하여 마음이 항상 자성을 떠나지 아니하면 길이 극락 생활을 하게 되고 지옥에 떨어지지 아니하리라."

11. 한 제자 여쭙기를 "과거 부처님 말씀에 천상에 **삼십삼천**(三十三天)이 있다 하오니 그 하늘이 저 허공계에 층층으로 나열되어 있나이까?" 대종사 말씀하시기를 "**천상 세계**는 곧 공부의 정도를 구분하여 놓은 것에 불과하나니, 하늘이나 땅이나 실력 갖춘 공부인 있는 곳이 곧 천상이니라." 또 여쭙기를 "그 가운데 차차 천상으로 올라갈수록 **천인**(天人)의 키가 커진다는 말씀과 의복 무게가 가벼워진다는 말씀이 있사온데 무슨 뜻이오니까?" 대종사 말씀하시기를 "키가 커

삼십삼천(三十三天) 불교 세계관의 하나로 여기에 대해서는 다양한 견해들이 있다. 대체로 욕계(欲界) 6천, 색계(色界) 18천, 무색계(無色界) 4천의 28천과 일월성숙천(日月星宿天), 상교천(常憍天), 지만천(持鬘天), 견수천(堅首天), 제석천(帝釋天)의 5천을 합하여 삼십삼천으로 해석한다.

천상(天上) **세계** 일체 생령이 윤회하는 여섯 가지 세계 중 평화 안락한 하늘 세계.

천인(天人) 천상계(天上界)의 영적(靈的) 존재.

진다는 것은 도력이 향상될수록 정신 기운이 커지는 현상을 이른 것이요, 의복 무게가 가벼워진다는 것은 도력이 향상될수록 탁한 기운이 가라앉고 정신이 가벼워지는 현상을 이른 것이니라. 그러나 설사 삼십삼천의 **구경**에 이른 천인이라도 **대원 정각**을 하지 못한 사람은 복이 다하면 타락하게 되느니라.”

12. 조전권이 여쭙기를 “제가 과거에 동리 근처의 오래된 나무를 베거나 혹 함부로 하여 벌을 받는 것을 본 일이 있사온데, 그러한 무정지물에도 인과관계가 있어 그러하나이까?” 대종사 말씀하시기를 “그것은 나무와의 인과로 그리된 것이 아니니라. 과거 **음 시대**에는 몸을 받지 못한 **이매망량(魑魅魍魎)**의 무리가 많이 있어서 그러한 나무나 혹은 **성황(城隍)**이나 **명산대천**에 의지하여 어리석은 대중의 정성을 많이 받고 있다가, 제 기운보다 약한 사람이 저를 해롭게 하면 혹은 병도 주고 혹은 벌도 내린 일이 없지 아니하였으나, 지금은 **양 시대**가 되어 가는지라 앞으로는 그러한 무리가 감히 인간계를 해치지 못하리라.”

구경(究竟) 궁극의 경지.

대원 정각(大圓正覺) 가장 크고 원만한 바른 깨달음.

조전권(曺專權, 1909~1976) 전북 김제 출생. 법호는 공타원(空陀圓)이며 법훈은 종사. 동산선원장, 중앙훈련원장 등을 역임하였다.

음(陰) 시대 어두운 선천의 시대. 모순과 상극으로 불평등, 불합리가 지배하던 세상.

이매망량(魑魅魍魎) 밝은 세상에서는 살지 못하고 어두운 세계에서 산다는 온갖 도깨비나 귀신 혹은 산천이나 목석에 의지한 정령(精靈) 등을 가리킴.

성황(城隍) 서낭신(한 부락의 수호신)을 모시는 곳.

명산대천(名山大川) 이름난 산과 큰 강.

양(陽) 시대 밝은 후천의 시대. 상생과 질서로 평등과 평화, 정신과 물질이 조화되는 대문명 세계.

13. 한 제자 여쭙기를 "어떠한 주문을 외고 무슨 방법으로 하여야 **심령**이 열리어 도를 속히 통할 수 있사오리까?" 대종사 말씀하시기를 "큰 공부는 주문 여하에 있는 것이 아니라 오직 사람의 정성 여하에 있느니라. 옛날에 무식한 짚신 장수 한 사람이 수도에 발심하여 한 도인에게 도를 물었더니 '**즉심시불(卽心是佛)**'이라 하는지라, 무식한 정신에 '짚신 세 벌'이라 하는 줄로 알아듣고 여러 해 동안 '짚신 세 벌'을 외고 생각하였는데 하루는 문득 정신이 열리어 마음이 곧 부처인 줄을 깨달았다고 하며, 또 어떤 수도인은 고기를 사면서 '정한 데로 떼어 달라' 하니, 그 고기장수가 칼을 고기에 꽂아 놓고 '어디가 정하고 어디가 추하냐?' 하는 물음에 도를 깨쳤다고 하니, 이는 도를 얻는 것이 어느 곳 어느 때 어느 주문에만 있는 것이 아님을 여실히 보여 주는 말이니라. 그러나 우리는 이미 정한바 주문이 있으니 그로써 정성을 들임이 공이 더욱 크리라."

14. 여자 교도 한 사람이 대종사께 여쭙기를 "저도 **전무출신**들과 같이 깨끗이 재계하옵고 기도를 올리고 싶사오나 가정에 매이어 제 자유가 없는 몸이므로 그 뜻을 이루지 못하오니 어찌하면 좋겠나이까?" 대종사 말씀하시기를 "마음 재계하는 것은 재가와 출가가 다를 것이 없나니, 그대의 마음만 깨끗이 재계하고 정성껏 기도를 올리라. 그리하면 그 정성에 따라 그만한 위력을 얻는 것이 아무 차별이 없으리라."

심령(心靈) 밝은 통찰력과 지혜를 얻을 수 있는 내면의 깊은 영성.
즉심시불(卽心是佛) 마음이 곧 부처라는 뜻으로 마음을 깨치면 바로 부처가 된다는 뜻.
전무출신(專務出身) 출가교도로서 신앙과 수행에 전념하며 세상을 위하여 심신을 오롯이 헌신 봉공하는 사람.

15. 한 사람이 **이재철(李載喆)**에게 묻기를 "들은즉 귀하의 선생님이 성인이시라 하니 사리 간에 무엇이든지 다 아시는가?" 재철이 말하기를 "다 아시느니라." 그 사람이 말하기를 "비행기나 기차 제조하는 법도 아시는가?" 재철이 말하기를 "성인은 사리의 대체를 아시는 것이요 그러한 기술 부분은 거기에 전문하는 사람이 아느니라." 그 사람이 말하기를 "그러면 사리 간에 다 아신다는 것이 모순된 말이 아닌가?" 재철이 말하기를 "대체라 하는 것은 그 근본을 이름이니 무엇이든지 그 근본을 알면 가지와 잎은 다 그 가운데 있느니라. 이에 한 예를 들어 말하자면 가령 한 지방의 장관이나 한 나라의 원수가 저 말단에 가서는 한 서기나 기사의 아는 것을 다 알지 못할 수가 있으나 그 행정의 대체를 잘 알아서 각 부분을 순서 있게 지도한다면 그가 그 일을 알았다고 하겠는가 몰랐다고 하겠는가? 성현의 지견도 또한 이와 같아서 대소 유무와 시비 이해의 대의를 통달하시므로 사리를 다 아신다 하는 것이요 말단의 기술 부분까지 아신다는 것이 아니니, 그 대의에 통달하시므로 천만 지식이 모두 그 강령과 범위 안에 들어 있느니라." 하고, 돌아와 대종사께 그대로 고하였더니, 대종사 말씀하시기를 "일산一山의 말이 대의에 옳다." 하시니라.

16. 대종사, 서울에 계실 때 **민자연화(閔自然華)**가 매양 대종사께서 공양하시고 남은 밥을 즐겨 먹거늘, 대종사 그 연유를 물으시니, 자연화 사뢰기를 "불

이재철(李載喆, 1891~1943) 전남 영광 출생. 법호는 일산(一山)이며 법훈은 종사. 9인 제자의 한 사람으로 불법연구회 외무 및 경제 관계를 주로 담당하였고 불법연구회 상조부장, 서정원장 등을 역임하였다.

민자연화(閔自然華, 1859~1932) 서울 출생. 법호는 낙타원(樂陀圓). 서울교당의 창립과 발전에 공헌하였다.

서에 부처님 공양하고 남은 음식을 먹으면 **천도**도 받고 성불도 할 수 있다 하였기에 그러하나이다." 대종사 말씀하시기를 "그것은 그대가 나를 지극히 믿고 존경함에서 나온 생각임을 알겠으나 그대는 그 말을 사실적으로 해석하여 알고 믿는가. 알지 못하고 미신으로 믿는가." 자연화 사뢰기를 "그저 믿을 뿐이옵고 그 참뜻을 분석해 보지는 못하였나이다." 대종사 말씀하시기를 "사람이 부처님께서 공양하시고 남은 밥을 먹는다는 것은 그만큼 부처님과 친근하게 된 것이라. 자연히 보는 것은 부처님의 행동이요, 듣는 것은 부처님의 말씀이요, 깨닫는 것은 부처님의 정법이요, 물드는 것은 부처님의 습관이 되어, 천도 받기도 쉬워질 것이고 성불하기도 쉬워질 것이 아닌가. 이것이 곧 그 말씀의 참뜻이니라."

17. 한 제자 여쭙기를 "사원의 탑을 많이 돌면 죽은 후에 **왕생극락**을 한다 하와 신자들이 탑을 돌며 예배하는 일이 많사오니 사실로 그러하오니까?" 대종사 말씀하시기를 "그는 우리 육신이 돌로 만든 탑만 돌라는 말씀이 아니라, 지수화풍으로 모인 자기 육신의 탑을 자기의 마음이 항상 돌아서 살피면 극락을 수용할 수 있다는 뜻이니, 몸이 돌로 만든 탑만 돌고 육신의 탑을 마음이 돌 줄을 모른다면 어찌 그 참뜻을 알았다 하리오."

불서(佛書) 불교의 경전 및 관련 서적.

천도(薦度) 죽은 사람의 명복을 빌고 그 영혼을 선도(善途)로 인도하는 것. 영가(靈駕)로 하여금 괴로움을 떠나서 즐거움을 얻게 하고, 악업을 끊고 선업을 짓게 하며, 무명 번뇌에서 벗어나 깨달음을 얻게 하는 것.

왕생극락(往生極樂) 죽어서 극락세계에 태어남.

18. 한 제자 여쭙기를 "과거 부처님 말씀에 공부가 **순숙**되면 **삼명 육통(三明六通)**을 얻는다 하였사오니, 어느 법위에나 오르면 삼명 육통을 얻게 되나이까?" 대종사 말씀하시기를 "삼명 가운데 **숙명(宿明)·천안(天眼)**의 이명과 육통 가운데 천안(天眼)·**천이(天耳)·타심(他心)**·숙명(宿明)·**신족(神足)**의 오통은 정식 **법강항마위**가 되지 못한 사람도 부분적으로 혹 얻을 수가 있으나 정식 법강항마위 이상 도인도 얻지 못하는 수가 있으며, **누진명(漏盡明)**과 **누진통**은 대원정각을 한 불보살이라야 능히 얻게 되느니라."

19. 한 제자 여쭙기를 "**금강경** 가운데 '**사상(四相)**'의 뜻을 알고 싶나이다." 대

순숙(純熟) 완전히 익음. 충분히 깊어짐.

삼명 육통(三明六通) 세 가지 지혜와 여섯 가지 신통력.

숙명(宿明) 자기나 다른 사람들의 전생에 대해 직관하는 능력.

천안(天眼) 육안으로 볼 수 없는 것을 환히 보는 능력.

천이(天耳) 어떠한 소리나 말까지도 다 듣는 불가사의한 신통력.

타심(他心) 다른 사람의 마음을 꿰뚫어 보는 능력.

신족(神足) 뜻대로 모습을 바꾸거나 화현(化現)하는 능력.

법강항마위(法强降魔位) 여섯 가지 법위등급 중의 네 번째 단계. 법이 강하여 마를 항복 받은 첫 성자의 위.

누진명(漏盡明) 모든 번뇌를 끊음으로써 얻는 지혜 광명.

누진통(漏盡通) 모든 번뇌를 끊음으로써 일과 이치에 통달한 지혜.

금강경(金剛經) 불교의 경전 중 하나인 『금강반야바라밀경(金剛般若波羅密經)』의 약칭. 부처님과 제자 수보리의 문답 형식으로 공(空)의 가르침을 설하고 있음. 원불교 『불조요경』에도 수록되어 있음.

사상(四相) 깨치지 못한 중생들이 갖는 네 가지 집착하는 생각. 곧 아상(我相), 인상(人相), 중생상(衆生相), 수자상(壽者相).

종사 말씀하시기를 "사상에 대하여 고래(古來)로 학자들의 해석이 많이 있는 모양이나 간단히 실지에 부합시켜 말하여 주리라. 아상(我相)이라 함은 모든 것을 자기 본위로만 생각하여 자기와 자기의 것만 좋다 하는 자존심을 이름이요, 인상(人相)이라 함은 만물 가운데 사람은 최령하니 다른 동물들은 사람을 위하여 생긴 것이라 마음대로 하여도 상관없다는 인간 본위에 국한됨을 이름이요, 중생상(衆生相)이라 함은 중생과 부처를 따로 구별하여 나 같은 중생이 무엇을 할 것이냐 하고 스스로 타락하여 향상이 없음을 이름이요, 수자상(壽者相)이라 함은 연령이나 연조나 지위가 높다는 유세로 시비는 가리지 않고 그것만 앞세우는 장로의 상을 이름이니, 이 사상을 가지고는 불지에 이르지 못하느니라." 또 여쭙기를 "이 사상을 무슨 방법으로 없애오리까?" 대종사 말씀하시기를 "아상을 없애는 데는 내가 제일 사랑하고 위하는 이 육신이나 재산이나 지위나 권세도 죽는 날에는 아무 소용이 없으니 모두가 정해진 내 것이 아니라는 무상의 이치를 알아야 할 것이며, 인상을 없애는 데는 **육도사생**이 순환 무궁하여 서로 몸이 바뀌는 이치를 알아야 할 것이며, 중생상을 없애는 데는 본시 중생과 부처가 둘이 아니라 부처가 매하면 중생이요 중생이 깨치면 부처인 줄을 알아야 할 것이며, 수자상을 없애는 데는 육신은 노소와 귀천이 있으나 **성품**은 노소와 귀천이 없는 줄을 알아야 할 것이니, 수도인이 이 사상만 완전히 떨어지면 곧 부처니라."

육도(六途) 일체 생령이 윤회하는 여섯 가지 세계. 천상, 인간, 수라, 축생, 아귀, 지옥.

사생(四生) 일체 생령이 태어나는 네 가지 유형. 태생은 태를 통해 태어나는 것. 난생은 알로 태어나는 것. 습생은 습지에서 태어나는 것. 화생은 의지한데 없이 태어나는 것.

성품(性稟) 본래 마음. 자성, 본성, 진성, 불성 등으로도 표현.

20. 이춘풍이 유가의 규모(規模)를 벗어나 출가하여 대종사를 뵈옵고 사뢰기를 "제가 대종사를 뵈오니 마음이 황홀하와 삼천 제자를 거느렸던 공자님을 뵈온 것 같사오나 원래 불교는 유교 선성들이 수긍하지 아니한 점이 있사와 늘 마음에 걸리나이다." 대종사 말씀하시기를 "그 점이 무엇이던가?" 춘풍이 사뢰기를 "불교는 **허무적멸**을 주장하므로 **무부무군(無父無君)**이 된다고 하였나이다." 대종사 말씀하시기를 "부처님의 본의가 영겁 다생에 많은 부모와 자녀를 위하사 제도의 문을 열어 놓으셨건마는 후래 제자로서 혹 그 뜻에 어그러진 바가 없지도 않았으나, 앞으로는 모든 법을 시대에 적응하게 하여 불교를 믿음으로써 가정의 일이 잘 되게 하고, 불교를 믿음으로써 사회 국가의 일이 잘 되도록 하려 하노니 무부무군이 될까 염려하지 말라. '**주역(周易)**'의 **무극**과 **태극**이 허무적멸의 진경이요, 공자의 인(仁)이 곧 사욕이 없는 허무적멸의 자리요,

---

이춘풍(李春風, 1876~1930) 경북 금릉 출생. 법호는 훈산(薰山). 소태산 대종사의 봉래정사 생활을 뒷받침하였으며, 저서로는 『산중풍경(山中風景)』이 있다.

허무적멸(虛無寂滅) 아무것도 없이 텅 비어 고요한 상태. 유교에서 불교와 도교 사상에 대해 인륜의 대의가 부족하다고 비판할 때 사용하는 표현.

무부무군(無父無君) 어버이도 임금도 안중에 없음.

주역(周易) 중국 상고시대에서 주나라에 걸쳐 성립되었으며 『역경(易經)』이라고도 한다. 유학(儒學)의 오경(五經) 중 하나로 한대(漢代) 이후 가장 으뜸가는 경으로 받들어졌다. 음양의 변화에 바탕한 우주의 생성 원리를 밝히고 인간 삶의 올바른 길을 제시하고 있다.

무극(無極) 시간의 한계와 공간의 국한을 넘어선 태극의 초월성을 표현하는 개념.

태극(太極) 우주 만물의 근본 이치. 중국 송대(宋代)의 성리학자인 주렴계(周濂溪)의 「태극도설(太極圖說)」에서 우주 만물의 근원으로 제시한 이래 특히 성리학에서 중시된 개념.

자사(子思)의 **미발지중(未發之中)**이 허무적멸이 아니면 적연부동한 중(中)이 될 수 없고, **대학**의 **명명덕(明明德)**이 허무적멸이 아니면 명덕을 밝힐 수 없는 바라. 그러므로 각종 각파가 말은 다르고 이름은 다르나 그 진리의 본원인즉 같으니라. 그러나 허무적멸에만 그쳐 버리면 큰 도인이 될 수 없나니 허무적멸을 도의 체로 삼고 인의예지를 도의 용으로 삼아서 인간 만사에 풀어쓸 줄 알아야 원만한 대도니라."

21. 한 제자 여쭙기를 "어떠한 사람이 와서 대종사의 스승을 묻기에 우리 대종사께서는 스스로 대각을 이루셨는지라 직접 스승이 아니 계신다고 하였나이다." 대종사 말씀하시기를 "후일에 또다시 나의 스승을 묻는 사람이 있으면 너희 스승은 내가 되고 나의 스승은 너희가 된다고 답하라." 또 한 제자 여쭙기를 "대종사의 법통은 어느 부처님이 본사(本師)가 되시나이까?" 대종사 말씀하시기를 "한 판이 바뀌는 때나 석가세존이 본사가 되시느니라."

자사(子思) 중국 전국시대 노나라 유학자로 공자의 손자이며 맹자의 스승. 이름은 공급(孔伋)이며 자사는 그의 자(字)로서 『중용(中庸)』을 지었다고 전해진다.

미발지중(未發之中) 희로애락이 발하기 이전 치우침이 없는 본연의 마음. 『중용(中庸)』의 "喜怒哀樂之未發 謂之中 發而皆中節 謂之和(희로애락지미발 위지중 발이개중절 위지화 : 희로애락의 마음이 발하기 전을 중이라 하고, 마음이 발하여 모두 절도에 맞는 것을 화라고 한다.)"에서 유래한 말.

대학(大學) 유교의 중요 경전으로 사서(四書) 중 하나. 유교 사상의 기본 틀인 삼강령 팔조목을 제시함. 명명덕(明明德)·친민(親民)·지어지선(止於至善)의 삼강령과 격물(格物)·치지(致知)·성의(誠意)·정심(正心)·수신(修身)·제가(齊家)·치국(治國)·평천하(平天下)의 팔조목(八條目).

명명덕(明明德) 사람에게 본래 갖추어진 밝은 덕을 밝히는 것.

22. 한 제자 여쭙기를 "우리는 불상 숭배를 개혁하였사오니 앞으로 어느 때까지든지 대종사 이하 역대 법사의 기념상도 조성할 수 없사오리까?" 대종사 말씀하시기를 "기념상을 조성하여 유공인을 기념할 수는 있으나 신앙의 대상으로 삼지는 못하리라."

23. 한 제자 여쭙기를 "**사은**에 경중이 있어서 천지·부모는 **하감지위(下鑑之位)**라 하고, 동포·법률은 **응감지위(應鑑之位)**라 하나이까?" 대종사 말씀하시기를 "경중을 따로 논할 것은 없으나 **항렬(行列)**로써 말하자면 천지·부모는 부모 항이요 동포·법률은 형제 항이라. 그러므로 하감·응감으로 구분하느니라."

24. 한 제자 여쭙기를 "정전 가운데 천지 보은의 강령에 '사람이 천지 보은을 하기로 하면 먼저 그 도를 체 받아 실행하라.' 하였사오니, 천지는 우리에게 그러한 큰 은혜를 입혔사온데 우리는 한갓 천지의 도를 본받아 행하는 것만으로써 어찌 보은이 된다 하겠나이까?" 대종사 말씀하시기를 "이에 대하여 한 예를 들어 말한다면, 과거 불보살의 회상이나 성현 군자의 **문정(門庭)**에 그 제자가 선생의 가르치신 은혜를 받은 후, 설사 물질의 답례는 없다 할지라도 그 선생이

사은(四恩) 법신불의 네 가지 은혜. 천지은, 부모은, 동포은, 법률은.

하감지위(下鑑之位) 굽어 살펴주시기를 바라며 마음에 모시는 간절한 표현.

응감지위(應鑑之位) 감응하여 주시기를 바라며 마음에 모시는 간절한 표현.

항렬(行列) 같은 혈족의 직계에서 갈라져 나간 계통 사이의 대수(代數) 관계를 나타내는 말.

문정(門庭) 같은 스승을 모시고 수행하는 문중(門中). 문하(門下).

아는 것을 다 알고 행하는 것을 다 행하여 선생의 사업을 능히 계승한다면, 우리는 그를 일러 선생의 보은자라 할 것인가 **배은자**라 할 것인가. 이것을 미루어 생각할 때 천지의 도를 본받아 행함이 천지 보은이 될 것임을 가히 알지니라.”

25. 한 제자 여쭙기를 “부모 보은의 조목에 ‘**공부의 요도**와 **인생의 요도**를 빠짐없이 밟으라.’ 하셨사오니 그것이 어찌 부모 보은이 되나이까?” 대종사 말씀하시기를 “공부의 요도를 밟고 나면 부처님의 지견을 얻을 것이요, 인생의 요도를 밟고 나면 부처님의 실행을 얻을지니, 자녀된 자로서 부처님의 지행을 얻어 부처님의 사업을 이룬다면 그 꽃다운 이름이 너른 세상에 드러나서 자연 부모의 은혜까지 드러나게 될 것이라. 그리된다면 그 자녀로 말미암아 부모의 **영명(令名)**이 **천추**에 길이 전하여 만인의 **존모**할 바 될 것이니, 어찌 **단촉한** 일생에 **시봉**만 드리는 것에 비하겠는가. 그러므로 이는 실로 무량한 보은이 되느니라.” 또 여쭙기를 “자력 없는 타인의 부모라도 내 부모와 같이 보호하라 하셨사오니 그것은 어찌 부모 보은이 되나이까?” 대종사 말씀하시기를 “과거 부처

배은자(背恩者) 은혜를 모르거나 갚지 않는 사람.

공부의 요도 몸과 마음을 닦는(수행) 올바르고 요긴한 길. 삼학 팔조.

인생의 요도 사람으로서 마땅히 해야 할 올바르고 요긴한 길. 사은 사요.

영명(令名) 훌륭한 명성이나 명예.

천추(千秋) 오래고 긴 세월.

존모(尊慕) 존경하고 우러러 받듦.

단촉한(短促−) 짧고 얕은.

시봉(侍奉) 모시어 받듦.

님이 말씀하신 다생의 이치로써 미루어 보면 과거 미래 수천만 겁을 통하여 정하였던 부모와 정할 부모가 실로 한이 없고 수가 없을 것이니, 이 많은 부모의 은혜를 어찌 현생 부모 한두 분에게만 보은함으로써 다하였다 하리오. 그러므로 부모가 생존하시거나 열반하신 후나 힘이 미치는 대로 자력 없는 타인 부모의 보호법을 쓰면 이는 삼세 일체 부모에게 큰 보은이 되느니라."

26. 한 제자 여쭙기를 "정전 가운데 **상시 응용 주의 사항** 각 조목과 **삼학**과의 관계는 어떠하나이까?" 대종사 말씀하시기를 "상시 응용 주의 사항은 곧 삼학을 분해하여 제정한 것이니 5조는 정신 수양을 진행하는 길이요, 2조와 3조와 4조는 사리 연구를 진행하는 길이요, 1조는 작업 취사를 진행하는 길이요, 6조는 삼학 공부를 실행하고 실행하지 않은 것을 살피고 대조하는 길이니라." 또 여쭙기를 "상시 응용 주의 사항 각 조목을 동과 정으로 나누어 보면 어떻게 되나이까?" 대종사 말씀하시기를 "3조와 4조와 5조는 정할 때 공부로서 동할 때 공부의 자료를 준비하는 길이 되고, 1조와 2조와 6조는 동할 때 공부로서 정할 때 공부의 자료를 준비하는 길이 되나니, 서로서로 도움이 되는 길이며 일분 일각도 공부를 놓지 않게 하는 길이니라." 또 여쭙기를 "상시 응용 주의 사항과 교당 내왕 시 주의 사항의 관계는 어떠하나이까?" 대종사 말씀하시기를 "상시 응용 주의 사항은 유무식이나 남녀노소나 선악 귀천을 막론하고 일상생

상시 응용 주의 사항(常時應用注意事項) 일상생활 속에서 몸과 마음을 사용할 때의 주의사항.

삼학(三學) 법신불 일원상을 표본 삼아 인격을 함양해 가는 세 가지 수행 방법. 정신 수양, 사리 연구, 작업 취사.

활을 하면서도 상시로 공부할 수 있는 빠른 법이 되고, 교당 내왕 시 주의 사항은 상시 응용 주의 사항의 길을 도와주고 알려 주는 법이 되느니라."

27. 대종사 선원(禪員)들의 **변론**함을 들으시니, 한 선원은 말하기를 "같은 밥 한 그릇으로도 한 사람에게만 주는 것보다 열 사람에게 고루 나누어 주는 공덕이 더 크다." 하고, 또 한 선원은 말하기를 "열 사람이 다 만족하지 못하게 주는 것보다 한 사람이라도 만족하게 주는 공덕이 더 크다." 하여 서로 해결을 못 짓고 있는지라, 대종사 판단하여 말씀하시기를 "같은 한 물건이지마는 한 사람에게만 주면 그 한 사람이 즐겨하고 갚을 것이요, 한 동리나 한 나라에 주면 그 동리나 그 나라에서 즐겨하고 갚을 것이요, 국한 없는 세계 사업에 주고 보면 전 세계에서 즐겨하고 갚을 것이니라. 그러므로 같은 것을 가지고도 국한 있게 쓴 공덕과 국한 없이 쓴 공덕을 비교한다면 국한 없이 쓴 공덕이 국한 있게 쓴 공덕보다 한량없이 더 크니라."

28. 한 제자 여쭙기를 "**유상 보시**(有相布施)와 **무상 보시**는 공덕이 어떻게 다르나이까?" 대종사 말씀하시기를 "보시를 하는 것이 비하건대 과수에 거름을 하는 것과 같나니, 유상 보시는 거름을 위에다가 흩어 주는 것 같고, 무상 보시는 거름을 한 후에 묻어 주는 것 같으니라. 위에다가 흩어 준 거름은 그 기운이

변론(辯論) 일과 이치에 대하여 서로 의견을 나누고 토론함.

유상 보시(有相布施) 다른 사람에게 정신, 육신, 물질 등으로 은혜를 베푼 후에 베풀었다는 관념과 상이 남아 있는 것.

무상 보시(無相布施) 베푼다는 생각이나 흔적이 없이 은혜를 베풂. 무념(無念) 보시.

흩어지기 쉬운 것이요, 묻어 준 거름은 그 기운이 오래가고 든든하나니, 유상 보시와 무상 보시의 공덕 차이도 이와 같으니라."

29. 조원선(曹元善)이 여쭙기를 "동학 가사에 '이로운 것이 **궁궁을을**에 있다.[利在弓弓乙乙]' 하였사오니 무슨 뜻이오니까?" 대종사 말씀하시기를 "세 상에는 구구한 해석이 많이 있으나 글자 그대로 궁궁은 무극 곧 일원이 되고 을을은 태극이 되나니 곧 도덕의 본원을 밝히심이요, 이러한 원만한 도덕을 주장하여 아무런 척이 없이 살면 이로운 것이 많다는 것이니라." 또 여쭙기를 "**궁을가**를 늘 부르면 운이 열린다 하였사오니 무슨 뜻이오니까?" 대종사 말씀 하시기를 "그러한 도덕을 신봉하면서 염불이나 **주송**(呪誦)을 많이 계속하면 자연 일심이 청정하여 각자의 내심에 **원심**과 **독심**이 녹아질 것이며, 그에 따라

조원선(曹元善, 1896~1950) 전남 영광 출생. 법호는 회산(回山). 원평교당 교무, 총부 산업부장 등을 역임하였다.

동학(東學) 19세기 중엽에 수운 최제우가 창시한 조선 말기의 대표적 신종교. 수운은 보 국안민(輔國安民)·포덕천하(布德天下)·광제창생(廣濟蒼生)의 기치를 높이 들면서 새 로운 후천개벽 시대가 도래하였음을 주장하였다. 보국은 민족 개벽, 안민은 사회 개벽, 포덕천하·광제창생은 지상천국의 건설을 의미한다. 주요 경전으로 『동경대전』, 『용담 유사』 등이 있다.

궁궁을을(弓弓乙乙) 『정감록』에서 유래하여 동학 가사에 수용된 주문.

궁을가(弓乙歌) 작자 및 창작 연대 미상의 동학 가사. 4·4조의 장편 가사로 1행이 끝날 때마다 "궁궁을을 성도(弓弓乙乙 成道)로다."를 후렴구처럼 반복하고 있다.

주송(呪誦) 주문을 외우는 것.

원심(怨心) 원망하는 마음.

독심(毒心) 독한 마음.

천지 **허공 법계**가 다 청정하고 평화하여질 것이라는 말씀이니 그보다 좋은 노래가 어디 있으리오. 많이 부르라.”

30. **최수인화**(崔修仁華)는 여러 대를 이어 온 동학 신자로 우연히 발심하여 입교를 하였는데, 하루는 대종사께 여쭙기를 “저는 동학을 신앙하올 때 늘 **수운**(水雲) 선생의 **갱생**을 믿고 기다렸삽던바, 대종사를 한번 뵈오니 곧 그 어른을 뵈옵는 것 같사와 더욱 정의가 두터워지고 기쁜 마음을 억제할 수 없나이다.” 하거늘, 대종사 웃으시며 말씀하시기를 “그러한 성현들은 심신의 거래를 자유자재하시므로 일의 순서를 따라 나신 국토에 다시 나기도 하고 동양에나 서양에 임의로 수생하여 조금도 구애를 받지 아니하시느니라. 과거에도 이 나라에 **무등**(無等)한 도인이 많이 나셨지마는 이후로도 무등한 도인이 사방에서 모여들어 전무후무한 도덕 회상을 마련할 것이니, 그대는 나를 믿을 때 나의 도덕을 보고 믿을지언정 어디에 의지하는 마음으로 믿지는 말라.”

31. 한 제자가 남의 시비를 함부로 논평하는 습관이 있어 하루는 **증산**(甑山) 선

허공 법계(虛空法界) 허공처럼 텅 비어 보이지 않는 신령스러운 세계.

최수인화(崔修仁華, 1889~1980) 전북 임실 출생. 법호는 경타원(慶陀圓). 이리교당, 전주교당 등에서 순교와 교무를 역임하였다.

수운(水雲) 동학을 창시한 최제우(崔濟愚, 1824~1864). 수운은 그의 호.

갱생(更生) 이 세상에 다시 태어남.

무등(無等) 그 이상 더할 수 없을 정도.

증산(甑山) 본명은 강일순(姜一淳, 1871~1909), 증산은 호(號). 증산교의 교조.

생을 광인이라 이르는지라, 대종사 들으시고 말씀하시기를 "그대가 어찌 선인(先人)들의 평을 함부로 하는가. 그 제자들의 허물을 보고 그 스승까지 논죄함은 옳지 못하며, 또한 그 사람이 아니면 그 사람을 모르는지라, 저의 주견이 투철하게 열리지 못한 사람은 함부로 남의 평을 못 하느니라." 그 제자 여쭙기를 "그러하오면 그분이 어떠한 분이오니까?" 대종사 말씀하시기를 "증산 선생은 곧 드물게 있는 **선지자**요 **신인**(神人)이라, 앞으로 우리 회상이 세상에 드러난 뒤에는 수운 선생과 함께 길이 받들고 기념하게 되리라."

32. 김기천이 여쭙기를 "선지자들이 말씀하신 **후천개벽**(後天開闢)의 순서를 날이 새는 것에 비유한다면, 수운 선생의 행적은 세상이 깊이 잠든 가운데 첫 새벽의 소식을 먼저 알리신 것이요, 증산 선생의 행적은 그다음 소식을 알리신 것이요, 대종사께서는 날이 차차 밝으매 그 일을 시작하신 것이라 하오면 어떠하오리까?" 대종사 말씀하시기를 "그럴듯하니라." **이호춘**(李昦春)이 다시 여쭙기를 "그 일을 또한 일 년 농사에 비유한다면 수운 선생은 해동이 되니 농사

선지자(先知者) 미래 세상을 먼저 통찰하는 사람. 예언자.

신인(神人) 신묘한 지혜와 능력을 갖춘 사람.

김기천(金幾千, 1890~1935) 전남 영광 출생. 법호는 삼산(三山)이며 법훈은 종사. 9인 제자의 한 사람으로 최초 견성 인가를 받았으며 저서로는 『철자집』 등이 있다.

후천개벽(後天開闢) 선천의 묵은 세상이 지나가고 후천의 새로운 세계가 전개된다는 의미. 소태산 대종사는 선천을 어두운 음 세계, 후천을 밝은 양 세계라 표현하기도 했다. 음 세계는 모순과 상극으로 불평등·불합리가 지배하는 세상이라면, 양 세계는 상생과 질서로 평등과 평화, 정신과 물질이 조화되는 대문명 세계이다.

이호춘(李昦春, 1902~1966) 전남 영광 출생. 법호는 항산(恒山). 중앙총부 감원, 농업부장 등을 역임하였다.

지을 준비를 하라 하신 것이요, 증산 선생은 **농력(農曆)**의 **절후**를 일러 주신 것이요, 대종사께서는 직접 농사법을 지도하신 것이라 하오면 어떠하오리까?" 대종사 말씀하시기를 "또한 그럴듯하니라." **송도성**이 다시 여쭙기를 "그분들은 그만한 신인(神人)이온데 그 제자들로 인하와 세인의 논평이 한결같지 않사오니, 그분들이 후세에 어떻게 평가되오리까?" 대종사 말씀하시기를 "사람의 일이 인증할 만한 이가 인증하면 그대로 되나니, 우리가 오늘에 이 말을 한 것도 우리 법이 드러나면 그분들이 드러날 것이며, 또한 그분들은 미래 도인들을 많이 도왔으니 후세 도인들에게 많은 **추존**을 받게 되리라."

33. 한 사람이 여쭙기를 "우리나라 전래의 비결에 '앞으로 정(鄭) 도령이 계룡산에 등극하여 천하를 평정하리라.' 하였사오니 사실로 그러하오리까?" 대종사 말씀하시기를 "**계룡산**이라 함은 곧 밝아 오는 양(陽) 세상을 이름이요, **정도령**이라 함은 곧 바른 지도자들이 세상을 주장하게 됨을 이름이니, 돌아오는 밝은 세상에는 바른 사람들이 가정과 사회와 국가와 세계를 주장하게 될 것을

농력(農曆) 농사 짓는데 필요한 달력.

절후(節候) 24절기. 한 해를 스물넷으로 나눈 계절의 구분.

송도성(宋道性,1907~1946) 경북 성주 출생. 법호는 주산(主山)이며 법훈은 종사. 중앙 총부 총무부장, 교정원장 등을 역임하였다.

추존(推尊) 높이 받들어 존경함.

계룡산 충남에 있는 명산(名山)이며 조선왕조 초기의 도읍 예정지였다. 예로부터 이 산은 천재(天災)나 싸움이 일어나도 안심하고 살 수 있다는 열 군데의 땅, 즉 십승지지(十勝之地)의 한 곳으로 믿어졌으며 구한말부터 많은 신흥종교가 활동한 곳이기도 하다.

정 도령 조선 후기의 예언서인 『정감록』에서 조선왕조의 뒤를 이어 계룡산에 도읍을 정하고 나라를 세우는 진인(眞人)으로 제시된 인물.

예시(豫示)한 말이니라."

34. 김기천이 여쭙기를 "견성을 못 한 사람으로서 정식 법강항마위에 승급할 수 있나이까?" 대종사 말씀하시기를 "승급할 수 없느니라."

35. 또 여쭙기를 "보통급에서 항마위에 오르는 공력과 항마위에서 **여래위**에 오르는 공력이 어느 편이 어렵나이까?" 대종사 말씀하시기를 "그는 근기에 따라 다르나니, 혹 최상 근기는 항마하면서 바로 여래위에 오르는 사람도 있고, 항마위에 올라가서 오랜 시일을 지체하는 근기도 있느니라."

36. 또 여쭙기를 "수도인이 공부를 하여 나아가면 **시해법(尸解法)**을 행하는 경지가 있다 하오니 어느 위(位)에나 승급하여야 그리되나이까?" 대종사 말씀하시기를 "여래위에 오른 사람도 그리 안 되는 사람이 있고, 설사 견성도 못 하고 항마위에 승급도 못 한 사람이라도 일방 수양에 전공하여 그와 같이 되는 수가 있으나, 그것으로 원만한 도를 이루었다고는 못 하느니라. 그러므로 돌아오는 시대에는 아무리 위로 **천문**을 통하고 아래로 **지리**를 통하며 **골육이 분형(分**

여래위(如來位) 법위등급 중 최고의 경지인 대각여래위(大覺如來位).

시해법(尸解法) 육신을 그대로 두고 혼만 빠져나와 마음대로 돌아다니다가 다시 들어가는 능력.

천문(天文) 일월성신(日月星辰) 등의 천체(天體)가 분포되고 운행되는 현상과 인간 생활의 관련을 연구하는 학문.

지리(地理) 산천(山川) 등 땅의 형세, 바람과 물, 지기(地氣)의 흐름을 살펴 인간 생활의 길흉화복을 연구하는 학문.

形) 되고 **영통**을 하였다 할지라도 인간 사리(事理)를 잘 알지 못하면 조각 도인이니, 그대들은 삼학 공부를 병진하여 원만한 인격을 양성하라.”

37. 또 여쭙기를 “법강항마위 승급 조항에 생로병사에 해탈을 얻어야 한다고 한 바가 있사오니, 과거 고승들과 같이 **좌탈 입망(坐脫立亡)**의 경지를 두고 이르심이오니까?” 대종사 말씀하시기를 “그는 **불생불멸**의 진리를 **요달**하여 나고 죽는 데에 끌리지 않는다는 말이니라.”

38. 또 여쭙기를 “앞으로 **종법사**는 어느 위에 오른 분이라야 추대될 수 있사오리까?” 대종사 말씀하시기를 “아무리 말세라도 항마위 이상이라야 종법사의 자격이 있느니라.” 또 여쭙기를 “혹 당대 종법사보다 법력 높은 도인이 날 때는 법위 승급을 어떻게 하오리까?” 대종사 말씀하시기를 “대중의 공의를 얻어서 하느니라.”

골육이 분형(骨肉-分形) 분신술. 한 몸이 여러 개의 몸으로 나타나게 하는 능력.

영통(靈通) 보고 듣고 생각하지 아니하여도 천지 만물의 변태와 인간 삼세의 인과보응을 여실히 알게 되는 능력.

좌탈 입망(坐脫立亡) 앉아서 해탈(解脫)하거나 선 채로 열반(涅槃)함. 생사를 자유자재하는 수행인의 경지를 표현한 말.

불생불멸(不生不滅) 생겨나지도 않고 없어지지도 않는다는 뜻으로 영원히 변함이 없는 진리의 실상을 뜻함.

요달(了達) 밝게 통달함.

종법사(宗法師) 원불교 교단의 최고 지도자에 대한 호칭.

39. 한 제자 여쭙기를 "어느 위에나 오르면 **불퇴전(不退轉)**이 되나이까?" 대종사 말씀하시기를 "출가위 이상이라야 되느니라. 그러나 불퇴전 위에만 오르면 공부심을 놓아도 퇴전하지 않는 것이 아니니, 천하의 진리가 어느 것 하나도 그대로 머물러 있는 것이 없는지라, 불퇴전 위에 오르신 부처님도 공부심은 여전히 계속되어야 어떠한 순역 경계와 천마외도라도 그 마음을 물러나게 하지 못할지니, 이것이 이른바 불퇴전이니라."

40. 또 여쭙기를 "최상의 근기는 일시에 **돈오 돈수(頓悟頓修)**를 한다 하였사오니 일시에 **오(悟)**와 **수(修)**를 끝마치나이까?" 대종사 말씀하시기를 "과거 불조 가운데 돈오 돈수를 하였다 하는 이가 더러 있으나, 실은 견성의 경로도 천만 층이요 수행도 여러 계단을 거쳐서 돈오 돈수를 이루는 것이니, 비하건대 날이 샐 때 어둠이 가는지 모르게 물러가고 밝음이 오는 줄 모르게 오는 것 같으니라."

불퇴전(不退轉) 수행을 통해 도달한 불보살의 경지에서 퇴보하지 아니함.
돈오 돈수(頓悟頓修) 단번에 깨달음과 닦음이 완성되어 더 이상 수행이 필요 없는 경지.
오(悟)와 수(修) 깨달음과 닦음.

제7 성리품

性理品

성리품(性理品) 성리의 뜻과 그에 관한 문답, 성리를 연마하고 깨달아 활용하는 법 등에 관한 법문으로 구성되어 있다.

1. 대종사 대각을 이루시고 그 심경을 시로써 읊으시되 "**청풍월상시(淸風月上時)**에 **만상자연명(萬像自然明)**이라." 하시니라.

2. 대종사 말씀하시기를 "사람의 성품이 정한즉 선도 없고 악도 없으며, 동한 즉 능히 선하고 능히 악하니라."

3. 대종사 말씀하시기를 "선과 악을 초월한 자리를 지선(至善)이라 이르고, 고와 낙을 초월한 자리를 극락이라 이르니라."

4. 대종사 말씀하시기를 "큰 도는 **원융(圓融)**하여 **유**와 **무**가 둘이 아니요, **이(理)**와 **사(事)**가 둘이 아니며, 생과 사가 둘이 아니요, **동과 정**이 둘이 아니니, 둘 아닌 이 문에는 포함하지 아니한 바가 없느니라."

5. 대종사 말씀하시기를 "큰 도는 서로 통하여 간격이 없건마는 사람이 그것

청풍월상시(淸風月上時) 만상자연명(萬像自然明) 맑은 바람 불고 밝은 달 떠오르니 삼라만상(森羅萬象)이 저절로 밝게 드러나도다.

원융(圓融) 원만하여 걸림 없이 두루 통달함.

유(有) 끊임없이 생멸 변화하는 현상의 세계. 무상(無常). 변하는 자리.

무(無) 영원불변하는 본체의 세계. 유상(有常). 불변하는 자리.

이(理) 천지자연이 운행되는 이법(理法). 또는 궁극적 근원.

사(事) 인간사의 시·비·이·해(是非利害). 또는 천지자연의 일체 현상.

동과 정(動-靜) 일이 있을 때와 없을 때 또는 마음이 일어남과 고요함.

을 알지 못하므로 스스로 간격을 짓게 되나니, 누구나 **만법**을 통하여 한마음 밝히는 이치를 알아 행하면 가히 **대원 정각**(大圓正覺)을 얻으리라."

6. 대종사 말씀하시기를 "만일 마음은 형체가 없으므로 형상을 가히 볼 수 없다고 하며 성품은 언어가 끊어졌으므로 말로 가히 할 수 없다고만 한다면 이는 참으로 성품을 본 사람이 아니니, 이에 마음의 형상과 성품의 체가 완연히 눈앞에 있어서 눈을 궁굴리지 아니하고도 능히 보며 입만 열면 바로 말할 수 있어야 가히 밝게 **불성**을 본 사람이라고 하리라."

7. 대종사 말씀하시기를 "수도(修道)하는 사람이 **견성**을 하려는 것은 성품의 본래 자리를 알아 그와 같이 결함 없게 심신을 사용하여 원만한 부처를 이루는 데에 그 목적이 있나니, 만일 견성만 하고 성불하는 데에 공을 들이지 아니한다면 이는 보기 좋은 **납 도끼**와 같아서 별 소용이 없느니라."

8. 대종사 말씀하시기를 "견성(見性)이라 하는 것은 비하건대 거부 장자가 자기의 재산을 자기의 재산으로 알지 못하고 지내다가 비로소 알게 된 것과 같

만법(萬法) 세상의 모든 존재, 현상, 원리의 통칭.
대원 정각(大圓正覺) 가장 크고 원만한 바른 깨달음.
불성(佛性) 모든 중생에게 본래 갖추어진 부처의 본성. 본래 마음. 자성.
견성(見性) 일원의 원리를 깨닫는 것. 본래 성품을 봄. 깨달음.
납 도끼 납으로 만들어 견고하지 못한 도끼.

고, **솔성(率性)**이라 하는 것은 이미 자기의 소유인 것을 알았으나 전날에 잃어버리고 지내는 동안 모두 다른 사람에게 빼앗긴 바 되었는지라 여러모로 주선하여 그 잃었던 권리를 회복함과 같으니라."

9. 대종사 말씀하시기를 "종교의 문에 **성리**를 밝힌 바가 없으면 이는 원만한 도가 아니니 성리는 모든 법의 **조종(祖宗)**이 되고 모든 이치의 바탕이 되는 까닭이니라."

10. 대종사, **봉래정사**에 계실 때 때마침 큰 비가 와서 층암절벽 위에서 떨어지는 폭포와 사방 산골에서 흐르는 물이 줄기차게 내리는지라, 한참 동안 그 광경을 보고 계시다가 이윽고 말씀하시기를 "저 여러 골짜기에서 흐르는 물이 지금은 그 갈래가 비록 다르나 마침내 한곳으로 모아지리니 **만법귀일(萬法歸一)**의 소식도 또한 이와 같으니라."

11. 대종사, 봉래정사에서 제자들에게 글 한 수를 써 주시되 **"변산구곡로(邊山九曲路)에 석립청수성(石立聽水聲)이라 무무역무무(無無亦無無)요 비비역비**

솔성(率性) 일원과 같이 원만한 실행을 하는 것. 성품을 바르게 발현시켜 사용함.

성리(性理) 우주 만유의 본래 이치와 자성(본래 마음) 원리.

조종(祖宗) 시조가 되는 조상. 가장 으뜸되고 근본되는 것을 비유하여 이르는 말.

봉래정사(蓬萊精舍) 전북 부안군 변산면 중계리 내변산 실상사 주변에 있었던 실상초당과 석두암을 아울러 봉래정사라 부름. 소태산 대종사가 이곳에서 교리를 초안하고 제도를 구상하였으며 교단의 창립 방향을 계획하고 창립 인연들을 만났다.

만법귀일(萬法歸一) 만법이 하나에 돌아간다는 뜻.

비(非非亦非非)라." 하시고 "이 뜻을 알면 곧 도를 깨닫는 사람이라." 하시니라.

12. 대종사, 영산으로부터 봉래정사에 돌아오사 한 제자에게 말씀하시기를 "내가 영산에서 **윤선(輪船)**으로 이곳에 올 때 바닷물을 보니 깊고 넓은지라, 그 물을 낱낱이 되어 보았으며 고기 수도 낱낱이 헤아려 보았나니, 그대도 혹 그 수를 알겠는가?" 하신데, 그 사람이 말씀의 뜻을 짐작하지 못하니라.

13. 대종사, 봉래정사에서 제자들에게 말씀하시기를 "옛날 어느 학인(學人)이 그 스승에게 도를 물었더니 스승이 말하되 '너에게 가르쳐 주어도 도에는 어긋나고, 가르쳐 주지 아니하여도 도에는 어긋나니, 이를 어찌하여야 좋을꼬?' 하였다 하니, 그대들은 그 뜻을 알겠는가?" 좌중이 묵묵하여 답이 없거늘, 때마침 겨울이라 흰 눈이 뜰에 가득한데 대종사 나가시사 친히 도량(道場)의 눈을 치시니, 한 제자가 급히 나가 눈가래를 잡으며 방으로 들어가시기를 청하매, 대종사 말씀하시기를 "내가 방금 눈을 친 것은 눈만 치기 위함이 아니라 그대들에게 현묘한 자리를 가르침이었노라."

14. 대종사, 봉래정사에서 문정규에게 물으시기를 "벽에 걸린 저 **달마** 대사의

변산구곡로(邊山九曲路) 석립청수성(石立聽水聲) 무무역무무(無無亦無無) 비비역비비(非非亦非非) 변산 아름다운 계곡 굽이굽이에 돌이 서서 물소리를 듣는 구나. 없고 없으며 또한 없다는 것도 없음이요, 아니고 아니며 또한 아닌 것도 아니로다.

윤선(輪船) 화륜선의 줄임말. 화륜선은 기선의 옛말이며 기선은 증기기관의 동력으로 움직이는 배를 통틀어 이름.

달마(達磨) 중국 선종(禪宗)의 초조(初祖)로 소림사에서 9년간의 면벽참선(面壁參禪)으

영상을 능히 걸릴 수 있겠는가?” 정규 사뢰기를 “능히 걸리겠나이다.” 대종사 말씀하시기를 “그러면 한번 걸려 보라.” 정규 곧 일어나 몸소 걸어가거늘, 대종사 말씀하시기를 “그것은 정규가 걷는 것이니, 어찌 달마의 화상을 걸렸다 하겠는가?” 정규 말하기를 “**동천**에서 오는 기러기 **남천**으로 갑니다.” 하느니라.

15. 대종사 봉래정사에 계실 때 **선승(禪僧)** 한 사람이 금강산으로부터 와서 뵈옵는지라, 물으시기를 “그대가 수고를 생각하지 아니하고 멀리서 찾아왔으니 무슨 구하는 바가 있는가?” 선승이 사뢰기를 “도를 듣고자 하나이다. 도가 있는 데를 일러 주옵소서.” 대종사 말씀하시기를 “도가 그대의 묻는 데에 있느니라.” 선승이 예배하고 물러가느니라.

16. 선승 한 사람이 봉래정사에 와서 대종사께 여쭙기를 “**여래(如來)**는 **도솔천(兜率天)**을 여의지 아니하시고 몸이 이미 왕궁가에 내리셨으며, 어머니의 태중에서 중생 제도하시기를 다 마치셨다 하였사오니 무슨 뜻이오니까?” 대종사

로 유명. 범어(梵語)로는 Bodhidharma(보디다르마)이며 보리달마(菩提達磨)로 음사(音寫)하는데 달마는 그 약칭이다.

동천(東天) 동쪽 하늘.

남천(南天) 남쪽 하늘.

선승(禪僧) 참선 수행하는 승려.

여래(如來) 부처님을 부르는 열 가지 명칭 가운데 하나로 진리 실상 그대로 오신 분이라는 의미.

도솔천(兜率天) 석가모니불이 탄생하기 전에 머물렀다는 천상계. 욕계(欲界) 6천(天)의 하나. 불교의 세계관에 의하면 이 세계는 욕계, 색계(色界), 무색계(無色界)의 삼계로 구성되어 있다고 함.

말씀하시기를 "그대가 **실상사(實相寺)**를 여의지 아니하고 몸이 **석두암(石頭庵)**에 있으며, 비록 석두암에 있으나 드디어 중생제도를 다 마쳤느니라."

17. 대종사, 봉래정사에 계실 때 한 사람이 **서중안(徐中安)**의 인도로 와서 뵈옵거늘, 대종사 물으시기를 "어떠한 말을 듣고 이러한 험로에 들어왔는가?" 그가 사뢰기를 "선생님의 높으신 도덕을 듣고 일차 뵈오러 왔나이다." 대종사 말씀하시기를 "나를 보았으니 무슨 원하는 것이 없는가?" 그가 사뢰기를 "저는 항상 **진세(塵世)**에 있어서 번뇌와 망상으로 잠시도 마음이 바로잡히지 못하오니 그 마음을 바로잡기가 원이옵니다." 대종사 말씀하시기를 "마음 바로잡는 방법은 먼저 마음의 근본을 깨치고 그 쓰는 곳에 편벽됨이 없게 하는 것이니 그 까닭을 알고자 하거든 이 의두(疑頭)를 연구해 보라." 하시고 '**만법귀일(萬法歸一)하니 일귀하처(一歸何處)**오.'라고 써 주시니라.

18. 대종사, 봉래정사에 계실 때 **백학명(白鶴鳴)** 선사가 내왕하며 간혹 **격외**

실상사(實相寺) 전북 부안군 변산면 중계리 내변산에 소재한 절.

석두암(石頭庵) 전북 부안군 변산면 변산 실상사 주변에 위치해 있었던 암자로 원기 6년(1921)에 건축됨.

서중안(徐中安, 1881~1930) 전북 김제 출생. 법호는 추산(秋山)이며 법훈은 대호법. 불법연구회 초대 회장을 역임하였다.

진세(塵世) 티끌 세상. 온갖 번뇌 가득한 인간의 현실 세상을 비유.

만법귀일(萬法歸一)하니 일귀하처(一歸何處) 만법이 하나에 돌아갔다 하니 하나 그것은 어디로 돌아갈 것인가.

백학명(白鶴鳴, 1867~1929) 전남 영광 출생. 법명은 계종(啓宗)이며 학명(鶴鳴)은 법호. 소태산 대종사가 월명암과 봉래정사에 있을 때 선문답을 자주 하는 등 친교가 깊

(格外)의 설(說)로써 성리 이야기하기를 즐기는지라, 하루는 짐짓 동녀 **이청풍 (李清風)**에게 몇 말씀 일러두시고는, 다음 날 선사가 **월명암(月明庵)**에서 내려오자 맞으시며 말씀하시기를 "저 방아 찧고 있는 청풍이가 도가 익어 가는 것 같도다." 하시었다. 이에 선사가 곧 청풍의 앞으로 가서 큰 소리로 "발을 옮기지 말고 도를 일러오라." 하니, 청풍이 엄연히 서서 절굿공이를 공중에 쳐들고 있는지라, 선사가 말없이 방으로 들어오니 청풍이 그 뒤를 따라 들어오거늘, 선사 말하되 "저 벽에 걸린 달마를 걸릴 수 있겠느냐?" 청풍이 말하기를 "있습니다." 선사 말하기를 "걸려 보라." 청풍이 일어서서 서너 걸음 걸어가니 선사 무릎을 치며 **13세 각(覺)**이라고 허락하였다. 대종사 그 광경을 보시고 미소하시며 말씀하시기를 "견성하는 것이 말에 있지도 아니하고 없지도 아니하나, 앞으로는 그런 방식을 가지고는 **견성 인가(印可)**를 내리지 못하리라." 하시니라.

19. 하루는 학명 선사가 글 한 수를 지어 보내기를 "**투천산절정(透天山絶頂)**이

었던 선승(禪僧)으로 반농반선(半農半禪)을 주창하였다.

격외(格外)의 설(說) 일상적인 논리와 인식의 틀을 벗어난 말과 행위.

이청풍(李清風) 봉래정사에서 소태산 대종사를 모시고 공부하였다.

월명암(月明庵) 전북 부안군 변산면 중계리 내변산에 있는 암자. 소태산 대종사가 영산에서 법인기도를 끝내고 봉래정사로 와 월명암 주지 백학명 선사와 교유(交遊)하였다.

13세 각(覺) 십삼 세에 깨쳤다는 뜻.

견성(見性) 인가(印可) 본래 성품을 깨달은 경지에 도달했음을 인정해 줌.

투천산절정(透天山絶頂) 하늘을 뚫고 높이 솟은 산봉우리여

여 **귀해수성파**(歸海水成波)로다. 불각회신로(不覺回身路)하여 석두의작가(石頭倚作家)로다.”라 한지라, 대종사 화답하여 보내시기를 “절정천진수(絶頂天眞秀)요 대해천진파(大海天眞波)로다. 부각회신로(復覺回身路)하니 고로석두가(高露石頭家)로다.”라 하시니라.

20. 김광선이 여쭙기를 “천지 만물의 **미생전**(未生前)에는 무엇이 체(體)가 되었나이까?” 대종사 말씀하시기를 “그대가 말하기 전 소식을 묵묵히 **반조**(返照)하여 보라.” 또 여쭙기를 “수행하는 데 견성이 무슨 필요가 있나이까?” 대종사 말씀하시기를 “**국문**(國文)의 **본문**을 아는 것과 같으니라.”

귀해수성파(歸海水成波) 바다에 돌아가면 큰 물결을 이루리로다.
불각회신로(不覺回身路) 몸 돌아갈 길을 알지 못하고,
석두의작가(石頭倚作家) 석두암에 의지하여 집을 삼도다.
절정천진수(絶頂天眞秀) 높은 산봉우리 천진 그대로 빼어남이요,
대해천진파(大海天眞波) 큰 바다도 천진 그대로 파도로다.
부각회신로(復覺回身路) 몸 돌아갈 길 다시 깨달으니,
고로석두가(高露石頭家) 석두의 집 높이 드러나도다.
김광선(金光旋, 1879~1939) 전남 영광 출생. 법호는 팔산(八山)이며 법훈은 종사. 9인 제자 가운데 최초로 입문하여 소태산 대종사 구도 당시에 물질적으로 후원하였으며, 방언공사 때 터진 둑을 온몸으로 막기도 하였다.
미생전(未生前) 생겨나기 이전. 태초.
반조(返照) 돌이켜서 살펴봄.
국문(國文) 우리 글. 한글.
본문(本文) 반절 본문의 줄인 말. 한글의 바탕이 되는 자음과 모음. 또는 자음과 모음이 조합되어 이루어진 기본 음절.

21. 한 제자 여쭙기를 "견성을 하면 어찌 되나이까?" 대종사 말씀하시기를 "우주 만물의 본래 이치를 알게 되고 목수가 잣대와 먹줄을 얻은 것같이 되느니라."

22. 대종사, 선원에서 **김기천**의 성리 설하는 것을 들으시고 말씀하시기를 "오늘 내가 **비몽사몽** 간에 여의주(如意珠)를 얻어 삼산(三山)에게 주었더니 받아 먹고 즉시로 **환골탈태**하는 것을 보았는데, 실지로 삼산의 성리 설하는 것을 들으니 정신이 상쾌하다." 하시고, 또 말씀하시기를 "법은 **사정(私情)**으로 주고받지 못할 것이요, 오직 저의 **혜안**이 열려야 그 법을 받아들이나니, 용(龍)은 여의주를 얻어야 조화가 나고 수도인은 성품을 보아서 단련할 줄 알아야 능력이 나느니라." 하시니라. 이에 문정규 여쭙기를 "저희가 일찍부터 정산을 존경하옵는데 그도 견성을 하였나이까?" 대종사 말씀하시기를 "집을 짓는데 큰 집과 작은 집을 다 같이 착수는 하였으나, 한 달에 끝날 집도 있고 혹은 1년 혹은 수년이 걸려야 끝날 집도 있듯이 정산은 시일이 좀 걸리리라."

김기천(金幾千, 1890~1935) 전남 영광 출생. 법호는 삼산(三山)이며 법훈은 종사. 9인 제자의 한 사람으로 최초 견성 인가를 받았으며 저서로는 『철자집』 등이 있다.

비몽사몽(非夢似夢) 꿈이 아닌 듯 꿈인 듯 어렴풋한 상태.

환골탈태(換骨脫胎) 뼈를 바꾸고 태를 벗어난다는 뜻으로 사람이 보다 나은 방향으로 변하여 전혀 딴사람처럼 됨을 이름.

사정(私情) 개인적인 정(精).

혜안(慧眼) 불법을 수행하여 얻게 되는 지혜의 눈으로서 궁극의 진리를 밝게 꿰뚫어 보는 안목.

23. 한 제자 여쭙기를 "**견성성불(見性成佛)**이라 하였사오니 견성만 하면 곧 성불이 되나이까?" 대종사 말씀하시기를 "근기에 따라 견성하는 즉시로 성불하는 사람도 있으나 그는 드문 일이요 대개는 견성하는 공보다 성불에 이르는 공이 더 드느니라. 그러나 과거에는 인지가 어두운 고로 견성만 하면 곧 도인이라 하였지마는 돌아오는 세상에는 견성만으로는 도인이라 할 수 없을 것이며, 대부분의 수도인이 견성만은 일찍이 가정에서 쉽게 마치고 성불을 하기 위하여 큰 스승을 찾아다니며 공을 들이리라."

24. 대종사, 선원 대중에게 말씀하시기를 "성리를 말로는 다할 수 없다고 하나 또한 말로도 여실히 나타낼 수 있어야 하나니, 여러 사람 가운데 **증득**하였다고 생각하는 사람이 있으면 나의 묻는 말에 대답하여 보라. '만법귀일'이라 하였으니 그 하나로 돌아가는 내역을 말하여 보고, '일귀하처오' 하였으니 그 하나는 어디로 돌아가는가를 말하여 보라." 대중이 차례로 대답을 올리되 인가하지 아니하시는지라, 한 제자가 일어나 절하고 여쭙기를 "대종사께서 다시 한 번 저에게 물어 주옵소서." 대종사, 다시 그대로 물으시니, 그 제자 말하기를 "만법이 본래 **완연(完然)하여** 애당초에 돌아간 바가 없거늘 하나인들 어디로 돌려보낼 필요가 있겠나이까?" 대종사 웃으시며 또한 말씀이 없으시니라.

25. 대종사 말씀하시기를 "근래에 왕왕 성리를 다루는 사람들이 말 없는 것으

견성성불(見性成佛) 본래 성품을 깨닫고 부처를 이룸.
증득(證得) 깨달아 얻음.
완연(完然)하여 분명하고 뚜렷하게 나타나서.

로만 해결을 지으려고 하는 수가 많으나 그것이 큰 병이라. 참으로 아는 사람은 그 자리가 원래 **두미(頭尾)**가 없는 자리지마는 두미를 분명하게 갈라낼 줄도 알고, 언어도단(言語道斷)의 자리지마는 능히 언어로 형언할 줄도 아나니, 참으로 아는 사람은 아무렇게 하더라도 아는 것이 나오고, 모르는 사람은 아무렇게 하여도 모르는 것이 나오느니라. 그러나 또한 말 있는 것만으로 능사(能事)를 삼을 것도 아니니, **불조(佛祖)**들의 **천경 만론**은 마치 저 달을 가리키는 손가락과 같으니라."

26. 대종사, 선원 대중에게 말씀하시기를 "이 가운데 누가 **허공 법계**를 완전히 자기 소유로 이전 증명 낸 사람이 있느냐?" 대중이 묵연하여 답이 없는지라, 대종사 다시 말씀하시기를 "**삼세**의 모든 불보살은 형상도 없고 보이지도 않는 허공 법계를 다 자기 소유로 내는 데에 공을 들였으므로 형상 있는 천지 만물도 자기의 소유로 수용하나, 범부와 중생들은 형상 있는 것만을 자기 소유로 내려고 탐착하므로 그것이 영구히 제 소유가 되지도 못할 뿐 아니라 아까운 세월만 허송하고 마나니, 이 어찌 허망한 일이 아니리오. 그러므로 그대들은 형상 있는 물건만 소유하려고 허덕이지 말고 형상 없는 허공 법계를 소유하는 데에 더욱 공을 들이라."

두미(頭尾) 시작과 끝.
불조(佛祖) 부처와 조사.
천경 만론(千經萬論) 부처님의 수많은 가르침과 조사들의 논서.
허공 법계(虛空法界) 허공처럼 텅 비었으면서도 일체의 법을 다 포함한 실상의 세계.
삼세(三世) 과거, 현재, 미래.

27. 대종사, 선원 대중에게 말씀하시기를 "대(大)를 나누어 삼라만상 형형색색의 소(小)를 만들 줄도 알고 형형색색으로 벌여 있는 소를 한 덩어리로 뭉쳐서 대를 만들 줄도 아는 것이 **성리의 체(體)**를 완전히 아는 것이요, 또한 유를 무로 만들 줄도 알고 무를 유로 만들 줄도 알아서 천하의 모든 이치가 변하여도 변하지 않고 변하지 않는 중에 변하는 진리를 아는 것이 **성리의 용(用)**을 완전히 아는 것이라. 성리를 알았다는 사람으로서 대와 무는 대략 짐작하면서도 소와 유의 이치를 해득하지 못한 사람이 적지 아니하나니 어찌 완전한 성리를 깨쳤다 하리오."

28. 대종사, 선원 대중에게 말씀하시기를 "사람 하나를 놓고 **심·성·이·기(心性理氣)**로 낱낱이 나누어도 보고, 또한 사람 하나를 놓고 전체를 심 하나로 합하여 보기도 하고, 성 하나로 합하여 보기도 하고, 이 하나로 합하여 보기도 하고, 기 하나로 합하여 보기도 하여, 그것을 이 자리에서 말하여 보라." 대중이 말씀에 따라 여러 가지 답변을 올리었으나 인가하지 아니하시고 말씀하시기를 "예를 들면 한 사람이 염소를 먹이는데 무엇을 일시에 많이 먹여서 한꺼번에 키우는 것이 아니라, 키우는 절차와 먹이는 정도만 고르게 하면 자연히 큰 염소가 되어서 새끼도 낳고 젖도 나와 사람에게 이익을 주나니, 도가에서 도를 깨치게 하는 것도 이와 같으니라."

성리(性理)의 체(體) 성리의 근본 바탕.
성리(性理)의 용(用) 성리의 신령스러운 조화.
심·성·이·기(心性理氣) 마음과 성품과 이치와 기운.

29. 대종사, **조실**에 계실 때 때마침 시찰단 일행이 와서 인사하고 여쭙기를 "귀교의 부처님은 어디에 봉안하였나이까?" 대종사 말씀하시기를 "우리 집 부처님은 지금 밖에 나가 있으니 보시려거든 잠깐 기다리라." 일행이 말씀의 뜻을 알지 못하여 의아하게 여기더니, 조금 후 점심때가 되매 산업부원 일동이 **농구**를 메고 들에서 돌아오거늘, 대종사 그들을 가리키시며 말씀하시기를 "저들이 다 우리 집 부처니라." 그 사람들이 더욱 그 뜻을 알지 못하니라.

30. 대종사, 선원에서 **송도성**에게 "과거**칠불**(過去七佛)의 **전법 게송**을 해석하라." 하시니, 도성이 칠불의 게송을 차례로 해석하여 제7 석가모니불에 이르러 "법은 본래 **무법**(無法)에 법하였고 무법이란 법도 또한 법이로다. 이제 무법을 **부촉**할 때 법을 법하려 하니 일찍이 무엇을 법할꼬." 하거늘, 대종사 "그 새김을 그치라." 하시고 말씀하시기를 "본래에 한 법이라고 이름 지을 것도 없지마

조실(祖室) 일반적으로 조사가 거처하는 방으로 교단에서는 종법사가 거처하는 집.

농구(農具) 농기구. 농사를 짓는 데 쓰는 기구.

송도성(宋道性,1907~1946) 경북 성주 출생. 법호는 주산(主山)이며 법훈은 종사. 중앙총부 총무부장, 교정원장 등을 역임하였다.

칠불(七佛) 아득한 과거로부터 석가모니불에 이르는 일곱 부처님. ① 비바시불(毘婆尸佛), ② 시기불(尸棄佛), ③ 비사부불(毘舍浮佛), ④ 구류손불(拘留孫佛), ⑤ 구나함모니불(拘那含牟尼佛), ⑥ 가섭불(迦葉佛), ⑦ 석가모니불(釋迦牟尼佛). 앞의 세 부처님은 과거 장엄겁 시대에 나신 부처님. 뒤의 네 부처님은 현세 현겁(賢劫) 시대에 나신 부처님.

전법 게송 깨달음의 경지를 전해주기 위해 표현한 시구(詩句).

무법(無法) 법이라는 이름이 있기 이전의 바탕이 되는 큰 법. 법이라 이름 할 수 없는 큰 법.

부촉(咐囑) 불법의 가르침을 후세에 잘 전하도록 간절히 부탁하고 위촉하는 것.

는 하열한 근기를 위하사 한 법을 일렀으나 그 한 법도 참 법은 아니니 이 게송의 참뜻만 깨치면 천만 경전을 다 볼 것이 없으리라."

31. 원기 26년 1월에 대종사 게송(偈頌)을 내리신 후 말씀하시기를 "유(有)는 변하는 자리요 무(無)는 불변하는 자리나, 유라고도 할 수 없고 무라고도 할 수 없는 자리가 이 자리며, 돌고 돈다, 지극하다 하였으나 이도 또한 가르치기 위하여 **강연히** 표현한 말에 불과하나니, **구공**이다, **구족**하다를 논할 여지가 어디 있으리오. 이 자리가 곧 성품의 진체이니 **사량**으로 이 자리를 알아내려 하지 말고 관조로써 이 자리를 깨쳐 얻으라."

강연히(强然一) 굳이 또는 과감히 말로 표현한다면.
구공(俱空) 모두 텅 비어 있음. 유라고도 할 수 없고 무라고도 할 수 없는 경지.
구족(具足) 부족하거나 결함 없이 모든 것을 완전히 갖춤.
사량(思量) 생각하여 헤아림.

제8 불지품

佛地品

불지품(佛地品) 불보살의 깨달음과 자비, 심법 등에 대한 법문을 수록. 자유자재한 부처님의 능력과 경지 및 해탈과 초월의 세계 등에 대한 법문으로 구성되어 있다.

1. 대종사 말씀하시기를 "이 세상에 크고 작은 산이 많이 있으나 그중에 가장 크고 깊고 나무가 많은 산에 수많은 짐승이 의지하고 살며, 크고 작은 냇물이 곳곳마다 흐르나 그중에 가장 넓고 깊은 바다에 수많은 고기가 의지하고 사는 것같이, 여러 사람이 다 각각 세상을 지도한다고 하나 그중에 가장 덕이 많고 자비(慈悲)가 너른 인물이라야 수많은 중생이 몸과 마음을 의지하여 다 같이 안락한 생활을 하게 되느니라."

2. 대종사 말씀하시기를 "부처님의 대자대비(大慈大悲)는 저 태양보다 다습고 밝은 힘이 있나니, 그러므로 이 자비가 미치는 곳에는 중생의 어리석은 마음이 녹아서 지혜로운 마음으로 변하며, 잔인한 마음이 녹아서 자비로운 마음으로 변하며, 인색하고 탐내는 마음이 녹아서 혜시하는 마음으로 변하며, **사상(四相)**의 차별심이 녹아서 원만한 마음으로 변하여, 그 위력과 광명이 무엇으로 가히 비유할 수 없느니라."

3. 대종사 말씀하시기를 "대자(大慈)라 하는 것은 저 천진난만한 어린 자녀가 몸이 건강하고 충실하여 그 부모를 괴롭게도 아니하고, 또한 성질이 선량하여 언어 동작이 다 얌전하면 그 부모의 마음에 매우 기쁘고 귀여운 생각이 나서 더욱 사랑하여 주는 것같이, 부처님께서도 모든 중생을 보실 때 그 성질이 선량하여, 나라에 충성하고 부모에게 효도하며, 형제간에 우애하고 스승에게 공

사상(四相) 깨치지 못한 중생들이 갖는 네 가지 집착하는 생각. 곧 아상(我相), 인상(人相), 중생상(衆生相), 수자상(壽者相).

경하며, 이웃과 화목하고 **빈병인(貧病人)**을 구제하며, 대도를 수행하여 **반야지(般若智)**를 얻어 가며, 응용에 무념하여 **무루**의 공덕을 짓는 사람이 있으면 크게 기뻐하시고 사랑하시사 더욱더 선도로 인도하여 주시는 것이요, 대비(大悲)라 하는 것은 저 천지 분간 못 하는 어린 자녀가 제 눈을 제 손으로 찔러서 아프게 하며 제가 칼날을 잡아서 제 손을 상하게 하건마는 그 이유는 알지 못하고 울고 야단을 하는 것을 보면 그 부모의 마음에 측은하고 가엾은 생각이 나서 더욱 보호하고 인도하여 주는 것같이, 부처님께서도 모든 중생이 **탐·진·치**에 끌려서 제 스스로 제 마음을 태우며, 제 스스로 제 몸을 망하게 하며, 제 스스로 악도에 떨어질 일을 지어 제가 지은 그대로 죄를 받건마는, 천지와 **선령**을 원망하며 동포와 법률을 원망하는 것을 보시면 크게 슬퍼하시고 불쌍히 여기사 천만 방편으로 제도하여 주시는 것이니라. 그러나 중생들은 이러한 부처님의 대자대비 속에 살면서도 그 은혜를 알지 못하건마는, 부처님께서는 거기에 조금도 주저하지 아니하시고 천겁 만겁을 오로지 제도 사업에 정성을 다

빈병인(貧病人) 가난한 사람과 병든 사람.

반야지(般若智) 모든 존재의 참된 실상을 아는 깨달음의 지혜. 또는 일과 이치를 통달한 지혜.

무루(無漏) 새어 나감이 없음. 흠이 없이 영원하다는 의미.

탐·진·치(貪瞋痴) 세 가지 해로운 마음(삼독심三毒心). 탐심은 욕심내는 마음, 진심은 화내는 마음, 치심은 어리석은 마음.

선령(先靈) 조상의 영혼.

하시나니, 그러므로 부처님은 **삼계**의 **대도사**요 **사생**의 **자부**라 하느니라.”

4. 대종사 말씀하시기를 “불보살들은 **행주좌와 어묵동정** 간에 **무애 자재(無礙自在)**하는 도가 있으므로, 능히 정할 때 정하고 동할 때 동하며, 능히 클 때 크고 작을 때 작으며, 능히 밝을 때 밝고 어두울 때 어두우며, 능히 살 때 살고 죽을 때 죽어서, 오직 모든 사물과 모든 처소에 조금도 법도에 어그러지는 바가 없느니라.”

5. 대종사 말씀하시기를 “음식과 의복을 잘 만드는 사람은 그 재료만 있으면 마음대로 그것을 만들어 내기도 하고 잘못되었으면 뜯어고치기도 하는 것같이, 모든 법에 통달하신 큰 도인은 능히 만법을 주물러서 새 법을 만들어 내기도 하고 묵은 법을 뜯어고치기도 하시나, 그렇지 못한 도인은 만들어 놓은 법을 쓰기나 하고 전달하기는 할지언정 창작하거나 고치는 재주는 없느니라.”

삼계(三界) 불교의 세계관에 의하면 이 세계는 욕계(欲界), 색계(色界), 무색계(無色界)의 세 가지로 구성되어 있다고 함.

대도사(大導師) 정법을 깨치고 어리석은 중생을 바른 길로 인도하는 큰 스승. 불보살에 대한 존칭.

사생(四生) 일체 생령이 태어나는 네 가지 유형. 태생은 태를 통해 태어나는 것, 난생은 알로 태어나는 것, 습생은 습지에서 태어나는 것, 화생은 의지한데 없이 태어나는 것.

자부(慈父) 자애로운 아버지로서 여기서는 자비로운 부처님을 상징.

행주좌와 어묵동정(行住坐臥語默動靜) 움직이고, 머물고, 앉고, 눕고, 말하고, 침묵하고, 일이 있고, 일이 없는 것. 일상생활.

무애 자재(無礙自在) 걸림 없이 자유로움.

한 제자 여쭙기를 "어느 **위**(位)에나 올라야 그러한 능력이 생기나이까?" 대종사 말씀하시기를 "**출가위**(出家位) 이상 되는 도인이라야 하나니, 그런 도인들은 **육근**(六根)을 동작하는 바가 다 법으로 화하여 만대의 **사표**가 되느니라."

6. 대종사, **송벽조**에게 "'**중용**(中庸)'의 '**솔성지도**(率性之道)'를 해석하여 보라." 하시니, 그가 사뢰기를 "유가에서는 **천리**(天理) 자연의 도에 잘 순응하는 것을 솔성하는 도라 하나이다." 대종사 말씀하시기를 "천도에 잘 순응만 하는 것은 보살의 경지요 천도를 잘 사용하여야 부처의 경지니, 비하건대 능한 **기수**(騎手)는 좋은 말이나 사나운 말이나 다 잘 부려 쓰는 것과 같으니라. 그러므

위(位) 법력을 갖춘 정도. 법위.

출가위(出家位) 여섯 가지 법위등급 중의 다섯 번째 단계.

육근(六根) 눈, 귀, 코, 혀, 몸, 뜻의 감각과 인식 기관.

사표(師表) 학식과 덕행이 높아 큰 스승이 될 만한 인물.

송벽조(宋碧照, 1876~1951) 경북 성주 출생. 법호는 구산(久山)이며 법훈은 대희사. 송규·송도성의 부친. 영산교당, 마령교당 교무 등을 역임하였다.

중용(中庸) 유교의 중요 경전으로 사서(四書) 중 하나. 공자의 손자인 자사(子思)의 저술이라고 알려져 있다. 어느 한편에 치우침도 기울어짐도 없는 중용의 도와 성(誠)을 실천함으로써 천인합일(天人合一)에 이르는 수행을 제시함.

솔성지도(率性之道) 『중용(中庸)』의 "天命之謂性 率性之謂道 修道之謂敎(천명지위성 솔성지위도 수도지위교 : 하늘로부터 부여 받은 것을 성이라 하고, 성에 따르는 것을 도라 하며, 도를 닦는 것을 교라 한다)"에서 유래.

천리(天理) 하늘의 바른 도리.

기수(騎手) 말을 타는 사람.

로 **범부 중생**은 **육도**의 윤회와 **십이인연**에 끌려다니지마는 부처님은 **천업(天業)**을 돌파하고 **거래**와 **승강**을 자유자재하시니라."

7. 한 제자 여쭙기를 "**진묵(震默) 대사**도 **주색**에 끌린 바가 있는 듯하오니 그러하오니까?" 대종사 말씀하시기를 "내 들으니 진묵 대사가 술을 좋아하시되 하루는 술을 마신다는 것이 **간수**를 한 그릇 마시고도 아무 일이 없었다 하며, 또 한 번은 감나무 아래에 계시는데 한 여자가 사심을 품고 와서 놀기를 청하는지라 그 원을 들어주려 하시다가 홍시가 떨어지매 무심히 그것을 주우러 가시므로 여자가 무색하여 스스로 물러갔다는 말이 있나니, 어찌 그 마음에 술이 있

범부 중생(凡夫衆生) 범부 중생은 깨달음을 얻지 못한 어리석은 자로서, 범부는 지혜가 얕고 어리석은 사람, 중생은 부처의 구제 대상이 되는 인간을 포함한 일체 생령을 말함.

육도(六途) 일체 생령이 윤회하는 여섯 가지 세계. 천상, 인간, 수라, 축생, 아귀, 지옥.

십이인연(十二因緣) 중생이 무명으로 인하여 윤회하는 과정을 열두 가지로 설명한 것. 무명(無明)-행(行)-식(識)-명색(名色)-육입(六入)-촉(觸)-수(受)-애(愛)-취(取)-유(有)-생(生)-노사(老死). 십이연기(十二緣起)라고도 함.

천업(天業) 하늘이 내린 업. 천지자연의 조화 속에서 인간이 받는 제약. 생로병사, 윤회 등.

거래(去來) 오고 감.

승강(昇降) 육도윤회에서 진급하거나 강급하는 것.

진묵 대사(震默, 1562~1633) 전북 김제 출생. 이름은 일옥(一玉)이며 진묵은 호(號). 조선시대의 승려로 신통 묘술과 기행 이적을 많이 행하여 많은 일화를 남겼다.

주색(酒色) 술과 이성(異性)을 아울러 이르는 말.

간수 습기가 찬 소금에서 저절로 녹아 흐르는 짜고 쓴 물.

었으며 **여색**이 있었겠는가. 그런 어른은 술 경계에 술이 없었고 색 경계에 색이 없으신 **여래**(如來)시니라.”

8. 대종사 말씀하시기를 “중생은 희로애락에 끌려서 마음을 쓰므로 이로 인하여 자신이나 남이나 해를 많이 보고, 보살은 희로애락을 초월하여 마음을 쓰므로 이로 인하여 자신이나 남이나 해를 보지 아니하며, 부처는 희로애락을 **노복** 같이 부려 쓰므로 이로 인하여 자신이나 남이나 이익을 많이 보느니라.”

9. 대종사 말씀하시기를 “법위(法位)가 **항마위**(降魔位)에만 오르더라도 **천인**(天人) **아수라**(阿修羅)가 먼저 알고 숭배하느니라. 그러나 그 도인이 한번 자취를 감추려 들면 그 이상의 도인이 아니고는 그 자취를 알 수 없느니라.”

10. 대종사 말씀하시기를 “공부가 최상 **구경**에 이르고 보면 세 가지로 통함이 있나니, 그 하나는 영통(靈通)으로 보고 듣고 생각하지 아니하여도 천지 만물

여색(女色) 여자에 대한 성적인 욕구.

여래(如來) 부처님을 부르는 열 가지 명칭 가운데 하나로 진리 실상 그대로 오신 분이라는 의미.

노복(奴僕) 머슴. 혹은 종.

항마위(降魔位) 법강항마위(法强降魔位). 여섯 가지 법위등급 중의 네 번째 단계. 법이 강하여 마를 항복받은 첫 성자의 위.

천인(天人) 천상계(天上界)의 영적(靈的) 존재.

아수라(阿修羅) 몸을 받지 못하고 떠도는 귀신.

구경(究竟) 궁극의 경지.

의 **변태**와 인간 삼세의 인과보응을 여실히 알게 되는 것이요, 둘은 도통(道通)으로 **천조**의 대소 유무와 인간의 시비 이해에 능통하는 것이요, 셋은 법통(法通)으로 천조의 대소 유무를 보아다가 인간의 시비 이해를 밝혀서 만세 중생이 거울삼고 본받을 만한 법을 제정하는 것이라. 이 삼통 가운데 법통만은 **대원 정각(大圓正覺)**을 하지 못하고는 얻을 수 없느니라."

11. 대종사 말씀하시기를 "아무리 큰살림이라도 하늘 살림과 합산한 살림같이 큰살림이 없고, 아무리 큰사람이라도 하늘 기운과 합한 사람같이 큰사람이 없느니라."

12. 대종사 말씀하시기를 "우주의 진리를 잡아 인간의 육근 동작에 둘러씌워 활용하는 사람이 곧 천인이요 성인이요 부처니라."

13. 대종사 말씀하시기를 "천지에 아무리 무궁한 이치가 있고 위력이 있다 할지라도 사람이 그 도를 보아다가 쓰지 아니하면 천지는 한 빈 껍질에 불과할 것이거늘, 사람이 그 도를 보아다가 각자의 도구같이 쓰므로 사람을 천지의 주인이요 만물의 **영장**이라 하느니라. 사람이 천지의 할 일을 다 못 하고 천지가 또한 사람의 할 일을 다 못 한다 할지라도 천지는 사리 간에 사람에게 이용되

변태(變態) 변화하는 모습.
천조(天造) 천지자연의 조화.
대원 정각(大圓正覺) 가장 크고 원만한 바른 깨달음.
영장(靈長) 영성(靈性)이 가장 뛰어난 존재.

므로, 천조의 대소 유무를 원만히 깨달아서 **천도**를 뜻대로 잡아 쓰는 불보살들은 곧 삼계의 대권을 행사함이니, 미래에는 **천권**(天權)보다 **인권**(人權)을 더 존중할 것이며 불보살들의 크신 권능을 만인이 다 같이 숭배하리라."

14. 대종사 말씀하시기를 "중생들은 그릇이 작은지라 없던 것이 있어진다든지 모르던 것이 알아지고 보면 곧 넘치기가 쉽고 또는 가벼이 흔들려서 목숨까지도 위태롭게 하나, 불보살들은 그 그릇이 국한이 없는지라 있어도 더한 바가 없고 없어도 덜할 바가 없어서 그 **살림의 유무**를 가히 엿보지 못하므로 그 있는 바를 온전히 지키고 그 **명**(命)을 편안히 보존하느니라."

15. 대종사, 선원 대중에게 말씀하시기를 "범부들은 인간락에만 탐착하므로 그 낙이 오래가지 못하지마는 불보살들은 형상 없는 천상락을 수용하시므로 인간락도 아울러 받을 수 있나니, 천상락이라 함은 곧 도로써 즐기는 마음락을 이름이요 인간락이라 함은 곧 형상 있는 세간의 **오욕락**을 이름이니라. 알기 쉽

천도(天道) 천지자연이 운행되는 이치와 조화.

천권(天權) 하늘의 권능. 하늘이 우주 자연을 운행하고 인간 만사를 주재하는 권능 또는 조화.

인권(人權) 인간의 권능. 인간이 우주 자연 이법(理法)을 파악하고 활용할 수 있는 주체적 능력.

살림의 유무 살림살이가 있는지 없는지.

명(命) 목숨. 수명.

오욕락(五慾樂) 세속적인 욕망의 충족에서 오는 즐거움. 식욕·색욕·재물욕·명예욕·수면욕 등을 바탕으로 한 오욕락(五慾樂). 또는 수(壽)·부(富)·귀(貴)·다남(多男)·강령(康寧) 등 오복(五福).

게 말하자면 처자로나 재산으로나 지위로나 무엇으로든지 형상 있는 물건이나 환경에 의하여 나의 만족을 얻는 것은 인간락이니, 과거에 **실달(悉達) 태자**가 위는 장차 국왕의 자리에 있고 몸은 이미 만민의 위에 있어서 **이목**의 좋아하는 바와 **심지**의 즐거워하는 바를 마음대로 할 수 있었던 것은 인간락이요, 반면에 **정각**을 이루신 후 형상 있는 물건이나 환경을 초월하고 생사고락과 선악 인과에 해탈하시어 당하는 대로 마음이 항상 편안한 것은 천상락이니, 옛날에 **공자(孔子)**가 '**나물 먹고 물 마시고 팔을 베고 누웠을지라도 낙이 그 가운데 있으니, 의 아닌 부와 귀는 나에게는 뜬구름 같다.**' 하신 말씀은 색신을 가지고도 천상락을 수용하는 천인의 말씀이니라. 그러나 인간락은 결국 다할 날이 있으니, 온 것은 가고 성한 것은 쇠하며 난 것은 죽는 것이 **천리의 공도**라. 비록 천하에 제일가는 부귀공명을 가졌다 할지라도 노·병·사의 앞에서는 저항할 힘이 없나니, 이 육신이 한번 죽을 때는 전날에 온갖 수고와 온갖 욕심을 다 들여놓은 처자나 재산이나 지위가 다 뜬구름같이 흩어지고 말 것이나, 천상

실달(悉達) 태자 석가모니 부처님이 출가하기 전의 태자 때의 이름. '싯달타'라고도 함.

이목(耳目) 귀와 눈. 감각적 쾌락이나 욕구를 상징.

심지(心志) 마음과 뜻.

정각(正覺) 올바른 깨달음.

공자(孔子, 기원전 551~479) 본명은 공구(孔丘), 자(字)는 중니(仲尼). 유가 사상의 시조.

나물~같다 『논어(論語)』 술이편(述而篇)에 나오는 글귀로 원문은 "飯疏食飮水(반소사음수) 曲肱而枕之(곡굉이침지) 樂亦在其中矣(낙역재기중의) 不義而富且貴(불의이부차귀) 於我如浮雲(어아여부운)"이다.

색신(色身) 인간의 몸.

천리의 공도(天理-公道) 천지자연이 운행되는 이치로 누구나 밟게 되는 길.

락은 본래 무형한 마음이 들어서 알고 행하는 것이므로 비록 육신이 바뀐다 할지라도 그 낙은 여전히 변하지 아니할 것이니, 비유하여 말하자면 이 집에서 살 때 재주가 있던 사람은 다른 집으로 이사를 갈지라도 재주는 그대로 있는 것과 같으니라."

16. 대종사, 이어서 말씀하시기를 "그러므로 옛 성인의 말씀에 **'사흘의 마음공부는 천 년의 보배요 백 년의 탐낸 물건은 하루아침 티끌이라.'** 하였건마는, 범부는 이러한 이치를 알지 못하므로 자기의 몸만 귀히 알고 마음은 한번도 찾지 아니하며, 도를 닦는 사람들은 이러한 이치를 알므로 마음을 찾기 위하여 몸을 잊느니라. 그런즉 그대들은 너무나 무상한 모든 유(有)에 집착하지 말고 영원한 천상락을 구하기에 힘을 쓰라. 만일 천상락을 오래오래 계속한다면, 결국은 심신의 자유를 얻어서 **삼계의 대권**을 잡고 만상의 유무와 육도의 윤회를 초월하여 육신을 받지 아니하고 **영단(靈丹)**만으로 시방세계에 주유할 수도 있고, 금수 곤충의 세계에도 임의로 출입하여 도무지 생사 거래에 걸림이 없으며, 어느 세계에 들어가 색신을 받는다 할지라도 거기에 조금도 물들지 아니하고 길이 낙을 누릴 것이니 이것이 곧 극락이니라. 그러나 천상락을 길게 받지 못하는 원인은 형상 있는 낙에 욕심이 발하여 물질에 돌아감이니, 비록 천상락

사흘의 ~ 티끌이라 고려말 야운(野雲) 선사가 쓴 『자경문(自警文)』의 "三日修心·千載寶(삼일수심천재보) 百年貪物一朝塵(백년탐물일조진)"라는 구절에서 유래.

삼계의 대권(大權) 욕계, 색계, 무색계를 자유자재하며 무수한 중생들을 제도할 수 있는 큰 능력.

영단(靈丹) 깊은 수행으로 마음과 기운이 뭉쳐져 얻어진 신령스러운 힘.

을 받는 사람이라도 천상락 받을 일은 하지 않고 낙만 받을 욕심이 한번 발하면 문득 타락하여 심신의 자유를 잃고 순환하는 대자연의 수레바퀴에 끌려서 또다시 육도의 윤회를 면하지 못하느니라."

17. 한 사람이 대종사를 뵈옵고 담화하는 가운데 "전주와 이리 사이의 **경편철도(輕便鐵道)**는 본래 전라도 각지의 부호들이 주식 출자로 경영하는 것이라 그들은 언제나 그 경편차를 무료로 이용하고 다닌다." 하면서 매우 부러워하거늘, 대종사 말씀하시기를 "그대는 참으로 가난하도다. 아직 그 차 하나를 그대의 소유로 삼지 못하였는가?" 그 사람이 놀라 여쭙기를 "경편차 하나를 소유하자면 상당한 돈이 있어야 할 것이온데 저 같은 무산자로서 어떻게 그것을 소유할 수 있사오리까?" 대종사 말씀하시기를 "그러므로 그대를 가난한 사람이라 하였으며, 설사 그대가 경편차 하나를 소유하였다 할지라도 나는 그것으로 그대를 부유한 사람이라고는 아니할 것이니, 이제 나의 살림하는 이야기를 좀 들어보라. 나는 저 경편차뿐 아니라 나라 안의 차와 세계의 모든 차까지도 다 내 것으로 삼은 지가 벌써 오래되었나니, 그대는 이 소식을 아직도 모르는가?" 그 사람이 더욱 놀라 사뢰기를 "그 말씀은 실로 **요량** 밖의 교훈이시므로 어리석은 소견으로는 그 뜻을 살피지 못하겠나이다." 대종사 말씀하시기를 "사람이 기차 하나를 자기의 소유로 하려면 거액(巨額)의 자금이 일시에 들어야 할 것이요 운영하는 모든 책임을 직접 담당하여 많은 괴로움을 받아야 할

경편철도(輕便鐵道) 기관차와 차량이 작고 궤도가 좁은 간편한 철도.
요량(料量) 헤아려 이해함.

것이나, 나의 소유하는 법은 그와 달라서 단번에 거액을 들이지도 아니하고 모든 운영의 책임을 직접 지지도 아니하며, 다만 어디를 가게 되면 그때마다 얼마씩의 요금만 지불하고 나의 마음대로 이용하는 것이니, 주야로 쉬지 않고 우리 차를 운전하며 우리 철도를 수선하며 우리 사무를 관리하여 주는 모든 우리 일꾼들의 급료와 비용이 너무 싸지 아니한가. 또 나는 저번에 서울에 가서 **한양공원**에 올라가 산책하면서 맑은 공기를 한없이 호흡도 하고 온 공원의 흥취를 다 같이 즐기기도 하였으되 누가 우리에게 가라는 말도 없었고 다시 오지 말라는 말도 아니하였나니, 피서지에 정자 몇 간만 두어도 매년 적지 않은 수호비가 들 것인데 우리는 그러지 아니하고도 그 좋은 공원을 충분히 내 것으로 이용하지 아니하였는가. 대저, 세상 사람이 무엇이나 제 것으로 삼으려는 본의는 다 자기의 편리를 취함이거늘 기차나 공원을 모두 다 이와 같이 이용할 대로 이용하였으니 어떻게 소유한들 이 위에 더 나은 방법이 있겠는가. 그러므로 나는 이것을 모두 다 내 것이라고 하였으며, 그뿐 아니라 세상의 모든 것과 그 모든 것을 싣고 있는 대지 강산까지도 다 내 것으로 삼아 두고 때에 따라 그것을 이용하되 경위(涇渭)에만 어긋나지 않게 하면 아무도 금하고 말리지 못하나니, 이 얼마나 너른 살림인가. 그러나 속세의 범상한 사람들은 **기국(器局)**이 좁아서 무엇이나 기어이 그것을 자기 앞에 갖다 놓기로만 위주로 하여 공연히 일 많고 걱정되고 책임 무거울 일만 취하기에 급급하나니, 이는 참으로 국한

한양공원 일제가 1910년 옛 남산식물원 터에서부터 숭례문에 이르기까지 남산 서북쪽 일대에 조성했던 공원.

기국(器局) 사람의 그릇. 사람의 재능과 도량.

없이 큰 **본가** 살림을 발견하지 못한 연고니라."

18. 대종사, **동선 해제**를 마치시고 제자 몇 사람과 더불어 걸어서 **봉서사(鳳棲寺)**에 가시던 도중에 한 제자가 탄식하여 말하기를 "우리가 돈이 없어서 대종사를 도보로 모시게 되었으니 어찌 한스럽지 아니하리오." 하는지라, 대종사 들으시고 말씀하시기를 "사람이 누구나 이 세상에 출신하여 자기의 육근을 잘 이용하면 그에 따라 모든 법이 화하게 되며 돈도 그 가운데서 벌어지므로, 각자의 심신은 곧 돈을 버는 기관이요 이 세상 모든 것은 곧 이용하기에 따라 다 돈이 될 수 있는 것이니 어찌 돈이 없다고 한탄만 하리오. 그러나 우리 수도인은 돈에 마음이 끌리지 아니하고 돈이 있으면 있는 대로 없으면 없는 대로 안심하면서 그 생활을 개척하여 나가는 것이 본분이며 그 사람이 참으로 부유한 사람이니라."

19. 한 제자 사뢰기를 "지금 서울에서 큰 박람회(博覽會)를 개최 중이라 하오니 한번 관람하고 오심이 어떠하오리까?" 대종사 말씀하시기를 "박람회는 곧 과거와 현재를 비교하여 사농공상의 진보된 정도를 알리는 것이요 견문을 소

본가(本家) 본래의 한 집안.

동선(冬禪) 겨울에 행하는 정기 훈련.

해제(解制) 선(禪) 등의 정기 훈련을 끝마치는 것. ↔ 결제(結制).

봉서사(鳳棲寺) 전북 완주군 용진면 간중리 서방산에 있는 절. 신라 성덕왕 26년(727)에 창건. 고려 공민왕 때 나옹 대사가 중수하였고, 조선 시대에 진묵 대사가 이 절에서 수행한 적이 있었다고 한다.

통하여 **민지(民智)**의 발달에 도움이 되게 하는 것이니, 참다운 뜻을 가지고 본다면 거기에서도 물론 소득이 많을 것이나 나는 오늘 그대에게 참으로 큰 박람회 하나를 일러 주리니 잘 들어 보라. 무릇, 이 박람회는 한없이 넓고 커서 동서남북 **사유(四維)** 상하가 다 박람회장이요, 천지 만물 그 가운데 한 가지도 출품되지 않은 것이 없으며, 박람회 기간도 몇억만 년이든지 항상 여여(如如)하느니라. 이에 비하면 그대가 말한 저 박람회는 한 터럭 끝만도 못한 것이라 거기에서 아무리 많은 물품을 갖춰 진열한다 할지라도 여기서 보는 저 **배산**이나 **황등호수**는 옮겨다 놓지 못할 것이요, 세계적으로 유명한 금강산은 출품하지 못하였을 것이며, 또한 박물관에는 여러 가지 고물(古物)을 구하여 가져다 놓았다고 하나 고물 가운데 가장 고물인 이 산하대지를 출품하지는 못하였을 것이요, 수족관에는 몇 가지의 어류를 잡아다 놓았고 **미곡관**에는 몇 가지의 쌀을 실어다 놓았다 하나 그것은 오대양의 많은 수족 가운데 억만 분의 일도 되지 못할 것이며 육대주의 많은 쌀 가운데 태산의 한 모래도 되지 못할 것이니, 큰 지견과 너른 안목으로 보면 인조(人造)의 그 박람회가 어찌 옹색하고 조작스럽지 아니하리오. 그러므로 이 큰 박람회를 발견하여 항상 이와 같은 도량으로

민지(民智) 국민의 슬기나 지혜.

사유(四維) 네 가지 간방(間方). 서북·서남·동북·동남의 네 방위를 이름.

배산(杯山) 전북 익산시에 있는 높이 120m의 산. 옥성산(沃城山)·연주산(聯珠山)이라고도 한다.

황등호수(黃登湖水) 전북 익산시 원불교 중앙총부 북쪽 근방에 있었던 호수로 요교호(腰橋湖)·요교지(腰橋池)라고도 불렀다. 당시 우리나라에서 세 번째로 큰 담수호였으나 1925년부터 매립되어 농지가 되었다.

미곡관(米穀館) 쌀을 비롯한 갖가지 곡식을 모아 전시한 곳.

무궁한 박람회를 구경하는 사람은 늘 무궁한 소득이 있을 것이니, 보는 대로 얻을 것이요 듣는 대로 얻을 것이라. 예로부터 지금까지 모든 부처와 성현들은 다 이 무궁한 박람회를 보아서 이 회장에 진열된 **대소 유무**의 모든 이치를 본받아 인간의 시비 이해를 지어 나가시므로 조금도 군색함이 없었느니라."

20. 대종사, 하루는 **조송광**과 **전음광**을 데리고 교외 **남중리**를 지나시는데 길가의 큰 소나무 몇 주가 매우 아름다운지라, 송광이 말하기를 "참으로 아름다워라. 이 솔이여! 우리 교당으로 옮기었으면 좋겠도다." 하거늘, 대종사 들으시고 말씀하시기를 "그대는 어찌 좁은 생각과 작은 자리를 뛰어넘지 못하는가. 교당이 이 노송을 떠나지 아니하고 이 노송이 교당을 떠나지 아니하여 노송과 교당이 모두 우리 울안에 있거늘 기어이 옮겨 놓고 보아야만 할 것이 무엇이리오. 그것은 그대가 아직 차별과 간격을 초월하여 큰 우주의 본가를 발견하지 못한 연고니라." 송광이 여쭙기를 "큰 우주의 본가는 어떠한 곳이오니까?" 대종사 말씀하시기를 "그대가 지금 보아도 알지 못하므로 내 이제 그 형상을 가정하여 보이리라." 하시고, 땅에 **일원상**을 그려 보이시며 말씀하시기를 "이것

대소 유무(大小有無) 우주의 모든 이치를 이해하기 위한 기본적 인식의 틀. 대는 우주만유의 본체, 소는 만상이 형형색색으로 구별되어 있음, 유무는 천지 만물의 변화.

조송광(曹頌廣, 1876~1957) 전북 정읍 출생. 법호는 경산(慶山). 기독교 장로 출신으로 원기 13년부터 9년간 불법연구회 2대 회장직을 역임하였다.

전음광(全飮光, 1909~1960) 전북 진안 출생. 법호는 혜산(惠山)이며 법훈은 대봉도. 중앙총부 연구부장, 교무부장 등을 역임하였다.

남중리(南中里) 현 전북 익산시 남중동.

일원상(一圓相) 한 둥근 모습(○)으로 원불교 교조(소태산 박중빈 대종사)가 제시한 법신불의 상징. 일원(一圓), 원상(圓相) 등으로 표현하기도 함.

이 곧 큰 우주의 본가이니 이 가운데에는 무궁한 **묘리**와 무궁한 보물과 무궁한 조화가 하나도 빠짐없이 갖추어 있느니라." 음광이 여쭙기를 "어찌하면 그 집에 찾아들어 그 집의 주인이 되겠나이까?" 대종사 말씀하시기를 "**삼대력**의 열쇠를 얻어야 들어갈 것이요, 그 열쇠는 **신·분·의·성**으로써 조성하느니라."

21. 목사 한 사람이 와서 뵈옵거늘, 대종사 말씀하시기를 "귀하가 여기에 찾아오심은 무슨 뜻인가?" 목사 말하기를 "좋은 법훈을 얻어들을까 함이로소이다." 대종사 말씀하시기를 "그러면 귀하가 능히 예수교의 국한을 벗어나서 광활한 천지를 구경하였는가?" 목사 여쭙기를 "그 광활한 천지가 어느 곳이오니까?" 대종사 말씀하시기를 "한번 마음을 옮기어 널리 살피는 데에 있나니, 널리 살피지 못하는 사람은 항상 저의 하는 일과 저의 집 풍속만 고집하여 다른 일은 비방하고 다른 집 풍속은 배척하므로, 각각 그 규모와 구습을 벗어나지 못하고 마침내 한편에 떨어져서 그 간격이 **은산 철벽(銀山鐵壁)**같이 되느니라. 나라와 나라 사이나 교회와 교회 사이나 개인과 개인 사이에 서로 반목하고 투쟁하는 것이 다 이에 원인함이니, 어찌 본래의 원만한 큰살림을 편벽되이 가르며 무량한 큰 법을 조각조각으로 나누리오. 우리는 하루속히 이 간격을 타파하고 모든 살림을 융통하여 원만하고 활발한 새 생활을 전개하여야 할 것이

묘리(妙理) 현묘한 이치.
삼대력(三大力) 삼학 수행을 아울러 닦아 얻은 세 가지 큰 힘. 수양력, 연구력, 취사력.
신·분·의·성(信念疑誠) 모든 일(삼학 수행)이 잘 이루어지도록 촉진시키는 네 가지 조항.
은산 철벽(銀山鐵壁) 은으로 된 산과 쇠로 된 벽. 은과 철은 뚫기 어렵고 산과 벽은 높아 오르기 어려움을 비유한 말.

니 그리한다면 이 세상에는 한 가지도 버릴 것이 없느니라."

22. 대종사, 또 말씀하시기를 "이 세상에 있는 좋은 것은 좋은 대로 낮은 것은 낮은 대로 각각 경우를 따라 그곳에 마땅하게만 이용하면 우주 안의 모든 것이 다 나의 이용물이요 이 세상 모든 법은 다 나의 옹호 기관이 되느니라. 예를 들어 말하자면 시장에 진열된 모든 물건 가운데에는 좋은 물건과 낮은 물건이 각 양각색으로 있을 것이나 우리가 그 좋은 것만 취해 쓰고 낮은 것은 다 버리지는 아니하나니, 그것은 아무리 좋은 것이라도 쓰지 못할 경우가 있고 비록 낮은 것이라도 마땅히 쓰일 경우가 있기 때문이라. 금옥이 비록 귀중한 보물이라 하나 당장의 주림을 위로함에는 한 그릇 밥만 못할 것이요, 양잿물이 아무리 독한 것이라 하나 세탁을 하는 데에는 필수품이 될 것이니, 이와 같이 물건 물건의 성질과 용처가 다 각각이거늘, 이것을 이해하지 못하고 그 한편만을 보아 저의 바라고 구하는 바 외에는 온 시장의 모든 물품이 다 쓸데없는 것이라고 생각한다면, 그 얼마나 편협한 소견이며 우치한 마음이리오." 하시니, 목사 감동하여 말하기를 "참으로 광대하옵니다. 선생의 도량이시여!" 하느니라.

23. 대종사 말씀하시기를 "불보살들은 이 천지를 편안히 살고 가는 안주처를 삼기도 하고, 일을 하고 가는 사업장을 삼기도 하며, 유유 자재하게 놀고 가는 **유희장**을 삼기도 하느니라."

유희장(遊戲場) 즐겁게 노니는 무대.

제9 천도품

薦度品

천도품(薦度品) 생사 거래의 원리와 죽음을 맞이하고 보내는 자세, 영혼 천도의 의미와 방법 등에 관한 법문으로 구성되어 있다.

1. 대종사 말씀하시기를 "범상한 사람들은 현세(現世)에 사는 것만 큰일로 알지마는 **지각**이 열린 사람들은 죽는 일도 크게 아나니, 그는 다름이 아니라 잘 죽는 사람이라야 잘 나서 잘 살 수 있으며 잘 나서 잘 사는 사람이라야 잘 죽을 수 있다는 내역과, 생은 사의 근본이요 사는 생의 근본이라는 이치를 알기 때문이니라. 그러므로 이 문제를 해결하는 데에는 **조만(早晩)**이 따로 없지마는, 나이가 사십이 넘으면 죽음의 보따리를 챙기기 시작하여야 죽어서 떠날 때 바쁜 걸음을 치지 아니하리라."

2. 대종사 말씀하시기를 "사람이 세상에 나면 누구를 막론하고 **열반**의 시기가 없지 아니한지라, 내 오늘은 그대들을 위하여 사람이 열반에 들 즈음에 그 **친근자**로서 영혼을 보내는 방법과 영혼이 떠나는 사람으로서 스스로 취할 방법을 말하여 주리니, 이 법을 자상히 들으라. 만일 사람이 급한 병이나 무슨 사고로 불시에 열반하게 된다든지 워낙 신심이 없어서 지도하는 바를 듣지 않을 때는 모든 법을 다 베풀기가 어려울 것이나, 불시의 열반이 아니고 조금이라도 신심이 있는 사람에게는 이 법을 행하고 보면 최후의 마음을 더욱 굳게 하여 영혼 구제에 큰 도움이 되리라. 열반이 가까운 병자에 대하여 그 친근자로서는, 첫째, 병실에 가끔 향을 불사르고 실내를 깨끗이 하라. 만일 실내가 깨끗하

지각(知覺) 일과 이치에 대한 상당한 식견.

조만(早晩) 이르고 늦음.

열반(涅槃) 불도를 완전하게 이루어 일체의 번뇌를 해탈한 경지. 여기에서는 삶을 다하여 목숨을 마친다는 것을 의미.

친근자(親近者) 친하고 가까운 사람.

지 못하면 병자의 정신이 깨끗하지 못하리라. 둘째, 병자가 있는 곳에는 항상 그 장내를 조용히 하라. 만일 장내가 조용하지 못하면 병자의 정신이 전일하지 못하리라. 셋째, 병자의 앞에서는 선한 사람의 역사를 많이 말하며 당인의 평소 **용성(用性)**한 가운데 좋은 실행이 있을 때는 그 공덕을 **찬미**하여 마음을 위안하라. 그리하면 그 좋은 생각이 병자의 정신에 인상되어 내생의 원 습관이 되기 쉬우리라. 넷째, 병자의 앞에서는 악한 소리와 간사한 말을 하지 말며 음란하고 방탕한 이야기를 금지하라. 만일 그렇지 않으면 그 악한 형상이 병자의 정신에 인상되어 또한 내생의 원 습관이 되기 쉬우리라. 다섯째, 병자의 앞에서는 가산에 대한 걱정이나 친족에 대한 걱정 등 **애연한** 말과 **비창한** 태도를 보이지 말라. 만일 그렇지 않으면 병자의 **애착**과 탐착을 조장하여 영혼으로 하여금 영원히 그곳을 떠나지 못하게 하며 그 착된 곳에서 **인도 수생**의 기회가 없을 때는 자연히 악도에 떨어지기가 쉬우리라. 여섯째, 병자의 앞에서는 기회를 따라 염불도 하고 경도 보고 설법도 하되 만일 음성을 싫어하거든 **선정**으로 대하라. 그리하면 병자의 정신이 거기에 의지하여 능히 안정을 얻을 수 있으리라. 일곱째, 병자가 열반이 임박하여 곧 호흡을 모을 때는 절대로 울거나 몸을

용성(用性) 심신 작용.
찬미(讚美) 아름답고 훌륭한 것이나 위대한 것 따위를 기리어 칭송함.
애연한(哀然-) 슬픔을 자아내는.
비창한(悲愴-) 마음이 몹시 상하고 슬픈.
애착(愛着) 몹시 사랑하거나 끌리어서 떨어지지 아니함. 또는 그런 마음.
인도 수생(人道受生) 중생이 윤회하는 육도 중 하나인 인간 세계에 태어남.
선정(禪定) 마음이 고요하여 흐트러짐이 없음.

흔들거나 부르는 등 시끄럽게 하지 말라. 그것은 한갓 떠나는 사람의 정신만 어지럽게 할 따름이요 아무 이익이 없는 것이니, 인정상 부득이 슬픔을 발하게 될 때는 열반 후 몇 시간이 지나서 하라."

3. 대종사, 이어서 말씀하시기를 "열반이 가까운 병자로서는 스스로 열반의 시기가 가까움을 깨닫거든 만사를 다 **방념**하고 오직 정신 수습을 공부로 삼되, 혹 부득이한 관계로 유언할 일이 있을 때는 미리 처결하여 그 관념을 끊어서 정신 통일에 방해가 되지 않게 할지니, 그에는 정신을 통일하는 외에 다른 긴요한 일이 없느니라. 또한, 스스로 생각하되 평소에 혹 누구에게 원망을 품었거나 원수를 맺은 일이 있거든 그 상대자를 청하여 될 수 있는 대로 **전혐(前嫌)**을 타파할 것이며, 혹 상대자가 없을 때는 당인 혼자라도 그 **원심**을 놓아 버리는 데에 전력하라. 만일 마음 가운데 **원진**을 풀지 못하면 그것이 내생의 악한 인과의 종자가 되느니라. 또한, 스스로 생각하되 평소부터 혹 어떠한 **애욕 경계**에 집착하여 그 착을 여의지 못한 경우가 있거든 오직 강연히라도 그 마음을 놓아 버리는 데에 전력하라. 만일 착심을 여의지 못하면 자연히 참 열반을 얻지 못하며 그 착된 바를 따라 영원히 **악도 윤회**의 원인이 되느니라. 병자가

방념(放念) 마음을 놓음.

전혐(前嫌) 지난날에 꺼리고 미워했던 마음.

원심(怨心) 원망하는 마음.

원진(怨瞋) 원망하고 증오하는 마음.

애욕(愛慾) 경계 애착과 탐착을 일으키는 대상. 또는 환경.

악도 윤회(惡途 輪回) 육도 중 지옥·아귀·축생·수라계를 윤회함.

이 모든 조항을 힘써 오다가 최후의 시간에 이른 때는 더욱 청정한 정신으로 일체의 **사념**을 **돈망**하고 선정 혹은 염불에 의지하여 영혼이 떠나게 하라. 그리하면 평소에 비록 생사 진리에 투철하지 못한 사람일지라도 능히 악도를 면하고 선도에 돌아오게 되리라. 그러나 이 법은 한갓 사람이 열반에 들 때만 보고 행하라는 말이 아니라 평소에 신심이 있고 단련이 있는 사람에게 더욱 **최후사**를 부탁함이요, 만일 신심과 단련이 없는 사람에게는 비록 임시로 행하고자 하나 잘 되지 아니하리니, 그대들은 이 뜻을 미리 각오하여 **임시 불급(臨時不及)**의 한탄이 없게 할 것이며, 이 모든 조항을 항상 명심불망(銘心不忘)하여 영혼 거래에 큰 착이 없게 하라. 생사의 일이 큰일이니 그대들은 마땅히 받들어 행할지어다."

4. 대종사, 이공주·성성원에게 '영천영지영보장생(永天永地永保長生) 만세 멸도상독로(萬世滅度常獨露) 거래각도무궁화(去來覺道無窮花) 보보일체대

사념(邪念) 잡념. 또는 그릇된 생각.

돈망(頓忘) 모두 놓아 잊어버림.

최후사(最後事) 생사의 큰 일.

임시 불급(臨時不及) 막상 일을 당해서 허둥지둥하게 되어 결국 일을 잘 할 수 없게 된다는 말.

이공주(李共珠, 1896~1991) 서울 출생. 법호는 구타원(九陀圓)이며 법훈은 종사. 감찰원장, 서울수도원장 등을 역임하였고 저서로는 『금강산의 주인』, 『일원상을 모본하라』 등이 있다.

성성원(成聖願, 1905~1984) 전북 임실 출생. 법호는 정타원(正陀圓). 서울교당, 임실교당 창설에 공헌하였다.

성경(步步一切大聖經)'을 외게 하시더니, 이 글이 천도를 위한 **성주(聖呪)**가 되니라.

5. 대종사, 천도를 위한 법문으로 '열반 전후에 **후생** 길 인도하는 법설'을 내리시니 이러하니라. "아무야, 정신을 차려 나의 말을 잘 들으라. 이 세상에서 네가 선악 간 받은바 그것이 지나간 세상에 지은바 그것이요, 이 세상에서 지은바 그것이 미래 세상에 또다시 받게 될바 그것이니 이것이 곧 대자연의 **천업**이라. 부처와 조사는 **자성**의 본래를 **각득**하여 마음의 자유를 얻었으므로 이 천업을 돌파하고 **육도**와 **사생**을 자기 마음대로 **수용**하나, 범부와 중생은 자성의 본래와 마음의 자유를 얻지 못한 관계로 이 천업에 끌려 무량 고를 받게 되므로,

---

영천영지영보장생(永天永地永保長生)~보보일체대성경(步步一切大聖經) 영원한 천지와 함께 영원한 생명 누리고, 한량없는 세월에 열반을 얻어 항상 홀로 드러나소서. 생사 거래 간에 도를 깨달아 무궁한 꽃 피우고, 걸음걸음 일체가 크고 성스런 가르침이 되소서.

성주(聖呪) 성스러운 주문으로 영혼 천도를 위해 주로 독송함.

후생(後生) 다음 생. 내생(來生)

천업(天業) 하늘이 내린 업. 천지자연의 조화 속에서 인간이 받는 제약. 생로병사, 윤회 등.

자성(自性) 사람이 본래 갖추고 있는 성품.

각득(覺得) 깨달아 얻음.

육도(六途) 일체 생령이 윤회하는 여섯 가지 세계. 천상, 인간, 수라, 축생, 아귀, 지옥.

사생(四生) 일체 생령이 태어나는 네 가지 유형. 태생은 태를 통해 태어나는 것. 난생은 알로 태어나는 것. 습생은 습지에서 태어나는 것. 화생은 의지한데 없이 태어나는 것.

수용(受用) 받아들여 활용함.

부처와 조사며 범부와 중생이며 귀천과 화복이며 **명지장단(命之長短)**을 다 네가 짓고 짓느니라. 아무야, 일체 만사를 다 네가 짓는 줄로 이제 확연히 아느냐. 아무야, 또 들으라. 생사의 이치는 부처님이나 너나 일체중생이나 다 같은 것이며, **성품** 자리도 또한 다 같은 본연 청정한 성품이며 원만 구족한 성품이니라. 성품이라 하는 것은 허공에 달과 같이 참 달은 허공에 홀로 있건마는 그 그림자 달은 일천 강에 비치는 것과 같이, 이 우주와 만물도 또한 그 근본은 본연 청정한 성품 자리로 한 이름도 없고, 한 형상도 없고, 가고 오는 것도 없고, 죽고 나는 것도 없고, 부처와 중생도 없고, 허무와 적멸도 없고, 없다 하는 말도 또한 없는 것이며, 유도 아니요 무도 아닌 그것이나, 그중에서 그 있는 것이 **무위이화(無爲而化)** 자동적으로 생겨나, 우주는 성주괴공으로 변화하고, 만물은 생로병사를 따라 육도와 사생으로 변화하고, 일월은 왕래하여 주야를 변화시키는 것과 같이, 너의 육신 나고 죽는 것도 또한 변화는 될지언정 생사는 아니니라. 아무야 듣고 듣느냐. 이제 이 성품 자리를 확연히 깨달아 알았느냐. 또 들으라. 이제 네가 이 육신을 버리고 새 육신을 받을 때는 너의 평소 짓던 바에 즐겨하여 애착이 많이 있는 데로 좇아 그 육신을 받게 되나니, 그 즐겨하는 바가 불보살 세계가 승(勝)하면 불보살 세계에서 그 육신을 받아 무량한 낙을 얻게 될 것이요, 또한 그 반대로 탐진치가 승하고 보면 그곳에서 그 육신을 받아 **무량겁(無量劫)**을 통하여 놓고 무수한 고를 얻을 것이니라. 듣고 듣느냐. 아무

명지장단(命之長短) 수명(壽命)의 길고 짧음.
성품(性稟) 본래 마음. 자성, 본성, 진성, 불성 등으로도 표현.
무위이화(無爲而化) 저절로 자연스럽게 변화됨.
무량겁(無量劫) 헤아릴 수 없는 긴 시간.

야, 또 들으라. 네가 이때를 당하여 더욱 마음을 견고히 하라. 만일 **호리**라도 애착 **탐착**을 여의지 못하고 보면 자연히 악도에 떨어져 가나니, 한번 이 악도에 떨어져 가고 보면 어느 세월에 또다시 사람의 몸을 받아 성현의 회상을 찾아 **대업(大業)**을 성취하고 무량한 혜복을 얻으리오. 아무야, 듣고 들었느냐.”

6. 대종사, 서울 박람회에서 화재보험 회사의 선전 시설을 보시고 한 감상을 얻었다 하시며 말씀하시기를 “우리가 항상 말하기를 생사고락에 해탈을 하자고 하지마는 생사의 원리를 알지 못하면 해탈이 잘 되지 않을 것이니, 만일 사람이 한번 죽으면 다시 회복되는 이치가 없다고 생각할진대 죽음의 경우를 당하여 그 섭섭함과 슬픔이 얼마나 더하리오. 이것은 마치 화재보험에 들지 못한 사람이 졸지에 화재를 당하여 모든 재산을 일시에 다 소실한 것과 같다 하리라. 그러나 그 원리를 아는 사람은 이 육신이 한번 나고 죽는 것은 옷 한 벌 갈아입는 것과 조금도 다름이 없을 것이니, 변함에 따르는 육신은 이제 죽어 사라진다고 해도 변함이 없는 **소소(昭昭)한 영식(靈識)**은 영원히 사라지지 아니하고, 또다시 다른 육신을 받게 되므로 그 일점 영식(一點靈識)은 곧 저 화재보험증서 한 장이 다시 새 건물을 이뤄내는 능력이 있는 것같이 또한 사람의 영생을 보증하고 있느니라. 그러므로 이 이치를 아는 사람은 생사에 편안할 것이

호리(毫釐) 털 끝. 매우 적은 분량을 비유적으로 표현한 말.
탐착(貪着) 만족할 줄 모르고 탐하는 마음을 버리지 못함.
대업(大業) 사람이 해야 할 가장 크고 중요한 일. 부처를 이루고 중생을 제도하는 일.
소소(昭昭)한 밝고 뚜렷한.
영식(靈識) 신령스러운 앎.

요, 모르는 사람은 **초조 경동**할 것이며, 모든 고락도 그 원리를 아는 사람은 정당한 고락으로 무궁한 낙을 준비할 것이나, 그렇지 못한 사람은 그러한 희망이 없고 준비가 없는지라 아득한 고해에서 벗어날 기약이 없나니, 생각이 있는 이로 이런 일을 볼 때 어찌 걱정스럽지 아니하며 가련하지 아니하리오."

7. 대종사 말씀하시기를 "사람이 행할 바 도(道)가 많이 있으나 그것을 요약하면 생과 사의 도에 벗어나지 않나니, 살 때 생의 도를 알지 못하면 능히 생의 가치를 발하지 못할 것이요, 죽을 때 사의 도를 알지 못하면 능히 악도를 면하기 어려우니라."

8. 대종사 말씀하시기를 "사람의 생사는 비하건대 눈을 떴다 감았다 하는 것과도 같고, 숨을 들이쉬었다 내쉬었다 하는 것과도 같고, 잠이 들었다 깼다 하는 것과도 같나니, 그 조만(부晩)의 차이는 있을지언정 이치는 같은 바로서, 생사가 원래 둘이 아니요 생멸이 원래 없는지라, 깨친 사람은 이를 변화로 알고 깨치지 못한 사람은 이를 생사라 하느니라."

9. 대종사 말씀하시기를 "저 해가 오늘 비록 **서천**에 진다 할지라도 내일 다시 **동천**에 솟아오르는 것과 같이, 만물이 이생에 비록 죽는다 할지라도 죽을 때

초조(焦燥) 경동(輕動) 애가 타서 마음이 조마조마하고, 마음이 안정을 얻지 못하고 흔들림.

서천(西天) 서쪽 하늘.

동천(東天) 동쪽 하늘.

떠나는 그 영식이 다시 이 세상에 새 몸을 받아 나타나게 되느니라."

10. 대종사 말씀하시기를 "세상 사람들은 살아 있는 세상을 **이승**이라 하고 죽어서 가는 세상을 **저승**이라 하여 이승과 저승을 다른 세계같이 생각하고 있으나, 다만 그 몸과 위치를 바꿀 따름이요 다른 세상이 따로 있는 것이 아니니라."

11. 대종사 말씀하시기를 "사람의 영식이 이 육신을 떠날 때 처음에는 그 착심을 좇아가게 되고, 후에는 그 **업**을 따라 몸을 받게 되어 한없는 세상에 길이 윤회하나니, 윤회를 자유 하는 방법은 오직 착심을 여의고 업을 초월하는 데에 있느니라."

12. 정일성(鄭一成)이 여쭙기를 "일생을 끝마칠 때 최후의 일념을 어떻게 가지오리까?" 대종사 말씀하시기를 "온전한 생각으로 그치라." 또 여쭙기를 "죽었다가 다시 나는 경로가 어떠하나이까?" 대종사 말씀하시기를 "잠자고 깨는 것과 같나니, 분별없이 자 버리매 일성이가 어디로 간 것 같지마는 잠을 깨면 도로 그 일성이니, 어디로 가나 그 일성이인 한 물건이 저의 업을 따라 한없이 다시 나고 다시 죽느니라."

이승 지금 살고 있는 이 세상. 현세(現世).
저승 사후(死後) 세계.
업(業) 몸과 입과 마음으로 짓는 일체의 행위.
정일성(鄭一成, 1879~1941) 전남 광산 출생. 신흥교당 창립에 합력하였다.

13. 한 제자 여쭙기를 "영혼이 이 육신을 버리고 새 육신을 받는 경로와 상태를 알고 싶나이다." 대종사 말씀하시기를 "영혼이 이 육신과 갈릴 때는 육신의 **기식(氣息)**이 완전히 끊어진 뒤에 뜨는 것이 보통이나 아직 육신의 기식이 남아 있는데 영혼만 먼저 뜨는 수도 있으며, 영혼이 육신에서 뜨면 약 **7·7일** 동안 **중음(中陰)**으로 있다가 **탁태**되는 것이 보통이나 뜨면서 바로 탁태되는 수도 있고, 중음으로 몇 달 혹은 몇 해 동안 바람같이 떠돌아다니다가 탁태되는 수도 있는데, 보통 영혼은 새 육신을 받을 때까지는 잠잘 때 꿈꾸듯 자기의 육신을 그대로 가진 것으로 알고 돌아다니다가 한번 탁태를 하면 먼저 의식은 사라지고 탁태된 육신을 자기 것으로 아느니라."

14. 한 제자 여쭙기를 "저는 아직 생사에 대한 의심이 해결되지 못 하와 사는 것이 하루살이 같은 느낌이 있사오며, 이 세상이 모두 허망하게만 보이오니 어찌하여야 하오리까?" 대종사 말씀하시기를 "옛글에 '**대개 그 변하는 것으로 보면 천지도 한때를 그대로 있지 아니하고, 그 불변하는 것으로 보면 만물과 내가 다 다함이 없다.**' 한 구절이 있나니, 이 뜻을 많이 연구하여 보라."

기식(氣息) 생명의 기운과 호흡.

7·7일 49일.

중음(中陰) 사람이 죽은 뒤에 다음 생을 받아 태어날 때까지 머무는 상태로 중유(中有)라고도 함.

탁태(托胎) 영혼이 모태(母胎)에 들어감. 입태(入胎).

대개 ~ 없다 중국 송나라의 문호인 소동파(蘇東坡, 1037~1101)의 「전적벽부(前赤壁賦)」에서 유래한 말로 원문은 "蓋將自其變者而觀之(개장자기변자이관지) 則天地曾不能以一瞬(즉천지증불능이일순) 自其不變者以觀之(자기불변자이관지) 則物與我皆無盡也(즉물여아개무진야)"이다.

15. 대종사 말씀하시기를 "세상의 **유정(有情) 무정(無情)**이 다 생의 요소가 있으며 하나도 아주 없어지는 것은 없고 다만 그 형상을 변해 갈 따름이니라. 예를 들면 사람의 시체가 땅에서 썩은즉 그 땅이 비옥하여 그 근방의 풀이 무성하여질 것이요, 그 풀을 베어다가 거름을 한즉 곡식이 잘 될 것이며, 그 곡식을 사람이 먹은즉 피도 되고 살도 되어 생명을 유지하며 활동을 하게 될 것이니, 이와 같이 본다면 우주 만물이 모두 다 영원히 죽어 없어지지 아니하고 저 지푸라기 하나까지도 **백억화신**을 내어 갖은 조화와 능력을 발휘하느니라. 그러므로 그대들은 이러한 이치를 깊이 연구하여 우주 만유가 다 같이 생멸 없는 진리 가운데 한량없는 생을 누리는 것을 깨쳐 얻으라."

16. 대종사, 신년식에서 대중에게 말씀하시기를 "어제가 별 날이 아니고 오늘이 별 날이 아니건마는 어제까지를 일러 거년이라 하고 오늘부터를 일러 금년이라 하는 것같이, 우리가 죽어도 그 영혼이요 살아도 그 영혼이건마는 죽으면 저승이라 하고 살았을 때는 이승이라 하나니, **지수화풍 사대(四大)**로 된 육체는 비록 죽었다 살았다 하여 이 세상 저 세상이 있으나 영혼은 영원불멸하여 길이 생사가 없느니라. 그러므로 아는 사람에게는 인생의 생로병사가 마치 춘하추동 사시가 바뀌는 것과 같고 저생과 이생이 마치 거년과 금년 되는 것 같

유정(有情) 영식(靈識)이 있는 생명체.
무정(無情) 영식(靈識)이 있는 생명체를 제외한 만물.
백억화신(百億化身) 헤아릴 수 없이 많은 변화의 모습.
지수화풍(地水火風) 사대(四大) 세상 만물을 구성하는 네 가지 요소로 흙, 물, 불, 바람을 말함.

으니라."

17. 대종사 말씀하시기를 "사람이 평생에 비록 많은 **전곡**을 벌어 놓았다 하더라도 죽을 때는 하나도 가져가지 못하나니, 하나도 가져가지 못하는 것을 어찌 영원한 내 것이라 하리오. 영원히 나의 소유를 만들기로 하면, 생전에 어느 방면으로든지 남을 위하여 노력과 보시를 많이 하되 **상(相)**에 **주함**이 없는 보시로써 **무루(無漏)**의 복덕을 쌓아야 할 것이요, 참으로 영원한 나의 소유는 정법에 대한 서원과 그것을 수행한 마음의 힘이니, 서원과 마음공부에 끊임없는 공을 쌓아야 한없는 세상에 혜복의 주인공이 되느니라."

18. 대종사, 선원 대중에게 말씀하시기를 "그대들은 **염라국(閻羅國)**과 **명부 사자(冥府使者)**를 아는가. 염라국이 다른 데가 아니라 곧 자기 집 울타리 안이며 명부 사자가 다른 이가 아니라 곧 자기의 **권속**이니, 어찌하여 그런고 하면 보통 사람은 이생에 얽힌 권속의 **정애(情愛)**로 인하여 몸이 죽는 날에 영이 멀리

전곡(錢穀) 돈과 곡식.

상(相) 집착으로 마음에 남아있는 흔적.

주함(住-) 머물러 집착함.

무루(無漏) 새어 나감이 없음. 흠이 없이 영원하다는 의미.

염라국(閻羅國) 염라대왕(閻羅大王)이 다스린다는 저승 세계.

명부 사자(冥府使者) 염라대왕의 명을 받아 죽은 사람의 영혼을 저승으로 데려간다고 전해지는 귀신. 저승사자.

권속(眷屬) 한집에서 거느리고 사는 식구.

정애(情愛) 정과 애착.

뜨지 못하고 도로 자기 집 울안에 떨어져서 **인도 수생**의 기회가 없으면 혹은 그 집의 가축도 되고 혹은 그 집 안에 곤충류의 몸을 받기도 하는 까닭이라. 그러므로 예로부터 제불 조사가 다 착 없이 가며 착 없이 행하라고 권장하신 것은 그리하여야 능히 악도에 떨어지는 것을 면할 수 있기 때문이니라."

19. 대종사 말씀하시기를 "사람이 평소에 착 없는 공부를 많이 익히고 닦을지니, **재색 명리**와 처자 권속과 의식주 등에 착심이 많은 사람은 그것이 자기 앞에서 없어지면 그 괴로움과 근심이 보통에 비하여 훨씬 더할 것이라. 이것이 곧 현실의 지옥 생활이며, 죽을 때도 또한 그 착심에 끌리어 자유를 얻지 못하고 죄업의 바다에 빠지게 되나니 어찌 조심할 바 아니리오."

20. 대종사 말씀하시기를 "근래 사람들이 혹 좋은 묘터를 미리 잡아 놓고 거기에 자기가 묻히리라는 생각을 굳게 가지는 수가 더러 있으나, 그러한 사람은 명을 마치는 **찰나**에 영식이 바로 그 터로 가게 되어 그 주위에 인도 수생의 길이 없으면 부지중 악도에 떨어져서 사람 몸을 받기가 어렵게 되나니 어찌 조심할 바 아니리오."

21. 한 제자가 어떤 일에 대종사의 명령하심을 어기고 자기의 고집대로 하려

인도 수생(人道受生) 중생이 윤회하는 육도(六途) 중 하나인 인간 세계에 태어남.

재색 명리(財色名利) 인간이 갖는 세속적 욕망으로 재물에 대한 욕망, 색(色)에 대한 욕망, 명예와 이권에 대한 욕망을 말함.

찰나(刹那) 순간.

하는지라, 대종사 말씀하시기를 "작은 일에 그대의 고집을 세우면 큰일에도 고집을 세울 것이니, 그리한다면 모든 일을 다 그대의 주견대로 행하여 결국은 나의 제도나 천도를 받지 못할지라. 제도와 천도를 받지 못할 때는 내 비록 그대를 구원하고자 하나 어찌할 수 없으리라."

22. 대종사, 선원 대중에게 말씀하시기를 "그대들이 이와 같이 세간의 모든 애착과 탐착을 여의고 매일매일 법설을 들어 정신을 맑히고 정력을 얻어 나가면 자신의 천도도 될 뿐만 아니라 그 법력이 **허공 법계**에 사무쳐서 이 주위에 살고 있는 미물 곤충까지도 부지중 천도가 될 수 있나니, 비하건대 햇볕이 눈과 얼음을 녹이려는 마음이 없이 무심히 비치건마는 눈과 얼음이 자연 녹아지듯이 사심 잡념이 없는 도인들의 법력에는 범부 중생의 **업장**이 부지중 또한 녹아지기도 하는 까닭이니라."

23. 대종사 말씀하시기를 "사람 가운데에는 하늘 사람과 땅 사람이 있나니, 하늘 사람은 항시 욕심이 담박하고 생각이 고상하여 맑은 기운이 위로 오르는 사람이요, 땅 사람은 항상 욕심이 치성하고 생각이 비열하여 탁한 기운이 아래로 처지는 사람이라. 이것이 곧 선도와 악도의 갈림길이니, 누구를 막론하고 각자의 마음을 반성하여 보면 자기는 어떤 사람이며 장차 어찌될 것인가를 알 수 있으리라."

허공 법계(虛空法界) 허공처럼 텅 비어 보이지 않는 신령스러운 세계.

업장(業障) 과거에 지은 업으로 인하여 받게 되는 온갖 장애. 또는 과보를 나타나게 하는 업의 힘.

24. 대종사 말씀하시기를 "저 하늘에는 검은 구름이 걷혀 버려야 밝은 달이 나타나서 삼라만상을 비춰 줄 것이요, 수도인의 마음 하늘에는 욕심의 구름이 걷혀 버려야 지혜의 달이 솟아올라서 만세 중생을 비춰 주는 거울이 되며 악도 중생을 천도하는 대법사가 되리라."

25. 대종사 말씀하시기를 "내가 어느 날 아침 **영광**에서 **부안 변산** 쪽을 바라다보매 허공 중천에 맑은 기운이 어리어 있는지라, 그 후 그곳에 가 보았더니 **월명암**에 수도 대중이 모여들어 선을 시작하였더라. 과연 정신을 모아 마음을 맑히고 보면 더럽고 탁한 기운은 점점 가라앉고 신령하고 맑은 기운은 **구천(九天)**에 솟아올라서 시방삼계가 그 두렷한 기운 안에 들고 육도사생이 그 맑은 법력에 싸이어 제도와 천도를 아울러 받게 되느니라."

26. 대종사, **야회**에 출석하사 등불 아래로 대중을 일일이 내려다보시며 말씀하시기를 "그대들의 기운 뜨는 것이 각각 다르나니, 이 가운데에는 수양을 많이

영광(靈光) 전라남도에 위치한 원불교의 발상지. 소태산 대종사가 탄생, 성장, 구도 과정을 거쳐 깨달음을 얻은 성지로 교단 창립의 기초를 다졌던 곳.

부안(扶安) 변산(邊山) 전북 부안군에 위치해 있으며 일명 봉래산으로 불리어진다. 예로부터 천재(天災)나 전쟁에도 안심하고 살 수 있다는 열 군데의 땅. 즉 십승지지(十勝之地)의 한 군데로 알려진 명산(名山)이다. 대종사는 이곳에서 5년간 머무르며 교법을 초안하고 창립 인연들을 만났다.

월명암(月明庵) 전북 부안군 변산면 중계리 내변산에 있는 암자. 소태산 대종사가 영산에서 법인기도를 끝내고 봉래정사로 와 월명암 주지 백학명 선사와 교유(交遊)하였다.

구천(九天) 가장 높은 천상 세계(天上世界).

야회(夜會) 저녁에 열리는 정례 법회.

하여 탁한 기운이 다 가라앉고 순전히 맑은 기운만 오르는 사람과, 맑은 기운이 많고 탁한 기운이 적은 사람과, 맑은 기운과 탁한 기운이 **상반**되는 사람과, 탁한 기운이 많고 맑은 기운이 적은 사람과, 순전히 탁한 기운만 있는 사람이 있도다.” 하시고, 또 말씀하시기를 “사람이 욕심이 많을수록 그 기운이 탁해져서 높이 뜨지 못하나니, 그러한 사람이 명을 마치면 다시 사람의 몸을 받지 못하고 **축생**이나 곤충의 무리가 되기도 하며, 욕심은 그다지 없으나 안으로 수양과 밖으로 **인연 작복**을 무시하고 아는 데에만 치우친 사람은 그 기운이 가벼이 뜨기는 하나 무게가 없으므로 **수라(修羅)**나 새의 무리가 되느니라. 그러므로 수도인이 마음을 깨쳐 알고 안 뒤에는 맑게 키우고 사(邪)와 정(正)을 구분하여 행을 바르게 하면, 마침내 **영단**을 이루어 육도의 수레바퀴에 휩쓸리지 아니하고 몸 받는 것을 마음대로 하며, 색신을 벗어나서 영단만으로 허공 법계에 **주유(周遊)**하면서 수양에만 전공하는 능력도 갖추게 되느니라.”

27. 대종사 말씀하시기를 “정성과 정성을 다하여 항상 **심지**가 요란하지 않게 하며, 항상 심지가 어리석지 않게 하며, 항상 심지가 그르지 않게 하고 보면,

상반(相半) 서로 절반 정도로 비슷한 상태.

축생(畜生) 고통이 많고 즐거움은 적으며 서로 싸우고 잡아먹는 짐승 세계.

인연 작복(因緣作福) 좋은 인연을 맺고 복을 짓는 것.

수라(修羅) 몸을 받지 못하고 떠돌아다니며 싸우기를 좋아하는 귀신의 세계.

영단(靈丹) 깊은 수행으로 마음과 기운이 뭉쳐져 얻어진 신령스러운 힘.

주유(周遊) 한가한 마음으로 두루 돌아다니며 노님.

심지(心地) 마음 본 바탕. 성품, 본성, 자성, 불성, 진성 등으로도 표현함.

그 힘으로 지옥 중생이라도 천도할 능력이 생기나니, 부처님의 정법에 한 번 인연을 맺어 주는 것만 하여도 영겁을 통하여 성불할 좋은 종자가 되느니라.”

28. **김광선**이 열반하매 대종사 눈물을 흘리시며 대중에게 말씀하시기를 “팔산(八山)으로 말하면 20여 년 동안 고락을 같이하는 가운데 말할 수 없는 정이 들었는지라, 법신은 비록 **생·멸·성·쇠**가 없다 하나 색신은 이제 또다시 그 얼굴로 대하지 못하게 되었으니, 그 어찌 섭섭하지 아니하리오. 내 이제 팔산의 영을 위하여 생사 거래와 **업보 멸도(滅度)**에 대한 법을 설하리니 그대들은 팔산을 위로하는 마음으로 이 법을 더욱 잘 들으라. 그대들이 이 말을 듣고 깨달음이 있다면 그대들에게 이익이 있을 뿐 아니라 팔산에게도 또한 이익이 되리라. 과거 부처님 말씀에 생멸 거래가 없는 큰 도를 얻어 수행하면 다생의 업보가 멸도 된다 하셨나니, 그 업보를 멸도시키는 방법은 이러하니라. 누가 나에게 고통과 손해를 끼쳐 주는 일이 있거든 그 사람을 속 깊이 원망하거나 미워하지 말고 과거의 빚을 갚은 것으로 알아 안심하며 또한 그에 대항하지 말라. 내가 갚을 차례에 져 버리면 그 업보는 쉬어 버리느니라. 또한, 생사 거래와 고락이 **구공(俱空)**한 자리를 알아서 마음이 그 자리에 그치게 하라. 거기에는 생사도 없고 업보도 없나니, 이 지경에 이르면 생사 업보가 완전히 멸도 되었다

김광선(金光旋, 1879~1939) 전남 영광 출생. 법호는 팔산(八山)이며 법훈은 종사. 9인 제자 가운데 최초로 입문하여 소태산 대종사 구도 당시에 물질적으로 후원하였으며, 방언공사 때 터진 둑을 온몸으로 막기도 하였다.

생·멸·성·쇠(生滅盛衰) 생겨나고 없어지고 흥성하고 쇠퇴함.

업보(業報) 멸도(滅度) 선악의 업(행위)과 그에 따른 과보를 소멸시키는 것.

구공(俱空) 모두 텅 비어 있음.

하리라."

29. 박제봉(朴濟奉)이 여쭙기를 "7·7 천도재나 열반기념제를 올리는 것이 그 영에 대하여 어떠한 이익이 있나이까?" 대종사 말씀하시기를 "천지에는 묘하게 서로 응하는 이치가 있나니, 사람이 땅에 곡식을 심고 비료를 주면, 땅도 무정한 것이요 곡식도 무정한 것이며 비료도 또한 무정한 것이언마는, 그 **곡출**에 효과의 차를 내느니라. 무정한 곡식도 그러하거든 하물며 **최령한** 사람이 어찌 정성에 감응이 없으리오. 모든 사람이 돌아간 영을 위하여 일심으로 **심고**를 올리고 축원도 드리며 **헌공**도 하고 **선지식**이 설법도 한즉, 마음과 마음이 서로 통하고 기운과 기운이 서로 응하여 바로 천도를 받을 수도 있고, 설사 **악도**에 떨어졌다 하더라도 차차 진급이 되는 수도 있으며, 전생에 많은 빚을 지고 갔을지라도 헌공금(獻貢金)을 잘 활용하여 **영위**의 이름으로 공중 사업을 하여 주면

박제봉(朴濟奉, 1888~1957) 울산 출생. 법호는 제산(霽山). 서울교당 교무, 중앙총부 예감 등을 역임하였다.

7·7 천도재 사람이 죽은 후 중음(中陰)에 머무는 49일 동안에 7일마다 열반인의 명복을 빌고 영가로 하여금 선도(善途)에 태어나도록 축원하는 의식.

곡출(穀出) 거두어들인 곡식.

최령한(最靈-) 지능과 영적(靈的) 능력이 매우 뛰어난.

심고(心告) 법신불 사은 전에 마음으로 고하여 기원함.

헌공 공익사업에 재물 등을 바치는 행위.

선지식(善知識) 불법을 잘 수행하여 뛰어난 지혜와 덕을 갖춘 사람.

악도(惡途) 어둡고 괴로운 길. 또는 육도 중 지옥·아귀·축생·수라계의 윤회를 의미함.

영위(靈位) 죽은 사람의 넋. 영혼을 높여 부르는 말.

그 빚을 벗어 버리기도 하고 빚이 없는 사람은 무형한 가운데 복이 쌓이기도 하나니, 이 감응되는 이치를 다시 말하자면 전기와 전기가 서로 통하는 것과 같다 하리라.”

30. 한 제자 여쭙기를 “예로부터 자녀나 친척이나 동지된 사람이 자기 관계인의 영을 위하여 혹 불전에 헌공도 하고 선지식을 청하여 설법과 **송경**도 하게 하옵는바, 그에 따라 어떠한 효과가 나타나오며 그 정성과 도력의 차등에 따라 그 효과에 어떠한 차이가 있사오리까?” 대종사 말씀하시기를 “영을 위하여 축원을 올리고 헌공을 하는 것은 그 정성을 표함이니, 지성이면 감천으로 그 정성의 등급을 따라 축원한 바 효과가 나타나게 되는 것이며, 또한 설법을 하여 주고 송경을 하여 주는 것도 당시 선지식의 도력에 따라 그 위력이 나타나는 것이니, 과거에 지은 악업을 다 받은 후에야 자기도 모르는 가운데 **선도**에 돌아오기도 하며, 혹은 모든 업장을 벗어나서 바로 선도에 돌아오기도 하며, 혹은 앞길 미한 **중음계**에서 후생 길을 찾지 못하다가 다시 찾아가기도 하며, 혹은 잠깐 착에 걸려 있다가 그 착심을 놓아 버리고 천상계와 인간계를 자유하여 복락을 수용하는 수도 있느니라. 그러나 만일 자녀의 정성이 특별하지 못하고 선지식의 도력이 부족하다면 그 **영근(靈根)**에 별스러운 효과를 주지 못하게 되

송경(誦經) 불경(경전)을 독송함.

선도(善途) 밝고 행복한 길. 또는 육도 중 천상·인간계의 윤회를 의미함.

중음계(中陰界) 중음의 세계.

영근(靈根) 영혼의 바탕을 나무뿌리에 비유한 말. 나무뿌리에 영양분이 필요하듯이 영가의 천도를 위해 영적(靈的) 자양분이 필요하다는 것을 비유한 표현.

나니, 어찌하여 그런고 하면 지극한 정성이 아니면 참된 위력이 나타나지 아니하는 것이 비하건대 농부가 농사를 지을 때 그 정성과 역량을 다 들이지 아니하면 곡출이 적은 것과 서로 같으니라."

31. **서대원**이 여쭙기를 "천도를 받는 영으로서 천도 법문을 그대로 알아들을 수 있나이까?" 대종사 말씀하시기를 "혹 듣는 영도 있고 못 듣는 영도 있으나 **영가(靈駕)**가 그 말을 그대로 알아들어서 깨침을 얻는 것보다 그 들이는 공력이 저 영혼에 쏟히어서 알지 못하는 가운데 천도의 인(因)이 되느니라. 그리하여 마치 파리가 제힘으로는 천 리를 갈 수 없으나 **천리마**의 몸에 붙으면 부지중 천 리를 갈 수도 있듯이 그 인연으로 차차 **법연**을 찾아오게 되느니라."

32. 김대거 여쭙기를 "오늘 두 살 된 어린아이의 49일 천도재를 지냈사온데, 어른도 모든 의식을 다 이해하여 천도 받기가 어려울 것이거늘, 그 어린 영이 어떻게 알아듣고 천도를 받사오리까?" 대종사 말씀하시기를 "영혼은 어른과 아이의 구별이 없느니라. 천도되는 이치가 마치 식물에 거름하는 것 같으며 **지남철** 있는 곳에 뭇 쇠가 따라붙는 것 같나니, 일체 동물은 허공계에 영근을 박

서대원(徐大圓, 1910~1945) 전남 영광 출생. 법호는 원산(圓山)이며 법훈은 대봉도. 불법연구회 연구부장, 중앙총부 교감 등을 역임하였고 저서로는 『우당수기』가 있다.

영가(靈駕) 죽은 사람의 넋. 영혼.

천리마(千里馬) 하루에 천 리를 달릴 수 있을 정도로 좋은 말.

법연(法緣) 불법의 인연.

지남철(指南鐵) 자석.

고 살므로 허공 법계를 통하여 진리로 재를 올리는 것이 그대로 영근에 거름이 되어 효과를 내느니라."

33. 또 여쭙기를 "그렇게 재를 올리오면 각자의 평소에 지은 바 죄업이 그 경중을 막론하고 일시에 소멸되어 천도를 받게 되나이까?" 대종사 말씀하시기를 "각자의 업의 경중과 재주의 정성과 법사의 도력에 따라서 마치 태양이 얼음을 녹이는 것과 같이 일시적으로 녹일 수도 있고 오랜 시일이 걸릴 수도 있으나, 재를 올리는 공이 결코 헛되지는 아니하여 반드시 그 영혼으로 하여금 **선연**을 맺게 하여 주느니라."

34. 또 여쭙기를 "천도재를 어찌 49일로 정하였나이까?" 대종사 말씀하시기를 "사람이 죽으면 대개 약 49일 동안 중음에 어렸다가 각기 **업연(業緣)**을 따라 몸을 받게 되므로, 다시 한번 청정 일념을 더하게 하기 위하여 과거 부처님 말씀을 인연하여 49일로 정해서 천도 발원을 하는 것이나, 명을 마친 즉시로 착심을 따라 몸을 받게 되는 영혼도 허다하니라."

35. 또 여쭙기를 "**경**에 이르시기를 '전생 일을 알고자 할진대 금생에 받은 바

선연(善緣) 좋은 인연.

업연(業緣) 선악의 업(행위)에 따라 맺어지는 인연.

경 『대반열반경(大般涅槃經)』의 준말. 대승(大乘)의 열반경은 법신이 상주한다는 관점에서 불성이 본래 일체중생에게 보편적으로 갖추어 있음을 역설하며 상(常)·락(樂)·아(我)·정(淨)의 열반 사덕(涅槃四德)을 불교 이상으로 제시하고 있다.

가 그것이요, 내생 일을 알고자 할진대 금생에 지은 바가 그것이라'고 하였사
온데, 금생에 죄 받고 복 받는 것을 보면 그 마음 작용하는 바는 죄를 받아야
마땅할 사람이 도리어 부귀가에서 향락 생활을 하는 수가 있삽고, 그 마음이
착하여 당연히 복을 받아야 할 사람이 도리어 빈천한 가정에서 비참한 고통을
받는 수가 있사오니, 인과의 진리가 적확하다 할 수 있사오리까?" 대종사 말씀
하시기를 "그러므로 모든 불조가 최후 일념을 청정하게 가지라고 경계하셨나
니, 이생에서 그 마음은 악하나 부귀를 누리는 사람은 전생에 초년에는 선행을
하여 복을 지었으나 말년에는 선 지을 것이 없다고 타락하여 악한 일념으로 명
을 마친 사람이며, 이생에 마음은 선하나 일생을 비참한 생활을 하는 사람은
전생에 초년에는 부지중 악을 지었으나 말년에는 참회 개과하여 **회향(回向)**을
잘 한 사람이니, 이와 같이 이생의 최후 일념은 내생의 최초 일념이 되느니라."

36. 또 여쭙기를 "사람이 죽은 후에는 **유명(幽明)**이 서로 다르온데 영식만은 생
전과 다름없이 임의로 거래할 수 있나이까?" 대종사 말씀하시기를 "그 **식심(識
心)**만은 생전 사후가 다름이 없으나 오직 탐진치에 끌린 영과 탐진치를 조복 받
은 영이 그 거래에는 다름이 있나니, 탐진치에 끌린 영은 죽어 갈 때 착심에 묶

금생(今生) 현재의 생(生). 현재의 삶.

전생 ~ 그것이라 欲知前生事(욕지전생사) 今生受者是(금생수자시) 欲知來生事(욕지내
생사) 今生作者是(금생작자시).

회향(回向) 악연에 빠졌다가 불연 및 선연으로 돌아오는 것.

유명(幽明) 어두운 죽음의 세계와 밝은 삶의 세계.

식심(識心) 신령스러운 앎.

인 바 되어 거래에 자유가 없고 무명의 업력에 가리어서 착심 있는 곳만 밝으므로 그곳으로 끌려가게 되며, 몸을 받을 때도 보는 바가 모두 전도되어 축생과 곤충 등이 아름답게도 보여서 **색정(色情)**으로 탁태하되 꿈꾸는 것과 같이 저도 모르게 **입태**하게 되며, 인도 수생의 부모를 정할 때도 색정으로 상대하여 탁태하게 되며, 혹 무슨 **결정보(決定報)**의 원을 세웠으나 사람 몸을 받지 못할 때는 축생이나 곤충계에서 그와 비슷한 보를 받게도 되어, 이와 같이 생사에 자유가 없고 육도 윤회에 쉴 날이 없이 무수한 고를 받으며 **십이인연(十二因緣)**에 끌려다니느니라. 그러나 탐진치를 조복 받은 영은 죽어 갈 때 이 착심에 묶인 바가 없으므로 그 거래가 자유로우며, 바르게 보고 바르게 생각하여 정당한 곳과 부정당한 곳을 구분해서 업에 끌리지 않으며, 몸을 받을 때도 태연자약하여 정당하게 몸을 받고 태중에 들어갈 때도 그 부모를 **은의**로 상대하여 탁태되며, 원을 세운 대로 대소사 간에 결정보를 받게 되어, 오직 생사에 자유하고 육도윤회에 끌리는 바가 없이 십이인연을 임의로 궁굴리고 다니느니라."

37. 또 여쭙기를 "어떠한 연유로 가까운 인연이 되나이까?" 대종사 말씀하시기를 "중생들은 보통 친애하는 선연과 미워하는 악연으로 가까운 인연을 맺게

색정(色情) 성적 욕구.

입태(入胎) 영혼이 모태(母胎)에 들어감. 탁태(托胎).

결정보(決定報) 자신의 선택으로 후생(後生)에 받게 되는 과보.

십이인연(十二因緣) 중생이 무명으로 인하여 윤회하는 과정을 열두 가지로 설명한 것.
　무명(無明)-행(行)-식(識)-명색(名色)-육입(六入)-촉(觸)-수(受)-애(愛)-취(取)-유(有)-생(生)-노사(老死). 십이연기(十二緣起)라고도 함.

은의(恩義) 은혜를 베풀고자 하는 뜻.

되나, 불보살들은 중생을 제도하기 위하여 자비로 모든 인연을 가까이 맺으시니라."

38. 또 여쭙기를 "사람이 죽은 후에만 천도를 받나이까?" 대종사 말씀하시기를 "천도에는 생사가 다름이 없으므로 죽은 후에 다른 사람이 하는 것보다 생전에 자기 스스로 하는 것이 더욱 효과가 있으리라. 그러므로 평소에 자기 마음을 밝고 조촐하고 바르게 길들여 **육식(六識)**이 **육진(六塵)** 가운데 출입하되 물들고 섞이지 아니할 정도에 이르면, 남을 천도하는 데에도 큰 능력이 있을 뿐 아니라 자기 생전에 자기의 천도를 마쳤다 할 것이나, 이러한 사람은 그리 흔하지 않으므로 삼세의 수도인들이 모두 바쁘게 수도하였느니라."

육식(六識) 6가지의 인식기관(육근–안, 이, 비, 설, 신, 의)이 6가지 인식대상(6경–색, 성, 향, 미, 촉, 법)을 만나 생기는 6가지 인식작용(안식, 이식, 비식, 설식, 신식, 의식). 보고, 듣고, 냄새맡고, 맛보고, 몸으로 접촉하고, 마음으로 생각하는 여섯 가지의 인식 작용.

육진(六塵) 6근(여섯 가지의 인식기관–안, 이, 비, 설, 신, 의)이 대하는 6경(여섯 가지 인식대상–색, 성, 향, 미, 촉, 법)을 달리 이르는 말. 육경은 육근을 통하여 청정한 자성을 물들이기 때문에 육진(六塵, 티끌 세계) 또는 육적(六賊, 마음 도둑)이라 한다.

제10 신성품

信誠品

신성품(信誠品) 제자가 스승에게 법을 구할 때 갖추어야 할 신성과 그 공덕 등에 관한 법문
으로 구성되어 있다.

1. 대종사 말씀하시기를 "스승이 제자를 만나매 먼저 그의 **신성**을 보나니, 공부인이 독실한 신심이 있으면 그 법이 건네고 공(功)을 이룰 것이요, 신심이 없으면 그 법이 건네지 못하고 공을 이루지 못하느니라. 그런즉 무엇을 일러 신심이라 하는가. 첫째는 스승을 의심하지 않는 것이니 비록 천만 사람이 천만 가지로 그 스승을 비방할지라도 거기에 믿음이 흔들리지 아니하며 혹 직접 보는 바에 무슨 의혹되는 점이 있을지라도 거기에 **사량심(思量心)**을 두지 않는 것이 신이요, 둘째는 스승의 모든 지도에 오직 순종할 따름이요 자기의 주견과 고집을 세우지 않는 것이 신이요, 셋째는 스승이 혹 과도한 **엄교(嚴教) 중책(重責)**을 하며 혹 대중의 앞에 허물을 드러내며 혹 힘에 과한 **고역**을 시키는 등 어떠한 방법으로 대하더라도 다 달게 받고 조금도 불평이 없는 것이 신이요, 넷째는 스승의 앞에서는 자기의 허물을 도무지 숨기거나 속이지 아니하고 사실로 직고하는 것이 신이니라. 이 네 가지를 갖추면 특별한 신심이니 능히 **불조(佛祖)**의 **법기(法器)**를 이루게 되리라."

신성(信誠) 정성스러운 믿음.

사량심(思量心) 분별하고 비교하는 마음.

엄교(嚴敎) 위엄으로 엄격하게 가르침.

중책(重責) 엄하게 책망함.

고역(苦役) 고되고 힘든 일.

불조(佛祖) 부처와 조사.

법기(法器) 법을 담을 수 있는 그릇. 대도 정법을 능히 수행하여 증득할 만한 자질을 갖춘 사람.

2. 대종사 말씀하시기를 "모든 공부인의 **근기(根機)**가 천층만층으로 다르나 대체로 그를 상중하 세 근기로 구분하나니, 상근기는 정법을 보고 들을 때 바로 판단과 신심이 생겨나서 모든 공부를 자신하고 행하는 근기요, 중근기는 자세히 아는 것도 없고 혹은 모르지도 아니하여 항상 의심을 풀지 못하고 법과 스승을 저울질하는 근기요, 하근기는 **사(邪)와 정(正)**의 분별도 없으며 **계교**와 의심도 내지 아니하여 인도하면 인도하는 대로 순응하는 근기이니라. 이 세 가지 근기 가운데 도가에서 가장 귀히 알고 요구하는 것은 상근기이니, 이 사람은 자기의 공부도 지체함이 없을 것이요 **도문**의 사업도 날로 확장하게 할 것이며, 둘째로 가히 인도할 만한 것은 하근기로서 독실한 신심이 있는 사람이니, 이 사람은 비록 자신은 없다 할지라도 법을 중히 알고 스승을 **돈독**히 믿는 데 따라 그 진행하는 정성이 쉬지 않으므로 필경 성공할 수 있느니라. 그러나 그 중에 가장 가르치기 힘들고 변덕이 많은 것은 중근기니, 이 사람은 법을 가벼이 알고 스승을 업신여기기 쉬우며 모든 일에 철저한 **발원**과 독실한 성의가 없으므로 공부나 사업이나 성공을 보기가 대단히 어려우니라. 그러므로 중근기는 그 근기를 뛰어넘는 데에 공을 들여야 할 것이며, 하근기로서도 혹 바로 상근기의 경지에 뛰어오르는 사람이 있으나, 만일 그렇지 못하고 중근기의 과정

근기(根機) 불법을 믿고 이해하며 수행할 수 있는 능력 또는 자질.

사(邪)와 정(正) 그릇됨과 올바름.

계교(計較) 저울질하고 비교하는 것.

도문(道門) 불도를 수행하는 정법 회상. 여기서는 일원 대도의 회상을 의미함.

돈독(敦篤) 두텁고 성실함.

발원(發願) 간절한 원을 세움.

을 밟아 올라가게 될 때는 그때가 또한 위험하나니 주의하여야 하느니라."

3. 한 제자 여쭙기를 "저는 본래 재질이 둔하온데 겸하여 공부하온 시일이 아직 짧사와 성취의 기한이 아득한 것 같사오니 어찌하오리까?" 대종사 말씀하시기를 "도가의 공부는 원래 재질의 유무나 시일의 장단에 큰 관계가 있는 것이 아니라 오직 신(信)과 분(忿)과 의(疑)와 성(誠)으로 정진(精進)하고 못 하는 데에 큰 관계가 있나니, 누구나 **신·분·의·성**만 지극하면 공부의 성취는 날을 기약하고 가히 얻을 수 있느니라."

4. 대종사 말씀하시기를 "보통 사람들은 어떠한 경계에 발심을 한 때는 혹 하늘을 뚫는 신심이 나는 듯하다가도 시일이 좀 오래되면 그 신심이 까라지는 수가 있으며, 또는 없던 권리가 있어진다든지, 있던 권리가 없어진다든지, 불화하던 가정이 **화락**하게 되었다든지, 화락하던 가정이 불화하게 되었다든지 하는 등의 변동이 생길 때 그 신심이 또한 변동되는 수가 있나니, 이러한 경계를 당할수록 더욱 그 신심을 살펴서 역경을 돌리어 능히 순경을 만들며, 순경이면 또한 간사하고 넘치는 데에 흐르지 않게 하는 꿋꿋한 **대중**이 계속되어야 가히 큰 공부를 성취하리라."

5. 대종사 말씀하시기를 "세상에 지위가 높은 사람이나 권세가 있는 사람이나

신·분·의·성(信忿疑誠) 모든 일(삼학 수행)이 잘 이루어지도록 촉진시키는 네 가지 조항.
화락(和樂) 화평하고 즐거움.
대중 표준.

재산이 풍부한 사람이나 학식이 많은 사람은 큰 신심을 발하여 대도에 들기가 어려운데, 그러한 사람으로서 수도에 발심하며 공도에 헌신한다면 그는 **전세**에 깊은 서원을 세우고 이 세상에 나온 사람이니라.”

6. 대종사 말씀하시기를 “여러 사람 가운데에는 나와 사제의 **분의(分義)**는 맺었으나 그 신을 오롯하게 하지 못하고 제 재주나 주견에 집착하여 제 뜻대로 하려는 사람이 없지 아니하나니, 나를 만난 보람이 어디 있으리오. 공부인이 큰 서원과 신성을 발하여 전적으로 나에게 마음을 바치었다면 내가 무슨 말을 하고 어떠한 일을 맡겨도 의심과 트집이 없을 것이니, 이리된 뒤에야 내 마음과 제 마음이 서로 연하여 나의 공들인 것과 저의 공들인 것이 헛되지 아니하리라.”

7. 대종사 말씀하시기를 “도가에서 공부인의 신성을 먼저 보는 것은 신(信)이 곧 법을 담는 그릇이 되고, 모든 의두를 해결하는 원동력이 되며, 모든 계율을 지키는 근본이 되기 때문이니, 신이 없는 공부는 마치 죽은 나무에 거름하는 것과 같아서 마침내 결과를 보지 못하느니라. 그러므로 그대들도 먼저 독실한 신을 세워야 자신을 제도하게 될 것이며, 남을 가르치는 데에도 신 없는 사람에게 신심 나게 하는 것이 첫째가는 공덕이 되느니라.”

8. 대종사 말씀하시기를 “**삼보(三寶)**를 신앙하는 데에도 타력신과 자력신의

전세(前世) 전생(前生). 이 세상에 태어나기 이전의 세상.
분의(分義) 명분상 의리. 각각의 이름이나 신분에 따라 마땅히 지켜야 할 도리.
삼보(三寶) 불·법·승의 세 가지 보물. 불보는 법신불 또는 깨달음을 얻은 모든 부처님,

두 가지가 있나니, 타력신은 사실로 나타난 불(佛)과 법(法)과 승(僧)을 사실적으로 믿고 받드는 것이요, 자력신은 자성 가운데 불과 법과 승을 발견하여 안으로 믿고 수행함이라. 이 두 가지는 서로 근본이 되므로 자력과 타력의 신앙을 아울러 나가야 하나, 공부가 **구경처**에 이르고 보면 자타의 **계한**이 없이 천지 만물 **허공 법계**가 다 한가지로 삼보로 화하느니라."

9. 대종사, 제자들에게 물으시기를 "그대들이 나를 오랫동안 보지 못하면 보고 싶은 생각과 가까이 있고자 하는 마음이 얼마나 간절하던가?" 제자들이 사뢰기를 "심히 간절하더이다." 대종사 말씀하시기를 "그러하리라. 그러나 자녀가 아무리 효도한다 하여도 부모가 그 자녀 생각하는 마음을 당하기 어렵고, 제자가 아무리 정성스럽다 하여도 스승이 그 제자 생각하는 마음을 당하기 어려우리니, 만일 제자가 스승 신봉하고 사모하는 마음이 스승이 제자 사랑하고 생각하는 마음의 반만 되어도 가히 그 법이 건네게 되리라."

10. 대종사 말씀하시기를 "제자로서 스승에게 법을 구할 때 제 마음을 다 바치지 아니하거나 정성에 끊임이 있으면 그 법을 오롯이 받지 못하느니라. 옛날에 구정(九鼎) 선사는 처음 출가하여 몹시 추운 날 솥을 걸라는 스승의 명을 받고 밤새도록 아홉 번이나 솥을 고쳐 걸고도 마음에 추호의 불평이 없으므로 드디

법보는 부처님의 가르침, 승보는 선지식 또는 출가 수행자.
구경처(究竟處) 궁극의 경지.
계한(界限) 경계와 국한.
허공 법계(虛空法界) 허공처럼 텅 비어 보이지 않는 신령스러운 세계.

어 구정이라는 호를 받고 중이 되었는데, 그 후 별다른 법문을 듣는 일도 없이 몇십 년 동안 시봉만 하되 스승을 믿고 의지하는 정성이 조금도 쉬지 아니하였고, 마침내 스승의 병이 중하매 더욱 정성을 다하여 간병에 전력하다가 홀연히 마음이 열려 자기가 스스로 깨치는 것이 곧 법을 받는 것임을 알았다 하니, 법을 구하는 사람이 이만한 신성이 있어야 그 법을 오롯이 받게 되느니라.”

11. 대종사 말씀하시기를 “봄바람은 사(私)가 없이 평등하게 불어 주지마는 산 나무라야 그 기운을 받아 자라고, 성현들은 사가 없이 평등하게 법을 설하여 주지마는 신 있는 사람이라야 그 법을 오롯이 받아 갈 수 있느니라.”

12. 대종사, 금강산을 유람하고 돌아와 대중에게 말씀하시기를 “내가 이번에 산에서 유숙한 여관의 주인이 마침 예수교인으로서 그 신앙이 철저하여 대단한 낙 생활을 하고 있기에 그의 경력을 물어보았더니, 그는 신앙생활 30여 년에 자기의 생활상에 많은 풍파도 있었으나 그러한 굴곡을 당할 때마다 좋은 일이 돌아오면 하나님께서 사랑하여 주시니 감사하고 낮은 일이 돌아오면 저의 잘못을 경계하여 주시니 또한 감사하다 하여, 좋으나 낮으나 경계를 대할 때마다 마음이 더욱 묶어지고 신앙이 더욱 깊어져서 이렇듯 낙 생활을 하게 되었다고 하더라. 그런즉 그대들도 각각 신앙 정도를 마음 깊이 대조하여 보라. 그 사람은 아직 타력 신앙에 그치어 진리의 근본을 다 **더위잡지** 못하였으나 그러한 생활을 하게 되었거든 하물며 자력신과 타력신을 병진하는 그대들로서 만일

더위잡지 높은 곳에 오르려고 무엇을 끌어 잡다. 알아차리기.

파란곡절에 조금이라도 마음이 흘러간다면 그 어찌 바른 신앙이며 참다운 정성이라 하겠는가. 그대들은 같은 신앙 가운데에도 이 원만하고 사실다운 신앙처를 만났으니 마음을 항상 챙기고 또 챙겨서 신앙으로 모든 환경을 지배하는 할지언정 환경으로 신앙이 흔들리는 **용렬한** 사람은 되지 말라.”

13. 대종사, **석두암**에 계실 때 **장적조(張寂照)·구남수(具南守)·이만갑(李萬甲)** 등이 여자의 연약한 몸으로 백 리의 먼 길을 내왕하며 알뜰한 신성을 바치는지라, 대종사 기특히 여기시어 말씀하시기를 “그대들의 신심이 이렇게 독실하니 지금 내가 똥이라도 먹으라 하면 바로 먹겠는가?” 하시니, 세 사람이 바로 나가 똥을 가져오는지라, 대종사 “그대로 앉으라.” 하시고 말씀하시기를 “그대들의 거동을 보니 똥보다 더한 것이라도 먹을 만한 신심이로다. 그러나 지금은 회상이 단순해서 그대들을 친절히 챙겨 줄 기회가 자주 있지마는 앞으로 회상이 커지고 보면 그대들이 오고 가는 것조차 내가 일일이 알 수 없을지 모르니,

---

파란곡절(波瀾曲折) 사람의 생활이나 일의 진행에서 일어나는 여러 가지 어려움이나 시련. 또는 그런 변화.

용렬한(庸劣-) 사람이 변변하지 못하고 졸렬한.

석두암(石頭庵) 전북 부안군 변산면 변산 실상사 주변에 위치해 있었던 암자로 원기 6년(1921)에 건축됨.

장적조(張寂照, 1878~1960) 경남 통영 출생. 법호는 이타원(二陀圓)이며 법훈은 대봉도. 원평, 부산 등에서 교화 활동을 하였다.

구남수(具南守, 1870~1939) 전북 정읍 출생. 법호는 체타원(體陀圓). 소태산 대종사가 부안 봉래정사에 계실 때 시봉하고 공부하였다.

이만갑(李萬甲, 1879~1960) 전북 전주 출생. 법호는 완타원(完陀圓). 소태산 대종사가 부안 봉래정사에 계실 때 시봉하고 공부하였다.

그러한 때라도 오늘 같은 신성이 계속되겠는가 생각하여 보아서 오늘의 이 신성으로 **영겁**을 일관하라."

14. 대종사, 설법하실 때 **김정각(金正覺)**이 앞에서 조는지라, 꾸짖어 말씀하시기를 "앞에서 졸고 있는 것이 보기 싫기가 물소 같다." 하시니, 정각이 곧 일어나 사배를 올리고 웃는지라, 대종사 말씀하시기를 "내가 그동안 정각에게 정이 떨어질 만한 야단을 많이 쳤으나 조금도 그 신심에 변함이 없었나니, 저 사람은 죽으나 사나 나를 따라다닐 사람이라." 하시고, 또 말씀하시기를 "제자로서 스승에게 다 못 할 말이 있고 스승이 제자에게 다 못 해줄 말이 있으면 알뜰한 사제는 아니니라."

15. 대종사 말씀하시기를 "내가 오늘 **조실**에 앉아 있으니 **노덕송옥(盧德頌玉)**의 얼굴이 **완연히** 눈앞에 나타나서 얼마 동안 없어지지 아니하는 것을 보았노라. 그는 하늘에 사무치는 신성을 가진지라 산하가 백여 리에 가로막혀 있으나 그 지극한 마음이 이와 같이 나타난 것이니라."

영겁(永劫) 영원한 세월.

김정각(金正覺, 1874~1952) 전북 전주 출생. 법호는 선타원(善陀圓). 교단 초창기에 중앙총부 식당 감원으로 봉직하였다.

조실(祖室) 일반적으로 조사가 거처하는 방으로 교단에서는 종법사가 거처하는 집.

노덕송옥(盧德頌玉, 1859~1933) 전북 남원 출생. 법호는 현타원(賢陀圓). 만덕산 초선(初禪)에 참석하였다.

완연히(宛然-) 분명하고 뚜렷하게.

16. 정석현(鄭石現)이 사뢰기를 "저는 환경에 고통스러울 일이 많사오나 법신불 전에 매일 심고 올리는 재미로 사나이다." 대종사 말씀하시기를 "석현이가 법신불의 공덕과 위력을 알아서 진정한 재미를 붙였는가는 알 수 없으나 그것이 곧 고 가운데 낙을 발견하는 한 방법이니 이러한 방법으로 살아간다면 고통스러울 환경에서도 낙을 **수용(受用)**할 수가 있느니라. 내가 봉래산에 있을 때 같이 있던 몇몇 사람은 그 **험산 궁곡(險山窮谷)**에서 거처와 음식이 기구하고 육신의 노력은 과중하여 모든 방면에 고생이 막심하였으되 오직 법을 듣고 나를 시봉하는 재미로 항상 낙도 생활을 하여왔고, 영광에서 최초에 9인으로 말하더라도 본래 노동을 안 해 본 사람들로서 엄동설한에 **간석지(干潟地)**를 막아 낼 때 그 고생이 말할 수 없었건마는 조금도 불평과 불만이 없이 오직 이 회상을 창립하는 기쁨 가운데 모든 고생을 낙으로 돌렸으며 내가 하는 말이면 다 즐거이 감수 복종하였나니, 그때 그 사람들로 말하면 남 보기에는 못 이길 고생을 하는 것 같았으나 실은 마음속에 낙이 진진(津津)하여 이 세상에서 바로 **천상락**을 수용하였느니라. 그런즉 그대들도 기위 이 공부와 사업을 하기로 하면 먼저 굳은 신념과 원대한 희망으로 어떠한 **천신만고**가 있을지라도 이를 능히 초월하여 모든 경계를 항상 낙으로 돌리는 힘을 얻은 후에야 한없는 세상에

정석현(鄭石現, 1879~1947) 전북 익산 출생. 법호는 백타원(柏陀圓).

수용(受用) 받아 씀.

험산 궁곡(險山窮谷) 험한 산속의 깊은 골짜기.

간석지(干潟地) 밀물과 썰물이 드나드는 개펄.

천상락(天上樂) 도(道)로써 즐기는 마음락.

천신만고(千辛萬苦) 천 가지 매운 것과 만 가지 쓴 것. 온갖 어려운 고비.

길이 낙원의 생활을 계속할 수 있으리라."

17. 제자 가운데 신(信)을 바치는 뜻으로 손을 끊은 사람이 있는지라, 대종사 크게 꾸짖어 말씀하시기를 "몸은 곧 공부와 사업을 하는 데에 없어서는 안 될 자본이거늘, 그 중요한 자본을 상하여 신을 표한들 무슨 이익이 있겠는가. 진정한 신성은 원래 마음에 달린 것이요 몸에 있는 것이 아니니, 앞으로는 누구든지 절대로 이러한 일을 하지 말라." 하시고, 이어서 말씀하시기를 "아무리 지식과 문장이 출중하고 한때의 **특행(特行)**으로 여러 사람의 신망이 높아진다 하더라도 그것만으로는 이 회상의 **종통**을 잇지 못하는 것이요, 오직 이 공부 이 사업에 죽어도 변하지 않을 신성으로 **혈심(血心)** 노력한 사람이라야 되느니라."

18. 문정규 여쭙기를 "**송규·송도성·서대원** 세 사람이 지금은 젊사오나 앞으로

특행(特行) 특별한 행적.

종통(宗統) 소태산 대종사가 전해주신 법의 등불을 바르게 잇는 계통. 법맥(法脈).

혈심(血心) 생명도 바칠만한 오롯하고 지극한 마음.

문정규(文正奎, 1863~1936) 전남 곡성 출생. 법호는 동산(冬山). 소태산 대종사 봉래 제법 시절 시봉하였다.

송규(宋奎, 1900~1962) 경북 성주 출생. 법호는 정산(鼎山)이며 법훈은 종사. 소태산 대종사의 수제자로 뒤를 이어 종법사에 취임하였으며 교서 정비, 원불교 교명 선포 등 원불교 교단의 기반을 다졌다. 그의 법문을 수록한 『정산종사 법어』가 있으며 저서로는 『건국론』 등이 있다.

송도성(宋道性, 1907~1946) 경북 성주 출생. 법호는 주산(主山)이며 법훈은 종사. 중앙총부 총무부장, 교정원장 등을 역임하였다.

서대원(徐大圓, 1910~1945) 전남 영광 출생. 법호는 원산(圓山)이며 법훈은 대봉도. 불법연구회 연구부장, 중앙총부 교감 등을 역임하였고 저서로는 『우당수기』가 있다.

누가 더 유망하겠나이까?" 대종사 한참 동안 묵연하시는지라, 정규 다시 여쭙기를 "서로 장단이 다르오니 저로서는 판단하기 어렵나이다." 대종사 말씀하시기를 "송규는 정규의 **지량**으로 능히 측량할 사람이 아니로다. 내가 송규 형제를 만난 후 그들로 인하여 크게 걱정하여 본 일이 없었고, 무슨 일이나 내가 시켜서 하지 않은 일과 두 번 시켜 본 일이 없었노라. 그러므로 나의 마음이 그들의 마음이 되고 그들의 마음이 곧 나의 마음이 되었느니라."

19. 대종사 말씀하시기를 "**주세(主世) 성인**들은 천지의 대운을 타고 나오는지라, 중생들이 그 성인과 그 회상에 정성을 다 바치며 서원을 올리면 그 서원이 빨리 이루어지고, 반면에 불경하거나 훼방하면 죄벌이 또한 크게 미치나니, 다만 그 한 분뿐 아니라 그러한 분과 **심법(心法)**이 완전히 합치된 사람도 그 위력이 또한 다름없느니라."

지량(智量) 지혜의 역량 또는 정도.
주세(主世) 성인 한 시대와 세상을 책임지고 중생을 교화하는 성인. 또는 부처님.
심법(心法) 마음을 사용하는 법도와 도량과 경륜.

제11 요훈품

要訓品

요훈품(要訓品) 마음공부와 처세 등에 관한 간결하면서도 뜻이 깊은 법문으로 구성되어 있다.

1. 대종사 말씀하시기를 "모든 학술을 공부하되 쓰는 데에 들어가서는 끊임이 있으나, 마음 작용하는 공부를 하여 놓으면 일분 일각도 끊임이 없이 활용되나니, 그러므로 마음공부는 모든 공부의 근본이 되느니라."

2. 대종사 말씀하시기를 "수도인이 구하는 바는, 마음을 알아서 마음의 자유를 얻자는 것이며, 생사의 원리를 알아서 생사를 초월하자는 것이며, 죄복의 이치를 알아서 죄복을 임의로 하자는 것이니라."

3. 대종사 말씀하시기를 "한 마음이 선하면 모든 선이 이에 따라 일어나고, 한 마음이 악하면 모든 악이 이에 따라 일어나나니, 그러므로 마음은 모든 선악의 근본이 되느니라."

4. 대종사 말씀하시기를 "마음이 바르지 못한 사람이 돈이나 지식이나 권리가 많으면 그것이 도리어 죄악을 짓게 하는 근본이 되나니, 마음이 바른 뒤에야 돈과 지식과 권리가 다 영원한 복으로 화하느니라."

5. 대종사 말씀하시기를 "선(善)이 좋은 것이나 작은 선에 얽매이면 큰 선을 방해하고, 지혜가 좋은 것이나 작은 지혜에 얽매이면 큰 지혜를 방해하나니, 그 작은 것에 얽매이지 아니하는 공부를 하여야 능히 큰 것을 얻으리라."

6. 대종사 말씀하시기를 "자기가 어리석은 줄을 알면 어리석은 사람이라도 지혜를 얻을 것이요, 자기가 지혜 있는 줄만 알고 없는 것을 발견하지 못하면 지혜 있는 사람이라도 점점 어리석은 데로 떨어지느니라."

7. 대종사 말씀하시기를 "큰 도를 닦는 사람은 **정(定)**과 **혜(慧)**를 같이 운전하되 정 위에 혜를 세워 참 지혜를 얻고, 큰 사업을 하는 사람은 **덕(德)**과 **재(才)**를 같이 진행하되 덕 위에 재를 써서 참 재주로 삼느니라."

8. 대종사 말씀하시기를 "용맹 있는 사람이 강적 만나기 쉽고, 재주 있는 사람이 일 그르치기 쉬우니라."

9. 대종사 말씀하시기를 "어리석은 사람은 근심과 걱정이 있을 때는 없애기에 노력하지마는, 없을 때는 다시 장만하기에 분주하나니, 그러므로 그 생활에 근심과 걱정이 다할 날이 없느니라."

10. 대종사 말씀하시기를 "큰 도에 발원한 사람은 짧은 시일에 속히 이루기를 바라지 말라. 잦은걸음으로는 먼 길을 걷지 못하고 조급한 마음으로는 큰 도를 이루기 어렵나니, 저 큰 나무도 작은 싹이 썩지 않고 여러 해 큰 결과요 불보살도 처음 발원을 **퇴전(退轉)**하지 않고 오래오래 공을 쌓은 결과이니라."

정(定) 선정(禪定).
혜(慧) 지혜(智慧).
덕(德) 따뜻하게 감싸주는 포용력.
재(才) 재주와 수완.
퇴전(退轉) 뒤로 물러나거나 타락하는 것.

11. 대종사 말씀하시기를 "큰 공부를 방해하는 두 **마장(魔障)**이 있나니, 하나는 제 근기를 스스로 무시하고 자포자기하여 향상을 끊음이요, 둘은 작은 지견에 스스로 만족하고 자존자대하여 향상을 끊음이니, 이 두 마장을 벗어나지 못하고는 큰 공부를 이루지 못하느니라."

12. 대종사 말씀하시기를 "희망이 끊어진 사람은 육신은 살아 있으나 마음은 죽은 사람이니, **살·도·음(殺盜淫)**을 행한 악인이라도 마음만 한 번 돌리면 불보살이 될 수도 있지마는, 희망이 끊어진 사람은 그 마음이 살아나기 전에는 어찌할 도리가 없느니라. 그러므로 불보살들은 모든 중생에게 큰 희망을 열어 주실 원력(願力)을 세우시고 **세세생생** 끊임없이 노력하시느니라."

13. 대종사 말씀하시기를 "**여의보주(如意寶珠)**가 따로 없나니 마음에 욕심을 떼고 하고 싶은 것과 하기 싫은 것에 자유자재하고 보면 그것이 곧 여의보주니라."

14. 대종사 말씀하시기를 "다른 사람을 바루고자 하거든 먼저 나를 바루고, 다른 사람을 가르치고자 하거든 먼저 내가 배우고, 다른 사람의 은혜를 받고자

마장(魔障) 마(魔)의 장애. 수행을 방해하는 장애.
살·도·음(殺盜淫) 살생·도적·간음의 세 가지 무거운 죄.
세세생생(世世生生) 태어나고 죽음을 되풀이 하는 수많은 생애.
여의보주(如意寶珠) 용이 지니고 있다고 전해지는 신비한 구슬로 무엇이든지 마음대로 이룰 수 있는 권능을 비유한 표현.

하거든 먼저 내가 은혜를 베풀라. 그리하면 나의 구하는 바를 다 이루는 동시에 자타가 고루 **화함**을 얻으리라."

15. 대종사 말씀하시기를 "다른 사람을 이기는 것이 그 힘이 세다 하겠으나 자기를 이기는 것은 그 힘이 더하다 하리니, 자기를 능히 이기는 사람은 천하 사람이라도 능히 이길 힘이 생기느니라."

16. 대종사 말씀하시기를 "세상에 두 가지 어리석은 사람이 있나니, 하나는 제 마음도 마음대로 쓰지 못하면서 남의 마음을 제 마음대로 쓰려는 사람이요, 둘은 제 일 하나도 제대로 처리하지 못하면서 남의 일까지 간섭하다가 시비 가운데 들어서 고통받는 사람이니라."

17. 대종사 말씀하시기를 "모든 것을 구하는 데에 도가 있건마는 범부는 도가 없이 구하므로 구하면 구할수록 멀어지고, 불보살은 도로써 구하므로 아쉽게 구하지 아니하여도 자연히 돌아오는 이치가 있느니라."

18. 대종사 말씀하시기를 "그 일을 먼저 하고 먹기를 뒤에 하는 사람은 군자요, 그 일을 뒤에 하고 먹기를 먼저 하는 사람은 소인이니라."

19. 대종사 말씀하시기를 "어리석은 사람은 복을 받기는 좋아하나 복을 짓기

화함(和-) 조화롭고 은혜로움. 화합함.

는 싫어하고, 화(禍)를 받기는 싫어하나 죄를 짓기는 좋아하나니, 이것이 다 화복의 근원을 알지 못함이요, 설사 안다 할지라도 실행이 없는 연고니라."

20. 대종사 말씀하시기를 "정신·육신·물질로 **혜시**를 많이 하는 사람이 장차 복을 많이 받을 사람이요, 어떠한 경계를 당하든지 분수에 편안한 사람이 제일 편안한 사람이며, 어떠한 처지에 있든지 거기에 만족하는 사람이 제일 부귀한 사람이니라."

21. 대종사 말씀하시기를 "중생은 영리하게 제 일만 하는 것 같으나 결국 자신이 해를 보고, 불보살은 어리석게 남의 일만 해 주는 것 같으나 결국 자기의 이익이 되느니라."

22. 대종사 말씀하시기를 "지혜 있는 사람은 지위의 고하를 가리지 않고 거짓 없이 그 일에만 충실하므로 시일이 갈수록 그 일과 공덕이 찬란하게 드러나고, 어리석은 사람은 그 일에는 충실하지 아니하면서 이름과 공만을 구하므로 결국 이름과 공이 헛되이 없어지고 마느니라."

23. 대종사 말씀하시기를 "제가 스스로 높은 체하는 사람은 반드시 낮아지고, 항상 남을 이기기로만 주장하는 사람은 반드시 지게 되느니라."

혜시(惠施) 은혜를 베푸는 것.

24. 대종사 말씀하시기를 "선은 들추어낼수록 그 공덕이 작아지고 악은 숨겨 둘수록 그 뿌리가 깊어지나니, 그러므로 선은 숨겨 두는 것이 그 공덕이 커지고 악은 들추어내는 것이 그 뿌리가 얕아지느니라."

25. 대종사 말씀하시기를 "덕도 **음조(陰助)**하는 덕이 더 크고, 죄도 **음해(陰害)**하는 죄가 더 크니라."

26. 대종사 말씀하시기를 "선을 행하고도 남이 몰라주는 것을 원망하면 선 가운데 악의 움이 자라나고, 악을 범하고도 참회를 하면 악 가운데 선의 움이 자라나나니, 그러므로 한때의 선으로 자만자족하여 향상을 막지도 말며, 한때의 악으로 자포자기하여 타락하지도 말 것이니라."

27. 대종사 말씀하시기를 "어리석은 사람은 공것이라 하면 좋아만 하고 그로 인하여 몇 배 이상의 손해를 받는 수가 있음을 알지 못하나, 지혜 있는 사람은 공것을 좋아하지도 아니하려니와 그것이 생기면 다 차지하지 아니하고 정당한 곳에 나누어 써서 재앙이 따라오기 전에 미리 **액**을 방비하느니라."

28. 대종사 말씀하시기를 "진인(眞人)은 마음에 거짓이 없는지라 모든 행사가

음조(陰助) 상대방이 모르게 도와주는 것.
음해(陰害) 상대방이 모르게 해를 끼치는 것.
액(厄) 모질고 사나운 운수.

다 참으로 나타나고, 성인(聖人)은 마음에 **상극(相克)**이 없는지라 모든 행사가 다 덕으로 나타나나니, 그러므로 진인은 언제나 마음이 발라서 **삿됨**이 없고 성인은 언제나 마음이 안온하여 괴로움이 없느니라."

29. 대종사 말씀하시기를 "빈말로 남에게 무엇을 준다든지 많이 주었다고 과장하여 말하지 말라. 그 말이 도리어 빚이 되고 덕을 상하느니라. 또한, **허공 법계**에 빈말로 맹세하지 말라. 허공 법계를 속인 말이 무서운 죄고의 원인이 되느니라."

30. 대종사 말씀하시기를 "자기 마음 가운데 악한 기운과 독한 기운이 풀어진 사람이라야 다른 사람의 악한 기운과 독한 기운을 풀어 줄 수 있느니라."

31. 대종사 말씀하시기를 "상극의 마음이 화(禍)를 불러들이는 근본이 되고, 상생의 마음이 복을 불러들이는 근본이 되느니라."

32. 대종사 말씀하시기를 "아무리 한때 악을 범한 사람이라도 참마음으로 참회하고 공덕을 쌓으면 몸에 악한 기운이 풀어져서 그 앞길이 광명하게 열릴 것이요, 아무리 한때 선을 지은 사람이라도 마음에 원망이나 남을 해칠 마음이 있으면 그 몸에 악한 기운이 싸고돌아서 그 앞길이 암담하게 막히느니라."

상극(相克) 서로 해를 끼쳐 해독이 나타나는 관계.
삿됨(邪-) 바르지 못하고 나쁨.
허공 법계(虛空法界) 허공처럼 텅 비어 보이지 않는 신령스러운 세계.

33. 대종사 말씀하시기를 "중생들은 열 번 잘해 준 은인이라도 한 번만 잘못하면 원망으로 돌리지마는 도인들은 열 번 잘못한 사람이라도 한 번만 잘하면 감사하게 여기나니, 그러므로 중생들은 은혜에서도 해(害)만 발견하여 난리와 파괴를 불러오고 도인들은 해에서도 은혜를 발견하여 평화와 안락을 불러오느니라."

34. 대종사 말씀하시기를 "선한 사람은 선으로 세상을 가르치고 악한 사람은 악으로 세상을 깨우쳐서 세상을 가르치고 깨우치는 데에는 그 공이 서로 같으나, 선한 사람은 자신이 복을 얻으면서 세상일을 하게 되고 악한 사람은 자신이 죄를 지으면서 세상일을 하게 되므로 악한 사람을 미워하지 말고 불쌍히 여겨야 하느니라."

35. 대종사 말씀하시기를 "이용하는 법을 알면 천하에는 버릴 것이 하나도 없느니라."

36. 대종사 말씀하시기를 "사람이 말 한 번 하고 글 한 줄 써서도 남에게 희망과 안정을 주기도 하고 낙망과 불안을 주기도 하나니, 그러므로 사람이 근본적으로 악해서만 죄를 짓는 것이 아니라 죄 되고 복 되는 이치를 알지 못하여 자신도 모르는 가운데 죄를 짓는 수가 허다하니라."

37. 대종사 말씀하시기를 "살·도·음 같은 **중계(重戒)**를 범하는 것도 악이지마

중계(重戒) 무거운 과보를 초래할 수 있는 엄중한 계문.

는 사람의 바른 신심을 끊어서 영겁 다생에 그 앞길을 막는 것은 더 큰 악이며, 금전이나 의식을 많이 혜시하는 것도 선이지마는 사람에게 바른 신심을 일으켜서 영겁 다생에 그 앞길을 열어 주는 것은 더 큰 선이 되느니라."

38. 대종사 말씀하시기를 "세상에 세 가지 제도하기 어려운 사람이 있나니, 하나는 마음에 어른이 없는 사람이요, 둘은 모든 일에 염치가 없는 사람이요, 셋은 악을 범하고도 부끄러운 마음이 없는 사람이니라."

39. 대종사 말씀하시기를 "대중 가운데 처하여 대중의 규칙을 어기는 것은 곧 그 단체를 파괴하는 것이요, 대중의 뜻을 무시하는 것은 곧 천의를 어김이 되느니라."

40. 대종사 말씀하시기를 "대중 가운데 처하여 비록 특별한 선과 특별한 기술은 없다 할지라도 오래 평범을 지키면서 꾸준한 공을 쌓는 사람은 특별한 인물이니, 그가 도리어 큰 성공을 보게 되리라."

41. 대종사 말씀하시기를 "도가의 **명맥(命脈)**은 시설이나 재물에 있지 아니하고, 법의 **혜명(慧命)**을 받아 전하는 데에 있느니라."

명맥(命脈) 생명. 생명력.
혜명(慧命) 지혜의 생명이라는 뜻으로 대도 정법의 정수를 의미함.

42. 대종사 말씀하시기를 "참 자유는 방종(放縱)을 절제하는 데에서 오고 큰 이익은 사욕을 버리는 데에서 오나니, 그러므로 참 자유를 원하는 사람은 먼저 계율을 잘 지키고 큰 이익을 구하는 사람은 먼저 **공심(公心)**을 양성하느니라."

43. 대종사 말씀하시기를 "중생들은 불보살을 **복전(福田)**으로 삼고, 불보살들은 중생을 복전으로 삼느니라."

44. 대종사 말씀하시기를 "사람으로서 **육도**와 **사생**의 세계를 널리 알지 못하면 이는 한편 세상만 아는 사람이요, 육도와 사생의 **승강**되는 이치를 두루 알지 못하면 이는 또한 눈앞의 일밖에 모르는 사람이니라."

45. 대종사 말씀하시기를 "그 마음에 한 생각의 사(私)가 없는 사람은 곧 **시방삼계**를 소유하는 사람이니라."

공심(公心) 공익심. 봉공심.

복전(福田) 복의 터전.

육도(六途) 일체 생령이 윤회하는 여섯 가지 세계. 천상, 인간, 수라, 축생, 아귀, 지옥.

사생(四生) 일체 생령이 태어나는 네 가지 유형. 태생은 태를 통해 태어나는 것, 난생은 알로 태어나는 것, 습생은 습지에서 태어나는 것, 화생은 의지한데 없이 태어나는 것.

승강(昇降) 진급하거나 강급하는 것.

시방 삼계(十方三界) 온 우주. 시방은 동·서·남·북·동남·서남·동북·서북의 8방과 상·하를 합친 전체 공간. 삼계는 욕계, 색계, 무색계로 중생들이 윤회하는 세계.

제12 실시품

實示品

실시품(實示品) 소태산 대종사가 일상생활 속에서 보여주신 넓은 도량과 자비로운 심법, 감화력 등에 관한 법문으로 구성되어 있다.

1. 한때 대종사 **법성(法聖)**에서 배를 타시고 부안(扶安) **봉래정사**로 오시는 도중 뜻밖에 폭풍이 일어 배가 크게 요동하매, 뱃사람과 승객들이 모두 정신을 잃고 혹은 우는 사람도 있고 토하는 사람도 있고 거꾸러지는 사람도 있어서 배 안이 크게 소란하거늘, 대종사 태연 정색하시고 말씀하시기를 "사람이 아무리 죽을 경우를 당할지라도 정신을 수습하여 옛날에 지은 죄를 뉘우치고 앞날의 선업을 맹세한다면 **천력(天力)**을 빌어서 살길이 열리기도 하나니 모두 정신을 차리라." 하시니, 배에 탄 모든 사람이 다 그 **위덕**을 신뢰하여 마음을 겨우 진정하였던바, 조금 후에 점점 바람이 자고 물결이 평온하여지거늘, 사람들이 모두 대종사의 그 태연 부동하신 태도와 자비 윤택하신 **성체**를 뵈옵고 **흠앙**해 마지않느니라.

2. 대종사, 하루는 **실상사**에 가시니, 노승 두 사람이 한 젊은 **상좌**에게 **참선(參**

법성(法聖) 법성포. 전라남도 영광군 서북단에 위치한 포구 이름. 소태산 대종사가 대각 하기 이전에 법성포 장터에 가끔 다녔고, 대각 후에도 법성포에서 배를 타고 곰소항에 내려서 봉래정사로 다녔음.

봉래정사(蓬萊精舍) 전북 부안군 변산면 중계리 내변산 실상사 주변에 있었던 실상초 당과 석두암을 아울러 봉래정사라 부름. 소태산 대종사가 이곳에서 교리를 초안하고 제도를 구상하였으며 교단의 창립 방향을 계획하고 창립 인연들을 만났다.

천력(天力) 하늘의 힘. 헤아릴 수 없는 진리(법신불 사은)의 신묘한 조화력.

위덕(威德) 위엄과 덕화.

성체(聖體) 성인의 몸.

흠앙(欽仰) 공경하여 우러러 사모함.

실상사(實相寺) 전북 부안군 변산면 중계리 내변산에 소재한 절.

상좌(上佐) 불도(佛道)를 닦는 승려나 스승의 대를 이을 여러 승려 가운데에서 가장 높 은 사람.

禪)을 하라 했으나 도무지 듣지 아니한다 하여 무수히 꾸짖고 나서, 대종사께 고하기를 "저런 사람은 당장에 천불이 출세하여도 제도하지 못하리니 이는 곧 세상이 버린 물건이라." 하거늘, 대종사 웃으시며 말씀하시기를 "**화상(和尙)**들이 저 사람을 생각하기는 하였으나 저 사람으로 하여금 영영 참선을 못 하게 하는 것도 화상들이로다." 하시니, 한 노승이 말하기를 "어찌하여 우리가 저 사람에게 참선을 못 하게 한다 하시나이까?" 대종사 말씀하시기를 "남의 원 없는 것을 강제로 권하는 것은 그 사람으로 하여금 영영 그 일을 싫어하게 함이니라. 내가 지금 화상에게 저 산의 바위 속에 금이 들었으니 그것을 부수고 금을 캐라고 무조건 권하면 화상은 곧 나의 말을 믿고 바로 **채굴**을 시작하겠는가?" 노승이 한참 동안 생각한 후에 말하기를 "그 말씀을 믿고 바로 채굴은 못 하겠나이다." 대종사 말씀하시기를 "화상이 그와 같이 확신을 하여 주지 않는데 내가 만일 강제로 권하면 화상은 어찌하겠는가? 필시 내 말을 더욱 허망하게 알고 말 것이니, 저 사람은 아직 참선에 대한 취미도 없고 아무 발원도 없는데, 그것을 억지로 권함은 저 사람으로 하여금 참선을 도리어 허망하게 알게 함이요, 허망하게 알 때는 영영 참선을 하지 않을 것이 아닌가? 그러므로 이는 사람을 제도하는 **묘방**이 아니니라." 노승이 말하기를 "그러하오면 어떻게 하는 것이 제도하는 묘방이 되오리까?" 대종사 말씀하시기를 "저 바위 속에 금이 든 줄을 알았거든 내가 먼저 채굴하여다가 그것을 광채 있게 쓰면 사람들이

참선(參禪) 불교의 선(禪) 수행.
화상(和尙) 스님을 높여 이르는 말. 수행을 많이 한 승려.
채굴(採掘) 땅속에 묻혀 있는 광물 따위를 캐냄.
묘방(妙方) 매우 효과적인 방법.

나의 부유해진 연유를 알고자 하리니, 그 알고자 하는 마음의 정도를 보아서 그 내역을 말하여 준다면 그 사람들도 얼마나 감사히 그 금을 채굴하려 할 것인가. 이것이 곧 사람을 제도하는 묘방일까 하노라." 노승들이 고쳐 앉으며 말하기를 "선생의 제도하시는 방법은 참으로 광대하나이다." 하니라.

3. 대종사, 봉래정사에 계실 때 하루는 저녁 공양을 아니 드시므로 시봉하던 **김남천·송적벽**이 그 연유를 여쭈었더니, 대종사 말씀하시기를 "내가 이곳에 있으매 그대들의 힘을 입음이 크거늘 그대들이 오늘 밤에는 싸움을 하고 내일 아침 해가 뜨기 전에 떠나갈 터이라 내 미리 밥을 먹지 아니하려 하노라." 두 사람이 사뢰기를 "저희 사이가 특별히 다정하온데 설령 어떠한 일로 마음이 좀 상한들 가는 일까지야 있겠나이까. 어서 공양에 응하소서." 하더니, 몇 시간 뒤에 별안간 두 사람이 싸움을 하며 서로 분을 참지 못하여 짐을 챙기다가, 남천은 대종사의 미리 경계하심이 생각되어 그대로 머물러 평생에 **성훈(聖訓)**을 지켰고, 적벽은 이튿날 아침에 떠나가느니라.

4. 원기 9년 익산에 총부를 건설한 후 가난한 교단 생활의 첫 생계 수단으로 한동안 엿[飴] 만드는 업을 경영한 바 있었는데, 대종사 항상 여러 제자에게 이

김남천(金南天, 1869~1941) 전북 전주 출생. 법호는 각산(角山). 변산 봉래정사에서 소태산 대종사를 시봉하였다.

송적벽(宋赤壁, 1874~1939) 충청도 출생. 법호는 하산(夏山). 증산교를 신봉하다 귀의하였다.

성훈(聖訓) 성인의 교훈.

르시기를 "지금 세상은 인심이 고르지 못하니 대문 단속과 물품 간수를 철저히 하여 도난을 당하는 일이 없도록 하라. 만일 도난을 당하게 된다면 우리의 물품을 손실할 뿐만 아니라 또한 남에게 죄를 짓게 해 줌이 되나니 주의할 바이니라." 하시고, 친히 자물쇠까지 챙겨 주시었으나 제자들은 아직 경험이 부족한 관계로 미처 모든 단속을 철저히 하지 못하다가 어느 날 밤에 엿과 **엿목판**을 다 잃어버린지라 제자들이 황공하고 근심됨을 이기지 못하매, 대종사 말씀하시기를 "근심하지 말라. 어젯밤에 다녀간 사람이 그대들에게는 큰 선생이니, 그대들이 나를 제일 존중한 스승으로 믿고 있으나, 일전에 내가 말한 것만으로는 정신을 차리지 못하다가 이제부터는 내가 말하지 아니하여도 크게 주의를 할 것이니, 어젯밤 약간의 물품 손실은 그 선생을 대접한 학비로 알라."

5. 한 제자가 **성행(性行)**이 거칠어서 출가한 지 여러 해가 되도록 전날의 악습을 도무지 고치지 못하므로, 제자들이 대종사께 사뢰기를 "그는 비록 백 년을 법하(法下)에 두신다 하더라도 별 이익이 없을 듯하오니, 일찍 돌려보내시어 **도량(道場)**의 **풍기**를 깨끗이 함이 좋을까 하나이다." 대종사 말씀하시기를 "그대들이 어찌 그런 말을 하는가. 그가 지금 도량 안에 있어서도 그와 같으니 사회에 내보내면 그 장래가 어찌 되겠는가. 또한, 사회와 도량을 따로 보는 것은

엿목판 엿을 담는 속이 얕은 목판.
성행(性行) 성품과 행실을 아울러 이르는 말.
도량(道場) 수행자의 처소. 또는 수도하는 곳.
풍기(風紀) 바른 질서에 바탕한 풍속이나 풍습.

소승의 생각이요 **독선**의 소견이니, 큰 견지로 본다면 사회의 부정이 곧 도량의 부정이요 도량의 부정이 곧 사회의 부정이라. 도량의 부정만을 제거하여 사회에 옮기고자 하는 것이 어찌 원만한 일이라 하리오. 무릇, 불법의 대의는 모든 방편을 다하여 끝까지 사람을 가르쳐서 선으로 인도하자는 것이거늘, 만일 선한 사람만 상대하기로 한다면 그 본분이 어디 있겠는가. 그러므로 그대들은 가르쳐서 곧 화하지 않는 사람이라고 미리 미워하여 버리지 말고 끝까지 최선을 다하되, 제가 능히 감당하지 못하여 나간다면 어찌할 수 없으나 그렇지 아니하면 다 같은 불제자로서 함께 성불할 인연을 길이 놓지 말게 할지어다."

6. 한 제자가 **교칙(敎則)**에 크게 어그러진 바 있어 대중이 추방하기로 공사를 하는지라, 대종사 말씀하시기를 "너희가 어찌 차마 이러한 공사를 하느냐. 그는 나의 뜻이 아니로다. 나는 몇만 명 제자만이 나의 사람이 아니요 몇만 평 시설만이 나의 도량이 아니라 온 세상 사람이 다 나의 사람이요 온 세계 시설이 다 나의 도량이니, 나를 따르던 사람으로 제가 나를 버리고는 갈지언정 내가 먼저 저를 버리지는 아니하리라." 하시고, 그 제자를 직접 부르시사 혹은 엄히 꾸짖기도 하시고 혹은 타이르기도 하시어 마침내 **개과천선**의 길을 얻게 하여 주시니라.

소승(小乘) 작게 싣고 운반한다는 뜻으로 수행을 통한 개인의 해탈을 중시하는 교법. 대승에 상대되는 표현.

독선(獨善) 자기 개인의 수행에만 전념하는 것.

교칙(敎則) 교단의 규칙.

개과천선(改過遷善) 지난날의 잘못이나 허물을 고쳐 올바르고 착하게 됨.

7. 대종사, **영산**에 계실 때 **창부** 몇 사람이 입교하여 내왕하는지라 좌우 사람들이 꺼리어 사뢰기를 "이 청정한 **법석**에 저러한 사람들이 내왕하오면 외인의 **치소(嗤笑)**가 있을 뿐 아니라 반드시 발전에도 장애가 될 것이오니, 미리 오지 못하게 하는 것이 좋을까 하나이다." 대종사 웃으시며 말씀하시기를 "그대들은 어찌 그리 **녹록한** 말을 하는가. 대개 불법의 대의는 항상 대자대비의 정신으로 일체중생을 두루 제도하는 데에 있거늘 어찌 그들만 그 범위에서 제외하리오. 제도의 문은 도리어 그러한 죄고 중생을 위하여 열리었나니, 그러한 중생일수록 더 반가이 맞아들여 그 악을 느껴 스스로 깨치게 하고 그 업을 부끄러워 스스로 놓게 하는 것이 교화의 본분이거늘, 어찌 다른 사람의 치소를 꺼리어 우리의 본분을 저버리겠는가. 또한, 세상에는 사람의 고하가 있고 직업의 귀천이 있으나 불성에는 차별이 없나니, 이 원리를 알지 못하고 다만 그러한 사람이 내왕한다 하여 함께 배우기를 꺼린다면 도리어 그 사람이 제도하기 어려운 사람이니라."

8. 기미년(己未年·1919) 이후 인심이 극히 날카로운 가운데 대종사에 대한 **관**

영산(靈山) 전남 영광군 백수읍에 위치한 원불교의 발상지. 소태산 대종사가 탄생, 성장, 구도 과정을 거쳐 대각하고 교단 창립의 기초를 다졌던 성지.

창부(娼婦) 매춘부.

법석(法席) 정법을 수행하는 도량.

치소(嗤笑) 비웃고 조롱함.

녹록한(碌碌-) 평범하고 보잘것없는.

헌의 지목이 날로 심해져, 금산사에 계실 때 **김제 서**에서와, 영산에 계실 때 **영광 서**에서, 여러 날 동안 심문당하신 것을 비롯하여 평생에 수많은 억압과 제재를 받으셨으나, 조금도 그들을 싫어하고 미워하시는 바가 없이 늘 흔연히 상대하여 주시었으며, 대중에게도 이르시기를 "그들은 그들의 일을 할 따름이요, 우리는 우리의 일을 할 따름이니, 우리의 하는 일이 옳은 일이라면 누구인들 끝내 해하고 막지는 못하리라."

9. **일경(日警)** 한 사람이 대종사의 명함을 함부로 부르는지라 **오창건**이 그 무례함에 분개하여 크게 꾸짖어 보내거늘, 대종사 말씀하시기를 "그 사람이 나를 아직 잘 알지 못하여 그러하거늘 크게 탓할 것이 무엇이리오. 사람을 교화하는 사람은 항상 **심복**으로 저편을 감화시키는 데 힘써야 하나니, 질 자리에 질 줄 알면 반드시 이길 날이 올 것이요, 이기지 아니할 자리에 이기면 반드시 지는 날이 오느니라."

10. 한 제자의 사상이 불온하다 하여 일경이 하루 동안 대종사를 심문하다가

관헌(官憲) 일제의 경찰 관청.

김제 서 김제 경찰서. 전라북도 김제시 신풍동에 위치해 있음.

영광 서 영광 경찰서. 전라남도 영광군 영광읍에 위치해 있음.

일경(日警) 일제강점기에 활동하던 일본 경찰.

오창건(吳昌建,1887~1953) 전남 영광 출생. 법호는 사산(四山)이며 법훈은 종사. 9인 제자의 한 사람으로 교단 창업기 공심의 표준적 인물이었다.

심복(心服) 마음으로 감복시킴.

"앞으로는 그런 제자가 다시 없도록 하겠다고 서약하라." 하는지라, 대종사 말씀하시기를 "부모가 자녀들을 다 좋게 인도하려 하나 제 성행(性行)이 각각이라 부모의 마음대로 다 못 하는 것이요, 나라에서 만백성을 다 좋게 인도하려 하나 민심이 각각이라 나라에서도 또한 다 그렇게 해 주지를 못 하나니, 나의 일도 그와 같아서 모든 사람을 다 좋게 만들고자 정성은 들이지마는 그 많은 사람을 어찌 **일조일석**에 다 좋게 만들 수 있겠는가. 그러므로 앞으로도 노력은 계속하려니와 다시는 없게 하겠다고 서약하기는 어렵노라." 하시고, 돌아오시어 대중에게 말씀하시기를 "오랫동안 강약이 대립하고 차별이 혹심하여 억울하게 묻어 둔 원한들이 많은지라 앞으로 큰 전쟁이 한 번 터질 것이요, 그 뒤에는 세상 인지가 차차 밝아져서 개인들이나 나라들이 서로 돕고 우호 상통할지언정 남의 주권을 함부로 침해하는 일은 없으리라."

11. 한 사람이 대종사께 여쭙기를 "이러한 세상에도 **견성한 도인**이 있사오리까?" 대종사 말씀하시기를 "이러한 세상일수록 더욱 견성한 도인이 많이 나야 할 것이 아닌가." 그 사람이 다시 말하기를 "선생께서는 참으로 **견성성불**을 하셨나이까?" 대종사 웃으시며 말씀하시기를 "견성성불은 말로 하는 것도 아니요 말만 듣고 아는 것도 아니므로, 그만한 지각을 얻은 사람이라야 그 지경을 알아볼 수 있는 것이며, 도덕의 참다운 가치는 후대의 천하 사람들이 증명할 바이니라."

일조일석(一朝一夕) 하루 아침과 하루 저녁이란 뜻으로 짧은 시일을 이르는 말.
견성한 도인(見性-道人) 본래 성품을 깨달은 수행자.
견성성불(見性成佛) 본래 성품을 깨닫고 부처를 이룸.

12. 형사 한 사람이 경찰 당국의 지령을 받아 대종사와 교단을 감시하기 위하여 여러 해를 총부에 머무르는데, 대종사 그 사람을 챙기고 사랑하시기를 사랑하는 제자나 다름없이 하시는지라, 한 제자 여쭙기를 "그렇게까지 하실 것은 없지 않겠나이까?" 대종사 말씀하시기를 "그대의 생각과 나의 생각이 다르도다. 그 사람을 감화시켜 제도를 받게 하여 안 될 것이 무엇이리오." 하시고, 그 사람이 있을 때나 없을 때나 매양 한결같이 챙기고 사랑하시더니, 그가 드디어 감복하여 입교하고 그 후로 교중(敎中)의 모든 일에 많은 도움을 주니 법명이 **황이천(黃二天)**이러라.

13. 대종사, 영산에 계실 때 하루는 그 면의 경관 한 사람이 이웃 마을에 와서 사람을 보내어 오시기를 요구하매, 대종사 곧 그에 응하려 하시는지라, 좌우 제자들이 그 경관의 무례함에 분개하여 가심을 만류하거늘, 대종사 말씀하시기를 "내가 가서 그 사람을 보는 것이 무엇이 불가하다는 말인가?" 한 제자 사뢰기를 "아무리 도덕의 가치를 몰라주는 세상이기로 그와 같은 일개 말단 경관이 수백 대중을 거느리시는 선생님에게 제 어찌 사의(私意)로써 감히 오라 가라 하오리까. 만일 그대로 순응하신다면 법위의 존엄을 손상할 뿐 아니라 교중에 적지 않은 치욕이 될까 하나이다." 대종사 말씀하시기를 "그대의 말이 그럴듯하나 이에 대해서는 조금도 염려하지 말라. 내 이미 생각한 바가 있노라." 하시고, 바로 그곳에 가시어 그를 만나고 돌아오시사, 제자들에게 말씀하시기를 "내가 가서 그를 만나매 그가 도리어 황공한 태도로 반가이 영접하였으며

황이천(黃二天, 1910~1990) 전북 완주 출생. 법호는 붕산(鵬山). 일제강점기에 원불교를 전담하여 수사하던 순사.

더할 수 없이 만족한 표정으로 돌아갔으니, 그가 우리를 압제하려는 마음이 많이 줄어졌으리라. 그러나 내가 만일 가지 아니하였다면 그가 우리를 압제하려는 마음이 더할 것이요, 그러하면 그 결과가 어찌 되겠는가. 지금 저들은 어떠한 트집으로라도 조선 사람의 단체는 다 탄압하려 하지 않는가. 그러므로 이러한 경우에는 이렇게 대응하는 것이 가장 마땅한 길이 되느니라. 대저, 남의 대접을 구하는 법은 어느 방면으로든지 먼저 그만한 대접이 돌아올 실적을 세상에 나타내는 것이니, 그리한다면 그 실적의 정도에 따라 모든 사람이 다 예를 갖추게 되리라. 그러나 불보살의 심경은 위를 얻은 뒤에도 위라는 생각이 마음 가운데 머물러 있지 아니하느니라."

14. 당시의 **신흥종교**들 가운데에는 재(財)와 색(色) 두 방면의 사건으로 인하여 관청과 사회의 이목을 집중시킨 일이 적지 아니한지라, 모든 종교에 대한 관변의 간섭과 조사가 잦았으나 언제나 우리에게는 털끝만 한 착오도 없음을 보고, 그들이 돌아가 서로 말하기를 "**불법연구회**의 조직과 계획과 실천은 나라를 맡겨도 능란히 처리하리라." 한다 함을 전하여 들으시고, 대종사 말씀하시기를 "참다운 도덕은 개인·가정으로부터 국가·세계까지 다 잘 살게 하는 큰 법이니, 세계를 맡긴들 못할 것이 무엇이리오."

신흥(新興)종교 기성종교에 대하여 새로 창립된 종교를 의미.
불법연구회 '원불교'라는 정식 교명이 반포되기 이전까지 사용된 초기 교단의 명칭. 원기 9년(1924)에서 원기 33년(1948)까지 사용됨.

15. 대종사, **서울교당**에서 친히 도량의 제초를 하시고 말씀하시기를 "오늘 내가 도량의 제초를 한 데에는 두 가지 뜻이 있었나니, 하나는 교당 책임자들이 매양 도량 정리에 유의해야 한다는 것을 본보이기 위함이요, 또 하나는 우리의 마음을 자주 살피지 아니하면 잡념 일어나는 것이 마치 이 도량을 조금만 **불고**하면 어느 틈에 잡초가 무성해지는 것과 같아서 마음공부와 제초 작업이 그 뜻이 서로 통함을 알리어, 제초하는 것으로 마음공부를 대조하게 하고 마음공부 하는 것으로 제초를 하게 하여 도량과 **심전(心田)**을 다 같이 깨끗하게 하라는 것이라. 그대들은 이 두 가지 뜻을 항상 명심하여 나의 본의에 어긋남이 없기를 부탁하노라."

16. 대종사, 언제나 **수용**하시는 도구를 반드시 정돈하사 비록 어두운 밤에라도 그 두신 물건을 가히 더듬어 찾을 수 있게 하시고, 도량을 반드시 정결하게 하사 한 점의 티끌이라도 머무르지 않게 하시며 말씀하시기를 "수용하는 도구가 산란한 것은 그 사람의 마음이 산란한 것을 나타냄이요, 도량이 깨끗하지 못한 것은 그 사람의 마음 밭이 거친 것을 나타냄이라. 그러므로 마음이 게으르고 거칠면 모든 일이 다 다스려지지 못하나니, 어찌 작은 일이라 하여 소홀히 하리오."

서울교당 당시의 서울교당의 공식 명칭은 경성지부였으며 돈암동회관 혹은 앵두나뭇골 회관으로 부르기도 하였다. 당시 경성지부의 위치는 현재 서울의 삼선공원 자리이다.

불고(不顧) 돌아보지 않거나 돌보지 않음.

심전(心田) 마음을 밭에 비유한 말.

수용(需用) 사용.

17. 대종사, 잠깐이라도 방안을 떠나실 때는 **문갑**에 자물쇠를 채우시는지라, 한 제자가 그 연유를 묻자오매 말씀하시기를 "나의 처소에는 공부가 미숙한 남녀노소와 외인들도 많이 출입하나니, 혹 **견물생심**으로 죄를 지을까 하여 미리 그 죄를 방지하는 일이니라."

18. 대종사, 조각 종이 한 장과 도막 연필 하나며 소소한 노끈 하나라도 함부로 버리지 아니하시고 아껴 쓰시며, 말씀하시기를 "아무리 흔한 것이라도 아껴 쓸 줄 모르는 사람은 **빈천보**를 받나니, 물이 세상에 흔한 것이나 까닭 없이 함부로 쓰는 사람은 **후생**에 물 귀한 곳에 몸을 받아 물 곤란을 보게 되는 **과보**가 있느니라."

19. 대종사, 일이 없으실 때는 앞으로 있을 일의 기틀을 먼저 보시므로 일을 당하여 **군색**함이 없으시고, 비록 폐물이라도 그 사용할 데를 생각하사 함부로 버리지 아니하시므로 폐물이 도리어 성한 물건같이 이용되는 수가 많으니라.

20. 대종사, 매양 의식이나 거처에 분수 밖의 사치를 경계하시며 말씀하시기

문갑(文匣) 문서나 문구 따위를 넣어 두는 가구.
견물생심(見物生心) 물건을 보고 가지고 싶은 욕심이 생김.
빈천보(貧賤報) 가난하고 천한 몸으로 태어나는 과보.
후생(後生) 다음 생. 내생(來生).
과보(果報) 지은 바(원인)에 따라 받게 되는 결과.
군색(窘塞) 필요한 것이 없거나 모자라서 딱하고 옹색함.

를 "사람이 분수 밖의 의식주를 취하다가 스스로 패가망신을 하는 수도 있으며, 설사 재산이 넉넉하더라도 사치를 일삼으면 결국은 삿된 마음이 치성하여 수도하는 정신을 방해하나니, 그러므로 공부인들은 의식 거처 등에 항상 **담박**과 **질소(質素)**를 위주로 하여야 하느니라."

21. 대종사, 몇 제자와 함께 총부 정문 밖에 나오시매 어린이 몇이 놀고 있다가 다 절을 하되 가장 어린아이 하나가 절을 아니하는지라, 그 아이를 어루만지시며 "네가 절을 하면 과자를 주리라." 하시니 그 아이가 절을 하거늘, 대종사 웃으신 후 무심히 한참 동안 걸으시다가 문득 말씀하시기를 "그대들은 잠깐 기다리라. 내가 볼 일 하나를 잊었노라." 하시고 다시 **조실**로 들어가시어 과자를 가져다가 그 아이에게 주신 후 가시니, 대종사께서 비록 사소한 일이라도 항상 신을 지키심이 대개 이러하시니라.

22. 대종사, 병환 중에 계실 때 한 제자가 "이웃 교도의 가정에 편안히 비기실 의자가 있사오니 가져오겠나이다." 하고 사뢰었더니, 대종사 말씀하시기를 "그만두라. 그 주인이 지금 집에 있지 아니하거늘 어찌 나의 편안한 것만 생각하여 가져오리오. 아무리 친한 사이라도 부득이한 경우 외에는 본인의 자원이나 승낙 없는 물건을 함부로 청하여다 사용하지 않는 것이 좋으니라."

담박(淡泊) 욕심이 없고 마음이 깨끗함.
질소(質素) 꾸밈이 없고 소박함.
조실(祖室) 일반적으로 조사가 거처하는 방으로 교단에서는 종법사가 거처하는 집.

23. 대종사, 편지를 받으시면 매양 친히 보시고 바로 답장을 보내신 후, 보관할 것은 정하게 보관하시고 그렇지 아니한 것은 모아서 정결한 처소에서 태우시며, 말씀하시기를 "편지는 저 사람의 정성이 든 것이라 함부로 두는 것은 예가 아니니라."

24. 대종사, 하루는 한 제자를 크게 꾸짖으시더니 조금 후에 그 제자가 다시 오매 바로 자비하신 성안으로 대하시는지라, 옆에 있던 다른 제자가 그 연유를 묻자오매 대종사 말씀하시기를 "아까는 그가 끓이고 있는 사심(邪心)을 부수기 위하여 그러하였고, 이제는 그가 돌이킨 정심(正心)을 북돋기 위하여 이러하노라."

25. 양하운(梁夏雲) 사모께서는 대종사께서 회상을 창립하시기까지 대종사의 사가 일을 전담하사 갖은 수고를 다하셨으며, 회상 창립 후에도 논과 밭으로 다니시며 갖은 고역을 다하시는지라, 일반 교도가 이를 죄송히 생각하여 거교적으로 성금을 모아 그 고역을 면하시도록 하자는 의논을 하므로, 대종사 들으시고 말씀하시기를 "그 말도 예에는 그럴듯하나 중지하라. 이만한 큰 회상을 창립하는데 그 사람도 직접 나서서 창립의 큰 인물은 못 될지언정 도리어 대중의 도움을 받아서야 되겠는가. 자력이 없어서 할 수 없는 처지라면 모르거니와 자신의 힘으로 살 수 있다면 그것이 떳떳하고 행복한 생활이니라."

양하운(梁夏雲, 1890~1973) 전남 영광 출생. 법호는 십타원(十陀圓)이며 법훈은 종사. 소태산 대종사와 결혼하여 교단에서 대사모(大師母)라 존칭한다.

26. 이청춘이 돼지 **자웅(雌雄)**이 노는 것을 보다가 마음에 깊이 깨친 바 있어 세간 향락을 청산하고 **도문**에 들어와 수도에 힘쓰던 중 자기의 소유 토지 전부를 이 회상에 바치려 하는지라, 대종사 말씀하시기를 "그대의 뜻은 매우 아름다우나 사람의 마음이란 처음과 끝이 같지 아니할 수 있으니 더 신중히 생각하여 보라." 하시고 여러 번 거절하시니, 청춘이 한번 결정한 마음에 변동이 없을 뿐 아니라 대종사의 여러 번 거절하심에 더욱 감동하여 받아 주시기를 굳이 원하거늘, 대종사 마침내 허락하시며 "덕을 쓸진대 천지같이 상(相) 없는 대덕을 써서 영원히 그 공덕이 멸하지 않도록 하라."

27. 대종사, 마령교당에 가시니 **오송암(吳松庵)**이 와서 뵈옵고 말하되 "저의 **여식 종순(宗順)·종태(宗泰)**가 입교한 후로 출가(出嫁)를 거절하는 것이 제 뜻에는 맞지 아니하오나, 그들의 뜻을 굽히지 못하여 그대로 두오니, 그 장래를 책임져 주소서." 하거늘, 대종사 말씀하시기를 "나의 법은 과거 불교와 달라서

이청춘(李靑春, 1886~1955) 전북 전주 출생. 법호는 오타원(五陀圓)이며 법훈은 대봉도. 전주교당 창립주로 대도회상 창립을 위해 헌신 봉공하였다.

자웅(雌雄) 암컷과 수컷.

도문(道門) 불도를 수행하는 정법 회상. 여기서는 일원 대도의 회상을 의미함.

오송암(吳松庵, 1886~1950) 전북 진안 출생. 법호는 휘산(輝山). 오종순과 오종태의 부친이다.

여식(女息) 남에게 자기 딸을 이르는 말.

종순(宗順) 오종순(吳宗順, 1913~1935) 전북 진안 출생. 오종태의 쌍둥이 언니. 병으로 젊은 나이에 열반하였다.

종태(宗泰) 오종태(吳宗泰, 1913~1976) 전북 진안 출생. 법호는 형타원(亨陀圓)이며 법훈은 대봉도. 감찰원 부원장, 영산선원장 등을 역임하였다.

결혼 생활을 법으로 금하지는 아니하나, 그와 같이 특별한 서원 아래 순결한 몸과 마음으로 공부 사업하겠다는 사람들에게 어찌 범연할 수야 있겠는가. 그러나 그들의 장래는 부모나 스승에게보다 그들의 마음에 더 달려 있나니, 최후 책임은 그들에게 맡기고 그대나 나는 정성을 다하여 지도만 하여 보자." 하시니, 송암이 일어나 절하고 두 딸의 **전무출신** 서원을 흔연히 승낙하느니라.

28. 대종사, 부산에 가시니 **임칠보화(林七寶華)**가 와서 뵈옵고 "저의 집에 한 번 **왕림**하여 주소서." 하거늘, 대종사 말씀하시기를 "그대는 신심이 지극하나 그대의 부군은 아직 외인이라 가히 양해를 하겠는가?" 하시니, 칠보화 사뢰기를 "제가 남편에게 대종사 공양의 뜻을 말하옵고 생각이 어떠냐고 물었삽더니, 그가 말하기를 '내가 아직 실행이 철저하지 못하여 입교는 아니하였으나 그런 어른이 와 주신다면 우리 집안의 영광이 되겠다.'라고 하더이다." 대종사 그 **숙연(宿緣)**을 짐작하시고 흔연히 그 청에 응하시니라.

29. 한 사람이 와서 제자 되기를 원하는지라, 대종사 말씀하시기를 "다음날 한두 번 다시 와 보고 결정함이 어떠하냐?" 하시니, 그 사람이 말하기를 "제 뜻이 이미 견고하오니 곧 허락하여 주옵소서." 하거늘, 대종사 한참 동안 생각하

전무출신(專務出身) 출가교도로서 신앙과 수행에 전념하며 세상을 위하여 심신을 오롯이 헌신 봉공하는 사람.

임칠보화(林七寶華, 1896~1972) 경남 마산 출생. 법호는 영타원(永陀圓)이며 법훈은 대호법. 초량교당, 마산교당 창립에 헌신하였다.

왕림(枉臨) 남이 자기 있는 곳으로 찾아옴을 높여 이르는 말.

숙연(宿緣) 지난 세상에 맺은 인연.

시다가 그 법명을 '일지(日之)'라고 내리시니, 그 사람이 물러나와 대중에게 말하기를 "우리가 무슨 인연으로 이렇게 **동문 제자**가 되었느냐."라고 하며, 자기에게 좋은 **환약**이 있으니 의심하지 말고 사서 쓰라 하였으나 대중이 사지 아니하매, 일지 노기를 띠며 "동지의 정의가 어찌 이럴 수 있느냐." 하고 해가 지기 전에 가 버리니라.

30. 한 제자가 도량의 초가지붕을 이면서 **나래**만 두르고 새끼는 두르지 아니하는지라, 대종사 말씀하시기를 "밤사이라도 혹 바람이 불면 그 이어 놓은 것이 허사가 아닌가?" 하시었으나, "이 지방은 바람이 심하지 아니하옵니다." 하며 그대로 두더니, 그날 밤에 때아닌 바람이 일어나 지붕이 다 걷혀 버린지라, 그 제자 송구하여 어찌할 바를 모르며 "대종사께서는 신통으로 미리 보시고 가르쳐 주신 것을 이 어리석은 것이 명을 어기어 이리되었나이다." 하거늘, 대종사 말씀하시기를 "이번 일에는 그 든든하고 떳떳한 길을 가르쳐 주었건마는 그대가 듣지 아니하더니, 이제는 도리어 나를 신기한 사람으로 돌리니 그 허물이 또한 더 크도다. 그대가 나를 그렇게 생각한다면 그대는 앞으로 나에게 대도 정법은 배우지 아니하고 신기한 일만 엿볼 터인즉, 그 앞길이 어찌 위태하지 아니하리오. 그대는 곧 그 생각을 바로잡고 앞으로는 매사를 오직 든든하고 떳떳한 길로만 밟아 행하라."

> **동문 제자(同門 弟子)** 같은 스승으로부터 가르침을 받은 사람들.
> **환약(丸藥)** 작고 둥글게 빚은 알약.
> **나래** 이엉의 방언. 초가집의 지붕이나 담을 이기 위하여 짚이나 새(억새 등의 식물) 따위로 엮은 것.

31. 이운외(李雲外)의 병이 위중하매 그의 집안사람이 급히 달려와 대종사께 방책을 문의하는지라, 말씀하시기를 "곧 의사를 청하여 치료하라." 하시고, 얼마 후에 병이 평복되니, 대종사 말씀하시기를 "일전에 운외가 병이 중하매 나에게 먼저 방침을 물은 것은 그 길이 약간 어긋난 일이니라. 나는 원래 도덕을 알아서 그대들의 마음병을 치료해 주는 선생이요 육신병의 치료는 각각 거기에 전문하는 의사가 있나니, 앞으로는 마음병 치료는 나에게 문의할지라도 육신병 치료는 의사에게 문의하라. 그것이 그 길을 옳게 아는 것이니라."

32. 대종사, 차자 **광령(光靈)**이 병들매 집안사람으로 하여금 힘을 다하여 간호하게 하시더니, 그가 **요절**하매 말씀하시기를 "오직 인사(人事)를 다할 따름이요, 마침내 인력으로 좌우하지 못할 것은 명(命)이라." 하시고, 공사(公事)나 법설하심이 조금도 평시와 다르지 아니하시니라.

33. 이동안이 열반하매 대종사 한참 동안 묵념하신 후 눈물을 흘리시는지라, 제자들이 "너무 상심하지 마옵소서." 하니, 대종사 말씀하시기를 "마음까지 상

이운외(李雲外, 1872~1967) 경북 금릉 출생. 법호는 준타원(準陀圓)이며 법훈은 대희사. 송규·송도성의 어머니이며 부군과 두 아들 그리고 손녀들의 전무출신을 적극 후원했고, 항상 낙도생활을 하였다.

광령(光靈) 박광령(朴光靈, 1923~1942) 전남 영광 출생. 소태산 대종사의 둘째 아들. 지혜가 총명하였으나 요절하였다.

요절(夭折) 젊은 나이에 죽음.

이동안(李東安, 1892~1941) 전남 영광 출생. 법호는 도산(道山)이며 법훈은 대봉도. 불법연구회 산업부장, 이리보화당 대표 등을 역임하였다.

하기야 하리오마는 내 이 사람과 갈리면서 눈물을 아니 흘릴 수 없도다. 이 사람은 초창 당시에 나의 뜻을 전적으로 받들어 신앙 줄을 바로잡았으며, 그 후 모든 공사를 할 때도 직위에 조금도 **계교**가 없었느니라."

34. 총부에서 기르던 어린 개가 동리의 큰 개에게 물리어 죽을 지경에 이른지라 그 비명이 매우 처량하거늘, 대종사 들으시고 말씀하시기를 "생명을 아끼어 죽기 싫어하는 것은 사람이나 짐승이나 일반이라." 하시고, 성안에 불쌍히 여기시는 기색을 띠시더니 마침내 **절명**하매 **재비(齋費)**를 내리시며 **예감(禮監)**에게 명하사 "떠나는 개의 영혼을 위하여 **7·7 천도재**를 지내 주라." 하시니라.

35. 대종사, 비록 사람에게 친절하시나 그 사람이 감히 무난히 대하지는 못하며, 혹 사람의 잘못을 엄책하시나 그 사람이 원망하는 마음을 내지는 아니하며, 비록 그 쓰지 못할 사람인 줄을 아시나 먼저 그를 버리지는 아니하시니라.

36. 대종사, 제자 가운데 말만 하고 실행이 없음을 경계(警戒)는 하셨으나 그 말을 버리지 아니하셨고, 재주만 있고 덕 없음을 경계는 하셨으나 그 재주를

계교(計較) 저울질하고 비교하는 것.
절명(絕命) 목숨이 끊어짐.
재비(齋費) 재(齋)를 지낼 때 불전에 올리는 헌공금.
예감(禮監) 원불교의 의식을 집행하는 주례자.
7·7 천도재(七七 薦度齋) 죽은 후 중음(中陰)에 머무는 49일 동안에 7일마다 영가의 명복을 빌고 선도(善途)에 태어나도록 축원하는 의식.

버리지 아니하시니라.

37. 대종사, 대중을 통솔하심에 네 가지의 엄한 경계가 있으시니, 하나는 **공물 (公物)**을 사유(私有)로 삼는 것이요, 둘은 출가한 사람으로서 사가에 돌아가 이유 없이 오래 머무르거나 사사(私事)를 경영하는 것이요, 셋은 자기의 안일을 도모하여 공중 일에 협력하지 않는 것이요, 넷은 **삼학** 병진의 대도를 닦지 아니하고 편벽되이 **정정(定靜)**만 익히어 신통을 희망하는 것이니라.

38. 대종사, 대중에게 상벌을 시행하시되 그 근기에 따른 다섯 가지 준칙이 있으시니, 첫째는 모든 것을 다 잘하므로 따로 상벌을 내리지 아니하시는 근기요, 둘째는 다 잘하는 가운데 혹 잘못이 있으므로 조그마한 흠이라도 없게 하기 위하사 상은 놓고 벌만 내리시는 근기요, 셋째는 잘하는 것도 많고 잘못하는 것도 많으므로 상벌을 겸용하시는 근기요, 넷째는 잘못하는 것이 많은 가운데 혹 잘하는 것이 있으므로 조금 잘하는 것이라도 찾아서 그 마음을 살려내기 위하사 벌은 놓고 상만 내리시는 근기요, 다섯째는 모든 것을 다 잘못하므로 상벌을 놓아 버리고 당분간 관망하시는 근기니라.

39. 대종사, 매양 신심 있고 선량한 제자에게는 조그마한 허물에도 꾸중을 더

공물(公物) 공중이 사용하는 사물이나 시설.
삼학(三學) 법신불 일원상을 표본 삼아 인격을 함양해 가는 세 가지 수행 방법. 정신 수양, 사리 연구, 작업 취사.
정정(定靜) 마음이 안정되고 고요함.

하시고, 신심 없고 착하지 못한 제자에게는 큰 허물에도 꾸중을 적게 하시며 조그마한 선행에도 칭찬을 많이 하시는지라, 한 제자가 그 연유를 묻자오매 대종사 말씀하시기를 "열 가지 잘하는 가운데 한 가지 잘못하는 사람은 그 한 가지까지도 고치게 하여 결함 없는 **정금미옥**을 만들기 위함이요, 열 가지 잘못하는 가운데 한 가지라도 잘하는 사람은 그 하나일지라도 착한 싹을 키워 주기 위함이니라."

40. 대종사, 사람을 쓰실 때는 매양 그 **신성**과 공심과 실행을 물으신 다음 아는 것과 재주를 물으시니라.

41. 대종사, 간혹 대중과 더불어 조선 **고악(古樂)**을 감상하신바, 특히 **창극** 춘향전·심청전·흥부전 등을 들으실 때는 매양 그 정절과 효우(孝友)의 장함을 칭찬하시며 공도 생활에 **지조**와 **인화**가 더욱 소중함을 자주 강조하시고, 말씀하시기를 "**충·열·효·제(忠烈孝悌)**가 그 형식은 시대에 따라 서로 다르나 그

정금미옥(精金 美玉) 정련된 순수한 금과 아름다운 옥.

신성(信誠) 정성스러운 믿음.

고악(古樂) 옛날 음악.

창극(唱劇) 전통 판소리나 그 형식을 빌려 만든 가극(歌劇).

지조(志操) 원칙과 신념을 굽히지 아니하고 끝까지 지켜 나가는 꿋꿋한 의지.

인화(人和) 서로 화합함.

충·열·효·제(忠烈孝悌) 유교 도덕의 중요한 덕목으로 충(忠)은 국가에 대한 충성심, 열(烈)은 지조 또는 절의(節義), 효(孝)는 부모에 대한 효도, 제(悌)는 형제간의 우애를 말한다.

정신만은 어느 시대에나 변함없이 활용되어야 하리라."

42. 대종사, 교중에 일이 생기면 매양 대중과 같이 노력하실 일은 노력하시고, 즐겨하실 일은 즐겨하시고, 근심하실 일은 근심하시고, 슬퍼하실 일은 슬퍼하사, 조금도 인정에 박한 일과, 분수에 넘치는 일과, 요행을 바라는 일 등을 취하지 아니하시니라.

43. 대종사, 대중 출역이 있을 때는 매양 현장에 나오시사 친히 모든 **역사(役事)**를 지도하시며, 항상 말씀하시기를 "영육(靈肉)의 육대 강령 가운데 육신의 삼 강령을 등한시 않게 하기 위하여 이와 같이 출역을 시키노라." 하시고, 만일 정당한 이유 없이 출역하지 않는 사람이 있거나 나와서도 일에 게으른 사람이 있을 때는 이를 크게 경책하시니라.

44. 각처를 두루 돌아다닌 한 사람이 대종사를 뵈옵고 찬탄하기를 "강산을 두루 돌아다녔사오나 산 가운데는 금강산이 제일이었고, 사람을 두루 상대하였사오나 대종사 같은 어른은 처음 뵈었나이다." 대종사 말씀하시기를 "그대가 어찌 강산과 인물만 말하는가. 고금 천하에 다시없는 큰 도덕이 이 나라에 건설되는 줄을 그대는 모르는가."

역사(役事) 공동 작업.

45. 안도산(安島山)이 찾아온지라, 대종사, 친히 영접하사 민족을 위한 그의 수고를 위로하시니, 도산이 말하기를 "나의 일은 **판국**이 좁고 솜씨가 또한 충분하지 못하여 민족에게 큰 이익은 주지 못하고 도리어 나로 인하여 관헌들의 압박을 받는 동지까지 적지 아니하온데, 선생께서는 그 일의 판국이 넓고 운용하시는 방편이 능란하시어 안으로 동포 대중에게 공헌함은 많으시면서도 직접 큰 구속과 압박은 받지 아니하시니 선생의 역량은 참으로 장하옵니다." 하느니라.

46. 대종사 말씀하시기를 "내가 재능으로는 남다른 손재주 하나 없고, 아는 것으로는 보통 학식도 충분하지 못하거늘, 나같이 재능 없고 학식 없는 사람을 그대들은 무엇을 보아 믿고 따르는가?" 하시나, 능(能)이 없으신 중에 능하지 아니함이 없으시고, 앎이 없으신 중에 알지 아니함이 없으시어, 중생을 교화하심에 덕이 **건곤(乾坤)**에 승하시고, 사리를 **통관**하심에 **혜광**이 일월보다 밝으시니라.

안도산(安島山, 1878~1938) 평남 강서 출생. 이름은 창호(昌浩)이며 도산은 호(號)이다. 항일 독립 운동가이자 교육자이다.

판국(-局) 일이 벌어진 사태의 형편이나 국면.

건곤(乾坤) 하늘과 땅.

통관(洞觀) 꿰뚫어 밝게 앎.

혜광(慧光) 지혜 광명.

47. 김광선이 **위연(喟然)**히 찬탄하기를 "종문(宗門)에 모신 지 20여 년에 대종사의 한 말씀 한 행동을 모두 우러러 흠모하여 본받아 행하고자 하되 그 만분의 일도 아직 감히 능하지 못하거니와, 그 가운데 가장 흠모하여 배우고자 하나 능하지 못함이 세 가지가 있으니, 하나는 순일 무사하신 공심이요, 둘은 시종일관하신 성의요, 셋은 **청탁 병용(竝用)**하시는 포용이라. 대저, 대종사의 **운심 처사(運心處事)**하시는 것을 뵈오면 일언일동이 순연히 공(公) 하나뿐이시오 사(私)라는 대상이 따로 있지 아니하사 오직 이 회상을 창건하시는 일 외에는 다른 아무 생각도 말씀도 행동도 없으시나니, 이것이 마음 깊이 감탄하여 배우고자 하는 바요, 대종사의 사업하시는 것을 뵈오면 천품이 우월하시기도 하지마는 영광 **길룡리**에서 우리 9인을 지도하사 **간석지**를 개척하실 때 보이시던 성의(誠意)나 오랜 세월을 지낸 지금에 보이시는 성의가 전보다 오히려 더 하실지언정 조금도 감소됨이 없으시나니, 이 또한 마음 깊이 감탄하여 배우고자 하는 바요, 대종사의 대중 거느리시는 것을 뵈오면 미운 짓 하는 사람일수

김광선(金光旋, 1879~1939) 전남 영광 출생. 법호는 팔산(八山)이며 법훈은 종사. 9인 제자 가운데 최초로 입문하여 소태산 대종사 구도 당시에 물질적으로 후원하였으며, 방언공사 때 터진 둑을 온몸으로 막기도 하였다.

위연(喟然) 감탄하고 탄식하는 모양.

청탁(淸濁) 병용(竝用) 도량이 커서 선인(善人)이나 악인(惡人)을 가리지 않고 널리 포용함.

운심 처사(運心處事) 마음을 사용하고 일을 처리함.

길룡리(吉龍理) 전남 영광군 백수읍에 있는 마을로서 원불교의 영산 성지가 소재하고 있다. 소태산 대종사가 이곳에서 탄생, 성장, 구도와 대각을 하신 곳이다. 구인 기도봉, 소태산 대종사 대각비와 대각탑, 정관평 등 중요한 사적지가 있다.

간석지(干潟地) 밀물과 썰물이 드나드는 개펄.

록 더욱 잘 무마하시고 애호하시며 항상 말씀하시기를 '좋은 사람이야 누가 잘 못 보느냐. 미운 사람을 잘 보는 것이 이른바 대자대비의 행이라.' 하시니, 이 또한 마음 깊이 감탄하여 배우고자 하는 바라." 하느니라.

제13 교단품

教團品

교단품(教團品) 교단과 회상의 의미, 선후진의 관계, 공사(公事)와 사사(私事)의 구분, 전무
출신의 도 등에 관한 법문으로 구성되어 있다.

1. 대종사 말씀하시기를 "스승과 제자의 **정의(情誼)**가 부자(父子)같이 무간하여야 가르치고 배우는 데에 막힘이 없고, 동지 사이의 정의가 형제같이 친밀하여야 충고와 권장을 주저하지 아니하나니, 그러한 뒤에야 **윤기(倫氣)**가 바로 통하고 **심법(心法)**이 서로 건네어서 공부와 사업하는 데에 **일단(一團)**의 힘을 이루게 되느니라."

2. 창립 12년 기념식에서 대종사 대중에게 말씀하시기를 "그대들이 우리 회상 창립 12년 동안의 사업 보고와 성적 발표를 들었으니 그에 대하여 느낀 바를 각기 말하여 보라." 하시니, 여러 제자가 이어 나와 각자의 감상을 발표하는지라, 대종사 일일이 들으신 후 말씀하시기를 "그대들의 감상담이 대개 적절하기는 하나 아직도 한 가지 요지가 드러나지 아니하였으므로 내 그를 말하여 주리라. 지금 이 법당에는 나와 일찍이 상종되어 여러 해 되는 사람도 있고 늦게 상종되어 몇 해 안 되는 사람도 있어서 자연 **선진**과 **후진**의 구별이 있게 되는바, 오늘 이 기념일을 맞이하여 선진과 후진의 도를 말하여 주리니 서로 새로운 감사를 느끼고 새로운 깨침을 얻으라. 후진들로 말하면 이 회상을 창립하느라고 아직 그다지 큰 애를 쓰지 아니하였건마는, 입교하던 그날부터 미리 건설하여 놓은 기관과 제정하여

정의(情誼) 따뜻한 정과 신의.
윤기(倫氣) 사람과 사람 사이에 지켜야 할 도리와 따뜻한 정(情).
심법(心法) 마음을 사용하는 법도와 도량과 경륜.
일단(一團) 굳게 뭉쳐진 한 덩어리.
선진(先進) 도문(道門)에 먼저 입문한 사람. 선배.
후진(後進) 도문(道門)에 늦게 입문한 사람. 후배.

놓은 법으로 편안히 공부하게 되었으니, 이것은 선진들이 **단심 혈성**으로 분투노력하여 놓은 덕이라. 만일 선진들이 없었다면 후진들이 그 무엇을 배우며 어디에 의지하겠는가. 그러므로 후진들로서는 선진들에게 늘 감사하고 공경하는 마음으로 모든 선진을 다 업어서라도 받들어 주어야 할 것이니라. 또한, 선진들로 말하면 창립 당시부터 갖은 정성을 다하여 모든 법을 세우고 여러 가지 기관을 벌여 놓았다 할지라도, 후진들이 이와 같이 이어 나와서 이 시설을 이용하고 이 교법을 숭상하며 이 기관을 운영하지 아니하였다면, 여러 해 겪어 나온 고생의 가치가 어디서 드러나며, 이 기관 이 교법이 어찌 영원한 세상에 **유전**하여 **세세생생**에 끊임없는 공덕이 드러나게 되겠는가. 그러므로 선진들로서는 후진들에게 또한 늘 감사하고 반가운 생각으로 모든 후진을 다 업어서라도 영접하여야 할 것이니, 선진 후진이 다 이와 같은 생각을 영원히 가진다면 우리의 교운도 한없이 **융창**하려니와, 그대들의 공덕도 또한 한없이 유전될 것을 의심하지 아니하노라.”

3. 대종사, 서울에 **행가**하시니 제자들이 와 뵈옵고 서로 말하되 “우리 동문(同門) 형제는 인연이 지중하여 같은 지방 같은 시대에 태어나 한 부처님 문하에서 공부하게 되었으니 어찌 반갑지 아니하리오. 이는 실로 길이 갈리지 아니할 좋

단심 혈성(丹心血誠) 한 마음으로 지극히 정성스러움.
유전(流傳) 세상에 널리 퍼짐.
세세생생(世世生生) 태어나고 죽음을 되풀이하는 수많은 생애.
융창(隆昌) 기운차게 일어나거나 대단히 번성함.
행가(行駕) 임금이 수레를 타고 가던 일로서 여기서는 소태산 대종사의 방문 행적을 높여 부르는 말.

은 인연이라." 하거늘, 대종사 들으시고 말씀하시기를 "내가 그대들의 말을 들으니 한편은 반갑고 한편은 염려되노라. 반가운 것은 오늘날 그대들이 나의 앞에서 서로 화하고 즐거워함이요, 염려되는 것은 오늘날은 이와 같은 좋은 인연으로 서로 즐기나 이 좋은 가운데서 혹 낮은 인연이 되어질까 함이니라." 한 제자 여쭙기를 "이같이 좋은 가운데서 어찌 낮은 인연이 될 수 있사오리까?" 대종사 말씀하시기를 "낮은 인연일수록 가까운 데서 생겨나나니 가령 부자 사이나 형제 사이나 부부 사이나 친우 사이 같은 가까운 사이에는 그 가까움으로써 혹 예(禮)를 차리지 아니하며 조심하는 생각을 두지 아니하여, 서로 생각해 준다는 것이 서로 원망을 주게 되고, 서로 가르쳐 준다는 것이 도리어 오해를 하게 되어, 필경에는 아무 관계없는 외부 사람만도 못하게 되는 수가 허다하니라." 한 제자 여쭙기를 "그러하오면 어떻게 하여야 가까운 사이에 낮은 일이 생기지 아니하고 영원히 좋은 인연으로 지내겠나이까?" 대종사 말씀하시기를 "남의 원 없는 일을 과도히 권하지 말며, 내가 스스로 높은 체하여 남을 이기려고만 하지 말며, 남의 시비를 알아서 나의 시비는 깨칠지언정 그 허물을 말하지 말며, 스승의 사랑을 자기만 받으려 하지 말며, 친해 갈수록 더욱 공경하여 모든 일에 예를 잃지 아니하면, 낮은 인연이 생기지 아니하고 길이 이 즐거움이 변하지 아니하리라."

4. 대종사 말씀하시기를 "이 세상 모든 사람을 접응하여 보면 대개 그 특성이 각각 다르나니, 특성이라 하는 것은, 이 세상 허다한 법 가운데 자기가 특별히 이해하는 법이라든지, 오랫동안 **견문**에 익은 것이라든지, 혹은 자기의 의견으

견문(見聞) 보고 들음.

로 세워 놓은 법에 대한 특별한 관념이라든지, 각각 선천적으로 가지고 있는 특별한 습성 등을 이르는 것으로, 사람 사람이 각각 자기의 성질만 내세우고 저 사람의 특성을 이해하지 못하면 다정한 동지 사이에도 **촉(觸)**이 되고 충돌이 생기기 쉬우니라. 어찌하여 그런고 하면, 사람 사람이 그 익히고 아는 바가 달라서, 내가 아는 바를 저 사람이 모르거나, 지방의 풍속이 다르거나, 신·구의 지견이 같지 아니하거나, 전생과 이생에 익힌 바 좋아하고 싫어하는 성질이 다르고 보면, 내가 아는 바로써 저 사람의 아는 바를 부인하거나 무시하며, 심하면 미운 마음까지 내게 되나니, 이는 그 특성을 너른 견지에서 서로 이해하지 못하는 까닭이니라. 그러므로 사람이 꼭 허물이 있어서만 남에게 흉을 잡히는 것이 아니니, **외도**들이 부처님의 흉을 팔만 사천 가지로 보았다 하나 사실은 부처님에게 잘못이 있어서 그러한 것이 아니요, 그 지견과 익힌 바가 같지 아니하므로 부처님의 참된 뜻을 알지 못한 연고니라. 그런즉 그대들도 본래에 익히고 아는 바가 다른 여러 지방 사람이 모인 대중 중에 처하여, 먼저 사람마다 특성이 있음을 잘 이해하여야만 동지와 동지 사이에 서로 촉 되지 아니하고 널리 포용하는 덕이 화하게 되리라.”

5. 대종사, 여러 제자에게 말씀하시기를 “사람이나 물건이나 서로 멀리 나뉘어 있을 때는 무슨 소리가 없는 것이나, 점점 가까워져서 서로 대질리는 곳에는 반드시 소리가 나나니, 쇠가 대질리면 쇳소리가 나고 돌이 대질리면 돌소리가

촉(觸) 다른 사람과 의견이 충돌되고 부딪치는 것.
외도(外道) 바르고 원만한 수행의 길을 벗어난 편벽되고 삿된 수행법. 또는 수행 집단.

나는 것같이, 정당한 사람이 서로 만나면 정당한 소리가 날 것이요 삿된 무리가 머리를 모으면 삿된 소리가 날 것이니라. 보라! 과거 성인들은 **회상**을 펴신 지 수천 년이 지났으되 자비에 넘치는 좋은 소리가 지금까지도 맑고 유창하여 일체중생의 귀를 울리고 있으며, 그 반면에 어질지 못한 무리들의 어지러운 곡조는 아직도 천만 사람의 마음을 경계하고 있지 아니한가. 그대들도 당초부터 아무 관계없는 사이라면 어찌할 수 없지만 이왕 서로 만나서 일을 같이하는지라 하여간 소리는 나고야 말 터이니, 아무쪼록 조심하여 나쁜 소리는 나지 아니하고 좋은 소리만 길이 나게 하라. 만일 좋은 소리가 끊임없이 나온다면, 이것이 그대들에게 다행한 일일 뿐 아니라 널리 세계의 경사가 되리라."

6. 대종사 말씀하시기를 "사람이 이 세상에서 활동할 때 같은 인격 같은 노력을 가지고도 사업의 크고 작음을 따라 가치가 더하고 덜한 것이며 사업의 길고 짧음을 따라 그 역사도 길고 짧나니, 사업의 크고 작음으로 말하면 개인의 가정 사업도 있고 한 민족 한 국가를 위하는 사업도 있고 온 세계를 위하는 사업도 있으며, 사업의 길고 짧음으로 말하면 그 역사를 몇십 년 유전할 사업도 있고 몇백 년 유전할 사업도 있고 몇천 년 유전할 사업도 있고 무궁한 세월에 길이 유전할 사업도 있어서 그 대소와 장단이 각각 사업의 **판국**을 따라 나타나느니라. 그러면 이 세상에서 가장 넓고 가장 오래 유전될 사업은 어떠한 사업인가? 그것은 오직 **도덕 사업**이니, 도덕 사업은 국경이 없으며 연한이 없으므로 옛날 석가

회상(會上) 궁극적 진리를 깨달은 부처 혹은 성자의 가르침을 실현하는 곳. 교단.
판국(-局) 일이 벌어진 사태의 형편이나 국면.
도덕 사업(道德事業) 사람들이 진리를 깨치고 실천하여 영원한 행복을 누리도록 가르침

여래께서 천이백대중과 더불어 걸식 생활을 하실 때라든지, 공자께서 위를 얻지 못하고 **철환천하(轍環天下)**하실 때라든지, 예수께서 십이사도를 데리고 이곳저 곳으로 몰려다니실 때는 그 세력이 참으로 미미하였으나, 오늘에 와서는 그 교 법이 온 세계에 전해져서 세월이 지날수록 더욱 빛을 내고 있지 아니한가. 그대 들도 이미 도가에 출신하였으니 먼저 이 도덕 사업의 가치를 충분히 알아서 꾸 준한 노력을 계속하여 가장 넓고 가장 오래 유전될 큰 사업의 주인공들이 되라.”

7. 대종사 말씀하시기를 “**전무출신(專務出身)**은 원래 정신과 육신을 오로지 공중에 바친 터인지라, 개인의 명예와 권리와 이욕은 **불고**하고 오직 공사에만 전력하는 것이 본분이거늘, 근래에 어떤 사람을 보면 점점 처음 마음을 잊어버 리고 딴 트집이 생겨나서 공연한 원망을 품기도 하고, 의(義) 아닌 **사량심(思 量心)**을 일어내어 남을 위한다는 사람이 자기 본위로 생각이 변해가고 있으니 어찌 전무출신의 본분이라 하리오. 그대들의 당초 **서원(誓願)**은 영원한 장래 에 **무루(無漏)의 복**을 짓자는 것이요 중생 가운데서 **보살**의 행을 닦자는 것이

을 펴는 일.

철환천하(轍環天下) 수레를 타고 천하를 돌아다닌다는 뜻.

전무출신(專務出身) 출가 교도로서 신앙과 수행에 전념하며 세상을 위하여 심신을 오롯 이 헌신 봉공하는 사람.

불고(不顧) 돌아보지 않거나 돌보지 않음.

사량심(思量心) 분별하고 비교하는 마음.

서원(誓願) 성불 제중의 큰 원(願)을 세우고 그것을 이루고자 맹세하는 일.

무루(無漏)의 복 새어 나감이 없는 복. 아무리 사용해도 조금도 줄지 않는 복.

보살(菩薩) 대승불교의 이상적인 구도자상으로 위로는 부처님의 깨달음을 추구하고 아

거늘, 복을 짓기로 한 장소에서 도리어 죄를 얻게 되고 보살의 행을 닦자는 공부에서 도리어 **중생심**이 길어난다면, 그 죄업이 보통 세상에서 지은 몇 배 이상으로 크게 될 것이니 어찌 두렵지 아니하리오. 그대들은 이 말을 명심하여 항상 자기 마음을 대조해 보되, 내가 남을 위하는 전무출신인가 남에게 위함을 바라는 전무출신인가를 잘 살펴서, 남을 위하는 전무출신이면 그대로 꾸준히 진행하려니와, 만일 남에게 위함을 바라는 전무출신이거든 바로 그 정신을 고치든지, 그 정신이 끝내 고쳐지지 못하거든 차라리 사가로 돌아가서 당초에 원하지 아니한 큰 죄업이 앞에 쌓이지 않도록 하라."

8. 정양선(丁良善) 등이 식당 고역에 골몰하여 얼굴이 빠져감을 보시고, 대종사 말씀하시기를 "너희가 일이 고되어 얼굴이 빠짐이로다. 너희들이 이 공부이 사업을 하기 위하여 혹은 공장 혹은 식당 혹은 산업부(産業部) 등에서 모든 괴로움을 참아 가며 힘에 과한 일을 하는 것은, 비하건대 모든 쇠를 **풀무** 화로에 집어넣고 달구고 또 달구며 때리고 또 때려서 잡철은 다 떨어 버리고 좋은 쇠를 만들어 세상에 필요한 기구를 제조함과 같나니, 너희들이 그러한 괴로운 경계 속에서 진리를 탐구하며 **삼대력**을 얻어 나가야 범부의 잡철이 떨어지

래로는 중생들을 구원하기 위해 노력하는 사람.

중생심(衆生心) 중생의 마음에 일어나는 번뇌와 욕심. 비교하는 마음, 시기 질투, 한편에 치우친 마음, 원망심 등.

정양선(丁良善, 1914~1986) 전남 영광 출생. 법호는 덕타원(德陀圓)이며 법훈은 대봉도. 진영교당 교무, 동래수양원 원장 등을 역임하였다.

풀무 불을 피울 때에 바람을 일으키는 기구.

삼대력(三大力) 삼학 수행을 아울러 닦아 얻은 세 가지 큰 힘. 수양력, 연구력, 취사력.

고 **정금(精金)** 같은 불보살을 이룰 것이니라. 그러므로 저 풀무 화로가 아니면 능히 좋은 쇠를 이뤄내지 못할 것이요 모든 괴로운 경계의 단련이 아니면 능히 뛰어난 인격을 이루지 못하리니, 너희는 이 뜻을 알아서 항상 안심과 즐거움으로 생활하라.”

9. 한 제자 여쭙기를 “많은 생(生)에 **금사망보(金絲網報)**를 받을 죄인은 속인에게 보다도 말세 수도인에게 더 많다는 말이 있사오니 어찌 그러하나이까?” 대종사 말씀하시기를 “속인들의 죄악은 대개 그 죄의 영향이 개인이나 가정에만 미치지마는, 수도인들의 잘못은 정법을 모르고 남을 그릇 인도하면 여러 사람의 다생을 그르치게 되는 까닭이니라. 또한, 옷 한 벌 밥 한 그릇이 다 농부의 피와 직녀의 땀으로 된 것인데 그만한 사업이 없이 **무위도식(無爲徒食)** 한다면 여러 사람의 고혈을 빨아먹음이 되는 연고요, 또한 **사은**의 크신 은혜를 알면서도 그 은혜에 보답하지 못하므로 가정·사회·국가·세계에 배은이 되는 연고라. 이 말을 들을 때 혹 과하게 생각할 사람이 있을지도 모르나 실은 과한 말이 아니니, 그대들은 때때로 반성하여 본래 목적한 바에 어긋남이 없기를 바라노라.”

정금(精金) 정련된 순수한 금.
금사망보(金絲網報) 금실로 짠 그물에 갖히는 과보로 구렁이 몸을 받는 것을 비유함.
무위도식(無爲徒食) 하는 일 없이 놀고 먹음.
사은(四恩) 법신불의 네 가지 은혜. 천지은, 부모은, 동포은, 법률은.

10. 대종사 말씀하시기를 "우리는 **고혈마**(膏血魔)가 되지 말아야 할 것이니라. 자기의 지위나 권세를 이용하고 간교(奸巧)한 수단을 부리어 자기만 못한 사람들의 피땀으로 모인 재산을 정당한 대가 없이 취하여 먹으며, 친척이나 친우라 하여 정당하지 못한 의뢰심으로 이유 없는 의식을 구하여 자기만 편히 살기를 도모하는 무리를 일러 고혈마라고 하나니, 우리도 우리의 생활을 항시 반성하여 보되 매일 여러 사람을 위하여 얼마만큼 이익을 주고 이와 같은 의식 생활을 하는가 대조하여 만일 그만한 노력이 있었다면 이는 스스로 안심하려니와, 그만한 노력이 없이 다만 공중을 빙자하여 자기의 의식이나 안일만을 도모한다면 이는 한없는 세상에 큰 빚을 지는 것이며, 따라서 고혈마가 됨을 면하지 못할 것이니 그대들은 이에 크게 각성할지어다."

11. 대종사, 서울교당에서 **이완철**(李完喆)에게 짐을 지고 역(驛)까지 가자 하시거늘, 완철이 사뢰기를 "제가 지금 교당 수축 관계로 10여 명의 인부를 부리고 있을뿐더러 교무(教務)의 위신상으로도 난처하나이다." 하니, 대종사 그 짐을 **오창건**에게 지우시고 다녀오신 후 말씀하시기를 "완철은 아까 처사를 어떻게 생각하는가?" 완철이 사뢰기를 "크게 잘못한 일은 아닌가 하나이다." 대종사 말씀하시기를 "그대의 이유에도 일리는 있으나 짐 하나 지기를 부끄러이 여겨

고혈마(膏血魔) 사람의 기름과 피를 빨아 먹는다는 귀신. 피땀 어린 결실을 착취하거나 낭비하는 사람.

이완철(李完喆, 1897~1965) 전남 영광 출생. 법호는 응산(應山)이며 법훈은 종사. 중앙 총부 교정원장, 감찰원장 등을 역임하였고 저서로는 『응산문집』이 있다.

오창건(吳昌建,1887~1953) 전남 영광 출생. 법호는 사산(四山)이며 법훈은 종사. 9인 제자의 한 사람으로 교단 창업기 공심의 표준적 인물이었다.

스승의 명을 어기고도 그 일을 크게 생각하지 아니한다면 이것이 어찌 전무출신의 본분이라 할 것이며, 또한 그러한 마음을 가지고 어찌 만생을 널리 건지는 큰 일꾼 되기를 기약하리오. 그러한 정신을 놓지 못하겠거든 차라리 사가로 돌아가라." 하시며 엄중히 경책하시는지라, 완철이 잘못을 사죄하고 그 후로는 위신을 생각하여 **허식**하는 일이 없는 공부를 계속하느니라.

12. 한 제자가 **교중**의 **채포(菜圃)**를 맡아 가꾸는데 많은 **굼벵이**를 잡게 된지라 이를 말리어 약방에 파니 적지 않은 돈이 되거늘, 당시 **감원(監院)**이 그 경과를 대종사께 사뢰고 "이것은 작업 중의 **가외 수입**이옵고 그가 마침 옷이 없사오니 그 돈으로 옷을 한 벌 지어 주면 어떠하오리까?" 하니, 대종사 말씀하시기를 "그것이 비록 가외 수입이나 공중 일을 하는 중에 수입된 것이니 공중에 들여놓음이 당연한 일이며, 또한 비록 연고 없이 한 것은 아니지마는 수많은 생명을 죽인 돈으로 그 사람의 옷을 지어 입힌다면 그 **과보**를 또한 어찌하리오." 하시고, 친히 옷 한 벌을 내리시며 말씀하시기를 "그 돈은 여러 사람이 널리 혜

허식(虛飾) 실속이 없이 겉만 꾸밈.
교중(敎中) 교단 소유.
채포(菜圃) 채소 밭.
굼벵이 매미, 풍뎅이, 하늘소와 같은 딱정벌레목의 애벌레.
감원(監院) 교당이나 기관의 살림을 담당하는 사람.
가외 수입(加外 收入) 원래의 목적이 아닌 부수적인 수입.
과보(果報) 지은 바(원인)에 따라 받게 되는 결과.

택을 입을 **유표(有表)한** 공익사업에 활용하여 그에게 죄가 되지 않게 하라."

13. 한 제자가 교중의 **과원(果園)**을 맡음에 매양 소독과 제충(除虫) 등으로 수많은 살생을 하게 되는지라, 마음이 불안하여 그 사유를 대종사께 사뢰니, 대종사 말씀하시기를 "과보는 조금도 두려워 말고 사심 없이 공사에만 전력하라. 그리하면 과보가 네게 돌아가지 아니하리라. 그러나 만일 이 일을 하는 가운데 조금이라도 **사리(私利)**를 취함이 있다면 그 과보를 또한 면하지 못할 것이니 각별히 조심하라."

14. 한 제자가 총부 부근에 살며 교중의 땔나무 등 소소한 물건을 **사가**로 가져가는지라, 대종사 말씀하시기를 "아무리 교중 살림이 어렵더라도 나무 몇 조각 못 몇 개로 큰 영향이 있을 것은 아니나, 여러 사람의 정성으로 모여진 물건을 정당하지 못하게 사사로이 소유하면 너의 장래에 우연한 재앙이 미쳐 그 몇 배의 손해를 당할 것이므로, 내가 그것을 예방하기 위하여 미리 경계하노라."

15. 대종사 물으시기를 "전무출신이 사가(私家) 일에 끌리지 아니하고 공사에만 전력하게 하기 위하여, 곤궁한 사가는 교단에서 보조하는 제도를 두면 어떠

유표한(有表-) 눈에 띄게 두드러진.
과원(果園) 과수원.
사리(私利) 개인의 사사로운 이익.
사가(私家) 개인이 살림하는 집.

하겠는가?" **전음광**이 사뢰기를 "앞으로 반드시 그러한 제도가 서야 할 줄 아나이다." 또 물으시기를 "그러한 제도가 아직 서지 못한 때 전무출신의 사가 형편이 아주 곤란한 처지에 이르러서 이를 돌보지 않을 수 없게 되면 어찌하는 것이 좋겠는가?" **서대원**이 사뢰기를 "만일 보통 임원이면 적당한 기간을 주어 사가를 돌본 후 돌아오게 하옵고, 중요한 인물이면 회의에서 결정을 얻어 임시로라도 교중에서 보조하는 길을 취하게 함이 좋을 듯하나이다." 또 물으시기를 "앞으로 그러한 제도가 시행될 때 혹 보조를 바라는 사람이 많게 되면 어찌하여야 하겠는가?" **유허일**이 사뢰기를 "그러한 폐단을 막기 위하여 일반 전무출신의 사가 생활을 지도하고 보살피는 기관이 총부 안에 서야 하겠나이다." 대종사 말씀하시기를 "세 사람의 말이 다 좋으니 앞으로 차차 그러한 제도를 세워서 활용해 보되, 교중의 형편이 아직 그렇게 되지 못할 때는 기관을 적게 벌여서라도 현직에 있는 전무출신으로서 사가 일에 마음 빼앗기는 일이 없도록 하라."

16. 대종사 말씀하시기를 "우리의 전무출신 제도는 가정을 이루고 공부·사업을 할 수도 있고, 특별한 서원으로 세상 욕심을 떠나 **정남·정녀**로 활동할 수

전음광(全飮光, 1909~1960) 전북 진안 출생. 법호는 혜산(惠山)이며 법훈은 대봉도. 중앙총부 연구부장, 교무부장 등을 역임하였다.

서대원(徐大圓, 1910~1945) 전남 영광 출생. 법호는 원산(圓山)이며 법훈은 대봉도. 불법연구회 연구부장, 총부 교감 등을 역임하였고 저서로는 『우당수기』가 있다.

유허일(柳虛一, 1882~1958) 전남 영광 출생. 법호는 유산(柳山)이며 법훈은 대봉도. 중앙총부 교감, 교정원장 등을 역임하였다.

정남·정녀 원불교의 전무출신으로서 일생동안 결혼하지 않고 교단에 봉직하는 남자 교

도 있으므로, 교단에서는 각자의 **발원**에 따라 받아들이고 대우하는 법이 있느니라. 그러나 특별한 발원이 없이 어떠한 환경으로 인하거나 혹은 자기 몸 하나 편안하기 위하여 마음은 세속 생활을 부러워하면서도 몸만 독신 생활을 한다면, 이는 자신으로나 교중으로나 세상으로나 적지 않은 손실이 될 뿐 아니라 후생에는 인물은 좋으나 여러 사람의 놀림을 받는 몸이 되나니, 자신이 없는 일이면 스스로 미리 다시 작정하는 것이 옳을 것이요, 만일 자신하는 바가 있어서 출발하였다면 서원 그대로 굳은 마음과 고결한 **지조(志操)**로 이 사바세계를 정화하고 일체중생의 혜복 길을 열어 줄 것이니라."

17. 대종사, 정남·정녀들을 자주 알뜰히 살펴 주시며 말씀하시기를 "그대들이 한 생 동안만 **재색명리**를 놓고 세상과 교단을 위하여 고결하고 오롯하게 활동하고 가더라도 저 세속에서 한 가정을 위하여 몇 생을 살고 간 것에 비길 바가 아니니, 한 생의 공덕으로 많은 세상에 무루의 복락과 명예를 얻을 것이요 결국 성불의 **대과(大果)**를 **증득**하게 될 것이나, 만일 형식만 정남·정녀요 특별한 보람 없이 살고 간다면 이는 또한 허망한 일이 될 것이므로 참으로 정신 차려

역자를 정남, 여자 교역자를 정녀라 함.

발원(發願) 간절한 원을 세움.

지조(志操) 원칙과 신념을 굽히지 아니하고 끝까지 지켜 나가는 꿋꿋한 의지.

재색명리(財色名利) 사람들이 갖는 세속적 욕망을 4가지로 구분한 것. 재물에 대한 욕망, 색(色)에 대한 욕망, 명예에 대한 욕망, 이권에 대한 욕망.

대과(大果) 큰 결실, 결과.

증득(證得) 깨달아 얻음.

공부하라."

18. 대종사 말씀하시기를 "**전무출신 서원서**를 낼 때는 반드시 깊이 생각해야 할 것이니, 만일 몸과 마음을 이 공부 이 사업에 오로지 바치며 성불 제중을 하겠다고 **허공 법계**와 대중의 앞에 맹세하고 중도에 마음이 변하여 개인의 사업이나 향락에 떨어진다면, 이는 곧 천지를 속임이 되므로 진리가 용서하지 아니하여 결국 그 앞길이 막힐 것이니라. 또한, 대중을 지도하는 처지에 서게 되면 더욱 깊이 생각하는 바가 있어야 하나니, 혹 대각(大覺)을 하지 못하고 대각을 하였다 하여 모든 사람의 **전도**를 그릇 인도한다면 이는 곧 진리를 속임이 되므로 악도를 면하기 어려우니라."

19. 대종사, 여러 제자에게 말씀하시기를 "우리의 일이 마치 저 기러기 떼의 일과 같으니, 시절 인연을 따라 인연 있는 동지가 혹은 동에 혹은 서에 교화의 판을 벌이는 것이, 저 기러기들이 철을 따라 떼를 지어 혹은 남에 혹은 북에 깃들 곳을 벌이는 것과 같도다. 그러나 기러기가 선두 기러기의 인솔하는 대열에서 벗어나든지 따라가면서도 조심을 하지 못하고 보면, 그물에 걸리거나 총알에 맞아 목숨을 상하기 쉽나니, 수도하고 교화하는 사람들에게 그물과 총알이

전무출신 서원서 개인의 욕심을 버리고 오로지 교단과 세상을 위해 출가 교도로서 헌신 봉공하겠다는 서약의 글.

허공 법계(虛空法界) 허공처럼 텅 비어 보이지 않는 신령스러운 세계.

전도(前途) 앞으로 나아갈 길. 장래.

되는 것은 곧 **재와 색**의 경계니라.”

20. 대종사 말씀하시기를 “용맹이 뛰어난 사자나 범도 극히 미미한 **비루**가 몸에 퍼지면 필경 살지 못하게 되는 것같이, 큰 뜻을 세우고 공부하는 사람도 극히 미미한 마음 경계 몇 가지가 비루가 되어 그 발원을 막고 평생 일을 그르치게 하나니, 그러므로 공부인은 마음 비루가 오르지 않도록 늘 경계하고 살펴야 하느니라. 이제 그 마음 비루 몇 가지를 들어 보자면, 첫째는 여러 사람을 가르치는 **공석(公席)**에서 지도인이 어떠한 주의를 시키면 유독 자기만 들으라고 하였다 하여 섭섭하게 아는 일이요, 둘째는 공부하러 온 본의를 잊어버리고 공연히 자기 집에서나 받던 대우를 **도량**에서 구하는 일이요, 셋째는 자기의 앞길을 위하여 충고를 하면 사실이야 어떻든지 보감으로 삼지는 아니하고 이 사람 저 사람에게 대질하며 말해 준 사람을 원수같이 아는 일이요, 넷째는 지위와 신용이 드러남을 따라서 자존심이 점점 자라나는 일이요, 다섯째는 대중 가운데서 항상 자기만 생각하여 달라 하고 자기만 편하려고 하는 일이요, 여섯째는 자기의 마음과 말은 조심하지 못하면서 지도인이나 동지들이 **통정**하여 주지 않는다고 원망하는 일이요, 일곱째는 생각해 줄수록 더욱 만족히 알지 아니하고 전에 없던 버릇이 생기는 일이니라. 이 모든 조건이 비록 큰 악은 아니나 능히 공

재와 색(財-色) 재물에 대한 욕심과 남녀간의 애욕.
비루 털 짐승에서 피부가 헐고 털이 빠지는 병.
공석(公席) 공적인 자리.
도량(道場) 수행자의 처소. 또는 수도 하는 곳.
통정(通情) 서로 마음을 알아주고 이해함.

부인의 **정진심**을 방해하는 비루가 되나니 그대들은 이 점에 크게 주의하라."

21. 한 제자가 지방 교무로 처음 부임할 때, 대종사 말씀하시기를 "내가 그동안 너를 다른 사람들같이 특별히 자주 챙겨 주지 못하고 그대로 둔 감이 있는데 혹 섭섭한 마음이나 없었느냐. 대개 토질이 나쁘고 잡초가 많은 밭에는 사람의 손이 자주 가야만 곡식을 많이 거둘 수 있으나, 그렇지 아니한 밭에는 큰 수고를 들이지 아니하여도 수확을 얻기가 어렵지 아니한 것같이, 사람도 자주 불러서 타일러야 할 사람도 있고, 몇 번 타이르지 아니하여도 좋을 사람이 있어서 그러한 것이니, 행여 섭섭한 마음을 두지 말라."

22. 대종사, 영산에서 **봉래정사**에 돌아오사 여러 제자에게 말씀하시기를 "내가 오는 길에 어느 장 구경을 하게 되었는데, 아침에 **옹기장수**는 옹기 한 짐을 지고 장에 오고 또 어떤 사람은 지게만 지고 오더니, 그들이 돌아갈 때는 옹기장수는 다 팔고 지게만 지고 가고 지게만 지고 온 사람은 옹기를 사서 지고 가는데, 두 사람이 다 만족한 기색이 엿보이더라. 나는 그것을 보고 생각하기를 당초에 옹기장수가 지게만 지고 온 사람을 위하여 온 것이 아니었고, 지게만 지고 온 사람이 옹기장수를 위하여 온 것이 아니어서, 각기 다 자기의 구하

정진심(精進心) 수행에 오롯이 힘써 향상하려고 하는 마음.

봉래정사(蓬萊精舍) 전북 부안군 변산면 변산 실상사 주변에 있었던 실상초당과 석두암을 아울러 봉래정사라 부름. 소태산 대종사가 이곳에서 교리를 초안하고 제도를 구상하였으며 교단의 창립 방향을 계획하고 창립 인연들을 만났다.

옹기장수(甕器--) 흙으로 빚어 구운 항아리 등을 파는 상인.

는 바만 구하였건마는 결국에는 두 사람이 다 한가지로 기쁨을 얻었으니, 이것이 서로 의지하고 바탕이 되는 이치로다 하였노라. 또 어떤 사람은 가게 주인이 거만하다 하여 화를 내고 그대로 가니, 사람들이 말하기를 저 사람은 물품을 사러 장에 온 것이 아니라 대우받으러 장에 온 것이라고 비웃었으며, 또 한 사람은 가게 주인이야 어떠하든지 자기가 살 물품만 실수 없이 사는지라 좌우 사람들이 모두 그를 옳게 여기며 실속 있는 사람이라고 칭찬하더라. 나는 이 일을 보고 들을 때 문득 그대들의 교단 생활하는 일과 비교되어서 혼자 웃기도 하고 탄식도 하였노니, 그대들은 이 이야기에서 깊은 각성을 얻어 보라."

23. 대종사 말씀하시기를 "그대들이 다행히 이 **도문**을 찾아는 왔건마는 본래에 익히고 아는 바가 다르고, 또한 그 사람이 아니면 그 사람을 모르는지라, 조그마한 경계 하나를 못 이기어 도로 나가는 사람도 혹 있나니, 이러한 사람은 마치 맹인이 문고리를 옳게 잡았건마는 문턱에 한 번 걸어 채이고는 화를 내어 도로 방황하는 길로 나가는 것과 같으니라. **육안(肉眼)**이 어두운 맹인은 자신이 맹인인 줄이나 알므로 미리 조심이라도 하지마는, **심안(心眼)**이 어두운 맹인은 자신이 맹인인 줄도 모르므로 스스로 깊은 구렁에 빠지되 빠지는 줄도 알지 못하나니 어찌 위태롭지 아니하리오."

24. 대종사 말씀하시기를 "내가 가게 하나를 벌이고 영업을 개시한 지 여러 해

도문(道門) 불도를 수행하는 정법 회상. 여기서는 일원 대도의 회상을 의미함.
육안(肉眼) 사람의 육신에 갖추어진 눈.
심안(心眼) 일과 이치를 깊이 통찰할 수 있는 지혜의 안목. 마음의 눈.

가 되었으되 조금도 이익을 보지 못하였노니, 어찌 그러한가 하면 여러 사람에게 물품을 외상으로 주었더니, 어떤 사람은 그 물품을 가져다가 착실히 팔아서 대금도 가져오고 자기도 상당한 이익을 보나, 그러한 사람은 가장 적고, 대개는 물품을 가져간 후에 팔지도 아니하고 그대로 제집에 두었다가 얼마를 지낸 후에 물품 그대로 가져오거나, 혹은 그 물품을 잃어버리고 값도 주지 아니하는 사람이 허다하므로 자연 손실이 나게 되었노라. 그러나 이후부터는 물품을 잘 팔아서 자기도 이익을 보고 대금도 잘 가져오는 사람은 치하도 하고 물품도 더욱 잘 대어 줄 것이나, 물품으로 도로 가져오는 사람은 크게 책망을 할 것이요, 물품도 잃어버리고 값도 주지 않는 사람은 반드시 법에 알리어 처리하리라. 그대들은 내 말의 뜻을 짐작하겠는가?" 하시니, 한 제자 사뢰기를 "가게를 개시하였다는 것은 **도덕 회상**을 여시었다는 말씀이요, 물품값도 잘 가져오고 자기도 상당한 이익을 본다는 것은 대종사께 법문을 들은 후 남에게 선전도 잘하고 자기도 그대로 실행하여 많은 이익을 얻는다는 말씀이요, 물품을 그대로 가져온다는 것은 법문을 들은 후 잊어버리지는 아니하나 실지 효과를 내지 못한다는 말씀이요, 물품도 잃어버리고 값도 주지 않는다는 것은 법문을 들은 후 남에게 선전도 아니하고 자기가 실행도 아니하며 그 법문조차 아주 잊어버린다는 말씀이요, 법에 알리어 처리한다는 것은 좋은 법문을 듣고도 실행도 아니하고 잊어버리고 다니는 사람은 반드시 옳지 못한 일을 많이 행할 것이므로 자연히 많은 죄벌을 받게 되리라는 말씀인가 하나이다." 대종사 말씀하시기를 "너의 말이 옳으니라."

도덕 회상 사람들이 진리를 깨치고 실천하여 영원한 행복을 누리도록 가르침을 펴는 회상.

25. 대종사, 새해를 맞이하여 대중에게 말씀하시기를 "내가 어젯밤 꿈에 한 **이인(異人)**을 만났는데, 그가 말하기를 '이 회상이 장차 크게 융성할 것은 의심 없으나 다만 세력이 커짐에 따라 혹 다른 사람이나 다른 단체를 업신여기게 될까 걱정인즉 대중에게 미리 경계하라.'라고 부탁하더라. 꿈은 허망한 것이라 하나 **몽사**가 하도 역력하고 또한 **환세(換歲)**를 맞이하여 이러한 **몽조(夢兆)**가 있는 것은 범연한 일이 아니니, 그대들은 누구를 대하거나 공경심을 놓지 말고 아무리 미천한 사람이라도 이 회상의 발전에 도움을 줄 수도 있고 해독을 줄 능력도 있다는 것을 각성하여, **상불경(常不輕)**의 정신으로 모든 경계를 처리하라. 이것이 우리 회상의 앞길과 큰 관계가 있으리라."

26. 어느 신문에 우리를 찬양하는 기사가 연재되는지라 대중이 모두 기뻐하거늘, 대종사 말씀하시되 "칭찬하는 이가 있으면 훼방하는 사람도 따라서 생기나니, 앞으로 우리 교세가 더욱 융성해지고 명성이 더욱 드러남을 따라 우리를 시기하는 무리도 생겨날 것인즉, 그대들은 이 점을 미리 각오하여 세간의 칭찬과 비방에 너무 끌리지 말고 오직 살피고 또 챙기어 꾸준히 당연한 일만 행해 나가라."

이인(異人) 재능이 비범하여 이적을 행하고 신통 묘술을 부리는 사람.

몽사(夢事) 꿈꾼 내용.

환세(換歲) 해가 바뀜. 설을 쇰.

몽조(夢兆) 꿈에서 나타난 징조.

상불경(常不輕) 매사에 가볍게 여기지 않고 정성을 다함.

27. 대종사 말씀하시기를 "사람이 세상에서 무슨 일을 하기로 하면 각각 그 일의 판국에 따라 그만한 고난과 파란이 다 있나니, 고금을 통하여 불보살 성현들이나 **위인 달사** 치고 고난 없이 성공한 분이 거의 없었느니라. 과거 석가모니불도 한 나라 태자의 모든 영화를 다 버리시고 성을 넘어 출가하사 6년 동안 갖은 **난행**과 고행을 겪으셨으며, 회상을 펴신 후에도 여러 가지 고난이 많으신 가운데 외도들의 박해로 그 제자가 **악살**까지 당하였으나, 부처님의 대도는 그 후 제자들의 **계계승승**으로 오늘날 모든 생령의 한량없는 **존모**를 받게 되었고, 공자께서는 **춘추대의(春秋大義)**를 바로잡기 위하여 천하를 철환천하(轍環天下) 하실 때 **상가(喪家)의 개** 같다는 욕까지 들으셨으며, **진채의 난(陳蔡-亂)**과 모든 박해를 입었으나 그 제자들의 꾸준한 노력으로 필경 **인륜 강기**를 바로잡아 오늘날 세계적 성인으로 존모를 받게 되었고, 예수께서도 갖은 박해와 모함 가운

위인 달사(偉人達士) 뛰어나고 훌륭한 사람이나 지혜가 밝아 사리에 통달한 사람.

난행(難行) 어렵고 힘든 수행과정.

악살(惡殺) 험악하게 살해 당함. 부처님의 10대 제자 가운데 신통 제일 목건련이 교화하던 중 난폭한 이교도에게 매를 맞아 순교한 것을 일컬음.

계계승승(繼繼承承) 대대로 이어감.

존모(尊慕) 존경하여 그리워함.

춘추대의(春秋大義) 공자가 편찬한 노나라의 역사서인 『춘추(春秋)』에서 찾을 수 있는 엄중한 대의명분과 역사의식.

상가(喪家)의 개 초상난 집 앞에서 먹거리를 얻으려 어슬렁대는 초라한 개.

진채의 난(陳蔡-難) 공자가 초(楚)나라 소왕(昭王)의 초청을 받고 가는 도중 진나라와 채나라가 공자 일행을 포위하고 식량 공급선을 차단하여 굶주리게 된 일을 말함.

인륜 강기(人倫綱紀) 사람이 지켜야할 근본 도리.

데 **복음**을 펴시다가 마침내 십자가에 **형륙**까지 당하였으나 그 **경륜**은 사도들의 **악전고투**로 오늘날 전 세계에 그 공덕을 끼치지 아니하는가. 우리도 파란 많은 이 세상에 나와서 큰 목표를 세우고 활동을 하게 되었으니 어찌 시비나 고생이 없으리오. 아직까지는 그다지 큰 비난이나 압박을 받은 일이 없었지마는 사람이 차차 많아지고 일이 점점 커짐에 따라 이 중에 잘못하는 사람이 생겨나 회상의 체면에 혹 낮은 영향이 올 수도 있으리라. 그러나 우리의 목적이 진실로 세상을 이익 주는 데에 있고 우리의 교화가 참으로 **제생 의세**에 필요하다면 비록 한두 사람의 잘못이 있고 한두 가지 일에 그르침이 있다 할지라도 그로 인하여 우리 회상 전체가 어긋나지는 아니할 것이며, 설사 어떠한 모함과 박해를 당한다 할지라도 그 **진체(眞體)**는 마침내 그대로 드러나리라. 이를 비유하여 말하자면 안개가 산을 가리어 산의 면목이 한때 흐리더라도 안개가 사라지면 산이 도리어 역력히 나타나는 것과 같나니, 그대들은 어떠한 고난과 파란에도 그 마음을 끌리지 말고 각자 각자가 본래의 양심만 잘 지켜서 끝까지 목적 달성에 매진한다면 우리의 대업은 원만히 성취될 줄로 확신하노라."

28. 대종사 말씀하시기를 "모든 사업을 하는 데에 실패하는 원인이 세 가지가

복음(福音) 구원의 가르침.

형륙(刑戮) 처형 당하여 죽음.

경륜(經綸) 계획이나 포부. 세상을 다스리는 능력.

악전고투(惡戰苦鬪) 매우 어려운 조건을 무릅쓰고 힘을 다하여 고생스럽게 싸움.

제생 의세(濟生醫世) 고통받는 생령들을 구제하고 병든 세상을 치유한다는 뜻.

진체(眞體) 참된 실체, 참된 모습.

있나니, 그 하나는 수고는 들이지 아니하고 급속히 큰 성공 얻기를 바람이요, 둘은 일의 **본말**과 **선후 차서**를 모르고 경솔하게 처사함이요, 셋은 일의 완성을 보기 전에 소소한 실패나 이익에 구애되어 결국 큰 실패를 장만함이니, 모든 사업을 경영하는 사람은 이 세 가지 점을 항상 조심하여야 하느니라."

29. 산업부에서 군(郡) 당국의 후원을 얻어 **양계(養鷄)**를 하는데 하루는 부주의로 닭장의 물 난로가 터져 많은 병아리가 죽은지라, 담임 부원이 크게 놀라 바로 당국에 사유를 고하였더니, 담당 주임이 듣고 말하되 "당신들이 앞으로 양계에 큰 성공을 하려면 이보다 더 큰 실패라도 각오해야 할 것이니, 많은 닭을 기르자면 뜻밖의 재해와 사고로 손해를 보는 수도 많은 동시에 살려 내는 방식도 또한 여러 가지가 있는데, 규모가 작을 때 이러한 실패를 해 보지 아니하면 규모가 커질 때 큰 실패를 면하지 못하게 될 것이라. 그러므로 지금의 작은 손해는 후일의 큰 손해를 막는 산 경험이 될 것인즉 결코 실망하지 말고 잘해 보라." 하거늘, 부원이 돌아와 대종사께 아뢰었더니, 말씀하시기를 "그 주임의 말이 법문이로다. 옛말에 '한 일을 지내지 아니하면 한 지혜를 얻지 못한다.'는 말이 있거니와, 이 작은 실패는 미래 성공의 큰 보감이 될 것이니 이것이 어찌 양계에만 한한 일이리오. 우리 교단에서도 공부와 사업을 하여 나가는 데 잘된 일이 있어도 범연히 지내지 말고 잘못된 일이 있어도 범연히 지내지 말아서, 반드시 그 잘되고 잘못되는 원인을 살펴야 할 것이며, 또한 다른 종교

본말(本末) 사물이나 일의 처음과 끝.
선후 차서(先後次序) 앞과 뒤와 차례와 순서.
양계(養鷄) 닭을 먹여 기름.

들의 동정(動靜)을 잘 보아서 어떻게 하면 세상의 환영을 받으며 어떻게 하면 세상의 배척을 받는가, 또 어떻게 하면 좋은 역사를 드러내어 **천추**에 좋은 이름을 전하게 되고 어떻게 하면 나쁜 이름이 드러나서 오랜 세상에 더러운 역사를 남기게 되는가를 잘 참조하여, 깨치고 또 깨치며 고치고 또 고쳐서 언제든지 정당한 길만을 진행해 나간다면 개인·가정·사회·국가를 막론하고 대하는 곳마다 이익을 주어서 중인의 환영 받는 모범적 종교가 될 것이요, 만일 그러한 반성이 없이 되는 대로 진행한다면 결국 모든 허물이 생겨나서 세상의 용납을 얻지 못할 것이니 그 어찌 조심하지 아니하리오.”

30. 대종사 말씀하시기를 “세상의 모든 사물이 작은 데로부터 커진 것 외에는 다른 도리가 없나니, 그러므로 **이소성대(以小成大)**는 **천리(天理)의 원칙**이니라. 이 세상에 크게 드러난 모든 종교의 역사를 보더라도 처음 창립할 때는 그 힘이 매우 미약하였으나 오랜 시일을 지내는 동안에 그 세력이 점차 확장되어 오늘날 큰 종교들이 되었으며, 다른 모든 큰 사업들도 또한 작은 힘이 쌓이고 쌓인 결과 그렇게 커진 것에 불과하나니, 우리가 이 회상을 창립 발전시키는 데에도 이소성대의 정신으로 사심 없는 노력을 계속한다면 결국 **무위이화(無爲而化)**의 큰 성과를 보게 될 것이요, 또한 공부를 하는 데에도 급속한 마음을 두지 말고 스승의 지도에 복종하여 순서를 밟아 진행하고 보면 마침내 성공의

천추(千秋) 오래고 긴 세월.
이소성대(以小成大) 작은 일에서부터 정성을 다하여 점진적으로 큰 일을 이룸.
천리(天理)의 원칙 천지 만물과 세상 일이 전개되는 기본 이치.
무위이화(無爲而化) 저절로 자연스럽게 변화됨.

지경에 이를 것이니라. 만일 그렇지 아니하고 어떠한 **권도(權道)**로 일시적 교세의 확장을 꾀한다든지 한때의 편벽된 수행으로 짧은 시일에 큰 도력을 얻고자 한다면, 이는 한갓 어리석은 욕심이요 **역리(逆理)**의 일이라 아무리 애를 써도 헛되이 세월만 보내게 되리라. 그런즉 그대들은 공부나 사업이나 기타 무슨 일이든지 허영심과 **욕속심(欲速心)**에 끌리지 말고, 위에 말한 이소성대의 원칙에 따라 바라는 바 목적을 어김없이 성취하기 바라노라."

31. 대종사 말씀하시기를 "사람에게 큰일을 맡기려 함에 하늘에서 먼저 시험해 보는 이치가 있나니, 보통 사람도 하루 인부만 부리고 한해 머슴만 두려고 하여도 그 자격과 신용을 먼저 보거든 하물며 천하 대사를 맡기는 데 있어서이리오. 그러므로 큰일을 이루려는 사람은 먼저 마땅히 이 시험에 잘 통과하도록 조심하여야 하느니라."

32. 대종사 말씀하시기를 "큰 회상을 이뤄내는 데에는 재주와 지식과 물질이 풍부한 사람을 만나는 것도 물론 필요하나 그것만으로는 오직 울타리가 될 뿐이요, 설혹 둔하고 무식한 사람이라도 **혈심(血心)** 가진 참사람을 만나는 것이 더욱 중요하나니, 그가 참으로 알뜰한 주인이 될 것이며 모든 일에 대성을 보

권도(權道) 목적 달성을 위하여 그때그때의 형편에 따라 임기응변으로 일을 처리하는 방도.

역리(逆理) 이치에 맞지 아니함.

욕속심(欲速心) 급히 이루려고 하는 마음.

혈심(血心) 생명도 바칠만한 오롯하고 지극한 마음.

느니라.”

33. 대종사, 예회에서 대중에게 말씀하시기를 “오늘은 이 회상의 창조자와 파괴자에 대하여 그 내용을 구분하여 주리니 잘 들으라. 이 회상의 창조자는 곧 정신·육신·물질의 세 방면으로 이 회상을 위하여 직접 노력도 하고 희사도 하는 동시에 예회도 잘 보고 정기 공부에도 성의가 있으며 집에서 경전 연습도 부지런히 하여, 우리의 교리와 제도를 철저히 알고 실생활에 널리 활용함으로써 어느 모로든지 다른 사람의 모범이 되어 은연중 이 회상의 발전에 공헌하는 사람이며, 파괴자는 곧 정신·육신·물질의 세 방면으로 이 회상에 직접 해독을 끼치는 동시에 예회에도 성의가 없고 정기 공부에도 취미를 얻지 못하여, 종전의 악습을 하나도 고치지 못하고 계문을 함부로 범하며 당하는 대로 자행자지하여 자기에게나 남에게나 이익될 일은 하지 못하고 해독될 일만 행하여 이 회상의 명예를 손상하며 발전에 지장을 주는 사람이니, 그대들은 모름지기 이 점을 잘 알아서 혹시라도 이 회상의 파괴자는 되지 말고 훌륭하고 영원한 창조자의 공덕을 쌓기에 꾸준히 노력하라.”

34. 대종사 말씀하시기를 “이 회상을 창립하는 데에 길이 많으나 그 요령을 말해주리니 이에 의하여 앞으로 모든 창립 공로를 **전형(銓衡)**하리라. 첫째는 정신과 육신을 전무출신함이요, 둘째는 물질을 많이 **혜시**함이요, 셋째는 입교한

전형(銓衡) 가려 뽑음. 평가함.
혜시(惠施) 은혜를 베푸는 것.

후 **시종이 여일**함이요, 넷째는 **경전 주해**와 법설 기록을 많이 함이요, 다섯째는 규약과 계문을 잘 지킴이요, 여섯째는 무슨 방면으로든지 동지의 마음을 즐겁게 하여 공부와 사업에 전진이 있게 함이요, 일곱째는 무슨 방면으로든지 이 회상을 창립하기로만 위주함이요, 여덟째는 공익심을 주장함이요, 아홉째는 **응용에 무념**함이요, 열째는 악한 일로 유명한 사람이 입교한 후로 개과하여 모든 사람의 모범이 되며 자연히 여러 사람을 경계하고 권면함이요, 열한째는 무슨 방면으로든지 세상에 이름 있는 사람이 입교하여 자연히 모든 사람에게 권면이 되며 이 회상의 위상이 드러나게 함이니라."

35. 황정신행(黃淨信行)이 여쭙기를 "과거 부처님께서는 **무념 보시**(無念布施)를 하라 하시고, 예수께서는 오른손으로 주는 것을 왼손도 모르게 하라 하셨사온데, 대종사께서는 **사업 등급**의 법을 두시어 모든 교도의 성적을 다 기록하게 하시니, 혹 사업하는 사람들의 **계교심**을 일으키는 원인도 되지 아니하오리까?" 대종사 말씀하시기를 "사업을 하는 당인들은 마땅히 무념으로 하여야만

시종이 여일(始終-如一) 시작과 끝이 한결같음.

경전 주해(經典註解) 경전을 알기 쉽게 풀이함.

응용에 무념(應用-無念) 정신, 육신, 물질 등으로 은혜를 베푼 후 베풀었다는 생각이나 흔적이 없는 것.

황정신행(黃淨信行, 1903~2004) 황해도 연안 출생. 법호는 팔타원(八陀圓)이며 법훈은 종사. 한국보육원, 휘경학원 등을 설립하였다.

무념 보시(無念布施) 생각이나 흔적이 없이 은혜를 베풂.

사업 등급 정신·육신·물질로 교단에 공헌한 실적을 평가하는 제도.

계교심(計較心) 저울질하고 비교하는 마음.

무루의 복이 쌓이려니와, 공덕을 존숭(尊崇)하고 표창할 처지에서는 또한 분명하여야 하지 않겠는가.”

36. 대종사 말씀하시기를 “그대들은 다 **공도**의 주인이 되라. 사가의 살림이나 사업은 크거나 작거나 간에 자기의 자녀에게 전해 주는 것이 재래의 전통적 관습으로 되어 왔으나, 공중의 살림과 사업은 오직 **공변된 정신**으로 공변된 활동을 하는 공변된 사람에게 전해지는 것이니라. 그대들이 이 이치를 깨달아 크게 공변된 사람이 되고 보면 우리의 모든 시설과 모든 법도와 모든 명예가 다 그대들의 소유요 그대들의 주관할 바이며, 이 회상은 오직 도덕 높고 공심 많은 사람들이 주관할 세계의 **공물(公物)**이니 그대들은 다 이 공도의 주인이 되기에 함께 힘쓰라.”

37. 대종사, 일반 교무에게 훈시하시기를 “그대들은 이 혼란한 시기를 당하여 항상 사은의 크고 중하심을 참마음으로 감사하는 동시에 일반 교도에게도 그 인식을 더욱 깊게 하여 언제나 감사하는 생각을 가지고 그 정신이 온건(穩健) 착실한 데로 나아가게 하라. 또한, 근래 이 나라의 종교 단체들이 **왕왕** 그 신자로부터 많은 재물을 거둬들이고 집안 살림을 등한시하게 함으로써 일반 사회

공도(公道) 공중, 공익을 위한 사업. 큰 진리를 실현하는 도덕 회상.
공변(公遍)된 정신 공평하고 정당하여 어느 한편에 치우치거나 사사로움이 없는 정신.
공물(公物) 공중이 사용하는 사물이나 시설.
왕왕 가끔. 이따금.

에 좋지 못한 영향을 미치게 하여 수많은 비난을 받는 가운데 그 **존속(存續)** 도 못 하게 된 일이 간혹 있었나니, 우리는 일반 교도로 하여금 각자 직업에 근실하게 하여 어떠한 사람이든지 우리 공부를 함으로써 그 생활이 전보다 향상은 될지언정 못하지는 않도록 지도 권면하라. 또한, 세태가 점점 달라져서 남녀 사이의 엄격하던 장벽이 무너진 지 오래된 바에 이제 다시 장벽을 쌓을 것은 없으나 아무쪼록 그 교제에 신중을 다하여 교단의 위신에 조금이라도 손상됨이 없게 하라. 이 세 가지를 주의하고 주의하지 못 하는 데에 따라 우리의 흥망이 좌우되리니 이 말을 범연히 듣지 말기 바라노라."

38. 대종사, 일반 교무에게 훈시하시기를 "교화 선상에 나선 사람은 물질 주고받는 데에 청렴하며 공금 회계를 분명하고 신속하게 할 것이요, 뿌리 없는 **유언(流言)**에 끌리지 말며 시국에 대한 말을 함부로 하지 말며 다른 종교나 그 숭배처를 훼방하지 말 것이요, 교도의 허물을 잘 덮어 주며 **아만심**을 없이하여 모든 교도와 두루 융화하되 예에 맞지 않는 **과공(過恭)**도 없게 하며 남녀 사이에는 더욱 조심할 것이요, 다른 이의 공은 잘 드러내어 주고 자기의 공은 과장하지 말며 교도의 신앙을 자기 개인에게 집중시키지 말며 그 사업심이 지방에 국한되지 않게 할 것이요, 또한 교무는 지방에 있어서 **종법사**의 대리라는 것을

존속(存續) 보존하여 지속됨.
유언(流言) 떠도는 말.
아만심(我慢心) 겸손함이 없이 자만하는 마음.
과공(過恭) 지나치게 공손함.
종법사(宗法師) 원불교 교단의 최고 지도자에 대한 호칭.

명심하여 그 자격에 오손됨이 없이 사명을 다해 주기를 부탁하노라."

39. 대종사, 연도(年度) 말에는 **조갑종(趙甲鍾)** 등을 부르시어 "당년도 결산과 신년도 예산을 정확히 하여 오라." 하시고, 세밀히 친감하시며 말씀하시기를 "한 가정이나 단체나 국가가 수입과 지출이 맞지 않으면 그 가정 그 단체 그 국가는 흥왕하지 못하나니, 과거 도가에서는 재물을 논하면 도인이 아니라 하였지마는 새 세상의 도가에서는 **영육을 쌍전**해야 하므로, 우리 회상에서는 **총·지부**를 막론하고 회계문서를 정비하여 수입과 지출을 대조하게 함으로써 영과 육 두 방면에 결함 됨이 없게 하였으며, 교단 조직에 공부와 사업의 등위를 같이 정하였느니라."

40. 대종사, 교무들에게 말씀하시기를 "중생을 위하여 말을 하고 글을 쓸 때 공연히 그들의 환심만을 얻기 위하여, 실생활에 부합되지 않는 **공론(空論)**이나, 사실에 넘치는 과장이나, **공교**하고 신기하고 어려운 말이나, 수행상 한편에 치우치는 말 등을 하지 말라. 그러한 말은 세상에 이익도 없고 도인을 만들지도 못하느니라."

> **조갑종(趙甲種, 1905~1971)** 전북 임실 출생. 법호는 의산(義山)이며 법훈은 대봉도. 중앙총부 감찰원장, 교정원장 등을 역임하였다.
>
> **영육을 쌍전(靈肉-雙全)** 인간의 정신(수도)과 육신(생활)을 아울러서 조화된 생활을 하는 것.
>
> **총·지부(總支部)** 총부와 지부(교당). 중앙과 지방.
>
> **공론(空論)** 실속이 없는 이론이나 논의.
>
> **공교(工巧)** 교묘하고 뛰어난 것.

41. 대종사 말씀하시기를 "대중을 인도하는 사람은 항상 대중의 정신이 어느 곳으로 흐르는가를 자세히 살펴서, 만일 조금이라도 좋지 못한 풍기가 생기거든 그 바로잡을 방책을 연구하되, 말로써 할 일은 말로써 하고 몸으로써 할 일은 몸으로써 하여 어떻게 하든지 그 전환에 노력하라. 가령 일반의 경향이 노동을 싫어하는 기미가 있거든 몸으로써 노동하여 일반의 경향을 돌리고, **아상**이나 **명리욕**이 과한 사람에게는 몸으로써 **굴기하심(屈己下心)**을 나타내어 명리욕 가진 사람이 스스로 부끄러운 마음을 내도록 하여, 모든 일을 그와 같이 앞서 실행해서 그 폐단을 **미연(未然)**에 방지하고 **기연(旣然)**에 교정하는 것이 이른바 보살의 지도법이며 중생을 교화하는 방편이니라."

42. 대종사 말씀하시기를 "어느 시대를 막론하고 새로운 회상을 세우기로 하면 근본적으로 그 교리와 제도가 과거보다 우월하여야 할 것은 말할 것도 없으나 그 교리와 제도를 널리 활용할 동지들을 만나지 못하면 또한 성공하기가 어려우니라. 그러므로 과거 부처님 회상에서도 천이백대중 가운데 **십대제자**가

아상(我相) 모든 것을 자기 본위로만 생각하여 자기와 자기의 것만 좋다 하는 자존심.

명리욕(名利慾) 명예와 이익을 바라는 욕심.

굴기하심(屈己下心) 자기를 굽히고 겸손한 마음을 가지는 것.

미연(未然) 어떤 일이 일어나지 않은 때.

기연(旣然) 일이 지난 후.

십대 제자 석가모니불의 제자 중에서 가장 뛰어난 열 사람의 큰 제자. ①지혜 제일의 사리불(舍利弗). ②신통 제일의 목건련(目犍蓮). ③두타(頭陀) 제일의 대가섭(大迦葉). ④천안(天眼) 제일의 아나율(阿那律). ⑤해공(解空) 제일의 수보리(須菩提). ⑥설법 제일의 부루나(富樓那). ⑦논의(論議) 제일의 가전연(迦旃延). ⑧지계(持戒) 제일의 우바리(優波離). ⑨밀행(密行) 제일의 라후라(羅睺羅). ⑩다문(多聞) 제일의 아난타(阿難陀).

있어서 각각 자기의 능한 대로 대중의 표준이 되는 동시에, 부처님이 무슨 말씀을 내리시면 그분들이 먼저 반가이 받들어 솔선 실행하며 여러 사람에게도 장려하여 각 방면으로 모범적 행동을 하였으므로, 대중은 항상 십대제자의 정신에 의하여 차차 교화의 힘을 입어서 마침내 영산 대회상을 이루게 되었느니라. 이제 십대제자가 교화한 예를 들어 말하자면, 가령 대중 가운데 어떤 사람이 잘못하는 일이 있는데 직접 잘못을 꾸짖으면 도리어 역효과가 날 것으로 예상되는 경우에는, 십대제자 중 2, 3인이 조용히 의논한 뒤 그중 한 사람이 일부러 그 잘못을 저지르면 곁에서 보던 한 사람이 그 사람을 불러 놓고 엄중히 훈계를 하여 그 사람이 순순히 그 과실을 자백하고 감사한 태도로 개과를 맹세한 후 그 과실을 고치는 것을 보여 줌으로써 참으로 잘못한 사람이 은연중 참회할 생각이 나서 무언중 그 과실을 고치게 하였나니, 이와 같은 일들이 곧 십대제자의 행사였으며 교화하는 방편이었느니라. 그뿐 아니라 어느 경우에는 대중을 인도하기 위하여 아는 것도 모르는 체하고 잘한 일도 잘못한 체하며, 탐심이 없으면서도 있는 듯이 하다가 서서히 탐심 없는 곳으로 전환도 하며, 애욕이 없으면서도 있는 듯이 하다가 애욕을 끊는 자리로 전환하기도 하여, 음적 양적으로 부모가 자녀를 기르듯 암탉이 달걀을 어르듯 모든 자비행을 베풀었으므로, 부처님의 제도 사업에도 많은 수고를 덜었으며 모든 대중도 쉽게 정법의 교화를 받게 되었나니, 그 자비심이 얼마나 장하며 그 공덕이 얼마나 광대한가. 그런즉 그대들도 대중 생활을 하여 갈 때 항상 이 십대제자의 행하던 일을 모범하여 이 회상을 창립하는 데에 선도자가 되고 중추인물이 되기를 부탁하노라.”

제14 전망품

展望品

전망품(展望品) 다가오는 세상에 대한 전망을 밝힌 것으로 대문명 세계의 도래, 무궁한 교운, 종말론과 말법세계 등에 관한 법문으로 구성되어 있다.

1. 대종사 말씀하시기를 "세상이 말세가 되고 험난한 때를 당하면 반드시 한 세상을 주장할 만한 법을 가진 **구세 성자(救世聖者)**가 출현하여 능히 천지 기운을 돌려 그 세상을 바로잡고 그 인심을 골라 놓느니라."

2. 대종사, 대각하신 후 많은 가사(歌詞)와 한시(漢詩)를 읊으시고 그것을 수록하게 하시어 '법의대전(法義大全)'이라 이름하시니, 그 뜻이 매우 신비하여 보통 지견으로는 가히 이해하기 어려우나, 그 대강은 곧 **도덕의 정맥(正脈)**이 끊어졌다가 다시 난다는 것과 세계의 대세가 **역수(逆數)**가 지나면 **순수(順數)**가 온다는 것과 장차 회상 건설의 계획 등을 말씀하신 것이었는데, 그 후 친히 그것을 불사르사 세상에 다시 전하지 못하게 하셨으나 '**개자태극조판 원천강림 어선절후계지심야(蓋自太極肇判元天降臨於先絕後繼之心也)**'라고 한 서문 첫 절과 다음의 한시 열 한 구가 **구송(口誦)**으로 전해지느니라.

만학천봉답래후萬壑千峰踏來後

구세 성자(救世聖者) 세상을 구원할 성인 또는 부처.

도덕의 정맥(正脈) 도덕의 바른 법맥, 흐름.

역수(逆數) 모순과 상극이 가득찬 선천의 운수.

순수(順數) 상생과 조화로 전개되는 후천의 운수.

개자태극~후계지심야(蓋自太極~後繼之心也) 대개 태극으로부터 조판(처음 쪼개어 갈라짐)이 되면서 원천(근원되는 진리)이 '앞이 끊어지고 뒤에서 잇는 마음'에 강림한다. 여기서 '선절후계(先絕後繼)'는 선천 시대가 지나가고 후천 시대로 이어진다는 의미. 또는 선천의 본체 세계에서 후천의 현상 세계로 이어진다는 의미.

구송(口誦) 소리 내어 외우거나 읽음.

무속무적주인봉無俗無跡主人逢

야초점장우로은野草漸長雨露恩
천지회운정심대天地回運正心待

시사일광창천중矢射日光蒼天中
기혈오운강신요其穴五雲降身繞

승운선자경처심乘雲仙子景處尋
만화방창제일호萬和方暢第一好

만리장강세의요萬里長江世意繞
도원산수음양조道源山水陰陽調

호남공중하처운湖南空中何處云
천하강산제일루天下江山第一樓

천지방척척수량天地方尺尺數量
인명의복활조전人名衣服活造傳

천지만물포태성天地萬物胞胎成
일월일점자오조日月一點子午調

방풍공중천지명放風空中天地鳴
괘월동방만국명掛月東方萬國明

풍우상설과거후風雨霜雪過去後
일시화발만세춘一時花發萬歲春

연도심수천봉월研道心秀千峰月
수덕신여만곡주修德身如萬斛舟

3. 한 제자가 한문 지식만을 중히 여기는지라, 대종사 말씀하시기를 "도덕은 원래 문자 **여하**에 매인 것이 아니니 그대는 이제 그 생각을 놓으라. 앞으로는 모든 경전을 일반 대중이 두루 알 수 있는 쉬운 말로 편찬하여야 할 것이며, 우리말로 편찬된 경전을 세계 사람들이 서로 번역하고 배우는 날이 멀지 아니할 것이니, 그대는 어려운 한문만 숭상하지 말라."

4. 대종사, **익산**에 총부를 처음 건설하실 제 몇 간의 초가에서 많지 않은 제자들에게 물으시기를 "지금 우리 회상이 무엇과 같은가 비유하여 보라." **권대호**

여하(如何) 그 형편이나 정도가 어떠한가의 뜻을 나타내는 말.
익산(益山) 현 익산시. 원불교 중앙총부와 중요 기관이 있는 전라북도의 도시.

(權大鎬) 사뢰기를 "**못자리판**과 같나이다." 다시 물으시기를 "어찌하여 그러한
고?" 대호 사뢰기를 "우리 회상이 지금은 이러한 작은 집에서 몇십 명만 이 법
을 받들고 즐기오나 이것이 근본이 되어 장차 온 세계에 이 법이 **편만**할 것이
기 때문이옵니다." 대종사 말씀하시기를 "네 말이 옳다. 저 넓은 들의 농사도
좁은 못자리판에서 비롯한 것같이 지금의 우리가 장차 세계적 큰 회상의 조상
으로 드러나리라. 이 말을 듣고 웃을 사람도 있을 것이나, 앞으로 제1대만 지
나도 이 법을 갈망하고 요구하는 사람이 많아질 것이며, 몇십 년 후에는 국내
에서 이 법을 요구하게 되고, 몇백 년 후에는 전 세계에서 이 법을 요구하게 될
것이니, 이렇게 될 때는 나를 보지 못한 것을 한하는 사람이 수가 없을 뿐 아니
라, 지금 그대들 백 명 안에 든 사람은 물론이요 제1대 창립 한도 안에 참례한
사람들까지도 한없는 부러움과 숭배를 받으리라."

5. 대종사, 금강산을 유람하고 돌아오시어 '**금강이 현세계[金剛現世界]하니
조선이 갱조선[朝鮮更朝鮮]**이라.'는 글귀를 대중에게 일러 주시며, 말씀하시

권대호(權大鎬, 1910~1931) 전북 장수 출생. 권동화의 동생. 원기 13년 19세의 나이로
　출가했으나 22세의 나이로 열반하였다.
못자리판 볍씨를 뿌려 모를 키우기 위하여 만들어 놓은 곳.
편만(遍滿) 두루 가득함.
금강이 현세계[金剛現世界]하니 조선이 갱조선[朝鮮更朝鮮] "금강이 세계에 드러날 때
　조선도 새로운 조선이 된다."는 뜻으로 "금강산의 아름다운 경치가 세계에 널리 드러
　날 때 조선도 다시 세계 속에 빛나는 새로운 조선이 된다."는 의미. 원기 15년 음력 5월
　경 소태산 대종사가 금강산 유람을 기념키 위하여 읊은 시로서 월말통신 27호에 실려
　있다. 원문(原文)은 "步拾金剛景 金剛皆骨餘 金剛現世界 朝鮮更朝鮮 金剛現世界 如
　來渡衆生(보습금강경 금강개골여 금강현세계 조선갱조선 금강현세계 여래도중생 : 한
　걸음 한 걸음 금강산의 경치를 구경하니 금강산의 아름다운 겨울 자취가 남아 있구나.

기를 "금강산은 천하의 명산이라 머지않은 장래에 세계의 공원으로 지정되어 각국이 서로 찬란하게 장식할 날이 있을 것이며, 그런 뒤에는 세계 사람들이 서로 다투어 그 산의 주인을 찾을 것이니, 주인 될 사람이 미리 준비해 놓은 것이 없으면 무엇으로 오는 손님을 대접하리오."

6. 대종사, **개교(開敎) 기념일**을 당하여 대중에게 말씀하시기를 "우리에게 큰 보물 하나가 있으니 그것은 곧 금강산이라. 이 나라는 반드시 금강산으로 인하여 세계에 드러날 것이요, 금강산은 반드시 그 주인으로 인하여 더욱 빛나서, 이 나라와 금강산과 그 주인은 서로 떠날 수 없는 인연으로 다 같이 세계의 빛이 되리라. 그런즉 그대들은 우리의 현상을 비관하지 말고 세계가 금강산의 참 주인을 찾을 때 우리 여기 있다 할 자격을 갖추기에 공을 쌓으라. 금강산의 주인은 금강산 같은 인품을 조성해야 할 것이니 닦아서 밝히면 그 광명을 얻으리라. 금강산 같이 되기로 하면 금강산 같이 순실하여 **순연한 본래면목**을 잃지 말며, 금강산 같이 정중하여 각자의 **본분사(本分事)**에 전일하며 금강산 같이 견고하여 **신성**과 의지를 변하지 말라. 그리하면 산은 체(體)가 되고 사람은 용(用)이 될지라. 체는 정하고 용은 동하나니 산은 그대로 있되 능히 그 체가 되

금강이 세계에 드러날 때 조선은 다시 세계 속에 빛나는 새로운 조선이 될 것이오. 금강이 세계에 드러날 때 여래가 천하 만중생을 제도하리라.)"이다.

개교(開敎) 기념일 대각개교절(大覺開敎節). 원불교 열린 날.

순연한 본래면목 온전한 자기의 본래 모습.

본분사(本分事) 근본적 책임 또는 사명.

신성(信誠) 정성스러운 믿음.

려니와 사람은 잘 활용하여야 그 용이 될 것이니, 그대들은 어서어서 부처님의 **무상 대도**를 연마하여 세계의 모든 산 가운데 금강산이 드러나듯 모든 사람 가운데 환영받는 사람이 되며, 모든 교회 가운데 모범적 교화가 되게 하라. 그리하면 강산과 사람이 아울러 찬란한 광채를 발휘하리라."

7. 대종사, 전주에 가시니 **문정규·박호장(朴戸張)** 등이 와서 뵈옵는지라, 말씀하시기를 "내가 오는 길에 우스운 일을 많이 보았노니, 아침에 어느 곳을 지나는데 날이 이미 밝아서 만물이 다 **기동**하여 사방이 시끄러우나, 어떤 사람은 날이 밝은 줄을 모르고 깊이 잠을 자고 있으며, 어떤 사람은 찬바람과 얼음 속에 씨를 뿌리고 있으며, 어떤 사람은 여름옷을 그대로 입고 추위를 못 견디어 떨고 섰더라." 하시니, 정규가 말씀 뜻을 짐작하고 여쭙기를 "어느 때가 되어야 백주에 잠을 자는 사람이 잠을 깨어 세상에 나오며, 얼음 속에 씨를 뿌리는 사람과 겨울에 여름옷 입은 사람이 때를 알아 사업을 하겠나이까?" 대종사 말씀하시기를 "그 사람이 지금은 날이 밝은 줄을 모르고 깊이 자고 있으나, 밖에서 만물이 기동하는 소리가 오래가면 반드시 그 잠을 깰 것이요, 잠을 깨어 문을 열어 보면 바로 날 밝은 줄을 알 것이요, 알면 일어나서 사업을 시작할 것이며, 저 얼음 속에 씨를 뿌리는 사람과 겨울에 여름옷을 입은 사람들은 때를 모

무상 대도(無上大道) 가장 높고 큰 도.

문정규(文正奎, 1863~1936) 전남 곡성 출생. 법호는 동산(冬山). 소태산 대종사 봉래 제법 시절 시봉하였다.

박호장(朴戸張, ?~1929) 전북 전주 출생. 송적벽의 인도로 부안 봉래정사에 계시던 소태산 대종사를 찾아뵙고 제자가 되었다.

기동(起動) 일어나 움직임.

르고 사업을 하니 반드시 실패할 것이요, 사업에 실패하여 무수한 고통과 곤란을 겪은 후에는 철 아는 사람이 사업하는 것을 보고 제 마음에 깨침이 생겨나서 차차 철 아는 사람이 되리라."

8. 김기천이 여쭙기를 "근래에 여러 사람이 각기 파당을 지어 서로 옳다 하며 사방에서 제 스스로 선생이라 일컬으오나, 그 내용을 보면 무엇으로도 가히 선생이라 할 가치가 없사오니, 그들을 참 선생이라 할 수 있사오리까?" 대종사 말씀하시기를 "참 선생이니라." 기천이 여쭙기를 "어찌하여 참 선생이라 하시나이까?" 대종사 말씀하시기를 "그대가 그 사람들로 인하여 사람의 **허(虛)와 실(實)**을 알았다 하니 그것만 하여도 참 선생이 아닌가?" 기천이 다시 여쭙기를 "그것은 그러하오나 그들은 어느 때가 되어야 스스로 참 선생의 자격을 갖추게 되오리까?" 대종사 말씀하시기를 "허를 지내면 실이 돌아오고 거짓을 깨치면 참이 나타나나니, 허실과 진위(眞僞)를 단련하고 또 단련하며 지내고 또 지내보면 그중에서 자연히 거짓 선생이 참 선생으로 전환될 수 있느니라."

9. 대종사 말씀하시기를 "근래의 인심을 보면 공부 없이 **도통**을 꿈꾸는 무리와, 노력 없이 성공을 바라는 무리와, 준비 없이 때만 기다리는 무리와, **사술**

김기천(金幾千, 1890~1935) 전남 영광 출생. 법호는 삼산(三山)이며 법훈은 종사. 9인 제자의 한 사람으로 최초 견성 인가를 받았으며 저서로는 『철자집』 등이 있다.
허(虛)와 실(實) 거짓과 참.
도통(道通) 천만 사물의 오묘한 이치를 깨달아 통함.

(邪術)로 대도를 조롱하는 무리와, 모략으로 정의를 비방하는 무리가 세상에 가득하여 각기 제가 무슨 큰 능력이나 있는 듯이 야단을 치고 다니나니, 이것이 이른바 낮도깨비니라. 그러나 시대가 더욱 밝아짐을 따라 이러한 무리는 발붙일 곳을 얻지 못하고, 오직 인도 정의의 요긴한 법만이 세상에 서게 될 것이니, 이러한 세상을 일러 **대명천지(大明天地)**라 하느니라."

10. 대종사, 서울에 가시사 하루는 남산공원에서 **소요**하시던 중, 청년 몇 사람이 대종사의 **위의(威儀)** 비범하심을 뵈옵고 와서 인사하며 각각 명함을 올리는지라, 대종사 또한 명함을 주시었더니, 청년들이 그 당시 사회에 큰 물의를 일으키고 있던 모 신흥종교에 대한 신문의 비평을 소개하면서 말하기를 "이 교(敎)가 좋지 못한 행동이 많으므로 우리 청년 단체가 그 비행을 성토하며 현지에 내려가서 그 존재를 박멸하려 하나이다." 대종사 말씀하시기를 "그 불미한 행동이란 과연 무엇인가?" 한 청년이 사뢰기를 "그들이 미신의 말로써 인심을 유혹하여 불쌍한 농민들의 재산을 빼앗으니, 이것을 오래 두면 세상에 나쁜 영향이 크게 미칠 것이옵기로 그것을 박멸하려 하는 것이옵니다." 대종사 말씀하시기를 "그대들의 뜻은 짐작이 되나, 무슨 일이든지 제 생각에 한번 하고 싶어서 죽기로써 하는 때는 다른 사람이 아무리 말려도 되지 않을 것이니, 무슨 능력으로 그 교의 하고 싶은 일을 막을 수 있으리오." 청년이 여쭙기를 "그러

사술(邪術) 바르지 못한 괴이한 술법.
대명천지(大明天地) 아주 환하게 밝은 세상.
소요(逍遙) 한가롭게 거님.
위의(威儀) 위엄이 있는 몸가짐이나 차림새.

면 그 교가 박멸되지 아니하고 영구히 존속될 것이라는 말씀이옵니까?" 대종사 말씀하시기를 "나의 말은 다른 사람이 굳이 하고 싶어 하는 일을 억지로 막지는 못한다는 말이요, 그 교에 대한 존속 여부를 말한 것은 아니니라. 그러나 누구나 이로움은 좋아하고 해로움은 싫어하나니, 서로 관계하는 사이에 항상 이로움이 돌아오면 길이 친근할 것이요, 해로움이 돌아오면 길이 친근하지 못할 것이라. **정도(正道)**라 하는 것은 처음에는 해로운 것 같으나 필경에는 이로움이 되고, **사도(邪道)**라 하는 것은 처음에는 이로운 것 같으나 필경에는 해독이 돌아오므로, 그 교가 정도이면 아무리 그대들이 박멸하려 하여도 되지 않을 것이요, 사도라면 박멸하지 아니하여도 자연히 서지 못하게 되리라."

11. 그 청년이 다시 여쭙기를 "그러하오면 선생님께서는 어떠한 방법이라야 이 세상이 길이 잘 교화되리라고 생각하시나이까?" 대종사 말씀하시기를 "특별한 방법이 따로 있는 것은 아니나 한 가지 예를 들어 말하리라. 가령 큰 들에서 농사를 짓는 사람이 농사 방법도 잘 알고 일도 또한 부지런히 하여 그 수확이 다른 사람보다 훨씬 우월하다면 온 들안 사람이 그것을 보고 자연히 본받아 갈 것이나, 만일 자기 농사에는 실적이 없으면서 다른 사람에게 말로만 권한다면 그 사람들이 따르지 않을 것은 물론이니, 그러므로 나는 늘 말하되 내가 먼저 행하는 것이 곧 남을 교화함이 된다 하노라." 청년이 사뢰기를 "선생님께서는 그러한 통달하신 법으로 세상을 교화하시나 그 교는 좋지 못한 행동으로 백

정도(正道) 올바른 길. 또는 정당한 도리.
사도(邪道) 올바르지 못한 길.

성을 **도탄(塗炭)**에 빠트리고 있사오니 세상에 없어야 할 존재가 아니오니까?" 대종사 말씀하시기를 "그 교도 세계 사업을 하고 있으며 그대들도 곧 세계 사업을 하고 있느니라." 청년이 또 여쭙기를 "어찌하여 그 교가 세계 사업을 한다 하시나이까?" 대종사 말씀하시기를 "그 교는 비하건대 사냥의 몰이꾼과 같나니 몰이꾼들의 몰이가 아니면 포수들이 어찌 그 구하는 바를 얻으리오. 지금은 묵은 세상을 새 세상으로 건설해야 할 시기인바, 세상 사람들이 그 형편을 깨닫지 못하고 발원 없이 깊이 잠들었는데, 그러한 각색 교회가 사방에서 일어나 모든 사람의 잠을 깨우며 마음을 일으키니, 그제야 모든 인재가 세상에 나서서 실다운 일도 지내보고 헛된 일도 지내보며, 남을 둘러도 보고 남에게 둘리기도 하여 세상 모든 일의 허실과 시비를 알게 되매 결국 정당한 교회와 정당한 사람을 만나 정당한 사업을 이룰 것이니, 이는 곧 그러한 각색 교회가 몰이를 해 준 공덕이므로 그들을 어찌 세계 사업자가 아니라 하리오." 청년이 또 여쭙기를 "그것은 그러하오나 저희는 또한 어찌하여 세계 사업자가 된다 하시나이까?" 대종사 말씀하시기를 "그대들은 모든 교회의 행동을 보아 잘하는 것이 있으면 세상에 드러내고 잘못하는 것이 있으면 비평하므로, 누구를 막론하고 비난을 당할 때는 분한 마음이 있을 것이요, 분한 마음이 있을 때는 새로 정신을 차려 비난을 면하려고 노력할 것이니, 그대들은 곧 세계 사업자인 모든 교회에 힘을 도와주고 반성을 재촉하는 사업자라. 만일 그대들이 없으면 모든 교회가 그 전진력을 얻지 못할 것이므로 그대들의 공덕도 또한 크다 하노라." 청년들이 감복하여 절하고 사뢰기를 "선생님의 말씀은 두루 통달하여 하나도

도탄(塗炭) 몹시 곤궁하여 고통스러운 지경.

막힘이 없나이다."

12. 한 사람이 여쭙기를 "선생님의 교법이 시대에 적절할 뿐 아니라 정당한 법인 줄은 믿으오나 창립한 시일이 아직 천단하여 근거가 깊지 못하오니 선생님 후대에는 어떻게 되올지 의문이 되나이다." 대종사 말씀하시기를 "그대가이 법을 이미 정법으로 알았다 하니 그렇다면 나의 후대에 이 법의 확장 여하를 근심할 것이 없느니라. 보라! 세상에서 도둑질하는 법은 나쁜 법이라 그 법을 나라에서 없애려 하고 사회에서 배척하건마는 그 종자가 없어지지 아니하고 남아 있어서 우리를 괴롭게 하는 것은, 그같이 나쁜 법도 필요를 느끼는 무리가 일부에 있기 때문이거든 하물며 모든 인간이 다 필요로 하는 인도 정의의 정당한 법이리오. 다시 한 예를 더 들자면, 세상 사람들이 모든 물질과 기술을 사용하여 생활할 때 그 발명가를 위하여 사용하는 것이 아니요 각각 자기의 편리를 생각하여 사용하므로 자기의 편리만 있으면 아무리 사용하지 말라 하여도 자연히 사용하게 되는 것같이, 모든 교법도 또한 여러 사람이 믿고 사용한 결과에 이익이 있다면 아무리 믿지 말라 하여도 자연 믿을 것이며, 믿는 사람이 많을 때는 이 법이 또한 널리 확장될 것이 아닌가."

13. 한 사람이 여쭙기를 "동양이나 서양에 **기성 교회**가 많이 있어서 수천 년동안 서로 문호를 달리하여 시비가 분분한 가운데, 근래에 또한 여러 가지 신

기성(旣成) 교회 세력이 있고 전통이 깊은 종교 단체.

흥 교회가 사방에 일어나서 서로 **자가(自家)**의 주장을 내세우고 다른 의견을 배척하여 더욱 시비가 분분하오니 종교계의 장래가 어떻게 되오리까?" 대종사 말씀하시기를 "어떤 사람이 서울에서 가정을 이루어 자녀를 두고 살다가 세계 여러 나라를 두루 유람할 제, 그중 몇몇 나라에서는 각각 여러 해를 지내는 동안 그 나라 여자와 동거하여 자녀를 낳아 놓고 돌아왔다 하자. 그 후 그 사람의 자녀들이 각각 그 나라에서 자라난 다음 각기 제 아버지를 찾아 한자리에 모였다면, 얼굴도 서로 다르고 말도 서로 다르며 습관과 행동도 각각 다른 그 사람들이 얼른 서로 친하고 화해질 수 있겠는가? 그러나 여러 해를 지내는 동안 그들도 차차 철이 들고 이해심이 생겨나서 말과 풍습이 서로 익어지고 그 형제 되는 내역을 자상히 알고 보면 반드시 **골육지친(骨肉之親)**임을 서로 깨달아 화합하게 될 것이니, 모든 교회의 서로 달라진 내역과, 그 근원은 원래 하나인 내역도 또한 이와 같으므로, 인지가 훨씬 개명되고 도덕의 빛이 고루 비치는 날에는 모든 교회가 한 집안을 이루어 서로 융통하고 화합하게 되리라."

14. 조송광이 처음 와 뵈오니, 대종사 말씀하시기를 "그대가 보통 사람보다 다른 점이 있어 보이니 어떠한 믿음이 있는가?" 송광이 사뢰기를 "수십 년 동안 하나님을 신앙하온 예수교 장로이옵니다." 대종사 말씀하시기를 "그대가 여

자가(自家) 자기 종교.

골육지친(骨肉之親) 살과 뼈를 같이 섞고 나눈 친족이란 뜻으로, 부자 형제와 같은 가까운 혈족을 가리키는 말.

조송광(曺頌廣, 1876~1957) 전북 정읍 출생. 법호는 경산(慶山). 기독교 장로 출신으로 원기 13년부터 9년간 불법연구회 2대 회장직을 역임하였다.

러 해 동안 하나님을 믿었다 하니 하나님이 어디 계시던가?" 송광이 사뢰기를 "하나님은 전지전능하시고 무소부재하사 계시지 아니하는 곳이 없다 하나이다." 대종사 말씀하시기를 "그러면 그대가 늘 하나님을 뵈옵고 말씀도 듣고 가르침도 받았는가?" 송광이 사뢰기를 "아직까지는 뵈온 일도 없사옵고 말하여 본 적도 없나이다." 대종사 말씀하시기를 "그러면 그대가 아직 예수의 **심통(心通) 제자**는 되지 못한 것 아닌가?" 송광이 여쭙기를 "어떻게 하오면 하나님을 뵈올 수도 있고 가르침을 받을 수도 있겠나이까?" 대종사 말씀하시기를 "그대가 공부를 잘하여 예수의 심통 제자만 되면 그리할 수 있느니라." 송광이 다시 여쭙기를 "성경에 예수께서 말세에 다시 오시되 도둑같이 왔다 가리라 하였고 그때는 여러 가지 증거도 나타날 것이라 하였사오니 참으로 오시는 날이 있사오리까?" 대종사 말씀하시기를 "성현은 거짓이 없나니 그대가 공부를 잘하여 **심령(心靈)**이 열리고 보면 예수의 다녀가는 것도 또한 알리라." 송광이 사뢰기를 "제가 오랫동안 저를 직접 지도하여 주실 큰 스승님을 기다렸삽더니, 오늘 대종사를 뵈오니 마음이 **흡연(洽然)**하여 곧 제자가 되고 싶나이다. 그러하오나 한편으로는 변절 같사와 양심에 자극이 되나이다." 대종사 말씀하시기를 "예수교에서도 예수의 심통 제자만 되면 나의 하는 일을 알게 될 것이요, 내게서도 나의 심통 제자만 되면 예수의 한 일을 알게 되리라. 그러므로 모르는 사람은 저 교 이 교의 간격을 두어 변절한 것같이 생각하고 교회 사이에 서로 적대시하는 일도 있지마는, 참으로 아는 사람은 때와 곳을 따라서 이름만 다를 뿐

심통(心通) 제자 스승과 마음이 하나가 된 제자.
심령(心靈) 신비스러운 영통의 문.
흡연(洽然) 매우 기쁘고 만족함.

이요 다 한 집안으로 알게 되나니, 가고 오는 것은 오직 그대 자신이 알아서 하라." 송광이 일어나 절하고 제자 되기를 다시 발원하거늘, 대종사 허락하시며 말씀하시기를 "나의 제자 된 후라도 하나님을 신봉하는 마음이 더 두터워져야 나의 참된 제자니라."

15. 대종사 말씀하시기를 "내가 어느 날 불경(佛經)을 보니 이러한 이야기가 있더라. 한 제자가 부처님께 여쭙기를 '저희는 부처님을 뵈옵고 법설을 들으면 존경심과 환희심이 한없이 나옵는데, 어떤 사람은 도리어 흉을 보고 비방도 하며 사람들의 출입까지 방해하기도 하오니, 부처님께서는 항상 자비심으로 가르쳐 주시거늘 그 중생은 무슨 일로 그러한지 그 이유를 알고 싶나이다.' 하매, 부처님께서 대답하시기를 '저 해가 동녘 하늘에 오름에 제일 높은 **수미산(須彌山)** 상봉에 먼저 비치고, 그다음에 **고원(高原)**에 비치고, 그러한 후에야 일체 대지 평야에까지 비치나니, 태양이 차별심이 있어서 높은 산은 먼저 비치고 평야는 나중에 비치는 것이 아니라, 태양은 다만 무심히 비치건마는 땅의 고하를 따라 그와 같이 선후의 차별이 있게 되느니라. 여래의 설법도 그와 같아서 무량한 지혜의 광명을 차별 없이 나투건마는 각자의 근기에 따라서 그 법을 먼저 알기도 하고 뒤에 알기도 하나니, 한자리에서 같은 법문을 들을지라도 **보살(菩薩)**들이

수미산(須彌山) 불교의 우주관에서 세계의 중앙에 있다는 산.

고원(高原) 높은 벌판.

보살(菩薩) 대승불교의 이상적인 구도자상으로 위로는 부처님의 깨달음을 추구하고 아래로는 중생들을 구원하기 위해 노력하는 사람.

먼저 알아듣고, 그다음에 **연각(緣覺)**, **성문(聲聞)**, **결정선근자(決定善根者)**가 알아듣고, 그다음에 **무연(無緣) 중생**까지도 점진적으로 그 혜광을 받게 되느니라. 그런데 미한 중생들이 부처의 혜광을 받아 살면서도 불법을 비방하는 것은 마치 맹인이 해의 혜택을 입고 살면서도 해를 보지 못하므로 해의 혜택이 없다 하는 것과 같으니라. 그런즉 너는 너의 할 일이나 잘할 것이요 결코 그러한 어리석은 중생들을 미워하지 말며 낙심하거나 **퇴굴심**을 내지도 말라. 그 어찌 인지의 차등이 없으리오.' 하셨다 하였더라. 그대들은 이 말씀을 범연히 듣지 말고 각자의 앞길에 보감으로 삼아서 계속 정진할 것이요, 결단코 남의 잘못하는 것과 몰라주는 것에 너무 관심을 두지 말라. 이 세상의 변천도 주야 변천되는 것과 다름이 없어서 어둡던 세상이 밝아질 때는 모든 중생이 고루 **불은(佛恩)**을 깨닫고 불은에 보답하기 위하여 서로 노력하게 되느니라."

16. **최도화(崔道華)** 여쭙기를 "이 세상에 미륵불(彌勒佛)의 출세와 용화 회상

연각(緣覺) 부처님의 가르침을 받지 않고 스승도 없이 스스로 깨달은 성자. 독각(獨覺), 벽지불(僻地佛).

성문(聲聞) 부처님의 설법을 듣고 깨달음을 얻어가는 불제자.

결정선근자(決定善根者) 선과(善果, 좋은 과보)를 받을 만한 선인(善因, 좋은 원인)을 지은 수행자.

무연(無緣) 중생 불보살과 인연 없는 중생.

퇴굴심(退屈心) 순역 경계에 부딪쳐서 정진하지 못하고 물러서거나 타락하는 마음.

불은(佛恩) 부처님의 은혜.

최도화(崔道華, 1883~1954) 전북 진안 출생. 법호는 삼타원(三陀圓)이며 법훈은 대호법. 만덕산 주무, 전주교당 순교 등을 역임하였다.

(龍華會上)의 건설을 목마르게 기다리는 사람이 많사오니, **미륵불**은 어떠한 부처님이시며 **용화 회상**은 어떠한 회상이오니까?" 대종사 말씀하시기를 "미륵불이라 함은 법신불의 진리가 크게 드러나는 것이요, 용화 회상이라 함은 크게 밝은 세상이 되는 것이니, 곧 **처처 불상(處處佛像) 사사 불공(事事佛供)**의 대의가 널리 행하여지는 것이니라." **장적조** 여쭙기를 "그러하오면 어느 때나 그러한 세계가 돌아오겠나이까?" 대종사 말씀하시기를 "지금 차차 되어가고 있느니라." **정세월(鄭世月)**이 여쭙기를 "그중에도 첫 주인이 있지 않겠나이까?" 대종사 말씀하시기를 "하나하나 먼저 깨치는 사람이 주인이 되느니라."

17. **박사시화(朴四時華)** 여쭙기를 "지금 어떤 종파들에서는 이미 미륵불이 출세하여 용화 회상을 건설한다 하와 서로 주장이 분분하오니 어느 회상이 참 용화 회상이 되오리까?" 대종사 말씀하시기를 "말만 가지고 되는 것이 아니니, 비록 말은 아니할지라도 오직 그 회상에서 미륵불의 참뜻을 먼저 깨닫고 미륵

미륵불(彌勒佛) 미래의 사바세계에 출현하여 성불한 후 중생을 제도한다는 미래불(未來佛).

용화 회상 미륵불이 출세하여 세 번의 설법으로 많은 중생을 제도하게 되는 미래 세계의 큰 회상.

처처 불상 사사 불공(處處佛像 事事佛供) 곳곳이 부처님. 일마다 불공.

장적조(張寂照, 1878~1960) 경남 통영 출생. 법호는 이타원(二陀圓)이며 법훈은 대봉도. 원평, 부산 등에서 교화 활동을 하였다.

정세월(鄭世月, 1896~1977) 전북 김제 출생. 법호는 칠타원(七陀圓). 전재동포구호소 주임, 중앙총부 감원 등을 역임하였다.

박사시화(朴四時華, 1867~1946) 전북 남원 출생. 법호는 일타원(一陀圓)이며 법훈은 대봉도. 서울, 남원 등지를 두루 다니며 교직 없는 전문 순교로서 교화 활동을 펼쳤다.

불이 하는 일만 하고 있으면 자연히 용화 회상이 될 것이요 미륵불을 친견할 수도 있으리라.”

18. 서대원이 여쭙기를 “미륵불 시대가 완전히 돌아와서 용화 회상이 전반적으로 건설된 시대의 형상은 어떠하오리까?” 대종사 말씀하시기를 “그 시대에는 인지가 훨씬 밝아져서 모든 것에 상극이 없어지고, 허실(虛實)과 진위(眞僞)를 분간하여 저 불상에게 **수복(壽福)**을 빌고 원하던 일이 차차 없어지며, 천지 만물 **허공 법계**를 망라하여 경우와 처지를 따라 공(功)을 들여 부귀도 빌고 수명도 빌며, 서로서로 **생불(生佛)**이 되어 서로 제도하며, 서로서로 부처의 권능 가진 줄을 알고 집집마다 부처가 살게 되며, 회상을 따로 어느 곳이라고 지정할 것이 없이 이리 가나 저리 가나 가는 곳마다 회상 아님이 없을 것이니, 그 광대함을 어찌 말과 글로 다 하리오. 이러한 회상이 건설된 세상에는 불법이 천하에 편만하여 **승속(僧俗)**의 차별이 없어지고, 법률과 도덕이 서로 구애되지 아니하며, 공부와 생활이 서로 구애되지 아니하고 만생이 고루 그 덕화를 입게 되리라.”

19. 대종사 말씀하시기를 “근래 어떤 사람들은 이 세상이 **말세**가 되어 영영 파

수복(壽福) 오래 살며 길이 복을 누림.
허공 법계(虛空法界) 허공처럼 텅 비어 보이지 않는 신령스러운 세계.
생불(生佛) 살아있는 부처.
승속(僧俗) 승려와 속인. 출가와 재가.
말세(末世) 세상의 종말이 임박한 시대.

멸밖에는 길이 없다고 하나 나는 그렇지 않다고 하노니, 성인의 자취가 끊어진 지 오래고 정의 도덕이 희미하여졌으니 말세인 것만은 사실이나 이 세상이 이 대로 파멸되지는 아니하리라. 돌아오는 세상이야말로 참으로 크게 문명한 도덕 세계일 것이니, 그러므로 지금은 묵은 세상의 끝이요 새 세상의 처음이라 시대의 앞길을 예측하기가 퍽 어려우나, 오는 세상의 문명을 예측하는 사람이야 어찌 든든하지 아니하며 즐겁지 아니하리오."

20. 대종사, 또 말씀하시기를 "오는 세상의 모든 인심은 이러하리라. 지금은 대개 남의 것을 못 빼앗아서 한이요 남을 못 이겨서 걱정이요 남에게 해를 못 입혀서 근심이지마는, 오는 세상에는 남에게 주지 못하여 한이요 남에게 지지 못하여 걱정이요 남을 위해 주지 못하여 근심이 되리라. 또 지금은 대개 개인의 이익을 못 채워서 한이요 뛰어난 권리와 **입신양명**을 못 하여서 걱정이지마는, 오는 세상에는 **공중 일**을 못 하여서 한이요 입신양명할 기회와 권리가 돌아와서 수양할 여가를 얻지 못할까 걱정일 것이며, 또 지금은 대개 사람이 죄 짓기를 좋아하며 죄 다스리는 감옥이 있고 개인·가정·사회·국가가 국한을 정하여 울과 담을 쌓아서 서로 방어에 전력하지마는, 오는 세상에는 죄짓기를 싫어할 것이며 개인·가정·사회·국가가 국한을 터서 서로 융통하리라. 또 지금은 **물질문명**이 세계를 지배하고 있지마는, 오는 세상에는 위없는 도덕이 크게 발전되어 인류의 정신을 문명시키고 물질문명을 지배할 것이며 물질문명은 도

입신양명(立身揚名) 출세하여 이름을 세상에 떨침.
공중 일 대중의 일. 공공사업.
물질문명 과학의 발달이 가져온 기술의 산물, 문명의 이기, 지식 정보 등.

덕 발전의 도움이 될 것이니, 머지않은 장래에 산에는 도둑이 없고 길에서는 흘린 것을 줍지 않는 참 문명 세계를 보게 되리라."

21. 대종사, 또 말씀하시기를 "지금 세상의 정도는 어두운 밤이 지나가고 바야흐로 동방에 밝은 해가 솟으려 하는 때이니, 서양이 먼저 문명함은 동방에 해가 오를 때 그 광명이 서쪽 하늘에 먼저 비침과 같고, 태양이 중천에 이르면 그 광명이 시방세계에 고루 비치게 되나니 그때야말로 큰 도덕 세계요 참 문명 세계니라."

22. 대종사 말씀하시기를 "과거 세상은 어리고 어두운 세상이라 강하고 지식 있는 사람이 약하고 어리석은 사람들을 무리하게 착취하여 먹고살기도 하였으나, 돌아오는 세상은 슬겁고 밝은 세상이라 비록 어떠한 계급에 있을지라도 공정한 법으로 하지 아니하고 공연히 남의 것을 취하여 먹지 못하리니, 그러므로 악하고 거짓된 사람의 생활은 점점 곤궁하여지고, 바르고 참된 사람의 생활은 자연 풍부하여지게 되리라."

23. 대종사 말씀하시기를 "조선은 **개명(開明)**이 되면서부터 생활 제도가 많이 개량되었고 완고하던 지견도 많이 열리었으나, 아직 미비한 점은 앞으로 더욱 발전을 보게 되려니와, 정신적 방면으로는 장차 세계 여러 나라 가운데 제일가

개명(開明) 사람의 지혜가 열리고 문화가 발달함.

는 지도국이 될 것이니, 지금 이 나라는 점진적으로 **어변성룡**(魚變成龍)이 되어 가고 있느니라.”

24. 대종사, 이어서 말씀하시기를 “돌아오는 세상 사람들은 높은 산 좋은 봉우리에 여러 가지 나무와 화초를 심고, 혹은 연못을 파서 양어도 하며, 사이사이에 기암괴석이나 고목 등을 늘어놓아 훌륭한 공원을 만들고, 그 밑에 굴을 파서 집을 지어 낮에는 태양 광선을 들여 쓰고 밤이면 전등을 켜며, 그밖에도 무엇이나 군색한 것이 없이 화려한 생활을 하다가, 밖에 나와서 집 위를 쳐다보면 울창한 나무숲이요 올라가 보면 **기화요초**가 만발한 가운데 각종의 새와 벌레들이 노래하고 춤추는 모양을 보게 될 것이니라. 또한, 저 금강산이나 지리산 같은 명산과 **구수산**(九岫山) 같은 데에는 큰 세력이 있어야 거기에 주택을 짓고 살게 될 것이며, 혹은 조산(造山)이라도 하여서 주택을 지을 것이요, 건축을 하는 데에도 지금과 같이 인공적 조각을 좋아하지 아니하고 천연석을 실어다가 집을 짓는 등 일반이 다 자연의 아름다움을 사랑하며 취(取)하게 되리라.”

25. 대종사, 또 말씀하시기를 “재산이 넉넉한 종교 단체에서는 큰 산 위에 비행장을 설비하고 공원을 만들며, 화려하고 웅장한 **영정각**(影幀閣)을 지어서 공

어변성룡(魚變成龍) 물고기가 변하여 용이 됨. 아주 곤궁하던 이가 부귀를 누리게 되거나 보잘것없던 사람이 큰 인물이 됨을 이르는 말.

기화요초(琪花瑤草) 고운 풀과 아름다운 꽃.

구수산(九岫山) 전라남도 영광군 백수읍과 법성면 일대에 있는 산 이름.

영정각(影幀閣) 열반한 인물의 위업을 기리고 추모하기 위해 영상을 모셔놓은 집.

도자들의 영정과 역사를 봉안하면, 사방에서 관람인들이 많이 와서 어떠한 귀인이라도 예배하고 보게 될 것이며, 유명한 법사들은 각처의 경치 좋은 수도원에서 수양하고 있다가, 때를 따라 세간 교당으로 설법을 나가면 대중의 환영하는 만세 소리가 산악을 진동할 것이요, 모든 사람이 법사 일행을 호위하고 들어가 공양을 올리고 법설을 청하면, 법사는 세간 생활에 필요한 **인도상 요법**이나 인과보응에 관한 법이나 혹은 **현묘한 성리** 등을 설하여 줄 것이며, 설법을 마치면 대중은 그 답례로 많은 **폐백**을 바칠 것이요, 법사는 그것을 그 교당에 내주고 또 다른 교당으로 가서 그와 같은 우대를 받게 되리라.”

26. 대종사, 또 말씀하시기를 “면면촌촌에 학교가 있는 것은 물론이요, 동리동리에 교당과 **공회당**을 세워 놓고 모든 사람이 정례로 법회를 보게 될 것이며, 관혼상제 등 모든 의식이나 법사의 수시 법회나 무슨 회의가 있으면 거기에 모여 모든 일을 편리하게 진행할 것이니라. 지금의 모든 종교는 그 신자들에게 충분한 훈련을 시키지 못하는 관계로 일반적으로 종교인이라 하여 특별한 신용을 받지 못하지마는, 그때는 모든 종교의 교화 사업이 충분히 발달하므로 각 교회의 신자들이 각각 상당한 훈련을 받아 자연히 훈련 없는 보통 사람과는 판이한 인격을 가지게 될 것이요, 따라서 관공청이나 사회 방면에서 인재

인도상 요법(人道上 要法) 사람으로서 마땅히 행해야 할 도리를 밝힌 요긴한 법.
현묘한(玄妙-) 헤아릴 수 없이 깊고 오묘한.
성리(性理) 우주만유의 본래 이치와 자성(본래 마음) 원리.
폐백(幣帛) 윗사람께 올리는 선물.
공회당(公會堂) 마을 회관. 공중회합을 위한 건물.

를 선발하는 데에도 반드시 종교 신자를 많이 찾게 되리라.”

27. 대종사, 또 말씀하시기를 “지금도 큰 도시에는 직업 소개하는 곳이 있거니와 돌아오는 세상에는 상당한 직업소개소가 곳곳에 생겨나서 직업 구하는 사람들에게 많은 편리를 주게 될 것이요, 혼인 소개소가 있어서 구혼하는 사람들이 이 기관을 많이 이용하게 될 것이며, 탁아소도 곳곳에 생겨나서 어린아이를 가진 부녀들이 안심하고 직장에 나갈 수 있을 것이요, 의탁할 데 없는 노인들은 국가나 단체나 자선 사업가들이 양로원을 짓고 **시봉**을 하게 되므로 별 걱정 없이 편안한 생활을 하게 될 것이니라. 또한, 지금은 궁벽한 촌에서 생활을 하기로 하면 여러 가지로 불편이 크나 앞으로는 어떠한 궁촌에도 각종 시설이 생겨나서 무한한 편리를 줄 것이요, 간이식당 같은 것도 생겨나서 각자의 가정에서 일일이 밥을 짓지 아니하여도 각자의 생활 정도에 따라 편의한 식사를 하게 될 것이며, **재봉소**나 세탁소도 많이 생겨서 복잡한 생활을 하는 사람들도 의복을 지어 입거나 세탁을 하는 데에 곤란이 없게 되리라.”

28. 대종사 말씀하시기를 “과거에는, 자기의 재산은 다소를 막론하고 자기가 낳은 자손에게만 전해 주는 것으로 **법례(法例)**를 삼았고, 만일 낳은 자손이 없다면 양자라도 들여서 반드시 개인에게 그 재산을 상속하게 하였으므로, 그 자손들은 자기 부모의 유산은 반드시 자기가 차지할 것으로 알았느니라. 그러

시봉(侍奉) 모시어 받듦.
재봉소(裁縫所) 옷을 만들고 수선하는 곳.
법례(法例) 통상적이고 관습적인 규범.

나 돌아오는 세상에는 자기 자손에게는 적당한 교육이나 시켜 주고 **치산**의 기본금이나 약간 대어줄 것이요, 남은 재산은 일반 사회를 위하여 교화·교육·자선 등 사업에 쓰는 사람이 많을 것이니라. 지금 사람들은 대개 남을 해롭게 하는 것을 자기의 이익으로 삼지마는 돌아오는 세상 사람들은 남을 이롭게 하는 것을 자기의 이익으로 삼을 것이니, 인지가 발달함에 따라 남을 해한즉 나에게 그만한 해가 돌아오고 남을 이롭게 한즉 나에게 그만한 이익이 돌아오는 것을 실지로 경험하게 되는 까닭이니라."

29. 대종사, 설법하실 때는 **위덕(威德)**이 **삼천대천세계**를 진압하고 일체 **육도사생**이 한자리에 즐기는 감명을 주시는지라, 이럴 때는 박사시화·문정규·**김남천** 등이 백발을 휘날리며 춤을 추고, **전삼삼(田參參)**·최도화·**노덕송옥** 등은 일

치산(治産) 집안 살림살이.

위덕(威德) 위엄과 덕화.

삼천대천세계(三千大千世界) 불교의 세계관에서 말하는 전 우주. 한량없는 세계를 나타내는 말.

육도(六途) 일체 생령이 윤회하는 여섯 가지 세계. 천상, 인간, 수라, 축생, 아귀, 지옥.

사생(四生) 일체 생령이 태어나는 네 가지 유형. 태생은 태를 통해 태어나는 것, 난생은 알로 태어나는 것, 습생은 습지에서 태어나는 것, 화생은 의지한데 없이 태어나는 것.

김남천(金南天, 1869~1941) 전북 전주 출생. 법호는 각산(角山). 변산 봉래정사에서 소태산 대종사를 시봉하였다.

전삼삼(田參參, 1870~1948) 전북 진안 출생. 법호는 성타원(成陀圓). 혜산 전음광의 모친.

노덕송옥(盧德頌玉, 1859~1933) 전북 남원 출생. 법호는 현타원(賢陀圓). 만덕산 초선(初禪)에 참석하였다.

어나 무수히 예배를 올려 장내의 분위기를 진작하며 **무상의 법흥**을 돋우어 주니, 마치 **시방세계**가 다 우쭐거리는 것 같거늘, 대종사 **성안(聖顔)**에 미소를 띠시며 말씀하시기를 "큰 회상이 열리려 하면 **음부(陰府)**에서 불보살들이 미리 회의를 열고 각각 책임을 가지고 나오는 법이니, 저 사람들은 춤추고 절하는 책임을 가지고 나온 보살들이 아닌가. 지금은 우리 몇몇 사람만이 이렇게 즐기나 장차에는 시방삼계 육도사생이 고루 함께 즐기게 되리라."

30. 한 제자 여쭙기를 "우리 회상이 **대운(大運)**을 받아 건설된 회상인 것은 짐작되오나 **교운(敎運)**이 몇만 년이나 뻗어 나가올지 알고 싶나이다." 대종사 말씀하시기를 "이 회상은 지나간 회상들과 달라서 자주 있는 회상이 아니요, **원시반본(原始反本)**하는 시대에 따라서 나는 회상이라 그 운이 한량없느니라."

무상의 법흥(無上-法興) 더 이상 좋을 수 없는 법의 흥취. 법열.

시방세계(十方世界) 온 세상. 시방은 동·서·남·북·동남·서남·동북·서북의 8방과 상·하를 합친 전체 공간.

성안(聖顔) 성인의 얼굴을 높여서 부르는 말.

음부(陰府) 보이지 않는 신령스러운 법계의 세계 또는 궁극적 진리의 신비스러운 조화를 상징적으로 나타낸 표현.

대운(大運) 후천시대의 크게 열리고 향상되는 좋은 운수.

교운(敎運) 원불교의 운세.

원시반본(原始反本) 처음 출발한 근원으로 다시 돌아온다는 뜻. 태초의 이상적 질서가 다시 실현된다는 의미로 묵은 선천의 시대가 지나가고 새로운 세상 곧 후천개벽의 시대가 열림을 의미한다.

제15 부촉품

附囑品

부촉품(附囑品) 소태산 대종사가 열반을 앞두고 간곡한 마음으로 제자들에게 특별히 내린 법문 등으로 구성되어 있다.

1. 대종사 여러 제자에게 말씀하시기를 "내가 그대들을 대할 때 더할 수 없는 인정이 건네는 것은 수많은 사람 가운데 오직 그대들이 남 먼저 특별한 인연을 찾고 특별한 원을 발하여 이 법을 구하러 온 까닭이요, 같이 지내는 가운데 혹 섭섭한 마음이 나는 것은 그대들 가운데 수도에는 정성이 적어지고 다른 사심을 일어내며 나의 지도에 잘 순응하지 않는 사람이 생기는 까닭이라. 만일 그와 같이 본의를 잊어버리며 나의 뜻을 몰라주다가 내가 모든 인연을 뿌리치고 먼 수양길을 떠나 버리면 그 어찌하려는가. 그때는 아무리 나를 만나고자 하나 그리 쉽지 아니하리라. 그런즉 그대들은 다시 정신을 차리어 나로 하여금 그러한 생각이 나지 않도록 하라. **해탈**한 사람의 심경은 **범상한** 생각으로 측량하지 못할 바가 있나니, 무슨 일이나 그 일을 지어 갈 때는 천만년이라도 그곳을 떠나지 않을 것 같으나 한번 마음을 놓기로 하면 일시에 허공과 같이 흔적이 없느니라."

2. 원기 26년(1941) 1월에 **대종사 게송(偈頌)**을 내리시고 말씀하시기를 "옛 도인들은 대개 임종 당시에 바쁘게 **전법 게송**을 전하였으나 나는 미리 그대들에게 이를 전하여 주며, 몇 사람에게만 비밀히 전하였으나 나는 이와 같이 여러 사람에게 고루 전하여 주노라. 그러나 법을 오롯이 받고 못 받는 것은 그대

해탈(解脫) 모든 속박에서 벗어난 자유로움.

범상한(凡常-) 평범하고 상식적인.

대종사 게송(偈頌) 소태산 대종사의 전법(傳法) 게송. 일원상진리의 세계를 노랫말로 드러낸 것.

전법(傳法) 게송 깨달음의 경지를 전해주기 위해 표현한 시구(詩句).

들 각자의 공부에 있나니 각기 정진하여 후일에 유감이 없게 하라."

3. 대종사, 열반을 1년 앞두시고 그동안 진행되어 오던 '정전(正典)'의 편찬을 자주 재촉하시며 **감정(鑑定)**의 붓을 들으시매 시간이 밤중에 미치는 때가 잦으시더니, 드디어 **성편**되매 바로 인쇄에 부치게 하시고 제자들에게 말씀하시기를 "때가 급하여 만전을 다하지는 못하였으나, 나의 일생 포부와 **경륜**이 그 대요는 이 한 권에 거의 표현되어 있나니, 삼가 받아 가져서 말로 배우고 몸으로 실행하고 마음으로 **증득**하여 이 법이 후세 만대에 길이 전하게 하라. 앞으로 세계 사람들이 이 법을 알아보고 크게 감격하고 **봉대**할 사람이 수가 없으리라."

4. 대종사, 열반을 몇 달 앞두시고 자주 대중과 개인에게 부촉하시기를 "내가 이제는 깊은 곳으로 수양을 가려 하노니, 만일 내가 없더라도 **퇴굴심**이 나지 않겠는가 스스로 반성하여 마음을 추어 잡으라. 지금은 분명 **심판기**니 믿음이 엷은 사람은 시들 것이요 믿음이 굳은 사람은 좋은 결실을 보리라. 나의 법은

감정(鑑定) 감수하여 결정함.

성편(成篇) 원고를 완성(完成)함.

경륜(經綸) 계획이나 포부. 세상을 다스리는 능력.

증득(證得) 깨달아 얻음.

봉대(奉戴) 공경하여 높이 받듦.

퇴굴심(退屈心) 순역 경계에 부딪쳐서 정진하지 못하고 물러서거나 타락하는 마음.

심판기(審判期) 정법(正法)을 받을 만한 자격이 있는가를 판결하는 시기.

신성 있고 공심 있는 사람이면 누구나 다 받아 가도록 전하였나니, 법을 받지 못하였다고 후일에 한탄하지 말고 하루속히 이 정법을 마음대로 가져다가 그 대들의 피가 되고 살이 되게 하라."

5. 대종사, 하루는 송규에게 말씀하시기를 "그대는 나를 만난 후로 오늘에 이 르기까지 모든 일을 오직 내가 시키는 대로 할 따름이요 따로 그대의 의견을 세우는 일이 없었으니, 이는 다 나를 신봉함이 지극한 연고인 줄로 알거니와 내가 만일 졸지에 그대들을 오래 떠나게 되면 그때는 어찌하려는가. 앞으로는 모든 일에 의견을 세워도 보며 자력으로 대중을 거느려도 보라." 하시고, 또 말 씀하시기를 "요사이에는 **관변**의 지목이 점점 심해지니 내가 여기에 오래 머무 르기 어렵겠노라. 앞으로 크게 괴롭히는 무리가 더러 있어서 그대들이 그 목을 넘기기가 힘들 것이나 큰일은 없으리니 안심하라."

6. 대종사 말씀하시기를 "그대들이 나를 따라 처음 발심한 그대로 꾸준히 전진 하여 간다면 성공 못 할 사람이 없으리라. 그러나 **하근(下根)**에서 **중근(中根)**되 는 때나 본래 중근으로 그 고개를 넘지 못한 경우에 모든 병증(病症)이 발동하

신성(信誠) 정성스러운 믿음.
관변(官邊) 일제강점기의 조선총독부 산하 행정 관청.
하근(下根) 하근기. 사(邪)와 정(正)의 분별도 없으며 계교와 의심도 내지 아니하여 인도 하면 인도하는 대로 순응하는 근기. 공부의 정도나 지견이 낮은 사람.
중근(中根) 중근기. 자세히 아는 것도 없고 혹은 모르지도 아니하여 항상 의심을 풀지 못하고 법과 스승을 저울질하는 근기.

여 대개 **상근**에 오르지 못하고 마나니, 그대들은 이 무서운 중근의 고개를 잘 넘어서도록 각별한 힘을 써야 하리라. 중근의 병은, 첫째는 공부에 권태증이 생기는 것이니, 이 증세는 일체가 괴롭기만 하고 지루한 생각이 나서 어떤 때는 그 생각과 말이 세속 사람보다 오히려 못할 때가 있는 것이요, 둘째는 확실히 깨치지는 못했으나 순전히 모르지도 아니하여 때때로 말을 하거나 글을 쓰면 여러 사람이 감탄하여 환영하므로 제 위에는 사람이 없는 것같이 생각되어 제가 저를 믿고 제 허물을 용서하며 위 스승을 함부로 비판하며 법과 진리에 **호의(狐疑)**를 가져서 자기 뜻에 고집하는 것이니, 이 증세는 자칫하면 그동안의 **적공**이 허사로 돌아가 결국 **영겁 대사**를 크게 그르치기 쉬우므로 과거 불조들도 이 호의 불신증을 가장 두렵게 경계하셨느니라. 그런데 지금 그대들 중에 이 병에 걸린 사람이 적지 않으니 제 스스로 반성하여 그 자리를 벗어나면 좋으려니와, 만일 그러지 못한다면 이는 장차 제 자신을 그르치는 동시에 교단에도 큰 화근이 될 것이니 크게 분발하여 이 지경을 넘는 공부에 전력을 다할지어다. 이 중근을 쉽게 벗어나는 방법은 법 있는 스승에게 마음을 가림 없이 바치는 동시에 옛 서원을 자주 **반조**하고 중근의 말로가 위태함을 자주 반성하는

상근(上根) 상근기. 정법을 보고 들을 때에 바로 판단과 신심이 생겨나서 모든 공부를 자신하고 행하는 근기.

호의(狐疑) 여우 같은 의심으로 모든 일에 지나치게 의심함을 이르는 말.

적공(積功) 공부와 사업에 공을 쌓음.

영겁 대사(永劫大事) 영원한 세월을 통해서 가장 중요한 일.

반조(返照) 돌이켜 살펴봄.

것이니, 그대들이 이 지경만 벗어나고 보면 **불지(佛地)**에 달음질하는 것이 비행기 탄 격은 되리라.”

7. 원기 28년(1943) 1월에 대종사 새로 정한 **교리도(敎理圖)**를 발표하시며 말씀하시기를 “내 교법의 진수가 모두 여기에 들어 있건마는 나의 참뜻을 아는 사람이 몇이나 될꼬. 지금 대중 가운데 이 뜻을 온전히 받아 갈 사람이 그리 많지 않은 듯하니, 그 원인은, 첫째는 그 정신이 **재와 색**으로 흐르고, 둘째는 명예와 허식으로 흘러서 일심 집중이 안 되는 연고라. 그대들이 그럴진대 차라리 이것을 놓고 저것을 구하든지, 저것을 놓고 이것을 구하든지 좌우간 큰 결정을 세워서 외길로 나아가야 성공이 있으리라.”

8. 대종사, 선원 대중에게 물으시기를 “너른 세상을 통하여 과거로부터 현재까지 어떠한 분이 어떠한 공부로 제일 큰 재주를 얻어 **고해 중생**의 **구제선**이 되었으며 또한 그대들은 어떠한 재주를 얻기 위하여 이곳에 와서 공부를 하게 되었는가?” 하시니, 몇몇 제자의 답변이 있은 후 **송도성**이 사뢰기를 “이 세상에

불지(佛地) 부처의 경지.

교리도(敎理圖) 원불교 교리의 핵심을 함축적으로 표현한 도표.

재와 색(財-色) 재물에 대한 욕심과 남녀 간의 애욕.

고해 중생(苦海衆生) 괴로움으로 가득 찬 세상에 살아가는 모든 존재.

구제선(救濟船) 고해 중생을 낙원으로 이끌어 주는 정법을 배에 비유함.

송도성(宋道性, 1907~1946) 경북 성주 출신. 법호는 주산(主山)이며 법훈은 종사. 중앙총부 총무부장, 교정원장 등을 역임하였다.

제일 큰 재주를 얻어 모든 중생의 구제선이 되어 주신 분은 삼세의 모든 부처님이시요, 저희가 지극히 하고 싶은 공부도 또한 그 부처님의 재주를 얻기 위한 공부로서, 현세는 물론이요 미래 수천만 **겁**이 될지라도 다른 **사도**와 소소한 공부에 마음을 흔들리지 아니하고, 부처님의 지행을 얻어 노·병·사를 해결하고 고해 중생을 제도하는 데에 노력하겠나이다." 대종사 말씀하시기를 "그런데 근래 공부인 가운데에는 이 법문에 찾아와서도 **외학(外學)**을 더 숭상하는 사람이 있으며, **외지(外知)**를 구하기 위하여 도리어 **도문**을 등지는 사람도 간혹 있나니 어찌 한탄스럽지 아니하리오. 그런즉 그대들은 각기 그 본원을 더욱 굳게 하기 위하여 이 공부에 끝까지 정진할 서약들을 다시 하라." 이에 선원 대중이 명을 받들어 서약을 써 올리고 정진을 계속하느니라.

9. 대종사 말씀하시기를 "내가 이 회상을 연지 28년 동안 법을 너무 해석적으로만 설하여 준 관계로 상근기는 염려 없으나, 중·하근기는 쉽게 알고 구미호(九尾狐)가 되어 참 도를 얻기 어렵게 된 듯하니 이것이 실로 걱정되는 바라. 이후부터는 일반적으로 해석에만 치우치지 말고 삼학을 **병진**하는 데에 노력해야 하리라."

겁(劫) 아주 긴 시간.
사도(邪道) 올바르지 못한 길.
외학(外學) 도(道)를 실현하는 공부에 실질적 도움이 되지 않는 학문.
외지(外知) 외학에 관련된 지식.
도문(道門) 불도를 수행하는 정법 회상. 여기서는 일원 대도의 회상을 의미함.
병진(竝進) 함께 아울러 조화롭게 나아감.

10. 대종사 말씀하시기를 "내가 **다생 겁래**로 많은 회상을 열어 왔으나 이 회상이 가장 판이 크므로 창립 당초의 9인을 비롯하여 이 회상과 생명을 같이할 만한 **혈심** 인물이 앞으로도 수를 헤아릴 수 없이 많이 나리라."

11. 대종사 말씀하시기를 "내가 오랫동안 그대들을 가르쳐 왔으나 마음에 유감되는 바 셋이 있으니, 그 하나는 입으로는 현묘한 진리를 말하나 그 행실과 증득한 것이 **진경**에 이른 사람이 귀함이요, 둘은 육안으로는 보나 **심안(心眼)**으로 보는 사람이 귀함이며, 셋은 **화신불**은 보았으나 **법신불**을 확실히 본 사람이 귀함이니라."

12. 대종사 말씀하시기를 "도가에 세 가지 어려운 일이 있으니, 하나는 일원의 절대 자리를 알기가 어렵고, 둘은 일원의 진리를 실행에 부합시켜서 동과 정이 한결같은 수행을 하기가 어렵고, 셋은 일원의 진리를 일반 대중에게 간명하게 깨우쳐 알려 주기가 어려우니라. 그러나 수도인이 마음을 굳게 세우고 한번 이루어 보기로 정성을 다하면 아무리 어려운 일이라도 쉬운 일이 될 것이요, 아무리 쉬운 일이라도 하지 않으려는 사람과 하다가 중단하는 사람에게는 다 어

다생 겁래(多生劫來) 아주 오랜 시간 계속된 여러 생.
혈심(血心) 생명도 바칠만한 오롯하고 지극한 마음.
진경(眞境) 참다운 실상의 경지.
심안(心眼) 일과 이치를 깊이 통찰할 수 있는 지혜의 안목. 마음의 눈.
화신불(化身佛) 응하여 나타난 부처님. 인연 따라 구체화한 부처님.
법신불(法身佛) 만법의 근원인 진리 부처님.

려운 일이 되느니라."

13. 대종사 말씀하시기를 "천지에 **우로(雨露)**의 덕을 어리석은 사람은 알지 못하고, 세상에 성인의 덕을 범부들은 알지 못하나니, 그러므로 날이 가문 뒤에야 비의 고마움을 사람들이 다 같이 알게 되고, 성인이 떠난 뒤에야 그 법의 은덕을 세상이 고루 깨닫게 되느니라."

14. 원기 28년(癸未·1943) 5월 16일 예회에서 대종사 대중에게 설법하시기를 "내가 방금 이 **대각전**으로 오는데 아이들이 길가 숲에서 놀다가 나를 보더니 한 아이가 구령을 하매 일제히 일어서서 경례하는 것이 퍽 질서가 있어 보이더라. 이것이 곧 그 아이들이 차차 철이 생겨나는 증거로, 사람이 아주 어릴 때는 가장 가까운 부모 형제의 내역과 촌수도 잘 모르고 그에 대한 도리는 더욱 모르고 지내다가 차차 철이 나면서 그 내역과 촌수와 도리를 알게 되는 것같이, 공부인들이 미(迷)한 때는 **불보살** 되고 **범부 중생** 되는 내역이나 자기와 천지 만물의 관계나 각자 자신 거래의 길도 모르고 지내다가 차차 공부가 익어 가면서 그 모든 내역과 관계와 도리를 알게 되나니, 그러므로 우리가 도를 알아 가는 것이 마치 철없는 아이가 차차 어른이 되어 가는 것과 같다 하리라. 이와 같

우로(雨露) 비와 이슬.
대각전(大覺殿) 원불교 중앙총부에 있는 건물로 원기 20년에 대중 집회 장소로 건축. 법신불 일원상을 최초로 봉안한 법당.
불보살(佛菩薩) 부처와 보살.
범부 중생(凡夫衆生) 깨달음을 얻지 못한 어리석은 자로서 범부는 지혜가 얕고 어리석은 사람. 중생은 부처의 구제 대상이 되는 인간을 포함한 일체 생령을 말함.

이 아이가 커서 어른이 되고 범부가 깨쳐 부처가 되며 제자가 배워 스승이 되는 것이니, 그대들도 어서어서 참다운 실력을 얻어 그대들 후진의 스승이 되며 제생 의세의 큰 사업에 각기 큰 선도자들이 되라. '**음부경(陰符經)**'에 이르기를 '생(生)은 사(死)의 근본이요 사는 생의 근본이라.' 하였나니, 생사라 하는 것은 마치 사시가 순환하는 것과도 같고 주야가 반복되는 것과도 같아서, 이것이 곧 우주 만물을 운행하는 법칙이요 천지를 순환하게 하는 진리라. 불보살들은 그 거래에 매하지 아니하고 자유하시며 범부 중생은 그 거래에 매하고 부자유한 것이 다를 뿐이요, 육신의 생사는 불보살이나 범부 중생이 다 같은 것이니, 그대들은 또한 사람만 믿지 말고 그 법을 믿으며, 각자 자신이 생사 거래에 매하지 아니하고 그에 자유로운 실력을 얻기에 노력하라. 우리가 이와 같이 예회를 보는 것은 마치 장꾼이 장을 보러 온 것과도 같나니, 이왕 장을 보러 왔으면 내 물건을 팔기도 하고 남의 물건을 사기도 하여 생활에 도움을 얻어야 장에 온 보람이 있으리라. 그런즉 각자의 지견에 따라 유익될 말은 대중에게 알려도 주고 의심나는 점은 제출하여 배워도 가며 남의 말을 들어다가 보감도 삼아서 **공왕 공래(空往空來)**가 없도록 각별히 주의하라. 생사가 일이 크고 **무상이 신속**하니 가히 범연하지 못할 바이니라."

15. 대종사 말씀하시기를 "우리의 사업 목표는 교화·교육·자선의 세 가지니

음부경(陰符經) 고대 중국의 황제가 지었다고 하는 도교 경전으로 『황제음부경(黃帝陰符經)』의 약칭. 소태산 대종사가 대각 후에 참고로 열람한 경전 중의 하나.
공왕 공래(空往空來) 별다른 의미와 보람된 일을 하지 못하고 의미 없는 세월을 보내게 됨.
무상이 신속(無常-迅速) 인간 세상의 변천이 매우 빠름. 세월의 덧없음을 이르는 말.

앞으로 이를 늘 병진하여야 우리의 사업에 결함이 없으리라."

16. 대종사 말씀하시기를 "나의 교법 가운데 일원을 종지로 한 교리의 **대강령**인 삼학 **팔조**와 **사은** 등은 어느 시대 어느 국가를 막론하고 다시 변경할 수 없으나, 그 밖의 세목이나 제도는 그 시대와 그 국가에 적당하도록 혹 변경할 수도 있느니라."

17. 대종사 말씀하시기를 "과거에는 도가나 정부나 민간에서 각각 차별 세우는 법을 주로 하여 여러 사람을 다스려 왔지마는 돌아오는 세상에는 어떠한 처지에서나 그 쓰는 법이 편벽되면 일반 대중을 고루 화하게 하지 못할 것이니라. 그러므로 우리 회상에서는 **재가·출가**와 남녀노소를 막론하고 대각한 도인이 나면 다 **여래위**로 받들 것이요, 생일이나 열반 기념일이나 기타 모든 행사에도 어느 개인을 본위로 할 것이 아니라 이 회상을 창립한 사람이면 다 같이 한 날에 즐겨할 일은 즐겨하고 슬퍼할 일은 슬퍼하게 하여야 하리라."

18. 대종사 말씀하시기를 "그대들이 나의 법을 붓으로 쓰고 입으로 말하여 후

대강령(大綱領) 근본이 되는 큰 줄거리.
팔조(八條) 삼학 수행을 촉진하는 신·분·의·성과 방해하는 불신·탐욕·나·우.
사은(四恩) 법신불의 네 가지 은혜. 천지은, 부모은, 동포은, 법률은.
재가 출가(在家出家) 세간에서 생활하며 수도하는 공부인과 수도 문중에 들어온 전문 공부인.
여래위(如來位) 법위등급 중 최고의 경지인 대각여래위.

세에 전하는 것도 중한 일이나, 몸으로 실행하고 마음으로 증득하여 **만고 후세**에 이 **법통**이 길이 끊기지 않게 하는 것은 더욱 중한 일이니, 그리하면 그 공덕을 무엇으로 가히 헤아리지 못하리라."

19. 대종사 말씀하시기를 "스승이 법을 새로 내는 일이나, 제자들이 그 법을 받아서 후래 대중에게 전하는 일이나, 또 후래 대중이 그 법을 반가이 받들어 실행하는 일이, **삼위일체(三位一體)**가 되는 일로 그 공덕도 또한 다름이 없느니라."

만고 후세(萬古後世) 아득히 먼 미래.
법통(法統) 올바른 법의 진수. 법의 계통이나 전통.
삼위일체(三位一體) 세 가지 일이 같은 가치를 지닌다는 뜻.

주석 원불교 대종경

2018년 11월 9일 초판 1쇄 발행
2022년 6월 10일 초판 2쇄 발행

발행처	원불교100년기념성업회
편찬위원장	이성전
주석연구위원	성도종, 김기원, 김도공, 이용선, 염관진, 이대진

펴낸이	주영삼
펴낸곳	원불교출판사
출판등록	1980년 4월 25일(제1980-000001호)
주소	전라북도 익산시 익산대로 501
전화	063)854-0784
팩스	063)852-0784
홈페이지	www.wonbook.co.kr
인쇄	원광사

값 15,000원

ISBN978-89-8076-330-6(03200)